Johann von Neumarkt
Das Leben des heiligen Hieronymus

Verlag
der
Wissenschaften

Johann von Neumarkt

Das Leben des heiligen Hieronymus

ISBN/EAN: 9783957007193

Auflage: 1

Erscheinungsjahr: 2016

Erscheinungsort: Norderstedt, Deutschland

Hergestellt in Europa, USA, Kanada, Australien, Japan
Verlag der Wissenschaften in Hansebooks GmbH, Norderstedt

BIBLIOTHEK
DER
MITTELHOCHDEUTSCHEN LITTERATUR
IN
BŒHMEN
BEGRÜNDET VON
ERNST MARTIN.

HERAUSGEGEBEN VOM VEREIN FÜR GESCHICHTE DER DEUTSCHEN IN BŒHMEN.

Band III.

DAS LEBEN DES HEIL. HIERONYMUS
IN DER UEBERSETZUNG DES BISCHOFS JOHANNES VIII. VON OLMÜTZ

HERAUSGEGEBEN VON

ANTON BENEDICT.

PRAG 1880.

Verlag des Vereins, in Commission bei F. Tempsky in Prag und F. A. Brockhaus in Leipzig.
DRUCK VON A. HAASE.

DAS

LEBEN DES HEIL. HIERONYMUS

IN DER UEBERSETZUNG DES BISCHOFS

JOHANNES VIII. VON OLMÜTZ

HERAUSGEGEBEN VON

ANTON BENEDICT.

IM AUFTRAGE DES VEREINS FÜR GESCHICHTE DER DEUTSCHEN
IN BŒHMEN.

PRAG 1880.

Verlag des Vereins, in Commission bei F. Tempsky in Prag und F. A. Brockhaus in Leipzig.
DRUCK VON A. HAASE.

Einleitung.

Ueber die frühere Lebensgeschichte Johanns VIII., Bischofes zu Olmütz, wissen wir nichts genaueres. Sicher ist nur, dass er zu Neumarkt in Schlesien geboren worden ist, und daher stammt denn auch die gewöhnliche Benennung Johann von Neumarkt. Das Jahr seiner Geburt ist nicht bekannt. Man wird jedoch kaum weit vom Richtigen entfernt bleiben, wenn man das Geburtsjahr Johanns in die Jahre zwischen 1305—1310 verlegt; denn 1343 wurde Johann schon Abt der Prämonstratenserabtei Bruck.[1] Seine Eltern waren sehr arm, so dass sie für die Erziehung ihres Sohnes nicht sehr viel tun konnten. Nichtsdestoweniger aber erhielt dieser eine wissenschaftliche Erziehung und trat in den Orden der Prämonstratenser ein.[2] Doch selbst von der ersten Zeit seines Pristertums ist nicht viel zu hören, und die Lebensgeschichte Johanns gewinnt erst eine sichere Basis, seitdem er zu Karl IV. in näherer Beziehung stand.

Karl IV. hatte wol schon frühzeitig auf Johann v. Neumarkt seine Aufmerksamkeit gelenkt; denn schon als dieser noch Pfarrer in seinem Geburtsorte Neumarkt war,[3] suchte Karl bei dem Bischofe von Breslau für Johann um die Enthebung von seinen Amtspflichten nach, damit dieser ihm dienen könne.[4] War auf diese Weise Johann mit Kaiser Karl in

---

[1] Vgl. unten.
[2] Balbinus, Bohemia docta ed. Ungar. 2. 134 ff.
[3] Friedjung, Kaiser Karl IV und sein Antheil am geistigen Leben seiner Zeit. Wien 1876. Seite 108.
[4] Vgl. Mencken, scriptores rerum Germ. Tom. III. pag. 2032 und Friedjung a. a. O. Anm. 1.

Verbindung getreten, so blieb er auf dessen Dienste allein nicht beschränkt, vielmehr wurde ihm bald eine höhere geistliche Würde übertragen: er wurde Abt des Prämonstratenserstiftes Bruck in Böhmen. Friedjung zwar stellt diesen Umstand in Abrede und glaubt eine Verwechslung annehmen zu müssen;[1]) *allein die Ueberlieferung ist in dieser Beziehung so bestimmt, dass ich dieser Annahme nicht beipflichten kann. Balbinus sagt a. a. O. dass im Jahre 1343 die Abtei Leitomischl durch die besonderen Bemühungen des Strahöver Abtes Conrad zum Bistume erhoben und der Brucker Abt Johann XII. zum ersten Bischofe von Leitomischl ernannt worden sei. Als Nachfolger dieses Johann wurde Johann von Neumarkt Abt des Stiftes Bruck. Noch deutlicher sind in dieser Beziehung die Annalen der Prämonstratenser.*[2]) *Diese nennen als XIII. Abt des Stiftes Bruck den Johannes von Neumarkt, 'Carolo IV. Imperatori a consiliis,' und fügen ausdrücklich hinzu, dass dieser Johann nach dem Tode des Leitomischler Bischofes Johann I. auf den erledigten Bischofsitz berufen wurde. Nachdem nun in der Tat Johann von Neumarkt im Jahre 1353*[3]) *Bischof von Leitomischl wurde, so ist die Annahme einer Verwechslung kaum mehr statthaft. Andererseits aber würde es auch sehr unwahrscheinlich sein, dass der Pfarrer von Neumarkt plötzlich zum Bischofe ernannt worden wäre (vgl. auch unten S. III).*

Mittlerweile hatte sich Johann aber durch seine Gewandtheit und Gelehrsamkeit in hohem Masse hervorgetan und war von Karl IV. in mannigfacher Weise ausgezeichnet worden. In der Kanzlei Karls tritt uns Johann urkundlich zuerst am 16. October 1347 entgegen[4]) *und zwar hatte er da die Stelle*

---

[1]) *Friedjung 108, Anm. 4.*

[2]) *Sacri et Canonici Ordinis Praemonstr. Annales Tom. II. pag. 89.*

[3]) *Huber, die Regesten des Kaiserreiches unter Karl IV. Seite XLV bezeichnet den 22. December 1353 als den Tag, an welchem Johann zuerst Bischof von Leitomischl genannt wird. Damit stimmt überein Frind, Kirchengeschichte Böhmens II, 112, während die Annalen der Prämonstratenser und Balbinus in Bohemia docta a. a. O. die Jahreszahl 1355 beibringen. Nach Friedjung wäre Johann schon 1352 Bischof von Leitomischl geworden.*

[4]) *Huber Seite XLII. Nach Friedjung 108 tritt Johann in der Kanzlei Karls zuerst am 27. März 1348 auf.*

eines Notars inne. Notar wird er genannt in einer Urkunde vom 14. Juni 1351, in welcher durch die besonderen Verdienste Johanns von Neumarkt dem Augustinerkloster St. Thomas in Prag eine Schenkung gemacht wird. ¹) *Aus derselben Urkunde erfahren wir auch, dass Johann um diese Zeit bereits Domherr zu Breslau und Olmütz war, dass ihn ferner Karl zu seinem Geheimschreiber und Hofgesinde ernannt hatte. Im Jahre 1352 (19. September) erscheint Johann in der Kanzlei Karls als Prothonotar und erwählter Bischof von Naumburg.* ²) *Diesen Johann hält Friedjung für Johann von Miltitz, der am 27. December 1352 starb.* ³) *Allein Johann von Neumarkt wird noch öfter electus Nuemburgensis genannt, so am 30. März 1353,* ⁴) *und erst am 10. November 1353* ⁵) *tritt er uns als electus Lüthomischlensis entgegen, während er vom 22. December* ⁶) *desselben Jahres an Bischof von Leitomischl genannt wird.*

Ziemlich gleichzeitig mit seiner Ernennung zum Bischofe von Leitomischl erfolgte auch die Erhebung Johanns zum Kanzler des Kaisers. Während er in einer Urkunde vom 2. Jänner 1354 ⁷) *noch den Titel eines Prothonotars führt, wird er gleichwohl schon und zum ersten Male am 26. December 1353* ⁸) *Kanzler genannt.*

Als Kanzler des Kaisers verblieb nun Johann immer in der nächsten Umgebung Karls und konnte sich mit der Verwaltung seines Bistums wenig beschäftigen. Er bestellte also, sobald er zum Bischofe von Leitomischl ernannt worden war, zwei Männer zu seinen Stellvertretern, und zwar den Wyschehrader Domherrn Nicolaus von Pilgram als Generalvikar und seinen

---

¹) *Huber 1385. Pelzel, Leben Kaiser Karls IV. I. 111, Urkunde Nro. CV.*
²) *Huber XLV.*
³) *Friedjung 107, Anm. 7.*
⁴) *Huber 1550.*
⁵) *Huber 1653.*
⁶) *Huber 1697.*
⁷) *Huber 1710.*
⁸) *Huber 1699.*

Bruder Mathias von Neumarkt, welcher geweihter Bischof von Tibur war, zur Vornahme der bischöflichen Weiheacte.[1] *Johann selbst begab sich bald nach seiner Ernennung zum Bischof mit dem Kaiser nach Deutschland, von wo aus dieser 1355 seinen Römerzug unternahm, auf welchem er ihn begleitete. Dem Kanzler fiel die Aufgabe zu den Contact mit dem Reiche zu erhalten und über die Vorgänge in Italien Bericht zu erstatten. Diese Berichterstattung fiel natürlich nicht zu Ungunsten Karls aus; und wie aus einem Briefe zu ersehen ist, den er an den damaligen Markgrafen von Mähren richtet, so ist er voll des Lobes und der Verwunderung über das Glück seines kaiserlichen Herren, das diesen bei allen seinen Unternehmungen begleite.*[2] *Nachdem Karl am 6. Jänner 1355 in Mailand mit der eisernen Krone gekrönt worden war, wurde er am 5. April desselben Jahres in Rom zum Kaiser gekrönt, bei welcher Gelegenheit Johann in der Vaticanischen Kirche dem Märtirer und Landespatron von Böhmen, dem heil. Wenzel zu Ehren einen Altar errichten liess. Ein ewiges Licht vor demselben stiftete der böhmische Edle Jaroslaus Borzita von Martinicz.*[3] *In dieser Zeit dürfte Johann auch mit Petrarca zusammengekommen sein, welcher vom 16. December 1354 bis zum 12. Jänner 1355 bei Karl verweilte.*[4] *Noch im Spätsommer des Jahres 1355 kehrte Karl nach Prag zurück: allein Johann fand auch jetzt keine Zeit, nach Leitomischl zu kommen, sondern begab sich bald darauf nach Deutschland, wo er in Gemeinschaft mit dem Juristen Rudolf von Friedberg die goldene Bulle ausarbeitete.*[5]

Nach Veröffentlichung der goldenen Bulle scheint für Johann eine Erleichterung in der Ausübung seiner Pflichten als Kanzler eingetreten zu sein, denn von jetzt an widmet er sich mit Eifer und Erfolg der Verwaltung seines Bistums.

---

[1] *Vgl. Jelinek, hystorye města Litomyšle (Geschichte der Stadt L.) I, 121 f. und Frind, Kirchengeschichte Böhmens II, 112.*
[2] *Pelzel I, 439, Urkunde Nro. CXXVI.*
[3] *Balbinus a. a. O. II, 135. Jelinek II, 124.*
[4] *Friedjung 305 ff.*
[5] *Pelzel II, 551. Jelinek II, 125.*

Es wurde schon früher bemerkt, dass Johann sich der Augustiner bei St. Thomas in Prag sehr warm annahm. Er blieb diesem Orden auch fernerhin ganz besonders zugetan ¹) und die erste grössere Schöpfung, die Johann als Bischof von Leitomischl ins Werk setzte, war die Gründung eines Augustinerklosters mit Kirche in Leitomischl. ²) Am 5. Februar 1356 erteilte der Papst Innocenz VI. von Avignon aus die Erlaubnis zum Baue des Klosters, und schon am 29. September 1357 konnten die Mönche in der neuen Kirche die gottesdienstlichen Verrichtungen beginnen.

Den Besitz des Bistums vergrösserte er durch Ankauf der Herrschaft Landskron mit einer grossen Zahl von Ortschaften, welche Herrschaft dem Kloster Königsal bei Prag gehörte. Der Vertrag wurde am 3. Jänner 1358 geschlossen, welcher eigentlich mehr ein Tauschvertrag war, indem dem Kloster Königsal näher gelegene Besitzungen des Leitomischler Bistums mit in Kauf gegeben wurden. ³)

Bald darauf kam es zu einem Streite mit dem Domcapitel zu Olmütz wegen einiger Besitzungen, welchen Johann jedoch beizulegen verstand; ⁴) ja der Friede war ein so vollständiger, dass Johann bald darauf mit dem Olmützer Domcapitel einen Tauschvertrag abschloss, welcher für beide Teile von grossem Vorteil war. ⁵)

Allein Johann konnte sich mit seiner Stellung als Bischof von Leitomischl nicht recht befreunden; er sehnte sich nach einem erweiterten Wirkungskreise.

Eine günstige Gelegenheit schien gekommen, als der Erzbischof von Prag Ernst von Pardubitz starb und für den Prager erzbischöflichen Stuhl der Olmützer Bischof Očko von Vlašim in Aussicht genommen wurde. Den erledigten Olmützer Bischofsitz zu erhalten war Johanns lebhaftester Wunsch und

---

¹) Vgl. Feifalik, Schriften der hist.-stat. Section der mähr.-schles. Gesellschaft des Ackerbaues etc. IX. 200.
²) Jelinek I, 125 ff.
³) Jelinek 111 ff. Frind II, 112.
⁴) Jelinek 155 ff. Frind v. a. O.
⁵) Jelinek 160 f.

er trug diesfalls kein Bedenken, den Kaiser direkt zu ersuchen, ihm dieses Bistum zu verleihen. In einem Schreiben, datirt nach dem 12. Juli 1364, bittet der Kanzler den Kaiser bei der Besetzung des Olmützer Bistums an ihn zu denken, wenn etwa der bisherige Bischof von Olmütz zum Erzbischofe von Prag ernannt werden sollte.[1]) Dieses Bistum nun, das Johann so sehr wünschte und vom Kaiser direkt erbat, wurde ihm auch im Jahre 1364 verliehen.[2])

Mit der Berufung Johanns auf den Olmützer Bischofstuhl scheint aber eine Unterbrechung in der Ausübung des Kanzleramtes eingetreten zu sein. Wenigstens finden wir dass vom Jänner 1365 an von einem Berthold, Bischof von Eichstädt, als Kanzler die Urkunden der kaiserlichen Kanzlei recognoscirt werden.[3])

Dieser Berthold starb aber schon am 18. September 1365 und nach ihm erscheint sogleich wieder Johann von Neumarkt als Kanzler. Wir dürfen aber kaum annehmen, dass Johann, als er Bischof von Olmütz wurde, von der Leitung der Kanzlei zurückgetreten und später wieder berufen worden sei, sondern wir werden in Berthold von Eichstädt nur einen Stellvertreter zu erblicken haben, welcher die Kanzleigeschäfte interimistisch führte, um Johann Muse zu verschaffen seine Angelegenheiten ordnen zu können.[4])

---

[1]) *Friedjung 108, Anm. 3. Der Brief steht in dem Prager Codex der cancellaria XIV. G. 4 auf folio 77 b und ist abgedruckt in dem cod. dipl. Mor. IX, 278, Nro. 373. Friedjung erwähnt noch einen Brief mit ähnlichem Inhalte, welcher an den Erzbischof Ernst von Pardubitz gerichtet sein dürfte. Der Brief steht in demselben Prager Codex fol. 21b.*

[2]) *Vgl. Feifalik a. a. O. IX, 200. Balbinus a. a. O. Monse, infulae doctae Moraviae pag. 39 sqq. Pelzel II, 746. Frind II, 113. Friedjung 108.*

[3]) *Huber XLVI.*

[4]) *Hier möge noch bemerkt werden, dass der Bischof von Breslau Preczlaus als Kanzler auftritt zu der Zeit, in welcher Johann von Neumarkt diese Würde inne hatte. Es ist nun allerdings Tatsache, dass Preczlaus Kanzler genannt wird in Urkunden, die aus der Zeit Johanns stammen. Doch wird das nur ein Ehrentitel gewesen sein, der dieser Bischof, der unmittelbar vor Johann Kanzler gewesen war, auch dann noch weiterführte, als er dieses Amt selbst nicht mehr bekleidete. Vgl. Friedjung 107 und Huber XLVI.*

Der Umstand nun, dass bei der Ernennung Johanns zum Bischofe von Olmütz ein anderer Kanzler erscheint, könnte einen gerechtfertigten Zweifel darüber aufkommen lassen, ob Johann überhaupt als Bischof von Olmütz noch Kanzler gewesen sei.[1]) Allein den Beweis, dass das in der Tat der Fall war, führt schon Feifalik,[2]) und Huber führt eine Menge von Urkunden an, die Johann als Bischof von Olmütz in der Eigenschaft eines Kanzlers recognoscirte.[3]) Wir haben aber auch aus dem Munde Johanns selbst einen sprechenden Beweis dafür, wenn er im Eingange zu seinem Leben des heil. Hieronymus von sich selbst sagt: 'meiner genedigen sunderlichen frawen enbeute ich Johannes, von gotes gnaden *bischof zu Olmuntz, des romischen keisers kantzler* mein demütiges gebet.' Auch am Schlusse des Werkes stellt er diese beiden Würden neben einander. Und Karl IV. blieb Johann, auch nachdem er Bischof von Olmütz geworden war, in gleicher Weise wie bisher gewogen. Schon im Jahre 1365 hören wir von einer neuen Auszeichnung, die ihm zu Teil wurde: am 1. Mai dieses Jahres ernannte Karl den Bischof von Olmütz zum Comes regalis capellae Boemiae, mit welcher Würde bedeutende Vorrechte verbunden waren,[4]) und bestimmte, dass diese Würde auf alle folgenden Bischöfe von Olmütz übergehen solle.[5])

Für seine neue Diöcese sorgte Johann in der väterlichsten Weise. Gleich in den ersten Jahren seiner Tätigkeit als Bischof von Olmütz geriet er mit seinem Nachfolger in Leitomischl Albert von Sternberg in Streitigkeiten, welche aber schon im Jahre 1366 in der freundlichsten Weise beigelegt wurden, und als dieser Albert v. Sternberg in der Stadt Sternberg ein

---

[1]) *Richter*, Augustini Olomuc. Episcoporum Olomuc. series. Olmütz 1831 pag. 111.

[2]) *Feifalik* a. a. O. 199, Anm. 20.

[3]) *Huber* XLVI.

[4]) *Richter* a. a. O gibt als Prärogative dieser Würde an: 'Praefectura in sacris praesente nimirum rege in capella regia Carlsteinensi, coronatio seu coronae impositio, antecessus ante omnes alios, Archiepiscopo Pragensi excepto, in praedicta capella.'

[5]) *Friedjung* 108. Feifalik a. a. O. 200.

Augustinerkloster gründen wollte, gab Johann hiezu im Jahre 1371 bereitwilligst seine Erlaubnis.[1] Dass Johann auch in Landskron ein Augustinerkloster gegründet habe, wird von Richter bezweifelt: dieses Kloster sei vielmehr von Peter III., dem Nachfolger Johanns gegründet worden.

Die Statuten des Olmützer Domcapitels waren ein Gegenstand der besonderen Aufmerksamkeit Johanns. Dieselben wurden einer durchgreifenden Revision unterzogen, umgearbeitet und ergänzt und war die Bearbeitung derselben schon 1367 so weit gediehen, dass Johann am 10. Juni denselben seine Bestätigung erteilen konnte.[2]

Mittlerweile aber scheint in Johann der Wunsch rege geworden zu sein eines Teiles seiner Pflichten entledigt zu werden. Die Verwaltung seines Bistums, die Führung der kaiserlichen Kanzlei, ferner umfassende litterarische Arbeiten, mit denen er sich in dieser Zeit beschäftigte, mochten allerdings seine Tatkraft in einer Weise in Anspruch genommen haben, der sich der Bischof auf die Dauer nicht gewachsen fühlte.

Zunächst war es wol das Kanzleramt, das Johann die meisten Lasten aufbürdete, und das er niederzulegen wünschte. Und in der Tat verschwindet Johann in der zweiten Hälfte des Jahres 1374 aus den Urkunden der kaiserlichen Kanzlei[3], und es ist keinem Zweifel unterworfen, dass er in dieser Zeit die Würde eines Kanzlers niederlegte.[4] Letztere Stelle scheint denn auch nicht mehr besetzt worden zu sein; wir finden nach ihm keinen Kanzler mehr, und die Urkunden

---

[1] Richter 114 sq.
[2] Richter 111 sq.
[3] Friedjung 107 nimmt an, dass Johann bis zu seinem Tode Kanzler gewesen sei.
[4] Huber XLVI. Diese Resignation Johanns auf die Kanzlerwürde scheint übrigens die Folge unangenehmer Vorgänge gewesen zu sein und diesen selbst sehr verbittert zu haben. Vielleicht lassen die Worte: 'Aliquando reputatus nunc contemptus Cancellarius vester', die sich am Schlusse des Pergamentcodex der Cancellaria in der Prager Domcapitelbibliothek befinden, diese Deutung zu. Vgl. auch Archiv f. österr. Geschichte 55, 289: 'doch ist dessen Glanz mit dem Tode Karls IV. verblichen' in 'Beiträge zur Geschichte der husitischen Bewegung' von J. Loserth.

recognoscirt als Leiter der Kanzlei der Prothonotar Probst Nicolaus von Cammerich und ausnahmsweise selbst der Erzkanzler Erzbischof Ludwig von Mainz.

Mit um so grösserem Eifer widmete sich jetzt Johann der Verwaltung seiner Diöcese. Jedoch die letzten Jahre seines Lebens waren keineswegs sorgenfrei. Mit dem Markgrafen Jost geriet er in mannigfache Händel und Streitigkeiten, und im Anfange des Jahres 1380 brannte die Kirche in Olmütz mit dem bischöflichen Palast vollständig nieder.[1]) Johann liess die Kirche wieder herstellen und fand ausserdem Zeit, eine Diöcesansynode nach Kremsier zu berufen, welche am Dienstag nach dem Feste der heil. Dreifaltigkeit (22. Mai) 1380 eröffnet wurde, und für welche er die Statuten selbst ausgearbeitet hatte.[2]) Bald darauf wurde er zum Bischofe von Breslau erwählt, wo man damals einen Mann brauchte, der das allgemeine Vertrauen besass und der die Zügel der Regierung mit kräftiger Hand zu führen verstand.[3]) Allein Johann wurde durch den Tod verhindert das in ihn gesetzte Vertrauen zu rechtfertigen: am 23. December[4]) des Jahres 1380 verschied er und wurde zu Leitomischl in dem Kloster der Augustiner begraben, das er gegründet hatte.[5])

Johann von Neumarkt war ein Mann von bedeutenden Talenten, der eine vielseitige Tätigkeit entwickelte. Auf die Politik hat er zwar wenig oder gar keinen Einfluss ausgeübt, wie man bei seiner wichtigen Stellung als Kanzler erwarten möchte.

Es hat dies wol seinen Grund darin, dass Karl IV. in seinen Entschliessungen und Handlungen sich nicht gerne beeinflussen liess.[6]) Das wird denn auch Johann gewusst

---

[1]) Richter 113, 116.

[2]) Monse pag. 40. Richter 116 sqq.

[3]) Vgl. Archiv für österr. Geschichte 37, 242.

[4]) Dass Johann am 14. Jänner 1380 gestorben sei, wie Balbinus und mit ihm Monse a. a. O. mitteilt, ist offenbar unrichtig. Im österr. Arch. ist a. a. O. der 20. December als Todestag angegeben; dagegen ibid. 55, 315 der 21. December.

[5]) Richter 113. Frind II. 112. Feifalik 200.

[6]) Vgl. hierüber Pelzel II, 959, und Friedjung 320 f. über das Verhältnis des Kaisers zu Petrarca.

und grundsätzlich jeden Versuch, auf den Kaiser einzuwirken, gemieden haben, da ja ein Resultat immer problematisch sein musste. Dagegen ist schon aus dem wenigen, was über sein Leben mitgeteilt wurde, zu ersehen, dass Johann als Bischof eine sehr erspriessliche Tätigkeit entfaltete, und dass namentlich Stadt und Bistum Leitomischl während seines Episcopates manche Errungenschaft zu verzeichnen haben.

Am umfangreichsten jedoch und von den schönsten Erfolgen begleitet war die Tätigkeit Johanns auf litterarischem Gebiete. In dieser Beziehung hatte die damalige Zeit wenige Männer, die mit Johann rivalisiren könnten, und wenn von den Bestrebungen Karls IV. um die Hebung und Pflege der Wissenschaften und der Litteratur die Rede ist, so wird immer Johann unter den ersten genannt werden müssen von denen, die ihn in diesen Bemühungen mit Eifer und Erfolg unterstützten. Ein grosser Dichter war Johann allerdings nicht; allein er besass ein umfassendes Wissen, das sich auf alle Zweige der Litteratur erstreckte; er verfolgte mit dem grössten Interesse alle neuen Erscheinungen auf diesem Gebiete und stand mit den berühmtesten Männern der damaligen Zeit in regem Verkehr. Gerade in der Zeit Johanns dichtete in Italien Petrarca, und wie sehr er diesen Mann schätzte, bezeugt der Umstand, dass er an Petrarca schreibt und denselben in den schmeichelhaftesten Ausdrücken um eine Antwort bittet. [1])

Petrarca antwortete auf den Brief Johanns freundlich und in der zuvorkommendsten Weise, und es fand von nun an ein lebhafter Briefwechsel zwischen den beiden Männern statt, der am eifrigsten geführt wurde nach der Anwesenheit

---

[1]) *Friedjung 311. Dass Johann Petrarca nicht gesehen, bevor er diesen Brief an ihn abschickte, (Friedjung datirt nämlich den Beginn des Briefwechsels zwischen Johann und Petrarca mehrere Jahre vor deren persönliche Bekanntschaft zurück) wäre nur dann möglich, wenn das schon vor dem Jahre 1355 geschehen wäre; wahrscheinlich jedoch dürfte dieser Brief an Petrarca abgegangen sein, nachdem Johann aus Italien nach Deutschland zurückgekehrt war und den Dichter, der sich längere Zeit im Lager des Kaisers aufhielt, wenigstens gesehen hatte. Allein eine vorübergehende Begegnung wenigstens der beiden Männer dürfte doch wol stattgefunden haben.*

Petrarca's in Prag (1356). Beide bedienten sich der lateinischen Sprache und jeder handhabte dieselbe in seiner Art. Johann schrieb das schwülstige Latein seiner Zeit, ja er bildete diese Darstellungsweise bis zur Manier aus. Der Stil Petrarca's dagegen war das gerade Gegenteil: er suchte kunstlos und ungezwungen zu schreiben und den lateinischen Stil auf seine ursprüngliche Kraft und Festigkeit zurückzuführen. Und wenn er auch Johann eine gewisse Meisterschaft im Gebrauche der lateinischen Sprache zugesteht, so fühlt er sich diesem doch immer überlegen und lässt dies auch Johann am Ende ihres Briefwechsels fühlen.

Hat somit Petrarca Johann seine Anerkennung gezollt, so hat er dennoch dessen Schreibweise nicht im entferntesten nachgeahmt, im Gegenteil sie perhorrescirt. Anders verhielt sich in dieser Beziehung Cola di Rienzi. Auch dieser stand in Briefwechsel mit Johann und war zugleich ein rückhaltsloser Bewunderer des Stils, den dieser schrieb. Er suchte denselben auch nachzuahmen, und es gelang ihm das in einem solchen Grade, dass es schwer hält die Briefe Johanns von denen Rienzi's zu unterscheiden. [1]

Aber auch diesseits der Alpen fand der Stil Johanns zahlreiche Bewunderer und Nachahmer. So hat Friedjung im Anhange zu seinem Werke unter Nr. III ein Schreiben abgedruckt, das der Cancellaria Wenceslai regis (Cod. 183 im Wiener Staatsarchiv) entnommen ist und das ganze Wendungen aus einem Briefe entlehnt, den Johann an Petrarca richtet. [2]

Das Latein Johanns ist in dem Stile geschrieben, der in jener Zeit allgemein üblich war und der der classischen Latinität diametral gegenübersteht; ja Johann hat dieses schwülstige Latein so sehr zur Manier emporgeschraubt, dass er vielleicht die weiteste Abirrung der mittelalterlichen Latinität von dem Geiste der alten Classiker bezeichnet. [3]

---

[1] *Friedjung 112.*
[2] *Friedjung 111. nota.* Dieselbe Erscheinung tritt uns auch entgegen in Briefen des Prager Erzbischofes Johann von Jenzenstein. *Vgl.* Loserth, Beiträge zur Geschichte der husitischen Bewegung a. a. O. 289.
[3] *Friedjung 111.*

Ist der Stil so manches Nacheiferers Cicero's schwülstig und überladen, da kaum einer es verschmäht, von den Mitteln der Rhetorik in ausgiebigstem Masse Gebrauch zu machen; so geschieht dies doch selten in dem Grade, dass dabei die Deutlichkeit und Verständlichkeit des Geschriebenen ausser Acht gelassen wird. Bei Johann von Neumarkt dagegen tritt hinter der Häufung bildlicher Ausdrücke, dem Haschen nach glänzenden Wendungen, der endlosen Periodengliederung der Sinn des Gesagten vollständig in den Hintergrund und man hat oft Mühe aus dem Schwulst von Phrasen den eigentlichen Kern herauszuschälen. Und dieser selbst ist oft dürftig genug: ein einziger Gedanke reicht für Johann hin für ein umfangreiches Schriftstück, und derselbe kehrt dann in den verschiedensten Wendungen und Formen immer wieder.

Diese Schreibweise begegnet uns mehr oder minder in allen lateinischen Schriften Johanns, und diese sind zahlreich genug und bewegen sich auf den verschiedensten Gebieten.

So wird Johann ziemlich übereinstimmend die Abfassung einer vita sancti Venceslai *zugeschrieben, die aber nicht sein Werk ist.*[1]) *Diese vita des heil. Wenzeslaus ist mehrfach handschriftlich vorhanden. Eine Handschrift befindet sich im Archive des Bistums zu Olmütz und wird von d'Elvert mit Boczek auf das Jahr 1262 verlegt.*[2]) *Ihnen ist zweifellos Feifalik gefolgt, wenn er in seiner Abhandlung über das Leben des heil. Hieronymus Johann dieses Werk abspricht.*[3]) *Das Alter dieser Handschrift ist ein Beweis gegen die Autorschaft Johanns. Eine zweite Handschrift dieser lateinischen vita besitzt die Prager Universitätsbibliothek. Sie trägt die Signatur X. B. 12, ist eine Papierhandschrift und enthält 130 Blätter, während zum Schlusse eine grössere Anzahl von Blättern herausgerissen ist.*

Die Handschrift ist nicht datirt und enthält ausser dem Leben des heil. Wenzel auch das der heil. Adalbert, Procop,

---

[1]) *Balbinus, Boh. docta 2, 134; 3, 80 und 3, 142. Monse, pag. 39 Nro. IV u. a.*

[2]) *d'Elvert, historische Literaturgeschichte Mährens S. 10.*

[3]) *Feifalik a. a. O. S. 200.*

Ludmilla, Cyrill und Methud. Letzteres steht auf fol. 32—34 und wurde von Dobrovsky herausgegeben (Prag 1826). Das Leben des heil. Wenzel beginnt auf fol. 100 b. Dieses wurde schon 1644 vom Augustinerbarfüssermönch Aegidius a S. Joanne Baptista herausgegeben und in Prag bei J. Bilin gedruckt u. z. unter dem Namen Johanns von Neumarkt.[1]

Von unserem Johann stammt dagegen ein Werk, das sämmtliche ältere Schriftsteller, die über ihn berichten, mit Stillschweigen übergehen. Erst Friedjung und Frind erwähnen dasselbe.[2] Es ist das der liber viaticus, der sich handschriftlich in der Bibliothek des böhmischen Museums zu Prag befindet. Die Handschrift[3] ist nicht signirt, auf Pergament im grössten Folio geschrieben und enthält 319 Blätter. Gebunden ist sie in roten Sammt und trägt den üblichen Blechbeschlag. Das erste Blatt ist unbeschrieben (ebenso Fol. 8 und 9 a, 68 und 69 a und das letzte Blatt), trägt aber schon am unteren Rande schwarz und rot geschrieben die Worte: 'Liber viaticus Domini Johannis, Luthomusslensis Episcopi, Imperatoris Cancellarii', welche regelmässig bis fol. 304 a wiederkehren. Nur auf Fol. 9 a und 10, deren Rand später mit einer andern Schrift beschrieben wurde, wurden diese Worte ausradirt. Ausserdem trägt jedes Blatt das Leitomischler Bischofswappen.

Der Codex ist durchaus gleichmässig schön geschrieben, die einzelnen Capitelanfänge werden durch prächtige Initialien mit Miniaturbildern ausgezeichnet, und ein solches Miniaturbild (fol. 69) zeigt uns den Bischof selbst kniend vor der Krönung Mariens.

Der liber viaticus ist ein Reisebrevier und demgemäss bildet den Eingang desselben ein Calender von fol. 2 a—7 b; auf jeder Seite ist ein Monat untergebracht. Auf fol. 9 b beginnt dann der eigentliche Text. Das Blatt ist reich verziert und namentlich die Initiale B prächtig ausgestattet.

---

[1] Vgl. Feifalik 200, Balbinus 2, 136.
[2] Friedjung 110, Frind II, 113.
[3] Die Hs. konnte ich im Museum einsehen und benützen, wofür ich dem Herrn Bibliothekar hiemit meinen Dank ausspreche.

Der Text beginnt mit den Worten: 'Beatus vir, qui non abiit in consilio impiorum et in via peccatorum non stetit, et in cathedra pestilentiae non sedit, Sed in lege domini voluntas eius et in lege eius meditabitur die ac nocte. Et erit tamquam lignum, quod plantatum est secus decursus aquae: quod fructum suum dabit in tempore suo.'

Den Schluss der Handschrift bildet das auf fol. 316 beginnende letzte Capitel in 6 Lectionen, überschrieben: 'Sequitur legenda de translatione sanctissimi et egregii martyris wencezlay ducis bohemorum'.

Die Handschrift selbst ist nicht datirt; allein da Johann Bischof zu Leitomischl war, als sie geschrieben wurde, so ist damit die Abfassung des Werkes in die Jahre 1353—1364 verlegt. Die Abfassung selbst dürfte wol in die erste Hälfte des 6. Jahrzehents des XIV. Jahrhunderts fallen, während die Anfertigung der Handschrift wol noch nicht vollendet war, als Johann Bischof von Olmütz wurde.

Es scheint mir dafür der Umstand zu sprechen, dass von fol. 304b an am untern Rande die Worte liber viaticus etc. *verschwinden. Der Schreiber, der jetzt Johann nicht mehr Bischof von Leitomischl nennen konnte, in seinem Werke aber auch zum Schlusse nicht mehr Bischof von Olmütz nennen wollte, liess lieber die ganze Bezeichnung weg. Die Handschrift des böhmischen Museums ist wol die einzige, die überhaupt vom* liber viáticus *angefertigt wurde.*

Gleichfalls in die Zeit, in welcher Johann Bischof von Leitomischl war, gehört sein liber pontificalis. *Dieses Werk befindet sich handschriftlich auf der Capitelbibliothek zu Olmütz und ist dem Markgrafen Johannes gewidmet.*[1] *Diese Handschrift wird auch von Monse erwähnt unter Nr. III:* 'Liber pontificalis, qui manuscriptis inter codices bibliothecae Cathedralis, nunc metropolitanae Olomucensis asservatur.' *Balbinus erwähnt diese Schrift nicht.*

Das bekannteste Werk jedoch, das wir von Johann in lateinischer Sprache besitzen, ist die Cancellaria Caroli quarti. *Dieselbe ist mehrfach handschriftlich vorhanden; die beste*

---

[1] *Feifalik* 200.

Handschrift besitzt wol die Bibliothek des Prager Domcapitels. Die Handschrift ist in folio auf 88 Pergamentblätter geschrieben, von denen die ersten 10 aus dem XIII. Jahrhundert stammen; auch sie enthalten verschiedene undatirte Formulare, deren Inhalt sich jedoch auf Böhmen bezieht.

Darauf folgt die eigentliche Cancellaria Caroli IV. Den Inhalt derselben bilden 279 Copien verschiedener Briefe und Urkunden von verschiedenen Männern.

Nach dem 238. Briefe finden wir die Worte: 'Explicit summa Cancellariae anno Domini Millesimo Trecentseimo octuagesimo septimo feria quarta in vigilia sancti Procopii Abbatis et Confessoris.' *Nach diesem folgen die Adressen an die damaligen Fürsten und dann finden wir die Worte:* 'Aliquando reputatus nunc contemptus Cancellarius vester.'[1]

In Prag befinden sich noch zwei Handschriften der Cancellaria, und zwar beide in der Universitätsbibliothek. Die eine trägt die Signatur XIII. D. 6, ist eine Papierhandschrift aus dem Jahre 1404 in Folio und enthält 217 Blätter.

Die Cancellaria Caroli IV. Imperatoris beginnt auf Fol. 162 und endigt fol. 214 a. Den Schluss der Handschrift bildet ein Leben des heil. Adalbert von fol. 214 b an.

Die zweite Handschrift trägt die Signatur XIV. G. 4, ist ebenfalls eine Papierhandschrift, undatirt. Sie enthält:[2] *1. Ein Formelbuch als eine vollständige Anleitung zur Abfassung von Geschäftsbriefen mit Schulpensen, unter anderen viele Briefe an Wladislaus Jagello, ausserdem zwei Briefe Wenzels und zwei Sigmunds.*

2. *Ein anderes Formelbuch*, verschieden von der sogenannten Cancellaria Caroli, wenn auch in vielem mit dieser übereinstimmend.

3. *Ein lateinisches Lehrgedicht:* summa bonorum *mit Anklagen gegen die verschiedenen Stände.*

4. *Ein Lehrgedicht über den Verfall aller Sitten.*

---

[1] *Pelzel, Kaiser Karl IV. I, Vorbericht, 10 f.*

[2] *Auf einem am vorderen Deckel angeklebten Blatte hat Herr Hofrat Ritter v. Höfler den Inhalt angegeben, was ich benütze.*

Eine weitere Handschrift der Cancellaria behandelt Neumann.[1] Diese befindet sich in der Milich'schen Bibliothek in Görlitz, Folioband 122, und ist eine Papierhandschrift mit 228 Blättern. Sie enthält: 1. Ein Psalterium, Fol. 1—95; 2. Quaestiones Helmoldi de Zoltwedyl fol. 96—168 b; 3. Tractatus de anima fol. 169—180 b; 4. Ratio styli epistolaris antiqui fol. 181—228 b. Aus dieser Handschrift hat Neumann mehrere Briefe abgedruckt.

Andere Handschriften der Cancellaria finden sich noch in Wien,[2] in Leipzig[3] und an anderen Orten. Jedoch die meisten derselben sind fehlerhafte Abschriften und wurden als solche schon von Pelzel bezeichnet.[4]

Die Sammlung von Schriftstücken, die uns in der Cancellaria vorliegt, hat im Laufe der Zeiten mannigfache Umarbeitungen erfahren, indem einzelne Schriftstücke weggelassen, andere neu hinzugefügt wurden u. s. w.[5] Und so kommt es denn, dass die einzelnen Handschriften oft sehr stark von einander abweichen, wie unter anderen der Prager Codex XIV. G. 4 dafür ein Beispiel liefert.

Ueber die Cancellaria Caroli IV. wurde schon viel geschrieben und sie nehmen überall da einen hervorragenden Platz ein, wo es sich um Formelbücher handelt.[6] Und ein solches ist eben die summa Cancellaria: Johann wollte eine Reihe von Musterbriefen zusammenstellen, wozu allerdings seine eigenen das grösste Contingent lieferten. Dass die Cancellaria schon zur Zeit ihres Entstehens ein hohes Ansehen genoss, beweist der Umstand, dass nach dem Muster derselben bald

---

[1] Neumann, neues Lausitzer Magazin vom Jahre 1846, 23. Band.
[2] Friedjung, 110, Anm. 4.
[3] Stübel, eine Leipziger Handschrift der Summa cancellariae in Forschungen 14, S. 56.
[4] Pelzel I, Vorbericht S. 11.
[5] Vgl. Friedjung 109 f.
[6] Man vgl. Lorenz, Deutschlands Geschichtsquellen im Mittelalter I, 266; Rockinger, über Briefsteller und Formelbücher in Deutschland während des Mittelalters S. 17; Palacky, über den Wert der Formelbücher namentlich in Bezug auf die böhm. Geschichte; Abhandl. der böhm. Gesellschaft der Wissensch. neue Folge II, S. 219 ff. u. a.

neue *Formelsammlungen entstanden, unter denen die des Johann von Gelnhausen am Main, der auch in der Kanzlei Karls beschäftigt war, besonders erwähnt zu werden verdient.*[1] *Auch der* formularius notariae *gehört hieher, der von Johann Přimda stammt und im Jahre 1377 verfasst wurde. Dieser formularius befindet sich handschriftlich auf der Prager Metropolitanbibliothek mit der Signatur J. 40.*[2]

Hat nun Johann in die Cancellaria eine grosse Zahl von seinen eigenen Schriftstücken eingeflochten,[3] *so ist damit keinesweys gesagt, dass es alle sein müssen: denn wenn man auch annehmen darf, dass Johann die meisten von den Urkunden, die während seiner Tätigkeit als Kanzler ausgefertigt wurden, selbst abgefasst habe, so ist doch auch nicht der Umstand ausgeschlossen, dass manche derartige Urkunden über seinen Auftrag von andern ausgefertigt wurden, und hier wird Sicherheit kaum zu erreichen sein, da es leider unter Karl ganz ausser Gebrauch gekommen war, dass die Urkunden von den Kanzlern gezeichnet wurden.*[4]

Einen ähnlichen Zweck wie die Cancellaria mögen auch mehrere kleinere Schriften juristischen Inhalts *gehabt haben, welche Johann zugeschrieben werden. Mouse a. a. O. zählt die lateinischen Werke Johanns unter Nr. I—VI auf und fügt dann hinzu:* 'Reliquit etiam formulas et varios processus juris, tractatum de advocatis, judicibus, syndico et actore etc.' *Genau mit denselben Worten erwähnt auch Balbinus diese Schriften, während Friedjung bemerkt, sie seien ihm nicht aufgestossen, und Feifalik dieselben ohne weitere Bemerkung einfach aufzählt. Ich habe von diesen Schriften nichts näheres in Erfahrung bringen können; doch findet sich in dem Prager Codex IV. A. 5, der auch die Cancellaria officii Olomucensis enthält, als erstes Stück ein* ordinis judiciarii libellus, *welcher*

---

[1] *Friedjung 112.*
[2] *Ibid. 113.*
[3] *Welche Stücke von Johann selbst herstammen, ist schwer zu entscheiden; denn dieselben enthalten weder die Zeit, wann, noch den Ort, wo sie ausgestellt wurden. Pelzel a. a. O. schreibt mehr als 50 Johann zu.*
[4] *Lorenz, Geschichtsquellen I, 266.*

in einzelne Capitel abgeteilt ist, die mit Ueberschriften versehen sind, und von denen die ersten lauten: de judicibus ordinariis; de judicibus delegatis; de arbitris; de assessoribus et auditoribus: de advocatis; de procuratoribus; de syndico et actore u. s. w. *Möglich, dass diese oder eine ähnliche Handschrift jenen Schriftstellern vorlag, welche diese Schriften Johann zuschreiben. Dass diese keinen grossen Umfang können gehabt haben, darauf scheint mir wenigstens die summarische Aufzählung derselben hinzudeuten.*

Eine ähnliche Formelsammlung wie die Cancellaria Caroli IV. hat Johann für das Bistum Olmütz veranstaltet unter dem Titel: Cancellaria officii Olomucensis.[1]) *Angelegt wurde diese Sammlung also wol in der Zeit, in welcher Johann Bischof von Olmütz war, d. h. in den Jahren 1364—1380. Doch wird die erste Zeit seiner bischöflichen Wirksamkeit in Olmütz als diejenige angenommen werden dürfen, in welcher die in Rede stehende Cancellaria entstand, also die Zeit von 1364—1370. Auch diese Sammlung ist in einer Handschrift in der Universitätsbibliothek in Prag vorhanden. Dieselbe trägt die Signatur IV. A. 5, ist eine Papierhandschrift in folio, nicht paginirt, und enthält:*[2]) 1. *ordinis judiciarii libellus;* 2. *Index (wahrscheinlich zu dem folgenden geistlichen Formelbuche);* 3. *Processus de canonicatu et prebenda vacanti mit Briefen des Erzbischofes Ernst von Prag;* 4. *Declaratio processus Domini Archiepiscopi Pragensis;* 5. *Approbatio examinis;* 6. *Formeln für einen Official;* 7. *Cancellaria officialis Sauderi Olomucensis de stilo Johannis Episcopi Olomucensis (noriforensis);* 8. *Rhetorica.*

Es verdienen ferner noch zwei Schriftchen hervorgehoben zu werden, welche während der Zeit entstanden, als Johann Bischof von Olmütz war. Die erste dieser beiden, die in das Jahr 1367 fällt, ist die confirmatio statutorum capituli ecclesiae Olo-

---

[1]) *Monse: VI.* Cancellaria officii Olomucensis *inter Manuscriptis Cl P. Gelasii Dobner.*

[2]) *Den Inhalt hat auch hier Herr Hofrat Ritter v. Höfler auf einem Blatte am vorderen Deckel angegeben.*

mucensis,¹) *während die zweite, die* Statuten *der Diöcesansynode, welche Johann im Jahre 1380, dem letzten seines Lebens, nach Kremsier einberief, als letztes Produkt seiner litterarischen Tätigkeit betrachtet werden darf.*²)

Ausserdem sind noch viele Urkunden vorhanden, die von Johann verfasst wurden und teils handschriftlich, teils gedruckt vorliegen. Im Allgemeinen wurde derselben oben bei Besprechung der Cancellaria Caroli IV. *Erwähnung getan.*

*Ebenso haben sich viele Briefe erhalten, welche nach Balbinus und Monse in lateinischer, deutscher, tschechischer, französischer und italienischer Sprache geschrieben sind. Allein die meisten derselben sind doch lateinisch geschrieben und scheint sich Johann einer anderen Sprache nur dann bedient zu haben, wenn der Adressat nicht Latein verstand. Dass er mit Petrarca und Cola di Rienzi einen regen Briefwechsel unterhielt, wurde schon oben bemerkt, und sind uns diese Briefe grossenteils erhalten.*³) *Aber auch mit anderen grossen Männern seiner Zeit stand Johann in brieflichem Verkehr: so finden wir in Balbins Miscellaneen einen Brief an den Erzbischof von Magdeburg*⁴) *und einen zweiten über Rudolf IV., den Sohn Albert I.*⁵)*, ferner einen solchen an den Bischof von Freisingen im neuen Lausitzischen Magazin*⁶) *und andere.*

In einem solchen lateinischen Briefe finden wir sogar eine Uebersetzung aus dem Deutschen: Johann sucht nämlich einen böhmischen Bischof mit einem Gedichte von Johann Frauenlob⁷) *bekannt zu machen, das von der Verbannung der Gerechtigkeit handelt. Der Bischof mochte wol mit der deutschen Sprache nicht vertraut sein, und Johann benützt*

---

¹) *Monse a. a. O. Nro. 1; vgl. Fassbau, Collect. synod. Olomucens. p. 8.*

²) *Friedjung 110 stellt die Vermutung auf, dass auch die Sammlung der Reden des Papstes Clemens VI. von Johann herzurühren scheine.*

³) *Vgl. Friedjung, Anhang Nro. II und Nro. VIII.*

⁴) *Balbinus, Miscell. Dec. I. Lib. VII pag. 188; Pfeiffers Germ. 9. 152; Neumann, N. Laus. Mag. S. 153.*

⁵) *Balbinus a. a. O. pag. 208.*

⁶) *Neumann, Cancellaria Caroli IV. Nro. 10.*

⁷) *Sollte eine Verwechslung mit* Heinrich *Frauenlob vorliegen?*

zur Verständigung die lateinische Sprache, in welcher er das Gedicht mit einem erklärenden Schreiben an den Bischof abschickt.[1]) Hier möge auch erwähnt werden, dass sich Johann von Neumarkt auch in lateinischen Versen versucht hat, und den vorhandenen Urkunden nach zu urteilen dürften dies kaum stümperhafte Versuche gewesen sein, wenn uns auch von seinen poetischen Producten nicht besonders viel erhalten ist. An diesen poetischen Bestrebungen Johanns hat besonders der Prager Erzbischof Johann von Jenzenstein regen Anteil genommen, welcher in lebhaftem Verkehr mit jenem stand und ihm, wie es scheint, in manchen Stücken zu Dankbarkeit verpflichtet war.[2])

Dieser Johann v. Jenzenstein schickt im Jahre 1380 einen Brief an Johann von Neumarkt, in welchem sich folgende Stelle findet: 'Supplico igitur eidem V. P. obnixe, ut beate Marie metra mihi vestra dirigat paternitas, per que pro vestre sanitatis et vite longitudine crebro matrem domini placabo' etc.[3]) Derselbe schreibt ferner im Jänner 1381 an den Magister Nicolaus in Prag und beklagt in der rührendsten Weise den Tod Johanns von Neumarkt; zugleich hebt er dessen Verdienste namentlich um die Litteratur hervor und schreibt in Bezug auf seine Marienlieder: 'illa dearum dea (Maria), que deum deorum meruit in sui sacrarii utero continere, cui ipse sepius carminis odas formabat, cui canticum laudis precinebat, cui oracionum suarum supplices preces tribuebat, cui metra scandere parabat, hec enim pro temporali varietate vitam sibi stabilem tribuit et eternam.[4])

Es dürfte kaum einem Zweifel unterworfen sein, dass diese Marienlieder Johanns von Neumarkt, von denen hier

---

[1]) *Friedjung 114. Das Schreiben hat Friedjung aus der Wiener Handschrift 3372 fol. 121 im Anhange unter Nro. IV abgedruckt. Vgl. ferner Böhmer, Zeitschr. f. d. Altert. VI, 29 und Zeitschr. d. Vereins für Geschichte und Altert. Schlesiens IX, 192. Auch Höfler erwähnt diesen Umstand in Johannes, genannt Porta de Avonniaco. Vgl. auch Höfler, Aus Avignon, S. 46.*

[2]) *Loserth, Arch. für österr. Gesch. 55, 289.*

[3]) *Der Brief ist abgedruckt von Loserth u. a. O. 384, Nro. 63.*

[4]) *Ibid. 315, Nro. 13.*

die Rede ist, in lateinischer Sprache abgefasst waren; denn es ist mir bis jetzt kein Beweis dafür bekannt geworden, dass sich Johann je in deutschen Versen versucht hätte,[1]) während sich von seinen lateinischen poetischen Schriften wenigstens dürftige Ueberreste erhalten haben. So ist uns in einer Wiener Handschrift der Cancellaria Caroli IV. ein geistliches lateinisches Lied erhalten in Brief 53, das Johann nebst einer Auslegung anderer Lieder an den Prager Erzbischof Ernst schickte; dieses Schriftstück findet sich auch in der Prager Handschrift der Cancellaria XIV. G. 4.[2]) Es ist uns ferner ein lateinisches Gedicht erhalten, das Johann zu Ehren des heil. Hieronymus abgefasst hat, desselben Heiligen, dessen Lebensgeschichte er aus dem Lateinischen ins Deutsche übersetzte. Dasselbe ist handschriftlich vorhanden in dem Codex III. III. 15 der Olmützer Studienbibliothek.[3])

Als Beleg für die vielseitige Tätigkeit Johanns auf dem Gebiete der lateinischen Litteratur sei schliesslich noch die Tatsache verzeichnet, dass derselbe gewissermassen als Herausgeber eines lateinischen Werkes fungirt hat. Die Kirche zu St. Peter und Paul in Liegnitz besitzt nämlich eine Handschrift des Policraticus, welche mit folgenden Worten schliesst: 'Explicit Policraticus liber solempnis et utilis Quem domini Johannis Nouiforensis Olomucensis Episcopi solicitudo correxit ad utilitatem publicam promovendam. Scriptus per P. Weygensdorf in promptuario Episcopi Luthom. de anno domini M°. CCC° XCIV finitus etc.'[4])

Dieser Umstand zeigt uns zugleich Johann von Neumarkt von einer ganz anderen Seite seiner Tätigkeit und seiner Bestrebungen: er bereicherte nicht nur die Litteratur durch seine eigenen Schöpfungen, sondern er hatte auch ein ebenso reges Interesse für das, was in seiner Zeit geleistet wurde, wie für das, was die frühere Zeit an hervorragenden Geistes-

---

[1]) Ein Gedicht, das E. Martin in Zeitschr. f. d. Altert. XXIII, 438 aus der Hohenfurter Hs. des heil. Hieronymus mitgeteilt hat, ist nicht von Johann v. Neumarkt. Vgl. die betreffende Stelle in der Zeitschr.
[2]) Friedjung 110, Anm. 4.
[3]) Ibid. 114.
[4]) Zeitschrift des Vereins f. Gesch. u. Altert. Schles. IX, 192.

producten bot. Und er fand nicht blos Interesse an den Werken der lateinischen Litteratur; auch die litterarischen Schöpfungen anderer Cultursprachen verfolgte er mit Aufmerksamkeit, wobei ihm seine ausgedehnte Sprachenkenntnis vortrefflich zu statten kam.¹) Zunächst musste es da die deutsche Litteratur sein, die ihn anzog und die ihm auch am meisten zugänglich war. Und wir haben verschiedene Beweise dafür, dass Johann für dieselbe eine lebhafte Teilnahme bekundete. Schon früher wurde erwähnt, dass er einem böhmischen Bischofe die Schönheiten begreiflich zu machen suchte, welche er in einem Gedichte Johanns Frauenlob gefunden hatte, das von der Verbannung der Gerechtigkeit handelt. Gleichfalls bei der Besprechung seiner lateinischen Briefe wurde ein Schreiben an den Erzbischof von Magdeburg²) erwähnt, in welchem er diesem mitteilt, dass Margaretha Maultasch, die treulose Gemalin des Markgrafen Johann Heinrich von Mähren, an den Hof Karls IV. zu kommen beabsichtige, und er vergleicht dieselbe mit Kriemhilde. Er setzt damit voraus, dass dem betreffenden Bischofe Kriemhilde eine bekannte Persönlichkeit sei, wie andererseits aus dieser Tatsache geschlossen werden muss, dass ihm selbst die deutsche Heldensage geläufig gewesen sein muss. Ueber diesen Besuch, den Margaretha Maultasch ihrem ehemaligen Schwager Karl IV. abstattete, schreibt Johann auch an einen deutschen

---

¹) Es sei hier bemerkt, dass Karl IV., als er das Kloster Emaus stiftete, seinem Schreiber Johann im Jahre 1356 einen Jahresgehalt anwies, um die libros legendarum et cantus nobilis linguae slavonicae für dieses Kloster zu schreiben. Dieser Schreiber Johann wird kaum ein anderer als unser Johann von Neumarkt gewesen sein. Erhalten sind uns in der Tat zwei Manuscripte: ein Bruchstück eines Evangelienbuches in cyrillischen Lettern und ein glagolitisches Pontificalbuch zum Gebrauche beim feierlichen Gottesdienste. Diese wurden in späterer Zeit eine Krönungsinsignie der Könige von Frankreich. Herausgegeben sind sie von Hanka als Sazavo-Emmauskoje Svatoje blagoviestvovanie Illust. Chron. I, 205—207. Vgl. Frind. Kirchengesch. Böhmens II, 189 f.

²) Friedjung 113 lässt ihn den Brief an den Erzbischof von Prag richten. Vgl. Balbinus. Boh. docta II, 135 und Balbinus, Miscell. Dec. I, Lib. VII, p. 188.

Herzog[1]) *in deutscher Sprache und gebraucht in diesem Schreiben denselben Vergleich wie in dem Briefe an den Erzbischof von Magdeburg*[2]) *(s. unten).*

Ein Formelbuch, das die k. Universitätsbibliothek zu Breslau besitzt, und das aus dem Chorherrenstift zu Sagan stammt, wird einem Johann, Pfarrer zu Neumarkt, zugeschrieben. Dasselbe ist vom Jahre 1391 datirt und enthält einen fingirten Brief Kaiser Karls IV., in welchem es unter anderen heisst: 'Quid est, pater dilecte, quod cum tanto gaudio pluries recinisti: Dy kw hot eynen langen zagel, czwor her ist ir lang? Quid est hoc: ze hot czwe cromme hornir und eynen weyten gang?' Dieser Johann, Pfarrer von Neumarkt, und seine Verbindung mit Karl IV. lässt mit ziemlicher Sicherheit schliessen, dass dieses Formelbuch in irgend welchem Zusammenhange mit Johann von Neumarkt steht; wir hätten dann einen neuen Beweis, wie sehr sich Johann für die deutsche Litteratur interessirte.[3])

Wie Johann für die deutsche Litteratur sich besonders interessirte, so hat er auch als deutscher Schriftsteller sich betätigt. In seinen Briefen zwar hat er sich der deutschen Sprache wie erwähnt sehr selten bedient, und immer nur da, wo es unbedingt notwendig war. Es ist mir ein einziger Brief in deutscher Sprache bekannt geworden, und zwar der an einen deutschen Herzog, in welchem Margaretha Maultasch mit Kriemhilde verglichen wird. Der Brief steht in dem Wiener Codex 3372 unter Nr. 50. Die Papierhandschrift ist im XV. Jahrhundert sehr schlecht geschrieben und enthält die Cancellaria Caroli IV, in welcher sich auch dieser Brief vorfindet.[4]) *Derselbe ist interessant durch seinen Inhalt und merkwürdig durch seine schlechte Ueberlieferung (denn so, wie er vorliegt, hat ihn Johann von Neumarkt gewiss nicht geschrieben), so dass ich ihn wiederholen will.*

---

[1]) *Friedjung 113 vermutet in diesem Herzoge Rudolf von Sachsen.*

[2]) *Vgl. auch Höfler, Aus Avignon S. 46 f.*

[3]) *Vgl. H. Palm in J. M. Wagner, Archiv f. Geschichte deutscher Sprache und Dichtung, Wien 1874 I, S. 354.*

[4]) *Vgl. Böhmer, Zeitsch. f. d. Altert. VI. 27 ff., wo dieser Brief auch abgedruckt ist.*

Cancellarius scribit Duci in Teuthonico de Marchionissa M.
Liber gnediger herre, ist das waz (war?) nach alder sagung
und noch urchunde der syten, dij an uns gewachsen seint,
das die vasnacht ie dester wezzer ist, so man allermeist frem-
dichait dorinne übet und treibet, so hoff ich zu got, is sey ein
rechte merchleich vasnacht abenteure, das Crimholt zu hofe
varen welle. und wollet ir meines herren hoff versaumen und
den nicht suchen, durch welche hindernisse daz gesein mochte,
do gelaubt ich ir sullit daz nicht lozen, ir kumt zu uns, nur
umb dy so fremde wunderliche mere, wann ich glaube daz
ir so seitseines nie gehoret habt, als daz dije frawe uns ge-
lawbet, die uns und land und leute in chummer und in arbeit
geseczt hat. und gelaub ich, es sei der funfczechen zeichen
eines, dije von dem iungesten tag schollen gescheen. wan ich
nie erfure so grosses unmenschleiches (so) wunder. [1]

*Von Johann stammen aber mehrere Werke in deutscher
Sprache, die freilich grösstenteils Uebersetzungen sind. In
dem Münchner Cod. germ. 110* [2] *stehen wenigstens einige
Gebete, welche sich auf Johann von Neumarkt berufen, und
es ist sogar nicht unmöglich, dass auch die in derselben
Handschrift befindliche Passion von demselben Verfasser her-
rührt; allein Beweise für die Autorschaft Johanns lassen sich
nicht beibringen. Ebenso wenig ist es sicher, ob die Ueber-
setzung der Meditationes des heil. Augustinus, welche ihm zu-
geschrieben wird, von ihm stammt. Diese Uebersetzung befindet
sich in dem Cod. germ. 70 der Bibliothek zu München. Es
ist eine Pergamenthandschrift aus dem XV. Jahrhundert in 8⁰
und enthält auf fol. 1—85 die Uebersetzung der Soliloquia*

---

[1] *Zu den kleineren litterarischen Leistungen Johanns wären hier wol
noch die Urkunden zu erwähnen, die er als Kanzler Karls IV. aus-
gefertigt hat. Allein was oben S. XVII von den lateinischen Urkunden
gesagt wurde, gilt auch von den deutschen, und mit positiver Gewissheit
wird kaum eine direkt auf Johann zurückgeführt werden können. Bei der
Behandlung der Sprache Johanns wird überdies davon noch gesprochen
werden müssen.*

[2] *Die Hs. stammt aus dem XV. Jahrhundert und enthält 321 fol.
in Octav mit Malereien. Auf fol. 253—305 stehen Gebete von Johann von
Olmütz und andern.*

des heil. *Augustinus unter dem Titel:* 'pucch der liebchosung' *und auf fol. 86—151 die Uebersetzung der Meditationen unter dem Titel:* 'das pucch Sand Augustin von der lieb der petrachtung', *und zwar von anderer Hand geschrieben als die Soliloquien.*

Der Eingang lautet: 'Hie hebt¹) sich an das pucch sand Augustin von der lieb der petrachtung, das erchlaubt ist aus der heiligen geschrifft sunderbar den zw nutz, dy da liebhaber sein des petrachtleichen leben vnd am ersten sol man sprechen den psalm: *Deus misereatur nostri*. Der psalm ist ze sprechen von der heiligen driualtikait und aynikait der gothait, davon der prophet in psalm chlarleich geredt hat. Nach dem sol man sprechen: *Dich vater vngeporen, dich sun aingeporn, dich heiliger geist troster, heilige vnd vngetailte driualtikait mit gantzem hertzen vnd mund wir verjechen vnd loben vnd dir sey lob vnd glori gesagt ewichleich Amen.*

Darnach dy hernach geschriben gepet vnd gottes lob mit lauttrem herezen fleissig vnd audachtlich chleich sullen gesprochen werden. Nu hebt sich an der erst taill.'

Die Ueberlieferung dieser Schrift ist eine sehr mangelhafte und fehlerhafte; die Sprache ist oft hart, gesucht; man sieht es der Arbeit auf den ersten Blick an, dass der Uebersetzer sehr oft mit dem Ausdrucke zu ringen hatte.

Was jedoch die Lautverhältnisse in dieser Schrift anbelangt, so stimmen sie grösstenteils mit dem überein, was von der Sprache Johanns gelegentlich der Besprechung des Lebens des heil. Hieronymus gesagt werden wird. Einzelne Abweichungen sind etwa die folgenden:

Für e steht a in almachtiger *94; doch gleich darauf* almëchtiger; *o für e in* erschrokleich *107 u. ö.; die Endung des Part. Praes. lautet in der Regel* -und: pittund *86,* erfullund *87 u. a.*

Für o steht ö in aingepörn *128.*

î blieb erhalten in driualtikait *86 u. ö.*

Für ô steht ä in schäss *105.*

---

¹) *Was nicht cursiv gedruckt ist, ist in der Handschrift rot geschrieben.*

Für æ steht a in salikait *100*, saligen *103 u. ö., doch* sälig *123*.

Für ei steht fast immer ai (ay) tail *88*, pebain (beweine) *103 u. a.*

Für iu steht ei (ey): cheisch *105 u. ö.*, pauleyt *149 ö.*

Für öu steht in der Regel ey *in* erfreyt *99*, Erfrey *109 u. ö.*

Für uo *und* üe *steht fast immer* ue: muetter *90*, pluetvergissen *90*, gesuecht *91 u. a; doch* armüet *99*, vnmüede *87*.

Für dentalis im Auslaute steht oft dt: endt *87*, sündt *118*, vindt *123 u. a.*

s *wird nach* t *gern zu* z: pluetz *93*, gotz *94*, nichtz *115 u. a.; dafür steht* ß *in* erloß *89 u. ö.*

Für v *steht* b *in* puezbertigen *87 u. ö.*

Ferner hat die Handschrift immer durich, *und ähnlich* werich *88 und immer die Form* lembtig *für* lebendig.

Auf ein anderes Werk, das unbestritten unseren Johann zum Verfasser hat, hat Höfler hingewiesen,[1] *und zwar auf die Uebersetzung der Soliloquien*[2] *des heil. Augustinus ins Deutsche. Von derselben sind mir folgende fünf Handschriften bekannt geworden:*

1. *Die Heidelberger Handschrift Cod. Palat. 107.*[3] *Es ist das eine Papierhandschrift aus dem XV. Jahrhundert mit 152 Blättern in Quart. Sie enthält auf fol. 1—107 die deutsche Uebersetzung der Soliloquien mit dem Schlusse:* 'Jacobus Hornberg von gengenbach argentinensis Dyocesis orate pro eo. *Fol. 108—152:* 'Disz heyszet der Spyegel der selen Meyster henrichs von hessen, den man nennet Langenstein. vnd hat es bruder vlrich carthüser zu Dütsche gemacht von wort zu wort als er kunde.'

2. *Die Münchner Handschrift Cod. germ. 3900, eine Papierhandschrift in folio, mit 4 Spalten auf jedem Blatte, aus dem Ende des XV. Jahrhundertes. Die Uebersetzung der Soliloquien*

---

[1] *Höfler, Aus Avignon. 47.*

[2] *Die lat. Soliloquien sind zu finden in S. Aurelii Augustini Hipp. episc. opera, vol. XVII, editio 9. Venetae, Bassani 1787 Sp. 1721. Sie sind nicht vom h. Augustinus verfasst, sondern erst nach 1200.*

[3] *Vgl. Wilken, Geschichte der Heidelb. Büchersammlungen 345.*

steht in derselben auf fol. 1—27 b; doch finden wir auf fol. 73 d unten: 'Explicit Augustinus Soliloquiorum'. Die Hs. enthält im ganzen 172 Blätter und ist mit einem Wappen geziert.

3. Die Münchner Handschrift cod. germ. 70. (s. die Hs. der Meditationes S. XXIV).

4. Die Wiener Handschrift der k. k. Hofbibliothek 14211 (Suppl. 1655). Es ist eine Papierhandschrift in folio mit 4 Spalten auf dem Blatte, und nach einer Notiz unten auf dem letzten Blatte 178 a 1173 geschrieben. Als Zierde weist sie ein würtembergisches Wappen aus. Die Handschrift enthält die beiden wichtigsten deutschen Schriften Johanns von Neumarkt: das Leben des heil. Hieronymus auf fol. 1 a—135 d, und die Soliloquien des Augustinus von 136—178.

5. Eine Vorauer Handschrift, über welche zu vergleichen ist: Beiträge zur Kenntnis steirischer Geschichtsquellen IV, S. 108, Nro. 156. Doch ist da die Beschreibung eine mangelhafte und Alter, Material u. s. w. der Hs. nicht angegeben. Nur eine Inhaltsangabe ist zu finden, welcher zu entnehmen ist, dass den Anfang der Hs. die Soliloquien bilden. Es folgen dann eine grössere Anzahl kleiner Schriften mit verschiedenem Inhalte, und den Schluss des Ganzen bildet das Leben des heil. Hieronymus.

Von den Soliloquien liegt mir eine Abschrift aus dem Heidelberger Cod. Palat. Nro. 107 vor, welche mir Herr Prof. Ernst Martin eben so wie die Abschrift der Meditationes aus der einzigen Münchner Handschrift freundlichst zur Verfügung gestellt hat. Ich lasse im nachstehenden den Eingang zu den Soliloquien folgen mit den Lesarten der Münchner Hs. cgm. 70, welche ich in einer Klammer beifüge.

Allein (Allain) der allerdurchleuchtigste fürste (allerdurchleuchtigist fürst) unde herre (herr) herr Karl der vierde, von goetlicher gunste semftikeit Römischer keyser, zuo allen zeyten merer des reychs und kunig tzuo beheym, mein gnediger herre, von gnaden dez allmechtigen gotes so viel vernunft (hat und) und sich (fehlt) so fleiszielichen (geubet) hat in den heiligen schrifften (geschriften) das er des grossen achperen lerers sanct augustinus buch der liebkosunge, dorynne er sich

in gotte mit tyffen synnen (tieffem synn) süzzeclich erlustet
(erleucht), Und ouch ander seine buch (puecher) wöl vor-
nemen mug (mûgen) in latein, also sy beschriben (geschriben)
und begriffen sint; Doch ist so (*fehlt*) grosz sein angeborne
tugent und die besunder liebe, die er als ein cristenlicher
furste hat zuo seinem ebencristen, das er begeret hat und
mir (vns) iohannes, von gots gnaden bischoue zuo dem
luthomuschl (Olmüntz), seinem obristen schreiber, gebotten
hat und wôlde daz mit (von) synen keyserlichen gnaden, das
ich das egenant buch der liebkosunge von worte tzuo worte
zuo deutscher tzungen bringen und keren solte uff die rede
das von diser deutschen schrifft manche mentsch getrostet
werde, daz sich in dem latin (lateinischen) nicht berichten
kunde. Und (*fehlt*) allein mein kunst und mein krafft dez
zu swach und zuo kranck sey, doch zuo lobe dem allmechtigen
gott und in dem namen der heyligen dryvaltikeit hab ich
zuo eren der keyserlichen wirde meines obgenanten herren
Und genug tzuo tün seiner fürstenlichen (Chaiserleichen)
andacht das egenant buch gedeut (geteütscht) in der mazze
als man hernach geschriben vindet. [1])

*In Bezug auf die lautlichen Verhältnisse in dieser Hand-
schrift ist hervorzuheben, dass die Vocale noch in mancher
Beziehung dem mhd. ziemlich nahe stehen, wenn auch grössten-
teils jener Vocalbestand bereits die Oberhand gewonnen hat
welcher im Leben des heil. Hieronymus die unbestrittene Herr-
schaft erlangt hat. Im einzelnen wäre etwa folgendes zu
bemerken:*

Für e steht ä in täglichen *42 a.*

Für i steht selten ie, wie in verdierbet *9 a.*

Für o steht häufig ö: völ *3 a,* wölde *1 b u. a.*

Für ü steht ue *in* fuer *9 a.*

Für æ steht neben dem häufigeren e *ae in* saelikeit *2 a
und a in* vnsalden *64 a.*

*î hat sich namentlich am Anfange der Hs. mehrfach
erhalten:* dryvaltikeit *1 b,* miner *2 a u. ö.,* bewisz *2 a,* ert-

---

[1]) *Höfler a. a. O. druckt diese Einleitung ab aus dem cgm. 3900 zu
München.*

rich 2*b*, din 3*b* u. ö., tztlichen 5*b* u. a., während es später seltener wird und als ei erscheint. Es findet sich aber weder für dieses ei noch für den ursprünglichen Diphthong ei in der Handschrift ai geschrieben.

û hat sich erhalten in den beiden Präpositionen ûf und ûz: uff 1*b* u. ö., ussneme 3*a* u. ö.; es wird zu uo in nuo 1*b* u. ö.

ie findet sich öfter als i: siechen 7*b*, liecht 7*b*, die 8*a*, ie 8*b* u. a.

ou hat sich erhalten in ouch 1*a*, 20*a* u. ö. (doch auch 58*b* und öch 71*b*), ougen 107*b* u. ö.

Für ouw steht ow in beschowe 94*b* u. ö.

ön bleibt in fröude 2*a*.

uo bleibt in zuo 1*a* u. ö., muosz 1*b*, guot 2*b*, tuo 2*b* u. ö.

Für üe steht ue in guete 45*a*, ie in siezzikeit 76*a* und uo in wuotenunge 65*b*.

Die Vorsilbe er erhält auch hier öfter Vorschlag eines d: derwege 2*b*, derleuchte 2*b*, derloser 86*a* u. a.

In Bezug auf den Consonantismus hätte ich nur zu bemerken, dass tw, sl und sw unverändert bleiben: twinget 9*a*, geslagen 16*a*, swartz 24*a* u. a.

Für mensch steht immer mentsch: mentschen 59 u. ö.

Diese Übersetzung der Soliloquien des heil. Augustinus bietet den Vorteil, dass derselben eine Einleitung vorausgeschickt ist, aus welcher mit vollster Bestimmtheit zweierlei erhellt: dass Johann von Neumarkt wirklich der Übersetzer dieser lateinischen Schrift ist und dass er sie im Auftrage Karls IV. übersetzt hat; ferner dass die Übersetzung entstanden ist in der Zeit, in welcher Johann Bischof von Leitomischl war. Denn dass die Münchner Handschrift cgm. 70 'bischoue zuo dem Olmüntz' liest, kann nicht besonders schwer ins Gewicht fallen, da sie mit dieser Lesart allein steht und für die Einführung derselben durch einen Schreiber so manches spricht. Die Übersetzung der Soliloquien wurde also verfasst in den Jahren 1353—1364. Da aber Johann in den ersten Jahren seiner bischöflichen Würde zu Leitomischl vielfach mit anderen Dingen beschäftigt war (ich erinnere an den Römerzug Karls IV., an die Ausfertigung der goldenen Bulle u. a.), so darf man wol annehmen, dass Johann erst nach dem Jahre 1357 etwa an die Übersetzung der Soliloquien gegangen sei, dass also diese in den Jahren 1358—1363 entstanden sein möchte. Es ist diese Zeitbestimmung insofern von besonderer Wichtigkeit, als auch eine tschechische Übersetzung der Soliloquia des heil. Augustinus vorhanden ist, von welcher in der Litteraturgeschichte von Jungmann die Rede ist.[1]) Derselbe erwähnt eine Handschrift, welche sich in der Universitätsbibliothek in Prag befindet und die Soliloquien des heil. Augustinus enthält. Die Hs. trägt die Signatur XVII. F. 21 und wurde 1398 geschrieben. Sie enthält 33 Capitel, der Schluss fehlt. Schon im Jahre 1543 wurde die Handschrift gedruckt bei Johann Günthner in Nürnberg und seitdem zu wiederholten Malen. Jungmann stellt es als zweifellos hin, dass diese Übersetzung von Thomas Štítný herstamme. Dieser entstammte dem alten böhmischen Rittergeschlechte Štítných ze Štítného und wurde etwa um das Jahr 1330 geboren. Er führte ein zurückgezogenes Leben auf seiner Burg und war am Ende des XIV. Jahrhundertes ein siebzigjähriger Greis.[2]) Štítný war ein im Verhältniss zu seiner Zeit hoch gebildeter Edelmann. der zum grossen Verdrusse der damaligen Lateinschreiber seine prosaischen Schriften in tschechischer Sprache verfasste.[3]) Der letztere Umstand mochte ihm von gewissen Seiten Anfechtungen zugezogen haben; denn er sah sich im Jahre 1374 veranlasst, seine Ansicht zu verteidigen, dass es vorteilhaft sei, gute Bücher unter dem Volke zu verbreiten, damit jeder und jederzeit aus ihnen sich Belehrung holen könne, möge er sie nun auf einer Burg, in der Kirche, am Felde u. s. w. lesen. Er fügt ferner hinzu:[4]) 'Der heilige

---

[1]) Jungmann, Historie literatury české, 2. vydání. (Geschichte der tschechischen Lit. 2. Aufl.) S. 89 b, 123.

[2]) Jungmann 637.

[3]) Ibid. 26.

[4]) Jungmann 24: 'Sv. Pavel k Židům hebrejsky, k Řekům řecký, každému v řeči jemu srozumitedlné psal; proč bych já Čechům krajanům česky psáti se ostýchal? Budu česky psáti, proto že Čech jsem a pán bůh Čecha jako Latiníka miluje.'

Paulus hat an die Juden hebräisch, an die Griechen griechisch, kurz an jeden in der ihm verständlichen Sprache geschrieben; warum sollte ich anstehen, für meine tschechischen Landsleute tschechisch zu schreiben? Ich werde tschechisch schreiben, weil ich ein Tscheche bin und Gott den Tschechen ebenso liebt, wie den, der in lateinischer Sprache schreibt.'

Abgesehen davon, dass Štítný wenigstens 20 Jahre jünger war als Johann von Neumarkt, so gibt uns die im vorstehenden mitgeteilte Äusserung einen ziemlich festen Anhaltspunkt für die Zeit, in welcher die Übersetzung der Soliloquia entstanden ist. Die citirte Stelle sieht gerade so aus, als ob Štítný damit seine litterarische Tätigkeit einleiten und seinen neuen Standpunkt verteidigen wollte; weit war diese gewiss noch nicht gediehen, sonst wäre es überflüssig gewesen zu versichern, dass er auch fernerhin in seiner Sprache schreiben werde. Es lässt sich daher wol die Annahme rechtfertigen, dass Štítný nach der Veröffentlichung seiner ersten Schrift in tschechischer Sprache angegriffen wurde; und diese erste Schrift war keineswegs die Übersetzung der Soliloquien.[1] *Bei der Veröffentlichung einer folgenden Schrift mag dann Štítný in der obigen Weise seinen Standpunkt gerechtfertigt haben. Da dies aber im Jahre 1374 geschah, so kann jene Uebersetzung, selbst wenn sie Štítný als seine zweite Schrift der Oeffentlichkeit übergab, keineswegs vor dieses Jahr fallen, während die deutsche Übersetzung der Soliloquien Johanns von Neumarkt schon im Jahre 1363 vollendet war. Somit kann es keinem Zweifel unterworfen sein, dass dem deutschen Werke das Recht der Priorität zusteht. Es soll damit durchaus nicht gesagt sein, dass die beiden Uebersetzungen etwa von einander abhängig seien, was indessen allerdings möglich ist; wol aber wird man annehmen dürfen, dass die deutsche Uebersetzung, die sich einer ziemlichen Beliebtheit erfreuen mochte, die nächste Anregung für den tschechischen Schriftsteller zur Inangriffnahme seiner Arbeit gewesen ist.*

Das wichtigste und umfangreichste Werk jedoch, das uns von Johann von Neumarkt erhalten ist, ist das Leben des

---

[1] Vgl. über die Werke Štítný's Jungmann a. a. O. 637.

heil. Hieronymus. *Von diesem Werke sind mir folgende Handschriften bekannt geworden:*

A. *Die Handschrift 483 zu Heidelberg vom Jahre 1389, eine Pergamenthandschrift mit 155 Blättern in Quart. Sie enthält nur das Leben des heil. Hieronymus und am Schlusse steht:* 'Completus est Liber Jste Anno Domini M⁰C⁰C⁰C⁰L XXX VIIII⁰ In die Sancti Syxti, clarissimi Agapiti martiris Per manus Vlrici Prespiteri Currificis (Wagner?) de Eschenbach. Reddamus deo Gracias.' *Auf dem letzten Blatte steht ein deutsches Tedeum.* [1])

B. *Eine Papierhandschrift des Stiftes Hohenfurt in Böhmen vom Jahre 1392. Dieselbe enthält 141 Blätter in Octav; Fol. 63 fehlt, zwei Blätter sind mit 70 bezeichnet, während nach 100 gleich 102 folgt. Auf Fol. 139 steht folgender Schluss:* 'Finitus est liber iste Anno domini m ccc lxxxxii ante festum margarethe virginis gloriose in quo continetur vita sancti jeronimi etc. etc.' *Darunter folgt ein Gedicht, von unkundiger Hand geschrieben*[2])*, und die letzten zwei nicht numerirten Blätter enthalten Federproben und Zeichnungen, darunter auch das mährische Wappen. Auf der Seite stehen 29—33 Zeilen, die Capitelanfänge sind durch gemalte Buchstaben ausgezeichnet, im ersten und dritten Briefe haben überdies die Capitel rote Überschriften, welche jedoch ohne Zweifel erst später geschrieben wurden. Die Handschrift ist in Holzdeckel gebunden, welche mit weissem gepressten Leder überzogen sind. Der Rücken trägt die Worte: Joann. Bischoffs. zu. Ollmutz. Leben. S. Hieronom. M. SS.*

C. *Die Papierhandschrift der k. k. Hofbibliothek zu Wien vom Jahre 1400 in Folio. Sie ist in Holzdeckel mit Leder überzogen gebunden. Auf der Innenseite des vorderen Deckels ist ein Zettel angeklebt, auf welchem geschrieben steht:* 'Epistolae Sanctorum Patrum Eusebii Augustini Cyrilli de S. Hieronymo

---

[1]) *Wilken a. a. O. 489. Die Hs. konnte ich hier in Prag leider nicht benützen. Die Collation und eine Darstellung der Sprache derselben besorgte durch Vermittlung Prof. Martius freundlichst Hr. C. Schorbach.*

[2]) *Dieses Gedicht über die Himmelfahrt Mariens wurde mittlerweile von Martin mitgeteilt. Zs. XXIII, 438.*

Vulgari Idiomati e Latino redditae ab Johanne de Novo Foro Ep. olom.' Auf dem ersten Blatte befindet sich ein Bild, welches einen Mann mit Cardinalshut und Mantel in sitzender Stellung darstellt; auf seiner rechten Seite liegt ein Löwe, der ihm die Hand leckt; links von der Figur steht ein Schreibtisch mit einer Rolle, auf welcher steht: S. Jeronimus. Die Handschrift enthält 208 Blätter; auf fol. 1—105 d steht das Leben des heil. Hieronymus in 2 Spalten und 32—33 Zeilen auf jeder Seite. Die Capitelanfänge sind ausgezeichnet durch gemalte Initialen, die sich über 3 Zeilen erstrecken. Grösser und zierlicher sind die Initialen am Beginne der drei Hauptabschnitte. Am Schlusse steht folgendes: 'Hye ente sich sant Cirillus Epistel, die er geschrieben hat dem Erwirdigen sant Augustino von wundern und czeichen deẓ Erwirdigen vnsers vatirs sant Jeronimus; do man czalt nach Cristi gebürt vierczehen hundert Jar ist geschrieben ditz buch und geendet an dem sunnabent vor Iudica in der fasten.' Daran schliesst sich auf fol. 105 b ein deutsches Gedicht, welches die Legende von den heil. Cosmas und Damian und deren Brüdern behandelt. Auf 107 b steht ein tschechisches Gedicht mit der Überschrift: Totot gest czeske Czizioianus. Auf 108 a folgen wieder deutsche Verse, die wol zu den früheren gehören; fol. 108 b ist leer. Auf 109 a beginnt wieder ein grösseres Stück in deutscher Sprache: Gregorius Hung. S. Patricii Purgatorium in Hibernia visitans und endigt 162 a. 162 b ist leer. Auf fol. 163 a—177 a steht die goldene Schmiede Konrads von Würzburg; von 177 b—186 b findet sich ein Stück in Prosa über das eheliche Leben und den Schluss (186 b—208 b) bildet ein zweites Prosastück mit der Überschrift: 'Hie sint beschriben die siben tot sunde.' [1])

D). Die Wiener Papierhandschrift 2800 vom Jahre 1410. Sie enthält 174 Blätter in folio mit 4 Spalten auf jedem Blatte. Auf fol. 1—134 b steht das Leben des heil. Hieronymus: fol. 135 ist leer; auf 136 a—137 a steht das Register eines Werkes, das in dem Codex nicht vorhanden ist; 137 b

---

[1]) Vgl. Hoffmann v. Fallersleben, die Hss. der Wiener Hofbibliothek CCCL; tabulae codicum 2, 148.

bis 138a sind leer; 138b—143a enthalten ascetische Betrachtungen; 143b—147b wird die Sage von einer unschuldigen gallischen Königin in deutschen Versen behandelt; 148a—153b: Hye hebt sich an die kunst von dem heilsamen sterben, di zu deutsch pracht hat her Thoman pharrer ze hoff; 153b bis 156a enthält eine deutsche Erklärung des englischen Grusses; 156b—173b sind leer; auf fol. 174a—174b steht ein Teil des Officiums irgend eines Mönchsordens, und zwar für eine Woche berechnet.[1])

E. Die Handschrift des Benedictinerstiftes Raigern in Mähren Nro. 360. Die Handschrift trägt die Signatur $\frac{D}{K}$ I. a 14, ist auf Papier in klein Quart geschrieben und vom Jahre 1424 datirt. Sie ist in mit rotem Leder überzogene Holzdeckel gebunden, an welchen der übliche Metallbeschlag nicht fehlt. Auf der Innenseite des vorderen Deckels ist ein Pergamentblatt angeklebt, auf welchem geschrieben steht: 'Das puch gehort in daz closter zu Sanct katerina zu Nurinberg prediger orden.' Auf diesem Blatte wie auf einem zweiten hier beigebundenen Pergamentblatte stehen ausserdem 'Notata von Zehentabgaben, wahrscheinlich an obiges Kloster', wie der Katalog des Stiftes sagt. Auf fol. 1a, das ursprünglich ganz unbeschrieben war, steht oben: 'Anno domini MCCCCXXIIII auf xxii. tag marczo, do man daz heiltum her gen Nurinberg procht von vngern per Sigmont Strom vnd jorg pfintzing.' Unter einem Striche steht dann: 'Sr. Hochwürden Gnaden dem verehrten H. Prälaten Victor Schlossar Abt des Stifts Raigern für die Stiftsbibliothek zum Andenken geschenkt wegen der hier enthaltenen Arbeit des Olmützer Bischofs Johannes. Breslau den 24. Mai 1851 von Melchior Card. von Diepenbrock Fürstbischof von Breslau.' (Mit Sigel). Auf fol. 2: 'Hye nach stet geschriben daz register über die ewigen weißhait.' Das Register geht bis fol. 3a. Von fol. 4a bis 121 folgt die ewige weißhait von Heinrich Suso in 104 Capiteln. Auf fol. 121b: 'Explicit die ewigen weyszhait. Anno domini MCCCCXXIIII finitus est iste libellus per

---

[1]) Hoffmann CCCXLIX; tabulae codicum 2, 134.

manus friderici sexta feria post luce evangelistae.' *Fol. 122 ist leer; auf fol. 123 beginnt:* 'Hye hebt sich an das Registeri vber das leben sancti Jeronimi etc. (rot).' *Das Register reicht bis fol. 128 a. 128 b—129 sind leer, fol. 130—321 a folgt das Leben des heil. Hieronymus. Auf fol. 322 a beginnt:* 'Hye hebt sich an das Register vber das leben der altueter von einsidel (rot)'; *das Register geht bis 326 a. 327 a beginnt eine Vita patrum:* 'Hie veht sich an die vnter weiß Rat vnd meinung Etlicher heiliger geistlicher altueter die nucz vnd gut sinde den die ezu einem geistlichem volkumen leben kumen wollen Amen'. (*rot*). *Hierauf folgt das prosaische Leben der Altväter in 84 Capiteln. Auf fol. 416 a steht rot geschrieben:* 'Explicit vita beati Jeronimi cum hoc vitas patrum per Johannem Liebhardum de stein Eystetensis dyocesis Anno domini MCCCCXXIIII.' *Fol. 417—418 sind leer. Auf jeder Seite stehen 23—25 Zeilen. Auch die Innenseite des Rückdeckels ist mit einem Blatte beklebt, und dieses wie das auf dem vorderen Deckel beschrieben; ebenso findet sich auf einer freien Stelle wieder:* 'Daz buch gehort in daz kloster zu Sant katerina in Nurinberg prediger Orden.' [1]

F. *Die Handschrift der k. Bibliothek zu München Cod. germ. 605. Die Papierhandschrift ist auf 209 Blätter in folio geschrieben und stammt nach den Schlussworten aus dem Jahre 1454. Sie enthält auf fol. 1—132 die XXIV Alten von Otto von Passau; fol. 132—138 drei Predigten von Tauler; 138—207 das Leben des heil. Hieronymus; 208—209 guter Rat zu einer christlichen und tugentlichen Lebensordnung.*

G. *Gleichfalls eine Papierhandschrift der Münchner Bibliothek, Cod. germ. 784, 1458 geschrieben von Stephan Hüczguet, convers ze Scheyern (wenigstens das erste Stück). Die Hs. enthält 209 Blätter und auf fol. 158—268 das Leben des heil. Hieronymus. Sonst finden sich in der Hs. noch 13 andere Stücke mit verschiedenem Inhalt.*

---

[1] *Die Nachrichten über diese Hs. verdanke ich meinem Freunde W. Toischer, der sie gelegentlich einer Ferienreise einsah. Vgl. auch Feifalik a. a. O. 195. E und nota: Dudik, Forsch. in Schweden S. 16, Anm.*

H. *Eine Papierhandschrift des Stiftes Melk in Quart vom Jahre 1461.* Die Hs. enthält nur das Leben des heil. Hieronymus in 31 Zeilen auf jeder Seite. In dem ersten Buchstaben D der Handschrift findet sich ein Wappen.[1])

I. *Eine Papierhandschrift des Klosters St. Gallen in folio vom Jahre 1467.* Die Hs. enthält 507 Seiten, gehörte ursprünglich den Clarisserinnen zu Freiburg im Breisgau und kam im Jahre 1699 in das Kloster St. Gallen. Sie enthält: S. 1—9 Erbauliche Tractate in deutscher Übersetzung; 9—40 Ars moriendi; 40—113 Cordiale de IV novissimis; 113 bis 379 das Leben des heil. Hieronymus; 379—381 ein Gedicht von Frauenlob; 381—420 Reimspruch über geistliches und gottloses Leben; 420—507 Geschichte der heil. drei Könige.[2])

K. *Eine Papierhandschrift der k. k. Hofbibliothek zu Wien.* (Vgl. Hs. 4 der Soliloquien S. XXVII.)

L. *Eine Papierhandschrift der k. Bibliothek zu München, Cod. germ. 630 mit 258 Blättern in folio vom Jahre 1476.* Fol. 1—139 von göttlicher Minne; 140—148 Predigt von S. Andreas; 151—155 Legende von S. Hieronymus; 155 bis 255 das Leben des heil. Hieronymus.

M. *Eine Papierhandschrift derselben Bibliothek, Cod. germ. 753 mit 124 Blättern in Quart vom Jahre 1478.* Fol. 1—94 Leben des heil. Hieronymus; 95—116 Arzneimittel; 117—118 Ascetisches; 119 bis Schluss: Verhandlung gegen die Juden zu Passau im Jahre 1478.

Undatirt sind und gehören dem XV. Jahrhundert an:

N. *Eine Pergamenthandschrift der k. Bibliothek zu München Cod. germ. 60 mit 160 Blättern in Quart.* Am Eingange

---

[1]) Auf diese, sowie auf die zweite Melker (R) und die St. Galler Hs. wurde ich durch die Abhandlung Prof. Loserth's 'über die Nationalität Karls IV.' in den Mitteilungen des Vereins f. Gesch. d. Deutschen i. Böhmen XVII, 291 aufmerksam gemacht, welcher mir auch freundlichst weitere Mitteilungen zukommen liess. Die näheren Daten über die beiden Melker Hss. erhielt ich über Vermittlung Prof. Hoffer's in Melk durch den Stiftsbibliothekar Herrn Vincenz Staufer: für ihre freundlichen Bemühungen sage ich hiemit den Herren meinen Dank.

[2]) Vgl. G. Scherrer, Verzeichnis der Hss. der Stiftsbibliothek zu St. Gallen, Nro. 985.

befindet sich eine Miniatur und die Worte: 'Aus der Nilebergerischer liberei.' Fol. 1—158 das Leben des heil. Hieronymus.

O. Eine Papierhandschrift derselben Bibliothek, Cod. germ. 383 mit 184 Blättern in Quart. Fol. 1 183 das Leben des heil. Hieronymus. Fol. 184: 'Ein güt mensch pat vnsser fraun dreizzig iar daz sich in sechen liess.'

P. Die Papierhandschrift 2851 der k. k. Hofbibliothek zu Wien mit 114 Blättern in folio mit 4 Spalten auf jedem Blatte. 1 a—5 a Vita S. Hieronymi von einem andern Verfasser; 5 a—99 b das Leben des heil. Hieronymus; 100 a bis 112 b Hieronymus' Brief an Eustachius; 113—114 a leer; 114 b: 'Dies indulgentiarum Capelle sancti Jeronimi.'

Q. Die Papierhandschrift 2953 derselben Bibliothek mit 271 Blättern in Quart, geziert mit teilweise colorirten Miniaturbildern. Fol. 163 a—205 a das Leben des heil. Hieronymus mit Lücken und unvollständig. Ausserdem enthält die Hs. noch 13 Stücke verschiedenen Inhalts.

R. Die Papierhandschrift G. 8 mit 512 Seiten in Quart des Stiftes Melk. Seite 1—18: 'Das ist ein vorrede auf di den do wider ist di deutschen di do noczlich vnd tüglich ist den menschen czu selikeit iren zelen.' 18—21: Ejusdem alia epistola ejusdem argumenti. 21—389 Leben des heil. Hieronymus. 389—392: 'Von dem übel, das czukünftig spelern vnd pösen pfaffen di leytheüser vnd spiler seint.' 392—444: 'Alhy hebet sich anne von dem heiligen leichnam eine gete lere vnd dar nach czwelf nücze von vnsirs heren leichnam amen.' 444 bis Schluss: 'Hy hebet sich an eine gute lere von der vorchte vnd der libe. Amen.'

Schluss: 'Hy hot dis buch ein ende. Daz das buch geschriben ist, daz si gelobit vnse herre ihesus crist von Johannis torgaws hant, dem helfe ihesus der gute in daz himelische lant.'

S. Die Papierhandschrift Ch. A. no. 27 der herzogl. Bibliothek zu Gotha. Die Hs. enthält 207 Blätter mit 41 Zeilen auf den gespaltenen Seiten. Sie bringt nur das Leben *des heil. Hieronymus mit roten Capitelüberschriften und roten und blauen Initialen.* [1])

T. *Eine Vorauer Handschrift (vgl. Nro. 5 der Soliloquien S. XXVII).*

U. *Die Handschrift Ch. A. no. 21 der herzogl. Bibl. zu Gotha, wol dem XVI. Jahrhundert angehörig. Einige Blätter der Hs. sind Pergament, so 1, 6, 7, 12, die übrigen Papier. Die gespaltenen Seiten haben je 41 Zeilen, die Initialen sind geziert, in dem ersten D finden wir in roher Malerei den heil. Hieronymus mit dem Löwen. Fol. 1—72 b steht das Leben des heil. Hieronymus, woranf noch mehrere Stücke mit verschiedenem Inhalte folgen.* [2])

V. *Endlich ist noch einer Hs. Erwähnung zu tun, von welcher Feifalik a. a. O. 201 redet, und welche der Buchhändler E. Mai in Berlin im Jahre 1854 feil geboten haben soll. Die Hs. ist seitdem verschollen.*

Zu diesen Handschriften kommt noch ein Druck in niederdeutscher Mundart, welcher 1484 gedruckt wurde unter dem Titel: 'Von dem Leben des h. Hieronymus; uth dem latin in dudesch gebracht durch Johannes Büscop to Oluntz. Lübeck, durch Bartholom. Ghothan, 1484 in Quarto.' [3]) *Ein Exemplar dieses seltenen Druckes befindet sich in der academischen Bibliothek zu Helmstädt, und sind über dasselbe nähere Daten zu finden bei Jacob Bruns, Beitrag zur kritischen Bearbeitung unbenutzter alter Handschriften. Braunschweig 1802, erstes Stück, S. 91—102. Bruns hat auch Auszüge gegeben, und nach ihm hat die Dedication wiederholt Feifalik a. a. O. 208, Beil. II.*

Auch die königl. Bibliothek in Berlin besitzt ein Exemplar dieses Druckes. Der Quartband enthält 157 Blätter und wurde 1484 in Lübeck gedruckt nach den Schlussworten:

---

[1]) *Vgl. Jakobs und Ukert. Beiträge zur älteren Litteratur oder Merkwürdigkeiten der herzogl. Bibl. zu Gotha II, 111.*

[2]) *Genaueres über diese Hs. ist zu finden bei Jacobs v. Ukert a. a. O. II, 107 ff.*

[3]) *Vgl. Feifalik 196 und Hain, Repertorium 1, 2, 329 b, Nro. 6723.*

'Mille quadringentis simul octuaginta retentis In quarto cristi pro laude [dei] decus isti. Hoc opus arte mei perfectum Bartholomei. Ghotan degentis et in urbe Lubeck residentis.'

Der Band, der mit der Signatur Eq q 380 versehen ist, enthält auch das in demselben Jahre in derselben Druckerei erschienene Werk: /Dyt is dat register auer dat nutche bock dat hyr na volghet gheheten/ dat Lycht der selen auf fol. 1—72.

Die erste Seite ist leer. Auf der zweiten beginnt das Register über das Leben des h. Hieronymus. Das letztere beginnt nach dem 'dat Lycht der selen' auf fol. 73 und endigt 228. Blatt 158 ist herausgerissen und fehlt. Das Leben des heil. Hieronymus ist mit Holzschnitten geziert und zwar sind es folgende. Auf fol. 74 b ein Holzschnitt, darstellend den heil. Hieronymus. Er kniet vor einem Baume mit der Geisel in der linken Hand, hinter ihm ruht der Löwe. Im Hintergrunde türmen sich Felsen auf. Auf fol. 76 a ist wieder ein Holzschnitt mit der Unterschrift 'Beatus Eusebius.' Er sitzt im Pluviale und mit der Infel auf dem Haupte vor einem grossen Buche. Auf fol. 145 b ist ein Holzschnitt mit der Überschrift: 'Dit ys dat sternent sunte Jeronimi.' Hieronymus liegt auf einer Decke, um ihn her sind seine Mönche versammelt, von denen einer die heil. Hostie hält. Auf fol. 146 b findet sich derselbe Holzschnitt wie auf fol. 76 a, nur stellt er hier nach der Unterschrift den heil. Augustinus vor. Auf fol. 162 a ist ein Holzschnitt mit der Inschrift: 'De vorweckinghe dryer doden mit deme cleyde sunte Jeronimi,' und fol. 165 b bringt denselben Holzschnitt wie 145 b mit der Überschrift: 'Hyr na steyt dat sternent sunte Eusebij.'

In demselben Jahre, in welchem die niederdeutsche Bearbeitung gedruckt wurde, erschien auch eine holländische Übersetzung unter dem Titel: 'Johannis Bisscop to Oluntz von dert Hilligen Levende S. Jeronimi S. Augustini Eusebi und Cyrilli. S. l. et t. 1484 in Quarto.[1])

Wie aus dem voran stehenden zu ersehen, ist die handschriftliche Überlieferung für das Leben des heil. Hieronymus

---

[1]) Vgl. Feifalik 196 und Hain, Repertorium n. u. O. Nr. 6724.

eine sehr ausgiebige; und es ist wol keinem Zweifel unterworfen, dass hie und da noch eine oder die andere Handschrift sich vorfinden dürfte. Allein für die Bearbeitung des Textes kommen doch nur die ältesten Hss. in Betracht; in den späteren ist die Sprache bereits ganz neuhochdeutsch, andererseits ist auch der Text selbst in seiner ursprünglichen Reinheit nicht mehr vorhanden. Es schien also zu genügen, blos die drei ältesten Hss. für die Herstellung des Textes heranzuziehen, umsomehr als jede dieser Hss. denselben ziemlich fehlerlos überliefert, so dass durch eine Vergleichung derselben und Heranziehung des Originales der Text ohne Schwierigkeit sich herstellen liess.

Zu Grunde gelegt wurde die Hs. B, die des Klosters Hohenfurt in Böhmen, denn diese ist, wie mit Sicherheit angenommen werden kann, in Böhmen oder Mähren geschrieben, was aus dem am Schlusse eingezeichneten mährischen Wappen zu ersehen ist.[1]) Auch die Wiener Hs. C wird hier geschrieben worden sein und sich längere Zeit in Böhmen befunden haben, da in dieselbe ein tschechisches Stück eingeschrieben ist. Die älteste Heidelberger Hs. A dagegen ist in ihrer Schreibweise zu sehr bairisch gefärbt, als dass sie bei der Beurteilung der Sprache Johanns besonders ins Gewicht fallen könnte. Die Stücke, die Johann selbständig seiner Übersetzung eingefügt hat, wurden überdies von Prof. Martin auch mit der Münchner Hs. N (Cod. germ. 60) verglichen, und die betreffenden Varianten sind eingetragen worden. Den niederdeutschen Druck in Berlin hat Dr. Toischer collationirt und mir die Ergebnisse dieser Vergleichung mitgeteilt. Diese Lesearten erscheinen allerdings nicht eingetragen; allein an manchen Stellen waren sie doch ausschlaggebend. Der Übersetzer ins Niederdeutsche hat gewiss eine gute hochdeutsche Vorlage gehabt, die der Hs. A sehr nahe stand; und überall da, wo ein Abweichen von den drei ältesten hochdeutschen Hss. notwendig war, konnte dem niederdeutschen Drucke gefolgt werden.

---

[1]) Vgl. Martin, Zs. f. d. Altert. XXIII, 438.

Was nun die äussere Gestalt des Textes anbelangt, so zerfällt derselbe in drei grössere Abschnitte entsprechend den lateinischen Briefen des Eusebius an Damasus und Theodosius, des Augustinus an Cyrillus und des Cyrillus an Augustinus. In den Hss. sind die Anfänge dieser grösseren Abschnitte durch sorgfältiger gemalte Initialen bezeichnet. In C fehlt das verzierte D am Anfange des dritten Briefes; doch ist ein grösserer Raum frei gelassen, und sollte der Buchstabe wol später eingetragen werden. Die einzelnen Abschnitte zerfallen wieder in Capitel, welche jedoch nur in der Münchner Hs. 60 numerirt sind. In dieser Hs. ist zugleich die Vorrede zum zweiten Briefe als 120. Capitel dem ersten Briefe angefügt; nichts destoweniger zeigt es doch auch schon die Überschrift: 'des Bischoffs vorrede.' In der Hs. B haben die Capitel des ersten und dritten Briefes rote Überschriften, welche jedoch erst später hinzugefügt wurden und zwar von ungeübter Hand; häufig sind dieselben ganz sinnlos, oft ganz allgemein gehalten oder bestehen aus einem herausgerissenen Satze des folgenden Textes. Am Anfange eines jeden grösseren Abschnittes hat Johann eine eigene Einleitung und am Schlusse des ganzen Werkes ein selbständiges Schlusswort hinzugefügt.

In Bezug auf die Schreibung wurde bei der Bearbeitung des Textes in mancher Beziehung von den Hss. abgewichen, um wenigstens einigermassen consequent zu sein. Doch durfte dies nur in solchen Fällen geschehen, wo an der Hand der Hss. sich eine gewisse Regel für die eine oder die andere Schreibweise ableiten liess. Wo das nicht der Fall war, wurde die Hs. B auch in der Orthographie zu Grunde gelegt. In Bezug auf den Sprachgebrauch Johanns schien es aber auch notwendig andere Denkmäler heranzuziehen und darunter namentlich solche Urkunden, die uns im Original vorliegen und die wenigstens mit Wahrscheinlichkeit auf Johann zurückzuführen sind. Gewissheit darüber kann man allerdings nicht gewinnen, da die Urkunden von dem Aussteller nicht mehr gezeichnet wurden. Die Ausbeute an solchem Material war nun allerdings eine sehr geringe. So sind unter den 349 Urkunden, die Pelzel in seinem Urkundenbuche abdruckt, bloss 88 deutsche, und nur wenige stammen aus des Kaisers Kanzlei, oder wenn sie aus derselben stammen, so ist kaum anzunehmen, dass sie von Johann herrühren. Nichtsdestoweniger aber ist aus diesen wenigen Stücken schon zu ersehen, dass in der Kanzlei bereits eine ziemlich consequente Schreibung Platz gegriffen hatte: sie sind mehr oder minder getreu in der Sprache Johanns abgefasst und geben dieselbe in ihren wichtigsten Eigentümlichkeiten genau wieder. So eine Urkunde vom 1. April 1347,[1]) eine solche vom 28. August 1348,[2]) vom 25. Juni 1349[3]) u. a.

Von Urkunden, die mit Wahrscheinlichkeit auf Johann von Neumarkt selbst zurückzuführen sind, kann ich nur eine einzige anführen. Dieselbe befindet sich im mährisch-ständischen Archive sub Nro. 73, ist auf Pergament geschrieben und mit einem Doppelsiegel versehen.[4]) In der Urkunde bestätigt Karl IV. das der Gemahlin des Markgrafen Jost von Mähren Elisabeth, der Herrscherin von Oppeln, angewiesene Leibgedinge Cimburg, Bisenz und Napagedl, und ausgefertigt ist dieselbe zu Prag am Freitag nach 11000 Jungfrauen (28. October) 1372. Zum Schlusse heisst es: 'Ad mandatum Cesaris Cancellarius.' Damit ist freilich noch nicht gesagt, dass der Kanzler, und dieser war damals Johann v. Neumarkt, die Urkunde selbst geschrieben; allein in näherer Beziehung stand er zu derselben doch, und vielleicht wird er das Concept derselben angefertigt haben. In diesem Schriftstücke nun herrscht genau dieselbe Sprache wie in der Hohenfurter und Wiener Hs. C des heil. Hieronymus. Und vielleicht ist es nicht zufällig, wenn wir in dieser Urkunde eine Redensart finden, die uns sogleich in der Einleitung zum ersten Briefe des heil. Hieronymus wieder begegnet, wenn dieselbe auch etwas allgemeiner Art ist: 'So sullen sie sulchen gebrechen ir derfullen vff andern gewissen guten, die nechste dobei gelegen seint.'[5])

---

[1]) Pelzel, Urkundenbuch Nro. XLII.
[2]) Ibid. LVI.
[3]) Ibid. LVII.
[4]) Die Urkunde wurde abgedruckt von Chytil in den Schriften der mähr.-schles. Gesellsch. des Ackerbaues etc. II, 71. Vgl. auch Huber 5143.
[5]) Vgl. unten 2, 2f.

— XLIII —

Wenn nun im folgenden versucht wird, die Sprache Johanns in ihren Grundzügen, so weit dies eben auf Grundlage eines Prosawerkes möglich ist, nach den drei ältesten Hss. darzustellen, so wurde dabei auch auf diese Urkunde Rücksicht genommen, da dieselbe, wie schon bemerkt wurde, in allen Einzelheiten mit der Sprache in den Hss. B und C des heil. Hieronymus übereinstimmt. Um auf dieselbe verweisen zu können, bezeichne ich sie mit u.

Für a steht in allen 3 Hss. o fast regelmässig in dorauz 19, 3; dorumb 23, 5; doreczu 26, 5; worumb 19, 25 und anderen ähnlichen Zusammensetzungen. Diese Schreibung wurde auch in den Text aufgenommen; wo aber sonst noch o für a steht, konnte das als Schreiberwillkür angesehen werden und unberücksichtigt bleiben, da weder eine Übereinstimmung der einzelnen Hss. vorhanden ist, noch auch in einer und derselben Hs. irgend eine Regelmässigkeit herrscht. So steht o für a in nomen 23, 10 (A); nomen 1, 5; rosenvorber 1, 14; monigen 4, 14 (B) u. a. Seltener ist diese Schreibung in der Hs. C. Sonst steht noch für a: e in tegleichen 10, 21; ritterscheft 18, 13; veter (sing.) 92, 4; 104, 11 (A); wunderheftigen 17, 1; vorbotschett 32, 10; bermielichen 98, 8; dernach 161, 1 (B) u. a.; ritterschefte 18, 13; encker 104, 14; scheden 205, 20; gertner 207, 24 (C) u. a.

Für ë steht i (y) in wegyrvng 11, 6; begyrvnge 59, 17 (A); ferner ä in vächten 50, 25; wäste 42, 6 und ö in wöste 176, 20 (B) und ei in reichten 211, 22 (C).

Für e steht a: machtige 13, 2; krafte 67, 1; aptessynne 177, 16 (A); hochfartigen 24, 5 (B); ei in beheiglich 70, 12 (A); allermeinielich 14, 6 und fast immer in diesem Worte; reichennung 216, 17 (C); ferner ö in schöpfere 60, 19; wölle 68, 11 (A); schönnet 11, 9; vortröget 29, 28 (B); o in schopfet 16, 2; schopfer 76, 28 (A); und ä in schämet 105, 11; gänczlichen 140, 24 (B). Verdoppelung des e steht in meer 82, 11 (B). Die Vorsilbe zer wird in allen drei Hss. neben cze auch czu geschrieben: czubrochen 4, 3 u. a. Syncope und Apocope eines e ist sehr häufig in allen 3 Hss.: ertreichs 4, 7; warn 4, 9; ler 3, 12 u. a.; doch auch ein überflüssiges e findet sich öfter: mage 96, 19; wille 116, 11;

entstunde *131, 4;* schole *133, 24 u. a. Für das schwache e in den Endungssilben erscheinen verschiedene Laute:* verkerât *59, 9;* redât *65, 25;* keraht *19, 15;* wartat *93, 1;* begegenat *150, 19 u. a. (A);* meistirleicher *16, 20;* jugont *18, 1;* vôrgessen *29, 25;* holsat *72, 3;* czehoren *(Zähren) 77, 21;* nahaut *79, 4;* werot *152, 15;* gobot *185, 17 u. a. (B);* guttir *20, 13;* purpir *29, 9;* reitzeit *52, 16 (C).*

Für i, *das oft mit* y *bezeichnet wird, steht* e: vergezzest *47, 12;* scherm *89, 13;* aptessynne *177, 8;* fursechtiger *203, 6 (A);* sprecht *21, 16;* vorwerfert *30, 12;* begerig *38, 3;* einsedel *110, 1;* der *124, 1;* wesen *151, 4;* schef *174, 15;* brengen *221, 14 u. a. (B):* brenge *20, 14;* vorneme *215, 17 (C); ferner* ie: briemvenden *12, 5;* liest *50, 2;* vergiezzet *55, 5;* wierde *78, 15;* wierdichait *127, 2;* schieff *212, 18 (A);* wier *29, 3;* mier *29, 5;* wiert *29, 7;* ir *31, 8;* kirchen *47, 5;* dyer *73, 19;* schief *212, 18 (B): in C findet sich diese Schreibung nicht.* ei *für* e *steht in* seint *(ex quo) 18, 10 u. ö. (A);* seint *21, 17 (B);* seint *21, 17 und immer C; so wird auch oft das Verbum* (sint) *geschrieben. Endlich steht für* i ü (u): stürbet *20, 4;* sturbet *20, 3;* gemuschet *45, 22;* subenstunt *144, 3;* wurde *(mhd. wirde) 198, 17 (B);* brünnende *4, 21;* dertruncke *20, 16 (C). Alle diese Abweichungen sind jedoch nur Ausnahmsfälle gegenüber der regelmässigen Schreibung und wurden in den Text nicht aufgenommen.*

Für o *steht* u (û): sulch *10, 5;* schul *15, 26 (A);* bekumen *33, 25;* gelubet *185, 1;* sulche *24, 1 (auch* selchem *geschrieben 5, 10) (B);* sulches *3, 2;* sulcher *14, 18 (C); ferner* a: ab *29, 25;* haniksaim *64, 2 (A);* walde *2, 19;* gesprachen *2, 20;* warten *2, 22;* entslassen *4, 11;* pharten *13, 13 u. a. (B); auch diese Schreibung, die sich in C nicht findet, blieb wie die folgende im Texte unberücksichtigt. Es steht nämlich noch* ô *für* o: wônt *22, 1;* hôl *23, 16;* dôner *64, 9;* gôte *104, 24 (A);* wôlde *21, 19;* bekômet *44, 13;* schôlden *137, 2 (C); endlich findet sich einmal* û *für* o *in* würden *73, 15 (B) (vielleicht blos eine Correctur?).*

Für ö *tritt ganz vereinzelt* e *ein:* lebleich *21, 2 (A);* mecht *19, 11;* kestlich *36, 2;* durchlechert *46, 5 u. a. (B); einmal* â: mâcht *39, 12 (B); in C findet sich diese Schreibung nicht.*

XLV

Sonst wird ö mit ö oder ŏ bezeichnet, oder der Umlaut wird gar nicht ausgedrückt: öl 23, 6; möchte 43, 9; gotlicher 22, 22 u. a. (B); götlicher 22, 22; durchlöchert 46, 5; ole 23, 6 u. a. (C). *In den Text wurde nur dort ö gesetzt, wo es in B steht.*

Für u *steht* û: tûgende 3, 7; sûst 23, 20; sûne 95, 11; mûnde 136, 10 u. a. (A); kûrczweil 36, 4 (B); gedûldiclich 14, 22; sûst 23, 20 u. a. (C); *ferner* o *in* kommer 28, 17 u. ö. (B); vnbekomert 29, 12 *und regelmässig in* sonne 32, 15 *und* son (sones 56, 7) (C); ŏ *für* u *findet sich in* bekŏmert 25, 27 *und* gŏnne 200, 27 (C); *endlich findet sich* ue *in* fluez 7, 9; 108, 9 (A).

Für ü *finden wir entweder* û *oder blos* u: wurket 3, 8; verkunnet 4, 6; erfult 4, 18; furst 8, 4; vurchtet 20, 13 u. a. (A); gewurket 3, 7; sunder 13, 26; kundiget 16, 1 u. a. (B). *Selten steht* ü: fürleget 3, 25; sünder 25, 2 u. a. (B); sünder 13, 26; vürsatze 35, 21 u. a. (C). *Bezüglich dieser Schreibweisen wurde bei der Herstellung des Textes vorgegangen wie bei* ö. *Sonst findet sich für* ü: a *in* varchten 16, 22 (B); i *in* sinden 27, 7 u. ö. *in diesem Worte* (B); gewirket 3, 7; wirket 26, 5 u. ö. (C); o *in* vorchtent 21, 4 u. ö. (A); vorchten 16, 22 (C), *welche Schreibung wegen ihrer Regelmässigkeit in den Text aufgenommen wurde;* vorsacze 35, 21 (B); moglicher 34, 2; antworte 37, 13 (C); *endlich* ŏ *für* ü: vnmŏglich 29, 1; kŏnig 182, 1 u. a. (C) *und* e *in* vmmegelich 55, 8 (B).

Für â *steht ziemlich übereinstimmend* o *in* do *und seinen Zusammensetzungen* (dovon 18, 11; do 19, 6) *und wurde dieses* o *beibehalten. Vereinzelt findet sich dieses* o *auch sonst namentlich vor Liquidis:* on 17, 7; schof 17, 11; wor 79, 21 u. a. (A); worhaftiger 4, 12; noch 6, 17; worheit 16, 10; hot 18, 15 u. a. (B); alczumole 2, 11; woren 3, 16; worhaftiger 4, 12; one 25, 8; some 28, 10 u. a. (C); *sonst findet sich für* â: ŏ *in* wŏrhait 5, 18; ŏn 10, 7; nŏdel 34, 3; hôher 154, 28 u. a. (A); *ferner* e *in* scheff 27, 17 *und* begebet 195, 18 *und* â *in* wâren 147, 10 (B).

Für æ *steht in den weitaus meisten Fällen* e, *so dass dieses auch in den Text aufgenommen werden konnte:* meren

3, 16; wer 9, 11; marterer 9, 12; swerleich 22, 4; selden 50, 5 (A); swerem 15, 10; vnstetes 16, 26 u. a. (B); andechtigen 13, 3; swerem 15, 10; vnfletikeit 36, 13 (C); es findet sich aber auch â: swârer 10, 6; wâre 23, 11; vnsâlde 189, 8 (A); ferner a: angedachtigem 13, 23; sundar 20, 1; adelares 69, 14 (A); vnflatigen 207, 22 (B); endlich ei: vnfleitikeit 36, 13 (B); seiliger 7, 9 und immer in diesem Worte; vnderteinig 124, 29; gereit 197, 2 (C).

Für ê steht a: gelarte 71, 18 (A); gelarte 71, 18; vorkarten 137, 22 (BC); einmal steht hieten für hêten 149, 11 (B).

î ist fast durchaus aufgelöst in ei (ey): weis 3, 4; seinez 3, 12; mein 5, 16; streit 12, 3; geitichait 46, 26; pey 9, 11; bey weylen 10, 16; schreyne 47, 10; preymen 226, 11 (A) und so auch in den beiden andern Hss.; ferner ai (ay): naygen 145, 13 (A); ailet 37, 21 (B); es erscheint ew in fleisschlewchen 21, 8 (B); ie in beschrieben 149, 28; liecht 204, 8 (B). Die Nachsilbe lich wird in A immer, in B manchmal (in C nicht) leich geschrieben, und wurde im Texte lich beibehalten. (In u findet sich diese Silbe 11mal und immer in der Form lich.) Erhalten hat sich î nur in folgenden Fällen: hymelrich 15, 14; dines 27, 21; seldenriche 83, 24; schriben 113, 8; trinaltikeit 117, 5; paradis 135, 2; bliben 137, 2 und in mehreren Formen des Subst. vîant (vinden 45, 17 neben veint 73, 14) (B); seldenriche 83, 24 und in der Silbe lich (froliches 18, 18) (C).

Für ô steht a: awe 21, 1 (A); tad 2, 22; brat 3, 25; geharsamichhen 24, 7; awe 39, 16 u. a. (B); öfter findet sich ö: pôzhait 8, 16; schôz 17, 12; hôch 22, 4; tôt 64, 26; trôst 77, 4 (A); einmal oe in gepoet 162, 12 und sneder (pos.) 159, 13 (B).

Für œ steht entweder ô oder blos o: gehôret 3, 14; bôzzen 11, 24; gekrônet 14, 8; horen 3, 17; hochstes 5, 21; gekronet 21, 7 (A); böse 29, 16; betôret 55, 3; romischen 1, 4; brodikeit 10, 3; gekronet 21, 7 (B); getôtet 13, 25; hôhe 15, 18; gekrônet 21, 7; bosze 12, 3; gekronet 14, 8; betoret 55, 3 (C); seltener findet sich e für œ: gekrenet 14, 8; enplesset 19, 3; treste 102, 21 u. a. (B) und terechte 208, 6 (C).

û *steht nur in* naturleichen *5, 23, [doch* natirlichen *146, 14 (B);* natürliche *14, 1 (C)] und in den Präpositionen vz 13, 26 und* vff *20, 16, die aber nur in C fast immer so geschrieben werden; sonst wird* û *zu* au (aw): auf *4, 5;* daucht *10, 14;* haus *16, 17;* haut *21, 8;* hawse *4, 23;* busawme *13, 11;* mawern *49, 3;* crawte *105, 26 (A);* dauchte *10, 14;* auf *20, 16;* vorsawmet *27, 5 u. a.(B);* haut *21, 8;* haus *61, 4 u. a. (C);* ew *für* û *findet sich nur in* sewl *15, 6 (A) und* eü *in* vorseümet *27, 5 (C).*

ei (ey) *wird nur öfter in A, selten in B, gar nicht in C zu* ai, *und konnte dieses im Texte unberücksichtigt bleiben:* weyshait *3, 2;* heylichait *3, 9;* maister *3, 19;* arbaiten *3, 22;* gaistlichen *4, 20;* chainer *5, 22;* gestain *7, 18 u. a. (A);* alaine *16, 25;* maisterschaft *87, 14 u. a. (B); es erscheint ferner* e *für* ei: vnvormelte *46, 20;* gestlicher *50, 4;* enueldig *58, 12;* heligen *78, 24;* flessielichen *128, 3 (B);* bede *79, 24 (C) und* i kristenhit *6, 21;* gerechtikit *22, 22 (B).*

ie *ist sehr oft in* i (y) *zusammengezogen:* lichtez *3, 2;* sichtag *17, 26;* tir *23, 22;* nymant *22, 1 u. a. (A); ebenso in B, nur tritt hier die Contraction viel häufiger ein. C hat im Inlaute* ie *nur in* diet *8, 1;* liez *14, 23;* hiez *136, 25;* vier *188, 4; regelmässig schreibt diese Hs. aber* ie *im Auslaute, und diese Schreibweise wurde im Texte der Consequenz wegen beibehalten; diphthongisch wurde* ie *wol kaum mehr gesprochen.* ü *für* ie *findet sich nur in* trügerinne *104, 4 (C);* trügnern *69, 18 (B): und* ew *für* ie *einmal in* dewplich *48, 4 (B).*

Ein iu *kommt nicht vor; dafür steht* u (ü, ü): vnkuschait *9, 11;* sufezen *10, 16 u. ö. (A);* früntschaft *7, 16;* fruntlichen *11, 18;* frund *19, 22;* früntschaft *116, 3 (die Schreibung* frund *wurde in den Text aufgenommen, da sie sich ziemlich oft findet. Auch in* u *steht* fruntlichen); vnkuscheit *34, 26;* geczug *138, 26 u. a. (B);* süftzzet *18, 17 (C); ferner* au (aw): erlawchtet *4, 9;* lawchtet *4, 24;* lawchter *4, 23;* erlawchtiget *13, 7;* vnkawsch *14, 17;* getrawer *76, 16 (A);* laute *212, 15 (B); oder* âw: lâwt *12, 3;* läwte *48, 8 (A); oder* ei *in* vnkeischeit *36, 19 (B) und* ie *in* enbiete *129, 18 (B). Meistens aber ist* iu *zu* eu (eü, ew) *geworden*: euch *30, 16*; heut *69, 23*; geczewgen *3, 9*; fewriger *4, 4*; lewt *9, 16* u. a. (*A*); leute *4, 10*; lewte *7, 16* u. a. (*B*); freuntschaft *7, 16*; freûnd *19, 22*; vnkeûscheit *34, 26*; leûte *212, 15*; frewnt *182, 12* (*C*); *für iuw schreibt B immer ew, welche Schreibung beibehalten wurde, C euw* (eûw): trewen *2, 6*; getrewen *2, 8* u. a. (*B*); reûwent *20, 2*; neûwe *24, 1* u. a. (*C*).

Für ou *steht* au (aw): augen *3, 10*; gelauben *4, 4*; auch *5, 19*; worawbet *9, 14*; awgen *49, 12* u. a. (*A*); gelaubigen *16, 15*; getraumet *210, 25* u. a. (*B*); vngelaubigen *23, 12*; haupt *33, 11* u. a. (*C*); *doch kommt öfter der Umlaut vor:* geläubig *71, 20* (*A*); vngelewbigen *23, 12* (*B*); geleûbigen *26, 17*; geleûbet *41, 21*; getreûmet *210, 25* (*C*); *sonst steht für* ou *noch* a *in* baumgarten *66, 1 und* vrlab *186, 24* (*B*). *Für* ouw *steht* aw: weschawet *3, 10*; frawen *10, 20* u. a. (*A*); frawen *1, 3*; schamen *204, 17* (*B*); *dagegen* frauwen *1, 3*; beschauwet *3, 10*; tauwes *5, 1 und immer so* (*C*).

Für öu *steht* ew: frewd *3, 3* u. a. (*A*); rewber *23, 20* u. a. (*B*); eu (eû, eü): freûdenreichen *18, 15* u. a. (*C*); *ferner steht für* öu *ganz ausnahmsweise* ei: vreiden *4, 18*; freidenreichen *18, 15*; äw *in* czäwmen *114, 11*; aw *in* frawden *139, 9 und* frawde *220, 13* (*B*). *Für* öuw *steht* ew: frewet *20, 21*; strewn *27, 17* u. a. (*A*); frewent *20, 2*; drewet *155, 7* u. a. (*B*); eûw, eüw: freûwent *20, 2*; freüwe *86, 20*; dreüwen *168, 16* u. a. (*C*). *Als einzelne Formen sind hier zu merken:* bestrebet (bestroüt) *19, 12* (*A*); droen *168, 16* (*B*); bestrûet *19, 12*; dreüet *155, 7* (*C*).

Für uo *steht* u (û, ü): schuler *3, 1*; versuchet *8, 12*; tun *14, 21*; blût *18, 27*; mût *24, 5* u. a. (*A*); grune *18, 1*; suchen *27, 22*; künheit *18, 9*; müter *30, 20* u. a. (*B*); kunheit *18, 9*; muttir *30, 20*; grüne *18, 1*; süchen *27, 22* u. a. (*C*). *Ausnahmsweise steht für* uo *ein* ue (üe): stuel *87, 26*; stüel *84, 19* (*A*); grueben *100, 17* (*B*) *und* o *in* czo *38, 13* (*B*).

Für üe *steht* ü (ü): stünde *3, 20*; geblümten *5, 2*; prüfen *54, 21* u. a. (*A*); pilcher *6, 25*; güten *19, 19* u. a. (*B*) süzzen *3, 3*; betrübet *15, 7*; einmütticlich *14, 19*; nüchtern *21, 22* u. a. (*C*); *ferner* ue (üe): wuest *10, 12*; wüestvng

XLIX

11, 12 u. a. (A); suechten *110, 23*; huete *201, 17 u. a. (B)*; glüendingen *52, 23 (C)*, u *in* suzzer *3, 3*; weruren *5, 22 u. a. (A)*; suzzen *3, 3*; einnuticlich *14, 19 u. a. (B). Einzelne Formen:* dimitiklichen *23, 7*; wotendinger *96, 7 (B)*; demötiger *32, 21 (C)*.

Die liquidae werden hie und da verdoppelt: scholl *6, 1 (A)*; vnschullt *68, 26 (B)*; alleine *15, 11 (C)*; himmels *83, 11 (B)*; volkommenheit *2, 3 (C)*; wann *3, 12*; maynnu *229, 9*; ewigenn *61, 21*; geredenn *117, 12 (A)*; czehernn *171, 27 (B)*; gesannges *92, 20 (C)*; anderr *56, 19*; vnserr *78, 14 u. a. (A)*; torrechten *210, 20 (B). In den Text wurden diese seltenen Ausnahmsfälle nicht aufgenommen. Für* m *steht* n: turn *72, 11 (A)*; schimpf *38, 17*; kampfe *61, 18 (C). Für* mm *steht* mf (mv): briemvenden *12, 5*; briemfender *22, 1 (A)*. n *wird vor* m *und* p *gern zu* m: vmmuglich *29, 1*; empfahe *91, 11 und in* leichnam *229, 24 (B); es wird zu* l *in* herczellieber *163, 19 (B) und fällt aus in* conent *176, 10 und* noen *190, 4 (B)*.

Für b *steht namenlich im Anlaute öfter* p: pracht *4, 15*; pald *5, 13*; pogen *5, 23 (A)*; pitterkeit *5, 7*; furpas *17, 17 (B)*; enpeute *1, 3 (C). Doch verliert sich diese anlautende tenuis gegen die Mitte der Hs. B und kommt in C überhaupt äusserst selten vor, so dass dieselbe in den Text nicht aufgenommen wurde. Ferner steht* w *für* b: wogen *15, 21*; wozzen *16, 3*; weschawet *3, 10*; weleiben *5, 7 u. a. (A)*; arweit *14, 6*; erwirwet *43, 14 u. a. (B). Für* b *steht* f *in* swefels *219, 3 (A)*; bufen *215, 28 (B)*; ff *in* sweffels *219, 3 (C); ferner* v *in* vesicze *73, 4 (B)*. b *fällt aus in* bekumert *25, 27*; kummer *28, 27*; kommer *28, 27*; bekömert *25, 27 (C). Für* umb *und seine Zusammensetzungen finden sich in B 4 Formen:* vm, vmm, vmc *und* vmme, *während* C *regelmässig* vmb *schreibt, was beibehalten wurde.*

Für p *steht* b: lob *5, 22*; dyb *84, 1 u. a. (A)*; lob *16, 24*; grab *71, 13*; haubdes *153, 4 u. a. (B)*; lob *16, 24 u. a. (C); es wird verdoppelt in* wappen *18, 13 (B)*.

Für ph *steht* pf: enpfendet *3, 20*; enpfengest *63, 11 u. a. (A)*; opfer *49, 12*; scharpfen *52, 18 u. a. (B)*; pfaffen *12, 8*; empfahest *91, 6 u. a. (C); ferner* pff: kempffer *14,*

D

7 (A); ppf *in* scheppfet *16, 2;* oppfer *49, 12 u. a. (C);*
pph: schepphenunge *72, 13;* tropphen *85, 21 u. a. (C);* f
(ff): profeten *29, 11;* scherfen *71, 12;* füzstaffen *165, 6 (B);*
scharffen *52, 18 (C);* pfh: enpfhahest *91, 6 (B); endlich* p
in plichtig *70, 1 (A);* geplantzet *66, 2 und* schepunge
146, 4 (C).

Für g *steht* k: kestalt *28, 16;* enkegen *39, 1;* gelediket
59, 10; kegenwurtigen *65, 6 (B);* enkegen *39, 1 (C).*

Für k *steht* ck: gedencken *55, 7;* stercket *61, 23 u. a. (A);*
gestercken *6, 1;* gedancken *13, 6 u. a. (C); ferner* ch:
chundige *3, 14;* chan *5, 16;* chunde *5, 21;* gewurchet *3, 7
u. a. (A);* chunst *1, 12;* chraft *4, 4;* chan *5, 16 u. a. (B).
In C findet sich diese Schreibung nicht, und wurde dieselbe
im Texte auch nicht berücksichtigt, da sie sich auch in B
gegen die Mitte der Hs. verliert. Ferner steht* chk *für* k:
wurchket *56, 22;* vngeluchke *194, 6 (A);* c: clagebern *2, 22;*
creften *7, 10 u. a. (B);* kh *in* khunst *1, 12 (B). Für* c
im Auslaute steht g, k, ck: mag *5, 17;* honig *9, 6 u. a. (A);*
ding *17, 10 u. a. (BC);* gank *78, 11 u. a. (BC);* sack
19, 14; perck *86, 3 u. a. (A);* danck *15, 11 u. a. (C). Im
Auslaute wurde im Texte die Schreibung der Hs. B beibehalten,
ebenso bei den labialen und dentalen Consonanten.*

Für ck *steht* k: strike *12, 20;* wedeket *15, 18 u. a. (A);*
geschiken *5, 16;* gesmeket *8, 19 u. a. (B);* kk *in* sakke *9,
4 (A);* sakke *9, 4 und* bedekket *15, 18 (B);* ch *steht in*
nachten *77, 24 (B). In C bleibt* ck *unverändert.*

Für d *steht* t: vorterben *133, 7 u. ö. (A);* vorterber
27, 21; triualtikeit *117, 5;* vortampten *140, 7 u. a. (B);* d
fällt aus in noturft *199, 18 (B). In C bleibt* d *unverändert.*

Für t *steht* d: schild *4, 3;* dobendigen *12, 12;* schaden
50, 24 u. a. (A); yeczund *17, 19;* kind *18, 16;* geburd *117
6 u. a. (B);* geliden *15, 9 (C);* t *wird verdoppelt:* beraittet
37, 22; crawtte *105, 26;* swertt *51, 15 u. a. (A);* behütter
15, 25; gottlichen *28, 14 u. a. (B);* einmütticlich *14, 19;*
behütter *15, 25;* dritten *161, 16 u. a. (C). Für* t *steht ferner*
th: thafel *58, 13;* thobige *107, 10 (A);* kethen *228, 8 (C).*
t *fällt ab:* haup *28, 21;* nich *67, 1;* beigraf *95, 17;* nach

133, 2 u. a. (B); dagegen wird t angehängt: erschrakt *154, 1;* leipt *166, 26 u. a.* (B); t *wird eingeschoben:* tawbten *95, 27* (BC); reichtlich *174, 9* (B). *Einzeln findet sich* wardt *19, 15* (B).

Für s *steht* z: selbez *3, 11;* alz *4, 16 u. a. (A);* alzo *30, 25 u. a.* (B); alz *47, 3;* speiz *22, 4 u. a.* (C); zz *in* gewezzen *19, 27 (A);* sz *nur in C:* speisze *36, 18;* derloszer *72, 9 u. a.* s *wird verdoppelt:* gewachssen *46, 26;* derlosset *80, 21 u. a.* (B); vnweisses *16, 4;* wachssen *30, 25;* derlösset *68, 25 u. a.* (C). sch *für* s *steht nur in* geschlechtes *207, 25* (B). *Besonders hervorzuheben ist* war *für* was (*verb.*) *171, 2; 192, 23* (B), *während* war (*waz*) *23, 1* (B) *blos als ein Schreibfehler anzusehen sein wird.*

h *wird vor* t *zu* ch: icht *20, 14;* nicht *3, 17 u. a.* (A); nüchte *21, 22;* geschicht *41, 22 u. a.* (BC); *es fällt aus:* nit *22, 5;* hoe *49, 3 u. a.* (A); hoe *22, 4;* empfaer *72, 8 u. a.* (B); hoe *59, 4;* pflitig *26, 19* (C) *und steht als prothetisches* h *in* her *30, 22* (B).

Für j *steht* g: gamer *170, 25* (A); gener *189, 26* (B); i (y): iener *37, 5;* voryagen *74, 4;* yamer *182, 2* (B). *In C bleibt* j *unverändert*.

Für w *steht* b: verborffen *12, 23;* erbelten *13, 10;* barhaftiger *39, 25 u. a.* (A); geburket *15, 28;* allebege *28, 23;* bebaren *172, 24 u. a.* (B) *und* v: verden *33, 24;* vorte *129, 26* (B) *und andere wenige. In C bleibt* w *unverändert. Die Schreibung* b *für* w *wurde in den Text nicht aufgenommen, da sie nur ausnahmsweise vorkommt.*

Für v *steht* f: frawen *10, 20;* fride *11, 5;* widerfaren *20, 25 u. a.* (A); frawen *1, 3;* freiden *16, 2 u. a.* (B); widerfaren *20, 25;* hochfertiges *37, 14;* freuntschaft *146, 3 u. a.* (C); *im Texte wurde die Hs. B. genau wiedergegeben. Für* v *steht ferner* u: geuallen *20, 27;* puluer *72, 19 u. a.* (A); genaren *4, 7;* wideruaren *20, 25 u. a.* (B) *und* w *in* worsmehent *33, 24;* nachwolgen *41, 10;* water *75, 1* (B).

f *wird oft verdoppelt:* gestraffet *4. 14 u. a.* (A); gestraffet *14, 5;* hilffe *30, 10;* ffrewet *154, 14 a. u.* (B); schaff *17, 11;* gestraffet *14, 5 u. a.* (C).

Für ch *steht* h: crihischer *31, 7 (B)*; suhen *49, 7 (C)*. *In B finden sich verschiedene Schreibweisen:* geharsamichhen *24, 7*; sichherheit *61, 17*; heimligkeit *85, 7*; felschlig *157, 26*; rukes (geruch) *91, 27*; erweiken *179, 6*; erwackt *177, 15*; snellischen *163, 25*.

Für qu *steht* qw: qwamen *86, 1*; qwellendes *99, 11 (B)*.

z *wird nur in* schaz *58, 10 (B)* z *geschrieben*; *sonst wird es mit* cz *bezeichnet:* czungen *5, 15*; wurczen *26, 18*; enczündet *3, 20 u. a. Inlautend und auslautend schreibt C* tz *oder* tzz: ketzzerey *3, 20*; wurtzzen *26, 18*; schatz *58, 10 u. a. Im Texte wurde für* cz *im In- und Auslaute* tz, *im Anlaute* z *geschrieben. Sonst findet sich vereinzelt auch* c *für* z: cellen *92, 9 (A)*; cirheit *122, 17*; citern *166, 25 (B)*.

z *mit dem* s-*Laute wird oft verdoppelt:* grozzen *9, 21*; fleizz *11, 8 u. a. (A)*; sûzzen *3, 3*; hazz *14, 10 u. a. (B)*; sûzzen *3, 3*; mûzzen *34, 6 u. a. (C)*; *für dieses* z *steht* s (ss): vnderlas *109, 10*; has *156, 14 u. a. (A)*; grosser *17, 25*; mus *22, 4*; bas *24, 25*; grose *71, 11 u. a. (B)*; bessern *70, 14*; fleisse *213, 12 u. a. (C)*. *Im Texte wurde im allgemeinen die Schreibung der Hs. B beibehalten, nur im Auslaute des Pron. und Adj. wurde* s *durchgeführt, da diese Schreibung häufiger ist. Sonst steht noch für dieses* z: cz *in* fleicze *213, 12 (B) und verschiedene Bezeichnungen in C*: wazsern *66, 10*; waszer *16, 2*; grosze *71, 4*; großem *143, 1*; buße *249, 13*; boßen *150, 19 u. a.*

Für sch *steht* s: salkait *16, 18*; ersrecke *37, 11*; siken *195, 9 u. a. (A)*; bysolf *1, 3*; vnsuldigem *50, 13*; gesee *84, 27 u. a. (B)*; ss: bissolfe *2, 15*; krichisser *7, 1*; vnkensser *14, 17 u. a. (B)*; ssch: bisscholfe *1, 7*; czwisschen *13, 21*; fleissches *17, 18 u. a. (B). In C bleibt* sch *unverändert.*

Die Vorsilbe er *erhält oft Vorschlag eines* d *in allen 3 Hss.*: dertrûnck *20, 16*; dertrunken *20, 28*; derloser *72, 9*; derloset *80, 21 u. a.*

Wenn wir nun einen Rückblick werfen auf die im vorhergehenden dargestellten Lautverhältnisse, so finden wir, dass diese im allgemeinen dieselben sind, wie sie Müllenhof für die

Sprache, die um diese Zeit in Böhmen herrschte, aufgestellt hat.¹) Ein i ist nicht mehr vorhanden; denn die 7 Fälle, in welchem B noch î schreibt, kommen der grossen Zahl der ei gegenüber kaum mehr in Betracht. iu ist gar nicht mehr vorhanden, ebenso wenig ein û und ou: dafür erscheinen als allgemein giltige Formen eu und au. üe ist nur in verschwindend geringer Anzahl vorhanden, ebenso ai für ei (ausser in der Hs. A, die aber wegen ihrer bairischen Schreibweise weniger in Betracht kommt). Für uo ist durchaus u eingetreten, für w finden wir e, und ie ist weitaus in den meisten Fällen in i zusammengezogen. Dagegen ist ie für kurzes i sehr selten, so dass es kaum in Betracht kommt (etwa 10 ie für i).

Zum Schlusse noch einige Bemerkungen über den Consonantismus. Das strenge mhd. Auslautgesetz ist in voller Auflösung begriffen: in bunter Mannigfaltigkeit wechselt die tenuis mit der media. Dieser Wechsel hat auch im Anlaute Platz gegriffen, namentlich bei den labialen und gutturalen Consonanten, indem dort media und tenuis, hier tenuis und aspirata mit einander abwechseln. Doch häufiger nur am Beginne der Hs. B: seltener schon in der Mitte schwindet dieser Wechsel im letzten Drittel dieser Hs. fast völlig.

h vor t und s sowie nach r ist durchaus zu ch geworden, dagegen findet sich noch kein zw für tw.

Das Leben des heil. Hieronymus von Johann v. Neumarkt ist kein Originalwerk, sondern eine Übersetzung aus dem Lateinischen. Zu Grunde liegen dem ganzen Werke unechte Briefe der heil. Eusebius, Augustinus und Cyrillus, die aber erst nach dem XII. Jahrhundert entstanden sind. Der erste Brief wird dem heil. Eusebius zugeschrieben und enthält einen kurzen Abriss des Lebens des heil. Hieronymus, hält sich dann lange bei dem Tode desselben auf und erzählt in weitschweifiger Weise, wie Hieronymus vor seinem Tode seine Mönche belehrt und den Eusebius als Nachfolger einsetzt; wie er allerlei Betrachtungen anstellt über das Wesen

---

¹ Müllenhoff u. Scherer, Denkmäler II. Aufl. XXIX.

Gottes, als ein Mönch die heil. Hostie brachte u. s. w. Zum Schlusse werden einige Wunder mitgeteilt, die nach dem Tode des heil. Hieronymus geschehen sind. Der zweite Brief, dem heil. Augustinus untergeschoben, sucht im wesentlichen den Beweis zu erbringen, dass Hieronymus dem heil. Johann dem Täufer an Würde und Ehre gleichzustellen sei. Der dritte Brief endlich, von Cyrillus an Augustinus gerichtet, erzählt nur Wunder, die nach dem Tode des heil. Hieronymus und in dessen Namen geschehen sind. Dieser Wunder ist eine grosse Anzahl und sind manche von gar abenteuerlicher Art: so namentlich die Geschichte von dem Erzbischof Silvanus von Nazareth (Cap. 27—39), das Abenteuer zweier junger Römer in Constantinopel (Cap. 46—50), die Geschichte von einem jungen Mönch (Cap. 82—93) u. a. Gerade diese sonderbaren Wundergeschichten jedoch scheinen diese Briefe schon im Original sehr beliebt gemacht zu haben; und Feifalik zählt schon drei lat. Hss. auf, die sich in der k. k. Universitätsbibliothek zu Olmütz befinden, und spricht auch von solchen im dortigen Metropolitancapitel.[1]) *In den Hss. sind die 3 Briefe gewöhnlich verbunden; im Drucke werden sie in der Regel den Schriften des heil. Hieronymus angeschlossen. Ausgaben dieser Schriften sind mehrere vorhanden. Sie finden sich in der Ausgabe der Werke des heil. Hieronymus von Valarsius im II. Bande; ferner bei J. P. Migue, Patrologiae cursus completus, series I, Paris 1845, I. 239—326. Die Ausgabe, die ich benützen konnte, ist von Johannes Martianay besorgt und erschien unter dem Titel 'Sancti Eusebii Hieronymi operum Tomus quintus' bei Rigaud, Paris 1706. Die Briefe, um die es sich handelt, stehen auf col. 449—507.*

Diese Briefe selbst sind in einem recht schlechten Latein geschrieben, und der Herausgeber fällt über dieselben ein sehr ungünstiges Urteil in den Censuren, die er den einzelnen Briefen vorausschickt. So lautet die Censur des zweiten Briefes: 'Deum immortalem, sic ineptiret Augustinus? Vitam impostor ille stultissime simul et indoctissime descripsit: hic se ipsum

---

[1]) *Feifalik. Schriften der mähr.-schles. Gesellsch. des Ackerbaues etc.* IX, 197, Anm. 13.

ita refert, ut propemodum vincat balbutie. Neque vero solam eloquentiam requiro, hominem desidero. Mutavit personam noster hic histrio, sed vocem ac gestum mutare non potuit." Noch abfälliger äussert sich der Herausgeber in der Censur des dritten Briefes, nach welcher der Verfasser nur geschrieben hat, um Papier zu verderben.

Diese Briefe sind aber nicht nur von einem schlechten Lateiner geschrieben: derselbe war auch ein schlechter Theolog. Und so finden wir in dem ersten Briefe den ketzerischen Satz, dass ein Priester im Zustande der Ungnade die Gnadenmittel nicht mit Erfolg spenden kann; ja derjenige, der weiss, dass ein Priester sich im Zustande der Ungnade befindet und dennoch seine Messe hört, der wird der Sünden dieses Priesters teilhaftig (s. unt. S. 84, Cap. 114). Also ganz im Gegensatze zur Lehre der Kirche, nach welcher die Gnadenmittel opere operato wirken, wird behauptet, dass dies der Fall sei opere operantis, welche Irrlehre, von den Donatisten im IV. Jahrhundert in Africa aufgestellt, durch mehrere Jahrhunderte hindurch zahlreiche Anhänger fand. Freilich haben wir in der ganzen Stelle mehr einen pathetischen Übereifer als die Absicht zu suchen, einen falschen Satz hinzustellen.

Das nun ist das lateinische Original, welches Johann v. Neumarkt ins Deutsche übertragen hat. Bei dieser Übertragung aber hat sich Johann keineswegs sklavisch an seine Vorlage gebunden, er gibt vielmehr den lateinischen Text mit einer recht verständigen Freiheit wieder. Die undeutschen Constructionen, wie Participien, Gerundien, Accus. c. Infinitivo löst er auf und stellt so dem lateinischen Texte einen erweiterten, in mehrere Sätze zerlegten gegenüber; allerdings macht er dadurch zuweilen den Eindruck der Weitschweifigkeit. An Stellen, in denen besonders schwierige lateinische Constructionen sich finden, steht er auch nicht an ändernd einzugreifen: er macht Zusätze, lässt einzelne Sätze aus, so dass blos der Sinn des Originales wiedergegeben erscheint, wobei dann die Sprache selbst durchaus eigentümlich ist. Ich halte es für das zweckmässigste, ein Capitel des deutschen und lateinischen Textes neben einander zu setzen, wodurch die Art der Übersetzung Johanns viel besser illustrirt wird als dies *sonst geschehen könnte. Ich wähle das erste Capitel, in welchem sich Johann noch ziemlich streng an das Original hält.*

Patri Reverendissimo Damaso Portuensi Episcopo: et Christianissimo Theodosio Romanorum senatori. Eusebius olim Hieronymi sanctissimi discipulus, nunc vero eodem orbatus lumine, pium dolorem et suavissimum gaudium. Multifarium multisque modis olim Deus locutus est omnibus nobis per suum dilectissimum filium sanctum Hieronymum, de Scripturis sanctis in virtutibus et prodigiis multis: quae per illum fecit ipse Dominus in medio nostri, sicut vos scitis, de quo et testes sumus, qui cum vidimus et oculis nostris eius sanctitatem perspeximus: et manus nostrae contrectaverunt de verbo eius scientiae et doctrinae quibus vita manifestata est. Quod ergo vidimus et audivimus, annunciamus vobis. Eramus enim tanquam oves errantes, erroneis et superstitiosis fabulis: non audientes sanam doctrinam: sed coacervantes nobis pseudoprophetas: qui surgentes in populo magistri mendaces introducebant sectas variae perditionis. donec iste illucesceret dies, qui tanquam sol refulgens, quinquaginta annis et sex mensibus, multis laboribus et aerumnis, in lectionibus et vigiliis: ut nobis frangeret panem doctrinae desudans, tenebras errorum profugans, et cunctos a perditione liberans, effulsit in Templo Dei: incipiensque ab Oriente usque ad Occidentem, auferens bella haereticorum, eorumque arcum conterens: arma et scuta eorum com-

Dem erwirdigen vater Damasius, dem bischofe, cardinalen und dem Theodonien, dem römischen fursten, enbeut ich Eusebius, etwen des allerheiligsten sant Jeronimus schuler, der itzunt klares lichtes sulches seines vaters vorweiset ist, suzzen smertzen und auch suzzer freude. Manigfaltiklich und in maniger weis hat der almechtige got mit uns allen geredet durch seinen allerlibsten sun sant Jeronimus von seinen heiligen schriften in vil wundern und auch in vil tugenden, die der almechtige got durch in gewurket hat und mitten under uns noch teglichen wurket, der wir auch gezeugen sein wir, die in gesehen haben und sein heilikeit mit unsern augen beschawet haben und gegriffen haben mit unsern selbes henden, beide sein wort und sein kunst und auch sein heilige götliche lere, wann sein heiliges leben offenbar gewesen ist. Dovon was wir geselien und gehort haben, dasselbe kündige wir ewrer libe: wann wir etwenne als irsame schaf in grozzer irrung irre gewesen sein und gekeret waren zu unnutzen meren und gute ler nicht horen wolten, sunder wir sampten zu uns falsche und lugenhaftig propheten, die aufgestanden waren in dem volke als lugenhaftig meister und predigten vil böser irsamer ketzerei untz an die zeit das sich euphenget und aufstunde diser lichte tag, der heilig sant Jeronimus, der itzunt funftzig jar und sechs moneid geschinen und geleuchtet hat in dem tempel des almechtigen gotes mit vil arbeiten, mit vil engsten, mit wachen, mit heiligem lesen, auf die rede das er uns fürleget das brot seiner warhaftigen lere, irre-

hussit igni. Quoniam in ipso Deus posuit prodigia super terram, ut nomen suum manifestum fieret in nationibus.	sal von uns vertribe und uns gelediget von ewiger vorluste: wann er angehebt hat von der sunnen aufgange und hat untz an der sunnen nidergank alle ketzer uberstriten und hat die bogen irer wer zubrochen und die schilde irer behendikeit mit fewriger kraft des gelauben verbrennet: wann got mit im gewundert hat auf dieser erden auf die rede das sein heiliger name gebreitet und vorkundet würde allermenielichen.

Schon aus dieser Probe wird man einen Schluss ziehen können auf die Art der Übersetzung Johanns überhaupt. Er überseszt z. B. nicht 'tanquam sol refulgens;' *an dessen Stelle setzt er sofort den synonymen Schlusssatz der Periode* 'effulsit in templo dei,' *welcher im lateinischen Texte erst nach einer ganzen Reihe von Participien folgt. Diese Participien selbst werden aufgelöst und in Form von Finalsätzen wiedergegeben, wodurch ein recht lesbarer und vollkommen verständlicher deutscher Satz entsteht, und in welchem dennoch nichts unübersetzt bleibt. Das Streben nach möglichster Deutlichkeit tritt überall zu Tage; und die meisten Zusätze des Übersetzers in dem ganzen Werke verfolgen denselben Zweck. Wenn es im Lateinischen heisst:* 'donec iste illucesceret dies,' *so übersetzt das Johann getreu ins Deutsche; allein er fühlt das Bedürfnis den Leser nicht in Zweifel zu lassen, was dieser Ausdruck* 'tag' *zu bedeuten habe, und er setzt als Apposition hinzu:* 'der heilig sant Jeronimus.' *Eine derartige Einschaltung findet sich öfter. So ist 16, 9* 'des suzzen hertzen sant Jeronimus' *eingefügt, und oft werden ganze Sätze eingeschaltet, welche das vorangehende entweder mit anderen Worten wiederholen oder näher erklären. 24, 25* 'und vil bas fuget im sein sweigen dann sulche unnutze rede, die er so gar unnutzlichen saget'; *29, 3* 'Wir mugen nicht gote und dem teufel beiderseit gedinen' *sind selbständige Zusätze Johanns, und finden sich solche an vielen anderen Stellen. Zur Erzielung grösserer Deutlichkeit dient ferner die häufige Einschaltung eines Objectes, wenn ein solches im Latein auch nicht steht.* 'Ad illuminandum' *wird 70, 13 übersetzt:* 'der leute hertze zu derleuchten', 'ad corripiendum' 70, 14 *durch* 'sunde zu strafen.' *Auch auf die Quelle, aus der einzelne Sätze genommen sind, weist Johann gerne hin, wenn das im Lateinischen auch nicht der Fall ist, wie in dem Satze:* 'als uns das ewangelium saget' 29, 8.

Wo dem Übersetzer Worte genug zur Verfügung stehen, ist er mit denselben keineswegs sparsam, und er übersetzt ein lat. Wort gerne durch mehrere synonyme Ausdrücke. So gebraucht er für 'illucesceret' 'enphenget und aufstunde' 3, 20 *u. a. Allein oft kam es vor, dass Johann für ein lat. Wort einen entsprechenden deutschen Ausdruck nur mit Mühe finden konnte, und so gibt es eine ziemliche Anzahl von Fällen, in welchen für das lat. Wort ein nahezu gleichlautendes deutsches gebraucht wird, wenn es auch nicht am passendsten gewählt ist, oder die Übersetzung ist hart und unzureichend.*

So wird 3, 19 magister *durch* meister *übersetzt,* pulvis *durch* pulver 72, 19, latro *durch* loter 72. 22 *und noch an manchen andern Stellen,* claritas *durch* klarheit 94, 10, *wo es nur* Ruhm *heissen kann. Für das Wort* religio *weiss er keinen andern Ausdruck zu finden als* geistlichkeit 46, 20. *Hierher gehört es auch, wenn er 24, 3 f.* 'timenti centurioni' *übersetzt mit* 'Centurio behielt von got mit demütiger vorchte', *also aus dem* centurio *einen Eigennamen macht. Zweimal übersetzt Johann das lateinische* aperire *mit* bedecken: *15, 1:* 'Sant Jeronimus gedult, unsers liben vaters, hat des himels höhe bedecket (Aperuit autem caelos patientia eius) *und 16, 12* 'die sie bedecket hetten (aperuerunt). *Es liegt da eine Verwechslung mit* operire *vor, und es ist sehr wahrscheinlich, dass in der Hs., die Johann benützte, statt des* a *ein* o *geschrieben war, wodurch sich diese Verwechslung leicht erklärt. Eine andere Verwechslung von ähnlich lautenden Wörtern findet sich auch 12, 4 f:* 'und trenket ire selen gleich den giftigen spinnen' (et tabescere fecit sicut arenas animas eorum); *allein trotz dieser Verwechslung gibt die Stelle einen guten Sinn:* 'Die Lehre der Ketzer ist für die Seelen der Menschen ebenso verderblich wie das Gift der Spinnen für den Körper.'

Die Übersetzung ist auch nicht in allen Teilen gleich gut gelungen. Der erste Brief verursachte die meisten Schwierigkeiten in Folge seines abstrakten Inhaltes und des oft geschraubten Stiles. Die zwei folgenden Briefe, die wesentlich in einem erzählenden Tone gehalten sind, waren viel leichter zu übertragen, und wir finden in denselben auch ein recht fliessendes und gefälliges Deutsch, das nur unterbrochen wird am Anfange des 3. Briefes in den Capiteln 13—24, in welchen abermals von den Dingen im Jenseits gehandelt wird, die sich der Verfasser in seiner Phantasie recht lebhaft ausmalen mochte, zu deren Schilderung ihm aber oft die nötige Kraft der Sprache fehlte. Im allgemeinen jedoch hat Johann die Sprache ziemlich sicher gehandhabt und eine für die damalige Zeit bedeutende Gewandtheit in derselben bewiesen. Und schon Denis sagt diesbezüglich Cat. II, 1, 1090: 'Si elocutionem illius cum aliis Monumentis ςύγχρονοις compares, Silesios iam olim patriae linguae prae multis studuisse dicas.[1]

Allein es ist doch nicht alles Übersetzung in dem 'Leben des heil. Hieronymus'; wir finden auch selbständige Zusätze in demselben und zwar als Einleitung eines jeden Briefes und ein Schlusswort am Ende des Ganzen (S. 1—2; 107 bis 108; 128—129; 230—231). Und wie sich in dem ganzen Werke als in einer Übersetzung nichts bemerkenswertes für die Zeit- und Sittengeschichte findet, so ist das auch bei den selbständigen Zusätzen der Fall. Ja dieselben sind nicht einmal in ihrem ganzen Umfange selbständig: was in der Einleitung zum ersten Briefe (S. 2) steht, wo Johann von seinem Unvermögen spricht und alles der Einwirkung der göttlichen Gnade zuschreibt, wenn er etwas gutes geleistet haben sollte, das ist nur eine Wiederholung aus dem Schlusscapitel des pseudocyrillischen Briefes (230, 11 ff). Sonst sind namentlich die Einleitungen zum zweiten und dritten Briefe moralische Betrachtungen, die über gewisse Verhältnisse und Erscheinungen angestellt werden.

Von besonderer Wichtigkeit ist nur die Einleitung zum ersten Briefe, weil wir durch dieselbe wichtige Angaben in

---

[1] *Feifalik* 197, Anm. 14.

Bezug auf das vorliegende Werk selbst erhalten. Abgesehen davon, dass sich in diesem Abschnitte der Verfasser selbst nennt, erfahren wir auch, dass Johann die Übersetzung über Auftrag einer Markgräfin Elisabeth von Mähren *angefertigt hat, wodurch zugleich die Zeit der Abfassung der Übersetzung mit Sicherheit bestimmt ist, wenn es möglich ist, die Persönlichkeit dieser Elisabeth festzustellen.*

Wer aber unter dieser Elisabeth gemeint sei, lässt sich mit voller Gewissheit feststellen. Es gab in der Zeit, als Johann Bischof von Olmütz war, zwei Markgräfinen von Mähren mit Namen Elisabeth. Die eine war die zweite Gemahlin des Markgrafen Jost von Mähren, Elisabeth von Oppeln, mit der sich Jost 1372 vermählte;[1]) *auf diese bezieht sich auch die Urkunde, von welcher oben S. XLII die Rede ist. Die zweite Elisabeth war die vierte Gemahlin des Markgrafen Johann Heinrich von Mähren. Dieser Johann war in erster Ehe mit Margaretha Maultasch vermählt (1327—1349),*[2]) *in zweiter mit Margaretha, Tochter des Fürsten Niclas II. von Troppau, seit 1364 in dritter Ehe mit Margaretha von Österreich, der Schwester Rudolf IV., welche aber schon 1366 starb, und vermählte sich zum vierten Male 1371 mit der* Elisabeth, Gräfin von Öttingen. *Im Jahre 1375 starb Johann, während Elisabeth bis zum Jahre 1409 lebte. Als Gemahlin des Markgrafen Johann lernen wir diese Elisabeth kennen aus einer Urkunde, die im Original in dem Stiftsarchive zu Raigern aufbewahrt wird, ddo. Brunae in die S. Ypoliti Martyris 1375, durch welche Urkunde der Markgraf mit Beistimmung und auf den Rat seiner drei Söhne und wie er selbst sagt;* 'nec non illustris Elisabeth conthoralis nostre carissime' *das Karthäuserkloster in Königsfeld bei Brünn stiftet.*[3])

Johann von Neumarkt versteht unter der Elisabeth, der er seine Übersetzung widmet, ohne Zweifel die Elisabeth von Öttingen, Gemahlin des Markgrafen Johann. Mit dem Mark-

---

[1]) *Vgl. Chytil, Schr. der mähr.-schles. Gesellsch. etc. II. 43.*
[2]) *Vgl. Chytil a. a. O. 41 ff.*
[3]) *Vgl. Steyerers Coment. Alberti II. p. 684.*

grafen Jost stand er in keinem guten Einvernehmen, und es ist schon oben (S. IX) erwähnt worden, dass er mit diesem in mannigfache Händel geraten war. Dagegen war das Verhältniss zwischen Johann v. Neumarkt und dem Markgrafen Johann II. ein überaus freundliches, und der Bischof hatte diesem auch eines seiner Werke zugeeignet (den liber pontificalis S. XIV). Es ist daher natürlich, dass Johann auch die Gemahlin des Markgrafen in gleicher Weise auszuzeichnen gedachte, um so mehr wenn diese, wie er in der betreffenden Einleitung selbst sagt, die Übersetzung des heil. Hieronymus angeregt hat.

Ist es aber die Elisabeth von Öttingen, der Johann sein Werk zueignete, so ist damit die Zeit der Abfassung desselben genau bestimmt. Es kann dieses nicht vor 1371 fallen, denn in diesem Jahre wurde Elisabeth von Öttingen erst Markgräfin von Mähren. Andererseits aber wird dasselbe auch nicht nach 1375, dem Todesjahre des Markgrafen Johann II., fallen, wofür verschiedene Gründe sprechen. Es wurde schon oben erwähnt, dass die letzten Jahre des Bischofes Johann nicht sorgenfrei waren (S. IX), und in einer Zeit, in welcher dessen Tätigkeit durch so viele Zwischenfälle vollständig absorbirt werden musste, konnte er sich einer so ausgedehnten litterarischen Schöpfung nicht widmen. Auch die Niederlegung der Würde eines kaiserlichen Kanzlers, die im Jahre 1374 erfolgte (S. VIII) und die Johann sehr verbittert zu haben scheint, ist hier in Betracht zu ziehen. Da aber Elisabeth 1375 Witwe wurde, so hätte sie Johann in seiner Widmung als solche gewiss auch aufgeführt, wie es damals üblich war. Elisabeth bezeichnet sich selbst als solche in einer Urkunde des k. k. Archivs zu Wien ddo. Wien an s. Anthonytage 1380,[1]) deren Anfang lautet: 'Wir Elizabeth von Gots Gnaden Grefinne von Ottingen, etwenn Marchgrefinne ze Merhern bechennen und tun chunt etc.'[2])

Zwischen 1371 und 1375 also ist das Leben des heil. Hieronymus übersetzt, und diese Übersetzung gewann rasch eine

---

[1]) Abgedruckt in Steierers Coment. Alberti II. p. 684 f.
[2]) Vgl. Dobners Monumenta IV, p. 366.

allseitige Beliebtheit. Schon die grosse Anzahl von Handschriften, die sich erhalten haben und sich in allen Gebieten Deutschlands zerstreut vorfinden, ist ein Beweis, dass diese Übersetzung oft und gern gelesen wurde. Derselben wird aber auch die Auszeichnung zu Teil, in dem Ehrenspiegel Jacob Püterichs von Reichertshausen genannt zu werden, ja sie wird in demselben dem Servatius Heinrichs von Veldeke gegenübergestellt. [1]) *Die 124. Strophe des Ehrenspiegels lautet:*

'Sanndt Seruassius Legenndt,
Ein Bischof zu Masstricht,
Hat woll vnnd schan Bekhent
Hainrich von Veldeckhe Brocht zu Heiligem Ticht.
Sam hat von Olmuncz Bischof Hannsz erkhennet
Jheronimusz Heylligs Leben,
Vnnd wie auch was er hab die khurz gelernnet.' [2])

Wir sehen, dass Püterich von dem heil. Hieronymus eine hohe Meinung hegte, wenn er ihn neben Heinrich v. Veldeke stellt. Es hat dieser Umstand übrigens auch einige Verwirrung hervorgebracht, indem man glaubte, Johann hätte sein Werk auch in Versen geschrieben, und Gödeke [3]) *hielt unseren Johann für den Verfasser des Lebens des heil. Hieronymus, das sich im dritten Teile des Passionals befindet.* [4])

Und nicht nur in ihrer ursprünglichen Gestalt war diese Übersetzung angesehen und wurde sie gern gelesen: es wurden eine niederdeutsche und eine holländische Übersetzung angefertigt, und beide liegen gedruckt vor. [5]) *Dagegen scheint sonderbarer Weise ein hochdeutscher Abdruck nicht veranstaltet worden zu sein. Feifalik erwähnt zwar einen solchen, welcher in Nürnberg 1514 bei Hieronymus Hölzel erschien,* [6]) *allein*

---

[1]) *Feifalik a. a. O. 194. Vgl. auch Karajan, Zeitschr. f. d. Altert. VI, 52.*

[2]) *Adelung, Jacob Püterich von Reicherzhausen S. 23.*

[3]) *K. Gödeke, Deutsche Dichtung im Mittelalter. Hannover 1854. S 197.*

[4]) *Feifalik 194.*

[5]) *Vgl. über diese Drucke oben S. XXXVIII.*

[6]) *Dieser Druck ist beschrieben bei Panzer, Annalen der älteren deutschen Litteratur 1, 165 f. Nro, 776.*

es bietet dieser nicht die Übersetzung Johanns, sondern eine solche vom Nürnberger Ratsschreiber Lazarus Spengel. [1])
Von Herrn Prof. Martin wurde ich darauf aufmerksam gemacht, dass der niederdeutsche Druck des heil. Hieronymus benützt erscheint in dem mnd. Werke: 'Des Dodes danz.' [2]) *Der Herausgeber desselben sagt S. 3:* 'Auch an das Leben des heil. Hieronymus, Lübek 1484, werden wir an einigen Stellen erinnert', *und S. 82 in der Anmerkung zu v. 1457:* 'Von hier ab häufen sich die aus dem bôk der profecien entnommenen Stellen. Profec. a 29 b 1: Sunte Iheronymus secht: Salich is de minsche, de de valscheit disser werlde rechte bekennt. He is noch saliger, de de stucke disser werlde nicht en achtet. He is noch vele saliger, de diser werlde woel beronet is. Vgl. Hier. lev. 115 a, c. 66: Salich is de dine (o valsche levent!) valscheyt wol erkennet, noch saligher is, de di nicht achtet, aller selyghest ys eyn yslik, de diner wol berouet wert.' [3]) *Und in der Anmerkung zu v. 1675 finden wir:* 'Hieron. lev. 113 b c. 64: Sint unse here Jhesus cristus dod is, szo schole wy ok gerne sternen, wente de knecht nicht groter syn schal denne syn herre.' [4])

Dieses Ansehen, dessen sich Johanns Übersetzung erfreute, scheint die Ursache gewesen zu sein für mehrere andere Übersetzungen, die später entstanden. Auf eine solche Übersetzung hat schon Feifalik hingewiesen. [5]) *Sie entstand spät im XV. Jahrhundert und findet sich in der Handschrift 2956 der k. k. Hofbibliothek in Wien* [6]) *auf fol. 7 a—71 b. Diese Übersetzung gibt den lateinischen Text in vielfach verkürzter Form wieder. Eine zweite Übersetzung spät aus dem XV. Jahrhundert findet sich in der Hs. 12460 (Suppl. 109) der k. k. Hofbibliothek zu Wien. Es ist das eine Papierhandschrift*

---

[1]) *Feifalik 196, Anm. 9.*

[2]) *Herausgegeben als 127. Band des Stuttg. lit. Vereins von Hermann Baethcke 1876.*

[3]) *Vgl. unten 62, 3 ff. c. 66. Benützt ist diese Stelle in 'Des Dodes danz' v. 1457—1462.*

[4]) *Vgl. unten 60, 5 ff. c. 64.*

[5]) *Feifalik 195, Anm. 5.*

[6]) *Vgl. Hoffmann Nro. CCCLX, S. 353.*

in folio vom Jahre 1464 nach den Schlussworten 'von ainem prueder Karteuser ordens auf aller engel perg in Schnals 1464.' *Nach der Vorrede finden wir die Worte:* procht zuo ainer schlechten gemainen theutsch die man wol versten mag.'

Auch eine tschechische Übersetzung des heil. Hieronymus ist vorhanden. Auf diese hat gleichfalls schon Feifalik hingewiesen [1] und eine Handschrift derselben erwähnt, welche sich in der k. k. Universitätsbibliothek zu Olmütz befindet. Diese Hs. hat die Signatur I. c. 1, ist auf Papier in Quart geschrieben, nicht paginirt; die Überschriften und Initialen sind rot. Zum Schlusse steht: 'Dies Buch ist vollendet am Samstage vor dem Tage des heil. Vavřinec im Jahre 1410.' [2] Eine zweite Handschrift dieser tschechischen Übersetzung besitzt die Prager Universitätsbibliothek mit der Signatur XVII. E. 9. Es ist eine Papierhandschrift des XV. Jahrhunderts mit 192 Blättern in Quart. Das Leben des heil. Hieronymus hat rote Capitelüberschriften und gemalte Initialen. Als zweites Stück enthält die Hs. das Buch Tobias (poczyna se kniha Thobiassowa); endlich ein drittes: 'Die heil. Kirche nennt den heil. Johann einen Adler, weil er wie ein Adler hoch fliegt' (swateho Jana Cierkew swata nazywa orlem Neb yako orel wyssoko leta). Die Handschriften dieser Übersetzung führt Jungmann in seiner Litteraturgeschichte auf,[3] ohne eine Mutmassung bezüglich des Verfassers und der Zeit der Abfassung aufzustellen. Ich glaube aber doch annehmen zu dürfen, dass Thomas Štítný, der die Soliloquien übersetzt hat, auch der Urheber dieser Uebersetzung sei; denn es gab in der damaligen Zeit keinen tschechischen Prosaiker, der an diesen herangereicht hätte. Und da dieser am Schlusse des XIV. Jahrhundertes noch lebte, so wäre es immerhin möglich, dass er im letzten Jahrzehent dieses Jahrhundertes den heil. Hieronymus übersetzt hat. Höher hinauf darf man die tschechische

---

[1] *Feifalik* 196.

[2] *Dokonany gsu tyto knyhy w sobotu przed swatym Wawrzynczem, leta tysycz a cztyrzysta a dessateho.*

[3] *Jungmann a. a. O. S. 39 b, Nro. II, 127; S. 110 a. 866; S. 114 a, 912.*

Übersetzung kaum datiren.¹) Allein auch hier wird man von einem Einflusse des deutschen Werkes nur insofern sprechen dürfen, dass dieses etwa die Anregung für den tschechischen Übersetzer gab. Eine direkte Benützung desselben dagegen durch diesen ist kaum anzunehmen. Die selbstständigen Zusätze Johanns von Neumarkt finden sich in dem tschechischen Werke nicht, und auch sonst schliesst sich diese Übersetzung viel enger an das lateinische Original an. Und für den Tschechen war es viel bequemer aus dem lateinischen zu übersetzen. Die grosse Menge von Participien, die sich in diesen lateinischen Briefen finden, und die Johann mit grosser Mühe durch deutsche Constructionen ersetzen musste, boten dem Tschechen keine Schwierigkeit, da er sie durch den Transgressiv wiedergeben konnte; ja er hätte manchen derartigen deutschen Satz in die Participialconstruction zurückverwandeln müssen. Und wir finden fast regelmässig für ein lat. Particip einen tschechischen Transgressiv. Die Einschaltung gleich im ersten Capitel, die Apposition zu dies (vgl. oben S. LVII) findet sich zwar auch im tschechischen: 'to gest swaty Jeronymus' (das ist der heil. Hieronymus), allein in einer anderen Form. Und dann sind solche Übereinstimmungen so geringfügig gegenüber vielen anderen Besonderheiten, durch die die beiden Übersetzungen von einander abweichen, dass es wenigstens gewagt wäre, eine Abhängigkeit der beiden Werke von einander vorauszusetzen.

Zum Schlusse möge mir gestattet werden, dem Herrn Prof. Dr. Ernst Martin, welcher auch diese Arbeit anregte und zur Durchführung derselben wesentlich beitrug, meinen herzlichsten Dank auszusprechen. Auch Herrn Dr. Toischer bin ich zu Danke verpflichtet.

Prag, im Februar 1880.

A. Benedict.

---

¹) Vgl. auch Feifalik 201, Anm. 28.

DAS

LEBEN DES HEIL. HIERONYMUS.

Brief des Eusebius an Damasus und Theodonius.

Der durchleuchtigen furstinnen und vrawen Elizabeth margrafinnen zu Merhern, meiner gnediger sunderlichen frawen, enbeute ich Johannes, von gotes gnadn bischof zu Olmuntz, des romischen keisers cantzler, mein demutiges gebet. In dem heiligen namen des almechtigen gotes! Genedige frawe, sint den hohen lerer sant Augustinus, dorzu die wirdigen bischofe und gelerten meister sant Eusebius und sant Cirillus dunket das menschen hertzen, menschen zungen und alle vernunft nicht volsagen oder bedenken mugen sant Jeronimus grozze wirdikeit, domit in der almechtige got hat so mildiklich begabet: mit welcher kunheit schol ich denne seines lobes mich underwinden, sint alle meine kunst, die ich bei allen meinen tagen gelernet habe, ein unbederbes nezzelkraut ist neben rosenvarber und violschoner kunst sulcher grozzen heiligen lerer und fursten! Ein iglicher weiser mensch mag mir das wol zu grosser torheit keren das ich unmuglicher dinge mich so turstiklichen underwunden hab. Doch entschuldigt mich ewer furstichliches gebot, dem ich gehorsam sein schol und wil zu allen zeiten,

Die ganze Einleitung fehlt A. 1 durchleuchtigesten *N.* furstinne *C.* franwen *doppelt N.* 2 marcgraffin *C.* gnediger *B.* 3 bysolf *B fast immer.* 4 olomucz *B.* dimitiges *B.* 5 gebete *C.* genedigen *C.* 6 seint *C. immer.* sant *fehlt C.* Augustino vnd *C.* 7 Bisscholfe *B.* Bischoff *C.* Eusebio *C.* 8 sant *fehlt C.* Cirillo *C.* hereze *N.* czunge *B.* 9 vollensagen *C.* voldenken *N.* mogen *C.* 10 mite *B.* 11 chunhat *B.* kintheit *N.* 12 denne *fehlt C.* lebens *B.* mich *fehlt B.* mein khunst *B.* 13 alle *B.* gelernt hab *C.* ye gelernet *N.* 15 künste *C.* grozzen *fehlt B N.* 16 mensch weiser *B.* wohl *fehlt B N.* 17 vnmöglicher *C.* dingen *B.* turstichlich *C.* 18 entschuldiget *C.* eur *C.* furstenliches *C.* 19 gepete *B.* schol sein *B.*

und hab mich dorein auf gnade des almechtigen gotes williklich gesetzet in grozzer hoffenunge das meinem gebrechen derfullen werde des gute und des volkomenheit, der mit sein eines kreften aller werlde vinsternusse er-
5 leuchtet. Dovon, durchleuchtige furstinne und gnedige frawe, habe ich in diesem buche gearbeit mit rechten trewen und mit ernstlichem vleizze zu wirden dem almechtigen got und sant Jeronimus zu eren und zu getrewen dinste ewren furstlichen genaden. Was ir dorinne trostliches und gutes vindet,
10 des danket gotlichen gnaden; was aber gebrechens dorinne funden wirdet, das komet alzumale von meines gebrechens wegen: wan ich so gelert nicht bin das ich wirdig sei sulche grozze dink zu sinnen und zu tichten.

Das ist der erste brif, den sant Eusebius Damasio dem
15 *bischof und dem römischen fursten Theodonio gesant hat, dorinne er beschreibet sant Jeronimus leben, seine achbere lere, die er gesaget hat seinen brudern in den letzten zeiten seines todes, seine grozze andacht, die er gehabt hat, do er gotes leichnam enphahen wolde, und seine andachtigen gebet,*
20 *die er von gotes leichnam gesprochen hat und etzliche grozze zeichen, die geschehen sint in den zeiten seines todes. Dorzu klaget er auch seinen tod mit suftzen und klageberen worten.*

I.

Dem erwirdigen vater Damasius, dem bischofe, cardinalen und dem Theodonien, dem römischen fursten, enbeut

---

1 vff *C fast immer.* 2 hofnunge *C.* mein *C.* 3 derfullet *C.* werden *C.* 4 allerwelde *B.* vinsternizze *C immer.* 5 derleuchtet *C.* durchleuchtigestin *N.* gnadige *B.* 6 hab *B.* buch *C.* gantzzem *C.* trenwen *C so immer.* 7 ernstlich *B.* den *B.* und *fehlt B.* 8 Jeronimo *C.* vnd getr. *C.* 9 fürstenlichen *C.* gnaden *C.* gutes trostliches *B.* 10 das *A C.* awer *B.* doryne gebrechens *C.* 11 vinden werdet *B.* chumpt *B.* 12 gelerter *C.* 14 *Das ist der bryff den ewsebius gesant hat Überschrift rot B.* sante *C.* damasum *B.* 15 den remissen *B.* gesendet *C.* 16 Jeronimi *C.* sein *C.* achper *N.* 18 sein *C.* 19 empfahen *C.* sein andechtiges gebet *C.* 20 etliche *C.* 21 seint *C fast immer.* 22 vnd mit clagendingen *C.* *Vor I.: Der bryff der laut alz ir vnden horen wert was er mit den augen gesehen vnd mit den henden bryffn hat B.* (*Die Überschriften sind immer mit roter Tinte geschrieben.*) 23 erbergen *C.* Damasus *B.* Damasio *C.* dem bischofe cardinalen *fehlt C.* 24 dem *vor Th. fehlt B C.* Theodonio *C.* remissen *B.*

ich Eusebius, etwen des allerheiligsten sant Jeronimus schuler, der itzunt klares lichtes sulches seines vaters vorweiset ist, suzzen smertzen und auch suzzer freude. Manigfaltiklich und in maniger weis hat der almechtige got mit uns allen geredet durch seinen allerlibisten sun sant Jeronimus von 5 seinen heiligen schriften in vil wundern und auch in vil tugenden, die der almechtige got durch in gewurket hat und mitten under uns noch teglichen wurket, der wir auch gezeugen sein: wir, die in gesehen haben und sein heilikeit mit unsern augen beschawet haben und gegriffen haben 10 mit unsern selbes henden, beide sein wort und sein kunst und auch sein heilige götliche lere, wann sein heiliges leben offenbar gewesen ist. Dovon was wir gesehen und gehort haben, dasselbe kündige wir ewrer libe: wann wir etwenne als irsame schaf in grozzer irrunge irre gewesen 15 sein und gekeret waren zu unnutzen meren und gute ler nicht horen wolten, sunder wir sampten zu uns falsche und lugenhaftig propheten, die aufgestanden waren in dem volke als lugenhaftig meister und predigten vil böser irsamer ketzerei untz an die zeit das sich enphenget und aufstunde 20 diser lichte tag, der heilig sant Jeronimus, der itzunt funftzig jar und sechs moneid geschinen und geleuchtet hat in dem tempel des almechtigen gotes mit vil arbeiten, mit vil engsten, mit wachen, mit heiligem lesen, auf die rede das er uns fürleget das brot seiner warhaftigen lere, irresal von uns 25 vertribe und uns gelediget von ewiger verluste: wann er

---

1 etwenne *C*. allerheiligesten *B*. sante Jeronimi *C*. 2 yeez und *B*. vor weysbait *A*. 3 nach *B*. noch *A*. 4 weise *B*. almechti *C*. allen] …en *B*. 5 allerlibsten sone *C*. Jeronimum *C*. von] ..n *B*. 6 schreiben *A*. allen tugenden *B*. 7 geburket *B*. gewirket *C*. 9 geezeuge *B C*. 11 unsers *C*. undern *A*. seine *B*. seine *B*. 12 auch *fehlt C*. seine *B*. heilige *fehlt C*. 14 geloret *C*. dasselbig kunde *B*. ewer *B*. 15 etwanne *B* irrsam schaf ezu *A*. scheflein *B*. schoff *C*. irreung *A*. 16 warn *A*. gut *A*. lere *C*. 17 wir *fehlt C*. zu *fehlt A*. 18 lugenhefag *B*. lügenhaftige *C*. 19 volk *A*. lugenhenheftig *B*. lugenhaftige *C*. irresamer *B*. 20 keezrey *B*. biz *C*. enphendet vnd aufstünde *A*. enphendet vnd enczundet *B*. enczündet vnd enstund *C*. 21 lichter *B*. fümfezig *A*. fünftzig] l. *B*. füntzzig *C*. 22 menet *B*. monden scheinet *C*. gelauchtet *A*. 23 angsten *A*. 24 heiligen *B*. 25 brat *B*. irsal *C*. 26 vertriben *A*. vertreibe *B*. vorlust *C*. wolluste *A*.

1*

angehebt hat von der sunnen aufgange und hat untz an der
sunnen nidergank alle ketzer uberstriten und hat die bogen
irer wer zubrochen und die schilde irer behendikeit mit
fewriger kraft des gelauben verbrennet: wann got mit im
5 gewundert hat auf diser erden auf die rede das sein hei-
liger name gebreitet und vorkundet würde allermenichlichen.

II.

Dornach ist er gevaren durch alle orter des ertreiches
und hat geertzenneit alle gotes erwelten, die mit geschozze
der falschen ketzrei verwundet waren und hat derleuchtet
10 der leute hertzen domit, das er die heiligen schrift leuter-
lichen entslossen hat und alle verborgne knoten aufgestricket,
alle vinsternuzze erleuchtet, allen zweifel zu warhaftiger
sicherheit ausgeleget, alle ungerechtikeit und falscheit ge-
straffet und gebessert und hat auch dorzu aus manigen
15 zungen zusammen bracht alle sulche warheit, die er indert
finden mochte auf die rede das er als ein trostlicher vater
uns, seinen ellenden kinden, offen machet die wege des
ewigen lebens und das er uns derfulte freuden und auch
trostlicher kurtzweile. Der wirdige unser vater sant Jeronimus
20 hat auch gesterket den geistlichen tempel des almechtigen
gotes und hat denselben tempel gleich einer brinnenden
lucern nicht verborgen, sunder er hat in auf einen glestigen
leuchter also gesetzet in dem hause unsers herren das er
allenthalben leuchtet, und hat denselben tempel mit kreften

1 angehaben *A.* angehebet *C.* aufgank *A.* uns *A.* bis *C.* 2 ketzzerey *C.*
dipogen *B.* 3 irrwere *B.* werche *A.* die *bis* behendikeit *fehlt B.* schild *A.*
4 dez gelauben kraft *A C.* vürbrennet hat *C.* wen *C so fast immer.*
5 erde *A.* 6 würd a. manicleich *A.* wrde *B. C fügt bei:* in der heyligen
kristenheyt. *Vor II.:* wy Jeronymus gefaren ist durch alle orter der
world *B.* 8 erczneyet *B.* geertzneyt *C.* 9 ketzzereyen *C.* erlawchtet *A.*
10 mit dem *C.* lawterleich *A.* leüterlich *C.* 11 entsleüzset vnd *C.* ver-
porgen knoden *B.* aufgestricket hat *C.* 13 ausgelegt *A.* aufgeleget *B.*
vurechtichait *A.* falschheit *B.* 15 czu sampne *C.* 16 macht *A B.* ein
fehlt A. 17 macht *A.* weg *C.* 18 uns derfulte] virs defulte *B.* vns
erfult *A.* vreiden *B.* 19 kürtzweil *C.* 20 des *bis* tempel *fehlt A C.*
21 und hat *doppelt B.* geleich *A.* brünnende latern *C.* 22 gleistigen *B.*
glenstigen *C.* 23 also *fehlt C.* czu dem hawse *A.* haus *B.* 24 vber alle *C.*
lawchtet *A.* demselben *A.* tempel *fehlt B.* kr. vnsirs herren des *C.*

des himelischen tawes und geistlicher sussikeit seiner geblumten worte also durchfeuchtiget und so fruchtber gemachet das er aller werlde die wege des himels geoffenbaret hat uber alle ander lerer auf die rede das wir lernen mochten die wege, domit wir komen schullen in die seligen 5 hochgelobten stat, unser ewigen wonunge, und auf die rede das wir nicht beleiben in swacher sündiger biterkeit, dorinne unser veter mit leidigem irresal gesezzen haben, die auch derselbe hochwirdige unser vater sant Jeronimus geleitet und gefuret hat aus sulchem irrsal zu dem weg ewiger 10 freuden und himelisches trostes.

III.

Wann ich Eusebius nu nicht anders bin nur als ein halme, der balde verswindet vor angesichte des windes, und swacher bin als der unflat, des nimant achtet in den gazzen, und bin dorzu lispendiger zungen, also das ich nicht reden 15 kan noch zu lobe des erwirdigen vaters mein wort geschicken; wie mag ich denn, allerlibsten veter und herren, euch seines lobes ichtz mitgeteilen? Wann in der warheit, als auch der heilige zwelfbot sant Paul gesprochen hat: 'Wer das sach das ich mit engelischen und auch mit aller meister 20 zungen gereden kunde, dennoch mocht ich sein hochstes lob mit nichte derlangen noch in keiner weis berüren.' Dovon meine ich nicht ze hoffen in den bogen meiner naturlichen vernunft, und das swert gelerter kunst mag mich

---

2 gepluenten *B*. geblümtem *A*. durchgründet *C*. 3 gemacht *C*. werld *A*. welde *B*. weg *C*. 5 mechten *B*. weg *C*. mochten *C*. selige *B*. seylig *C* immer. 6 hochgelobte *BC*. wonung *A*. vonunge *B*. red *A*, *fehlt B*. 7 bleyben *C*. sindiger *B*. dorinnen *A*. 8 irsal geseszen *C*. 9 unser *fehlt A B*. beleitet *B C*. 10 auzz *B*. sulchem irresale *B*. Irsale *C*. in den wege *B*. in dem weg *C*. 11 freiden *B*. *Vor* III.: dy dyemutichait ewzeby *B*. 12 nicht nu *A*. ezn *B C*. pin worden *A*. 13 vorswintet *B*. 14 vnd bin swach *C*. 15 lisspunder *B*. lispendinger *C*. 16 Nach *C*. 17 gesikken *A*. wo *B*. denne *C*. vater *A*. 18 auch *A*. ew *B*. ich *B*. ichte *C*. inder *B*. 19 heilige *fehlt B*. heylig *C*. 20 wer ez daz ich *C*. engelischem *A*. englissen *B*. mit *fehlt A*. 21 ezunge *C*. konde *C*. dennot *B*. mecht *B*. hohes *C*. 22 nichten *A*. belangen *C*. 23 moin *B*. ezn *C*. dem *B*. 24 und *fehlt A*. gelerneter *B C*. ich *B C*.

dorzu nicht gesterken, sunder der almechtige got schol mein
licht werden, der vormals geleret hat und noch leren wirdet
meinen mund die warheit zu reden und zu sprechen, als
er etwenn mit seiner almechtikeit Balaam des propheten
5 eselinne geleret hat: wann alle kunigreiche sein sint und
sein herschaft von einem mere bis auf das ander reichet
und von den wassern bis auf die orter aller der gantzen
werlde, in des almechtigem gebote alle dink begriffen sint,
vor des angesichte sich alle kunige bigen mussen: wann
10 nimant widersten mag seinem gotlichem willen und er nach
seinem willen alle dink gemachet hat in himel und auf
erden. In des kreften und in des gnaden werden alle
zungen unsers erwirdigen vater sant Jeronimus lob reden
und verkunden und wirdet sein wirdiger name in alle die
15 werlt wirdiklichen gebreitet.

IV.

Diser unser vater sant Jeronimus ist der warhaftige
Israhel, der nach dem hertzen des almechtigen gotes erwelt
ist. Er ist auch derselbe, der ane geverde alles das geredet
und volbracht hat, das im enpholhen ist von got gegen
20 kunigen, fursten und gegen aller werlt. Er ist auch der
lerer, den got seiner kristenheit gegeben hat auf die rede
das er verderben, vernichten, ausroden und vertreiben schulle
alle dorn und alle unfletikeit und warhaftige weisheit bawen,
phlantzen und sterken sulle. Er hat lib gehabt sein bruder;
25 er ist derselbe, der so vil bücher von ebraischer und

2 mich v. A. noch *fehlt* C. lernen B C. wirt C. 3 munt C. die warheit
fehlt B. eze A. 5 eseleyn B. Eslinne C. konigreich C. 6 h. reichet v. C.
wis B. reichet *fehlt* C. 7 vncz B. 8 almechtigen B. gebot C. ding C.
9 konig C. byegen B. 10 gottlichen C. 12 genaden A. 13 vatirs C.
14 wirdet *fehlt* B C. wirdigen namen C. 15 welde B. wirdicleich A.
breyten C. Vor IV.: da sagt er von jeronimus lob B. 16 O diser A. sant
fehlt B C. 17 almechtige B. 18 Er ist *fehlt* A. der *fehlt* A. ongeverde C.
volbracht vnd geredet C. 19 furbracht A. verpracht B. 20 konigen C.
welt B. derselbe C. 21 kristenhit B. 22 verderben vernichten und aus-
roden A. vornichten verterben ausreden und vertreiben B. ausreüten C.
23 allen den dorn B. allen dorn C. und *fehlt* B. alle *fehlt* C. vnfletikit B.
und] sunder B. 24 scholle C. seine kinder B. seine brüder C. 25 ebri-
scher B. vnd von A.

krichischer zungen in lateine bracht hat mit grozzen ar-
beiten; er ist der, der die heilige ordenunge der ampt, die
man in der heiligen kirchen heldet, des ersten funden hat;
er hat auch alle irrikeit der heiligen schrift vornuftiklichen
geslichtet; in des licht hab wir gewandert und mit dem 5
brot seiner heiligen lere sei wir also gespeiset und gesterket
das wir geen mögen untz auf den heiligen berg unsers
herren. Derselbe unser liber vater sant Jeronimus ist auch
ein seliger fluz des lebendiges wassers, das gleicher weis
als ein kristall lauter ist und in kreften gotes mitten durch 10
die heiligen kirchen fleuzzet, auf des beiden seiten leben-
diges holtz wechset, das wirdige frucht in seinen zeiten
bringet, des bleter zu geistlichem gesunt sint allem kristen-
lichenn volke.

V.

Senfter und suzzer ist er gewesen in allem seinem volke, 15
gotes und auch der leute fruntschaft hat er wirdichlichen
behalden, itzunt bittet er für die gemeine kirchen. O wunder-
haftiges vas, mit allem edlen gesteine so wirdichlich geziret!
Der obriste meister hat dich so lustichlich gemachet; was
schol ich furbas mer sagen? Die himel sagen sein lob und 20
das firmament verbotschaftet die grozzen werk der schrifte
seiner hende. Auch ist keinerlei rede noch gezunge, das
nicht begriffen sei in worten seiner lere: wann seiner lere
schall und suzzer don sich itzunt hat in alle werlt ergozzen.
O du unsprechliche barmhertzikeit unsers almechtigen gotes! 25

---

1 krichisser *B*. Ebraischen vnd krichischen *C*. lateyne czunge *A*. latine
czunge *B*. lateinisch czungen *C*. mit grozzen arbeiten *fehlt A*. 2 erbeiten *B*.
ist der die *C*. ordenung *B*. 3 in den *A*. 4 irrekait *A*. vornüftlich *C*.
5 geslechtet *B*. wege haben *C*. 6 brote *C*. heilsamen *B*. gespeiset vnd ge-
leret vnd gest. *C*. 7 megen *B*. nutz *fehlt C*. 9 ein *fehlt A*. fluez *A*. flnzz *B*.
lebendingen *C*. wazzers *C*. 10 Cristal *C*. durich *B*. 11 vff dez floz beiden
s. lebendinges *C*. 12 wechsset *C*. 13 czu geistlichem geswade sint *A*. czu
geistlichen sinne sein *B*. czu geistlichem synne seint *C*. Cristenlichem *C*.
Vor V.: hye von seinen ern *B*. 15 gewest *A*. 16 freüntschaft *C*. wir-
dichligen *B*. wirdiclich *C*. 17 bitet *C*. kirch *C*. 18 was *B*. das mit edlem
gestein *C*. wirdiclich *C*. geziret ist *C*. 19 lustichlich *C*. 21 vorbotsehatt *C*.
22 czunge die *C*. daz daz *A*. 23 wann seiner lere *fehlt A*. lere *fehlt B*.
24 scholle *B*. dan *B*. aller *B*. alle die *C*. 25 barmherczikit *B*.

Wie manigerlei heidenischer diet hat deine güte in deinem
sun Jeronimus gesampnet, also das zu sulchen gnaden, die
Jeronimus alein hat, nimant gereichen mug in aller werlde!
Jeronimus ist ein furst und ein furer unsers gelauben; seiner
5 gesprechikeit, seiner geblumten rede, domit er die heiligen
schrift aus ebraischem und aus krichischem gezung in latein
bracht hat, muzz sich alle disc werld allewege wundern.
Sein werdes lob ist allermeniclich offenbar verkundet: wann
er ist mit gotlicher weisheit erfullet gleich einem grozzen
10 wazzer. Und ob ich die warheit reden schol, so ist sein
weisheit grozzer denn der kunigin Saba gewesen sei, die
doch den tewren hochgeborn Salomon in weisheit hat ver-
suchet! Ungleiches grozzer sint seine werk denne meine
wort getragen mugen, die ir von mir horet. Werlich er ist
15 allewege gut allen den, die gerechtes hertzen sein: wenn
er bosheit allewege gehazzet hat. Er hat wunders vil ge-
wurket auf disem ertreich; in dem schatten seiner lere habe
wir geseczzen und die frucht seiner tugent hat unser munt
suzziclichen gesmecket. Unmuglich ist das imant, was wir
20 von im gehoret und gesehen haben, in keiner weis gereden
oder gesprechen muge.

VI.

Wann ich Eusebius nicht gerediger bin und mir in
gesprechikeit nicht zewet, so muzz ich kurtzlichen sagen
das ich meine: das wizzet das Jeronimus gleich sant Jo-
25 hansen baptisten ist: wenn sie beide junkfrawen und beide

1 heidenusser *B.* heydennisch *C.* güt *C.* czu *A.* 2 deinen sone Jeroni-
mum *C.* gesampet *A.* selchen *B.* die sant *C.* 3 allainer *A.* alleine *C.*
gereichent *B.* möge *C.* 4 seine *B.* sein *C* 5 geblumten A *C.*
6 ebraissem *B.* krichissem *B.* ebrayscher vnd krichischer czungen bracht
hat yn latein *C.* 7 dez muz *C.* sich *fehlt C.* alle *fehlt A.* die *C.* 8 wir
dez dez *A.* allermeiniclich *C* so immer. 9 mit *fehlt B.* getlicher *B.* 10 ob
fehlt C. 11 den *C.* kunige *A.* konigynne *C.* 12 den trewen *A.* tewren
fehlt C. hochboren *C.* 13 gresser *B.* 14 mugen *C.* horte *C.* werliche *A B.*
15 di do *A.* gerechteus *A B.* 16 allezeit *A.* alleweg *C.* hat gehasset *B.*
17 gewircket *C.* schaden *A.* schaten *C.* haben *C.* 18 tugenden *B.* unsern
munt gar *B.* 19 suzziclich *C.* vnmoglich *C.* 21 und *A.* mugen *B.* moge *C.*
Vor VI.: hye geleichent er yn gotes tauffer *B.* 22 Bann *A.* 23 czemet *B.*
czauwet *C.* kurczliche *C.* 24 di weisheit *B.* wiszet *C.* sant J. *C.*
25 waptisten *B.* junkfrawen vnd beide *fehlt A.*

einsidel gewesen sint. Von sant Johansen baptisten stet geschriben also: Johannes was gekleidet mit kamelnharen. So mag Jeronimus von im wol sprechen: meine gelid meines leibes waren behaftet mit dem sakke, mein vel was verbliehen und geleich einem moren uberall verswartzet. Von 5 sant Johansen baptisten spricht man auch das er walthonig gessen habe und wurtzen in der wiltnusse. Nu spreche aber Jeronimus von im selber: essens und trinkens wil ich sweigen; wann ich und mein muniche nicht anders nur kaltes wasser getrunken haben und gesoten speise zu essen 10 bei uns ein grozze unkeuschheit geachtet were. Sant Johannes ist durch die gerechtikeit ein mertrer. Jeronimus, wie wol das sei das er mit dem swerte seines lebens nicht beraubet sei, doch ist im er und lon der marter nicht benomen: wenn zweierlei merter ist: die ein so man stirbet 15 mit boser leut swerten, die ander so man widerzemikeit, anfechtunge und widerdrizz mit starkem hertzen geduldiclichen leidet. Werlichen mag ich sprechen: Jeronimus ist ein warhaftiger martrer: wenn er durch die heilige gerechtikeit, durch lobliche gedult und durch ler der gotlichen 20 warheit in diser klagebernden werlde grozzen streit wider boze leut menlich enthalden und getragen hat; wann im wol kunt was das gotliche weisheit allen dingen sterker ist. Und hat tugentlichen gelebt in dem angesichte gotes und in allem seinem trubsal, in aller seiner leidung hat er 25 sich mit worten nie vergezzen und nicht auf erden torliches gesprochen in dem angesichte unsers herren.

2 har *A*. 3 wol selber *B*. selber wol *C*. eheine gelider *B*. mein glyt *C*. 4 behatt *C*. sack *C*. viel *A*. 5 verbliken *B*. gleich *C*. ober *B*. vorswertzzet *C*. 6 sant *fehlt A*. baptisten *fehlt A B*. wolt *A*. 7 ezzen *A*. haben *B C*. wurezzeln *C*. de *B*. spreche *B*. sprech *A C*. 8 Jeronimus aber *B*. ich *fehlt B*. 9 munich *C*. nurt *B*. 10 kalt *B C*. trinken *A*. speiz *C*. zu essen *fehlt C*. 11 vnkeuscheit *C*. 12 gerechtikit *B*. mertirer *C*. sant Jer. *C*. 14 ere *C*. lone *C*. 15 martir *C*. eine *C*. 16 swert *C*. widerezuntet *A*. widerezemikit *B*. 17 anfechtung *C*. wyder dris *C*. geduldichlichen *B*. 18 Werlich *C*. 19 heiligen *C*. gerechtikit *B*. 20 loblich *C*. lere *C*. 21 diser *fehlt B*. ehlagewerender *B*. klagberen *C*. 22 menlichen *C*. 24 gelebet *C*. angesicht *C*. 25 allen *B*. allen seinen leydungen *C*. 26 vorgeszen *C*. trostleiches *A*. 27 gesp. hat in *C*. angesicht *C*.

VII.

Wer möcht gesweigen der grozzen trübsal, arbeit, ubelhandlunge, smertzen, slege, hunger, durstes biterkeit, des leibes brodikeit, wachung, ungemach, wanderunge in pilgereines weise, magerheit und krankheit des leibes, vasten in
5 grozzen gebrechen, armut und nicht alein sulche dise leidung, sunder ander, die vil grozzer und swerer und auch ane zal gewesen sint, die er allzumal in seinem erwirdigen leben durch den heiligen namen unsers herren Jhesu Cristi geliden hat, als der erwirdige unser liber vater sant Jeroni-
10 mus in etlichen seinen schriften selber bekennet und auch spricht in sulchen worten: ich stund in der einot der grozzen wüstunge, die mit der sunnen hitze also verbrunnen was das sie den munichen ein grausamige wonunge ane zweifl machet, und dauchte mich dennoch ich wer in
15 grozzen lusten dort zu Rome. All tag was ich in grozzem suftzen und weinen und ob mich beiweilen wider meinen willen ein slaf begriffe, so behingen meine duren beine auf der blozzen erden. Und wie wol ich in geselschaft wer der wilden tire, dennoch dauchte mich durch anfechtunge des
20 teufels das ich bei junkfrawen zu Rome und bei vrawen were, und in meinem kalden leibe enphenget sich teglichen der unkeuscheit snode und unbederbe hitze.

Vor VII.: hye sagt er von seinem leyden *B*. 1 mecht sweigen *B*. arweit *B*. 2 vhelhandelunge *C*. smertzen *fehlt C*. durst *C*. 3 blodichait *A*. wachen vnd *C*. pilgereins *A*. pilgreines *B*. 4 vnde *C*. krankhit *B*. 5 grozzem *C*. gr. kreften geb. *B*. alleine *C*. leidigunge *B*. 6 andere *C*. grozzere *AB*. auch *fehlt C*. 7 gewesen *fehlt C*. alczumole *C*. wirdigen leib *A*. leyhe *C*. 9 wirdige *A*. erwirdiger *B*. vnser liber *fehlt C*. sant *fehlt A*. 10 seinen dingen vnd schr. *A*. 11 sprichet *C*. 12 wuest mügen *A*. wüstenunge *C*. hitz *C*. 13 monchen one czweyfl ein grausamige wonunge machet *C*. graw savng *A*. 14 were *C*. 15 dort *bis* ich] dorzen waz ich alle weg *C*. grozzen *B*. 16 suftzen und *fehlt C*. sufezen alle tag waz ich in grozzem wainen *A*. vnder weilen *A*. beweylen ein sloff begreiff wider meinen willen *C*. 17 behingen] wernigen *A*. mein dürre bein vff *C*. 18 bosen *B* were *C*. 19 tyr *C*. 20 dewfels *B*. frawen *A*. 21 leyb *C*. enpfevdet *A*. enphreundet *B*. enczündet *C*. teglich *C*. 22 vnkawsch snod *A*. vnkewscheut friede vnd *B*.

VIII.

Got sei mir des gezeug, der nicht unwar saget, das ich
oft den gantzen tag und dorzu die nacht verzeret hab in
semlichen gedanken und hab von der kestigung meines leibes
nicht gelazzen untz an die zeit das von den gnaden gotes
die sele und der leip zu sussem fride widerquamen und 5
sulche sundige begerunge in mir gentzlich verleschet wurde.
Ich weinte alle tag und widerstund dem unbederben meinem
fleische mit vasten, mit wachen und mit allem vleisse; ich
schamet mich vor meiner kamer, als ob ir kund weren alle
meine bösen gedanken. Und beiweilen wart ich erzornet 10
uber mich selben und ging in zorne durch grunde, durch
berge und gelegenheit der wustunge, die sulche wustunge
was, ein kerker meines durstigen armen fleisches: do selbest
was die stat meines gebetes. Almechtiger got und warhaf-
tiger richter aller menschen gedanken, nu bis selber ge- 15
zeug deiner gotlichen genaden! Wer ist ie in keinen zeiten
sich gewesen, dem dein sun sant Jeronimus, unser vater, nicht
mitleidunge getragen hab in fruntlichen christenlichem hertzen?
Wer hat sich geergert, umb den dein sun Jeronimus sich
nicht betrubet habe? Schol man die heiligen durch ire arbeit, 20
durch ire leidung loben, so ist ane zweifl Jeronimus wirdig
alles lobes.

IX.

Nu meine ich ze komen auf die grozzen ubelhandlung
und auf sulchen smertzen, die er geliden hat von bosen und

Vor VIII.: wy er gelebet hat *B*. 1. geczeüge *C*. der auch *A*. sagent *A*.
2 die *fehlt C*. habe *C*. 3 czu semlech *A*. kestinuge *C*. 4 lazzen *B*.
biz *C*. den *fehlt AC*. 5 suzzen *C*. 6 wegirung *A*. 7 meinem *fehlt C*.
8 fleisch *C*. vasten wachen *C*. 9 schönet *B*. komer *B*. wer *C*.
10 pesen *B*. bösen *fehlt C*. gedenken *B*. erezürenet *C*. 11 selber *C*.
ginge *C*. vnd gieng in czorn durch di wuestung vnd twank mich selb in
czorn durch g. *A*. 12 vnd perge *B*. vnd gepirge *A*. wüstenunge *C*.
wustunge] wanung *A*. wüstenuge *C*. 13 selbes *AB*. 15 menschlichen *C*.
geczeüge *C*. 16 gotlichen *B* gnaden *C*. deinen *A*. kein *C*. 17 sone
C so immer. mit *AB*. 18 habe *C*. freuntlichem *C*. erstlichem *C*. 19 Jeron-
nicht sich *A*. 21 leidunge *C*. *Vor* IX.: wy er vbelhandlung vnd smerczen
geliden hat *B*. 23 Nu bin ich komen vff *C*. vbelhandelung *C*. 24 auch
sulchen *A*. auf *fehlt C*.

— 12 —

falschen seinen brudern in diser iemrigen werlde. Was ist
sant Jeronimus leben anders gewesen in diser werld? nur
alein ein teglicher streit wider bose leute und wider die
grozzen schar der falschen ketzer! Alle ketzer rasten uber
5 in als die brimmenden leben: wann er strafte sie und trenket ire
selen gleich den giftigen spinnen und verderbet alle ire früchte
und vertreibet iren bosen samen von allen menschen kinden.
Die unzuchtigen phaffen, der leben alles verlassen und un-
bederbe was, haben aufgetan wider in iren sundigen mund
10 und haben in versmehet und haben von im gelogen in boser
argelist und seint im allewege veint gewesen in allem seinem
leben. Gleich tobendigen hunden und als veiste ochsen haben
sie in besezzen beide ketzer und hochfertige phaffen. Wider
in sint aufgestanden falsche gezeugen und haben gen im ire
15 zungen gleich den bosen natern felschlich gewetzet; wann
bose gift der lugen in irem munde gewesen ist: wann auch
ire gedanken ze aller bosheit geschicket waren und sie alle-
wege bereit gewesen sint wider den heiligen gerechten man
und wider des gelaubens gerechtikeit zu streiten. So haben
20 sie stricke geleget seinen fuzzen in meinunge ob sie in in
ichtes irresales begreifen mochten auf die rede das sulches
heiligen lerers sant Jeronimus namen nicht blibe in gedecht-
nusse der leute, und das er versmehet und verworfen wurde
aus gedanken aller leute.

X.

25 O du almechtiger suzzer got! Wie mochte imant den
verwerfen, den erwelt und erkoren hat dein ewige vorbe-

1 Jamerigen *C*. welde *A B*. 2 anders *bis* werld *fehlt B C*. 3 alleine *C*.
bose lente vnd wider bose leute *B*. und *fehlt C*. 4 rüsten *A*. rusten *C*.
5 brinnenden *A B*. brünenden *C*. krencket *C*. iren *A*. ir *B*. 6 sspinnen *B*.
ir frucht *A*. fruchten *B*. 7 vertreibet *fehlt C*. snoden *B C*. 9 haben
angefochten vnd a. *C*. 10 gesmehet *C*. vff in gel. *C*. 11 sein *C*. im
fehlt B C. alleweg *C*. gewest im in *C*. 12 tobendingen *C*. feiyst *A*. feyst
axsen *B*. 13 sie *fehlt A B*. hochfertitige *C*. 14 sein *C*. valsch geczevg
A B. gein *C*. 16 bosze *C*. 17 czu *C*. 18 alleweg *C*. berait sint ge-
wezen *A* gereit wesen *B*. gereit *C*. 19 gelauben *B C*. cze *A so meistens*.
habent *A*. 20 sie *fehlt B*. meinnge *C*. yne *C*. 21 ichte *A B*. irresale *A*.
irsales mochten begreiffen *C* mechten *B* sulchen *C*. 22 lere *B*. namen *fehlt C*.
gedechnusse *B*. 23 das *fehlt A B*. verborfen *A B*. 24 der *C*. *Vor* X.:
jeronimus ein lerer des römischen volkes *B*. 25 O du *fehlt C*. 26 erkorn *A*.

dechtikeit; dem du sulche ere gegeben hast das er mit seiner
lere vorgewesen ist allem romischen volke; den du so mech-
tigen gemachet hast in seinen worten und geheiliget hast in
allen seinen werken: wann du, almechtiger, hast in also
gesterket das er in deinen kreften aufgehebet hat die val- 5
lenden aus sunden, erlediget hat die gefangen in bosen ge-
danken, erleuchtet hat die blinden, den verborgen was das
licht der ewigen warheit; und der in deinem namen in rechte
meinunge hat alleweg gefuret die gerechten und der allezeit
sterke, tugent und dorzu warheit gegeben hat deinem erwelten 10
cristenlichem volke; der auch als ein schallende busawne in
hohem meisterlichen doene allen sundern ire sunde verkundet
hat, und hat die phorten der sunden und ire eiserene rigel
mit mechtigem swerte seiner meisterlichen lere alzumal zu-
brochen. Und dornach als die bosen seines gotlichen vleisses 15
gewar wurden, do wurden durchsniten ire hertzen und wetzten
auf in ire zenen und wurden felschlich gedenken in irem
mute, in meinunge ze spannen wider in iren bogen der
valschheit und alles arges, dorinne sie seinen tod nach irer
meinunge allzumal bereitet hatten. 20

XI.

Dozwischen und in allen sulchen grozzen leidungen hat
allewege der heilige unser vater sant Jeronimus mit genaden
des heiligen geistes vester gestanden in seinem andechtigem
gebete und in allen tugentlichen werken, und hat zu allen
stunden alle untugent getotet und alle untugentliche werk 25
lebendige gemachet, und hat die armen sunder aus aschen
ires unflates derhebet auf den tron der eren. Sein hoffnunge

1 geben *C*. 3 gemacht *C*. 5 deinem *B*. 6 sündigen stricken *C*. 7 ge-
denken *B*. danken *A*. erlawchtiget *A*. den plinten *A*. 8 rechtin *C*. 9 hat
fehlt C. 10 starck *A*. sterck *C*. tugen *AB*. erhelten *A*. 11 des *B*.
sallunde *B*. busawme *A C*. 12 meisterlichem doene *A B*. 13 eysennein *A*.
14 alczumole *C*. 15 vleisches *A*. 16 warden *B*. 17 czewge *A*. czungen *C*.
iren *B*. 18 mut *C*. meinnge *C*. czu *C*. sspannen *B*. wägen *B*. 19 falscheyt
C. argen *C*. dorynnen *A*. dorvnnne *B*. nach *bis* allzumal *fehlt C*. 20 het-
ten *C*. *Vor* XI.: wy seiner wyder steung *B*. 21 allen *doppelt B*. grozzem *A*.
fehlt B. 22 alleweg *C*. gnaden *C*. 25 alle *nach* und *fehlt B*. tugen-
lichen *A*. 26 lebendinge *C*. vz *C*. 27 dem *B*. turen *C*. offenvg *A*.

ist nicht gewesen auf seine naturliche kraft und hat sich
sein selbes nie gesichert und hat auch keinerlei hoffnunge
in diser werld reichtum gesetzet, sunder in gotes krefte; und
in gebot des almechtigen gotes hat er alle seine widersachen
5 gestrafet und sie mit seiner lere kreften alzumal uberwunden:
wann er mit seiner arbeit allermenichlich geleret hat als
unsers herren Jhesus Cristus ritter und erwelter kempher
dorumb das er wol weste das nimant gekronet wirdet, nur
der ritterlichen und warhafticblichen streitet. Dornach wurden
10 auf in boze leute so starken haz und so grozzen zorn vassen
und wurden als ein boses geslechte, dorinne nicht trewe was
wider in in grozzem smertzen, und allewege waren sie in
iren reten wider in derbittert und gaben im zornes ursache,
wo sie mochten mit irem unmenschlichen leben, und vorspotten
15 in in weibes gewande, das sie in falschem rat im zugelegt
hatten an die stat seines geistlichen gewonlichen gewandes
auf die rede das er dorinne gesehen wurd als ein unkeuscher
man. Und mit sulcher valscheit vertriben sie in aus der stat
zu Rome einmutichlich und mit gemeinem rate.

XII.

20 Was tet aber dorzu unser heiliger vater sant Jeronimus?
Was scholt er anders tun denn das er alles sulches unrecht
geduldichlichen leit in demütikeit und in suzzem hertzen,
und vorkart in nicht alle ire sulche sunde und liez sie beleiben
in sulchen iren unvernuften und fur von dannen gen Con-
25 stantinopel zu dem heiligen vater sant Gregorio Nazazeno.
O du hertzenliber vater sant Jeronime! O du starker wun-
derhaftiger man, von dem nimmer volsagen kan menschliche

---

1 gewest *C.* sein *A B.* 3 werlde vff reicht. *C.* 4 gebote *C.* 5 kreft *C.*
7 kenpfe *C.* 8 west *B.* gekrenet wurdet nür *A B.* 9 streiter *B.* wurden
fehlt B. 10 leut *C.* hazz *B.* haz werffen vnd so starcken vnd grozzen
czorn vnd wurden *C.* 11 wundern *A.* werden *B.* 12 alleweg *C.* 14 mach-
ten *B.* verspattet *B.* 15 yne *C.* rate *C.* zugeleget *C.* 16 hetten *C.* ge-
wenlichen *B.* 17 würde *C.* 19 einmüttichlich *C.* *Vor XII.*: wy jeronimus
geffaren ist gegen constantinopl *B.* 20 Wwas *B.* 21 alles *fehlt C.*
22 gedulclichen *C.* dimitikeit *B.* 23 verchort *A B.* sünden *C.* bleiben *C.*
24 irem vernunftigen *A.* danne gein *C.* 25 gegorie nazenzeno *A.* gregoria
naczanzenus *B.*

zunge! O du volles vas, derfullet mit allen tugenden! O du lichter bilder aller tugendlicher geduld! O du lichte lampe suzzes bildes! O du wirdige krone aller tugende in gotlichen eren, eckestein und vestenunge der heiligen christenlichen kirchen! O du spigel aller unschuld und aller reinikeit! O du 5 guldeine seul der gemeinen kirchen! So ie vester die bosen dich betrubet haben, so du ie sterker, ie tugentlicher worden bist. O du reines lamp an allew meil, wie gar geduldichlich hast du alles unrecht geliden! Wie suzze waren deine wort in so swerem leiden: wann du anders nicht gesprochen hast 10 nur also aleine: 'ich sage dir dank, meinem herren und meinem got, das du mir zu leiden gibest in deinem lobe und in deinen gotlichen eren, und das du mich des wirdig gemachet hast das mich die werld hazze; wann allermenichlich zu deinem himelreich komen muz nicht anders nur in deinem lobe und in ubel- 15 handlunge der werlde.'

XIII.

Sant Jeronimus gedult, unsers liben vaters, hat des himels höhe bedecket; wann in rechter gedult ist alleweg bestetiget gewesen die kraft aller seiner eren, und in got hat er gesetzet alle seine sterke und sein hertz hat sich von 20 got nie gescheiden. Der bogen seiner feinde ist uberwunden, und sant Jeronimus hat gesiget in seiner gedult und ist zu stark worden allen seinen veinden. Sein rechte hant hat in gotes kreften uberwunden alle seine widersachen: wann der almechtige got sein beschirmer und sein behuter gewesen 25 ist zu seinem ewigen heile. Dovon sulle wir, sein unwirdige kint, lop singen dem almechtigen got unserem herren: wann er mit unserem vater sant Jeronimus wunderhaftiklich ge-

---

2 tugendlicher *fehlt A C*. 4 ekstein *B*. kristenlichen *C*. 5 O du spigel *bis* gemeinen kirchen *fehlt B C*. 8 raine *A*. alles mal *B*. one alle gallen *C*. dulticleich *A*. 10 nie anders gesprochen *B*. 11 also nur a. *A*. meinem liben herren *B*. 12 gibst *C*. lob *A*. lebe *B*. deinem *B*. 13 gotlichen *fehlt C*. nich wirdig dez *C*. 14 werlde *C*. alle die werlde zu *C*. zu deinem *doppelt A B*. 15 mit nichte andirs niir *C*. 16 ubelhandelunge *C*. *Vor* XIII.: wy er geduldig ist gewest *B*. 20 erseczet *A*. 21 wogen *A*. vbrwunden *B*. 22 ist *fehlt B C*. 23 sein recht hant ist gewirdigt sein r. *A*. 24 vberkumen *A B*. 25 huter *A*. 26 schollen *C*. 28 Jeronimo *C*. wunderhaftigen *A B*.

wurket hat. Nu, liben kint, kundiget sulche gotes ere aller
werlde, schephet wazzer geistlicher freuden aus dem brunnen
gotlicher milde: wann unsers liben vaters bozen widersachen
verblindet sein in iren bozen gedanken, und ir unweises hertz
5 in irem irresal vorvinstert und vortoret ist. Und wie wol
das sie dauchte das sie weise weren, dennoch sint sie in
iren bosheiten gentzlichen vortoret. Wann ire meinunge was
das sie gotliche warheit in lugen setzen wolten.

XIV.

Do aber aus der erden des suzzen hertzen sant Jeronimus
10 die recht warheit entsproz und die gerechtikeit wart von
himel scheinen, do vielen zuhant die argen ketzer und die
bozen cristen in die gruben, die sie bedecket hetten. Dobei
wart der gerechte sant Jeronimus nie betrubet, dorumb das
got seine hant gesterket hatte. Dovon, heiligen veter und
15 allerlibsten herren, merket auf disen gerechten gelaubigen
man, wie gerechter, wie vleizziger, wie getrewer er gewesen
sei in dem hause des almechtigen gotes, uns zu leren und
zu vortreiben die schalkeit aller sunden. Dorzu und auch
auszurichten andere sein tugent und wirdikeit were grozze
20 notdurft sulcher meisterlicher rede, der ich Eusebius zu krank
bin: wann alles mein gebein derschutet sich und vorkranken
under mir mein fuzze in starken vorchten mich anzunemen
sulcher grozzer dinge: wann die phorte des inganges seines
lobes mir verslozzen ist und sein lob zu sprechen angehort
25 nur aleine weise und volkumen leute, die in grozzen ver-
nuften vormals geubet sein. Dovon so meine ich seine

1 libem *B.* kint *fehlt C.* chundet *A.* 2 welde *A B.* euch wazzer *C.*
den *C.* 3 liben *fehlt C.* bozen *fehlt C.* widersacher *C.* 5 iren *B.* ir-
sale *C.* 6 dauchte das sie *fehlt A.* daz dauchte sie daz *C.* 7 vortoret
und vorvinstert *C.* 8 lugen und falscheit *C. Vor* XIV.: dy gerechtichait
jeronimus *B.* 9 Jeronimi *C.* 10 rechte *C.* warheit *fehlt A.* 11 von
hymel ward sch. *A.* 12 haben *C.* 13 gerecht *B.* 14 hat *A.* het *C.*
vater *A B.* 15 geleübigen gerechten *C.* 16 wie getrewer *fehlt C.*
18 salkhait *A.* falscheyt *C.* sunde *B.* auch *fehlt C.* 19 andre *B.* wurket *A.*
21 gebeine *C.* vercrachen *A.* verkrenken *B.* 22 mey *C.* 23 einganges *C.*
24 angeret *B.* 25 nnr] mir *A B.* volkomen *C.* grozzen künsten *C.*
26 seine] dein *A.*

grozze wunderhaftigen werk nicht alle zu beschreiben: wann
nimant so volkumen ist, der sant Jeroniumus wirdikeit ganz
beschreiben oder betichten muge; wann er ein brinnendes
licht ist aller cristenheit. Des wil ich mit hilfe gotes seinen
erwirdigen tod und etliche mereliche seine werk gar kurtz- 5
lichen sagen.

XV.

Der almechtige got, des barmhertzikeit immer an ende
ewichlichen bleibet, der gerechter ist und allewege rechtich-
lichen richtet, der allen gerechten leuten irer tugenden rech-
tiklichen lonet und alle ding in barmhertzikeit so geschicket 10
das er als ein warhaftiger guter hirte seine schaf in seine
schoz gnediclichen sampnet, der hat nu in disen letzten tagen
sant Jeronimus, seinen liben sun, nach grozzer seiner arbeit
und nach starken streiten also genediclichen betrachtet das
er in von diser leidigen werlde, dorinne der geist wider 15
den leip und der leip wider den geist allewege vichtet, also
gelediget und entnumen hat das er furbas mer des teufels,
der werlde und des fleisches anfechtunge nicht furchten darf:
wann er itzunt des todlichen gewandes entladen ist. Und
got hat in mit ewiger wirdikeit in ewigem lichte genediclich 20
bekleidet. O seliger unser liber vater sant Jeronime, wie
wol dir gescheen ist! was du vormals auf diser erden in
einem schatten erkennet hast, das beschawet nu dein wirdige
sele in lauterem warhaftigem lichte. O du erweltes vas! wie
hoch ist zu loben deine trewe das in deiner schidung grosser 25
sichtag dich nicht gehindern mochte das du deiner liben
kinder nicht vergessen woldest, die mit deiner lere von irer

---

1 wunderheftigen *A B*. 2 volchumpner *B*. volkomener *C*. Vor XV.: Jero-
nimus lob *B*. 7 one *C*. 8 ewicleich on end b. *A*. gerechtielichen *C*.
9 tugende *C*. 10 sikket *A*. 12 gnedlichlich *A B*. hat gesammet *A B*.
14 starkem *C*. gnediclichen *C*. 15 in *fehlt C*. werlt *C*. 16 leip alleweg
vichtet wyder den geist yn also *C*. 17 geleidiget *B*. entrunnen *A*. ent-
nomen *C*. hat *fehlt A B*. 19 und *bis* wirdikeit *fehlt A*. 20 vnd hat in
got *B*. genediclich *fehlt C*. 21 geeleidet *C*. unser *fehlt B C*. sant *fehlt C*.
22 geschehen *C*. dir *A B*. 23 beschaubet *C*. 24 lawterm *B*. 25 hohe *C*.
26 sichtage *A B*. machten *A B*. 27 nicht *fehlt in den Hss*.

2

jugent als grune zwei gephlantzet sein; wann du ire weinenden klageberen antlutze angesehen hast in zeiten deines todes und hast als ein getrewer vater ir ellende beweinet und hast mir Eusebien, deinem unwirdigen jungen, mit wasserfluzzigen
5 augen also gesprochen.

XVI.

'Eusebi, liber sun, worumb vergeussest du sulche unnutze zeher? Dir ist wol kunt das es unnutze ist das man der leute tod beweine. Welch lebendiger mensche mag dem tod entrinnen? Das got gesprochen hat, mit welcher künheit
10 getar imant das widersprechen, sint nimant widersten mag seinem willen? Dovon, liber sun, nicht wander furbas mer nach begerunge des fleisches; las von deinen weinen: wanne die wapen unser ritterschafte nicht fleischlich sunder geistlich sint.' Dornach kerte sant Jeronimus sein antlutz vrolichen
15 zu andern seinen kindern und sprach zu in mit freudenreichen worten: 'Liben kint, last von eweren weinen! seuftzet nicht durch meines sterbens willen, seit allesampt froliches mutes: wenn mir mein beheglich zeit und der libe tag meiner selden itzunt komen ist. Auch spreche ich wol:
20 der allerlibste tag, den ich ie gelebet hab in allen meinen zeiten; wann mein got und mein herre, der getrewer in seinen worten und heiliger in seinen werken ist, aufgetan hat die hant seiner mildikeit und meinet er well mein ellende sel, die durch sunden willen meines vaters Adam in gefenk-
25 nusse des todes gelegen hat, mit im zu furen in das ewige leben, das er mir erarnet hat mit seinem teuren unschuldigen blute. Dovon, hertzenliben kint, wann ich allewege euch

---

1 jugont *B*. czweige *C*, *fehlt B*. ir *A B*. weinde claberc antlicze *C*. 2 in zeiten *bis* hast *fehlt A*. 3 in *A B*. hast *fehlt B*. 4 deinen *B*. Jüngern *C*. wasserfluzzugen *B*. *Vor* XVI.: Do tröstet jeronimus ewzebinm *B*. 6 Eusebius *B*. Eusebii *C*. unnutze *fehlt B*. 7 was *B*. vnnütz *C*. 8 lebendinger mensch *C*. tode *C*. 10 meinant *A*. 12 deinem *C*. 13 Ritterschefte *C*. vlaische *A*. 14 keret sich *A*. 15 kinden *C*. mit] in *C*. 16 eurem *C*. 17 durch] von *C*. sterben *A B*. allesamt *B*. 18 beheglich *C*. 19 yncznnt *C*. sprech *C*. 20 habe *C*. 22 getrewer *A*. 23 hat *fehlt A*. hat auffgetan *C*. seiner] der *A*. wolle *C*. 24 sele *C*. Adams *C*. 25 geleget *C*. 26 erarbait *A*. trewen *A*. 27 blute gelont *A*. blut *C*. alleweg *C*.

allesampt getragen habe in sunderlicher libe, so hindert nicht
meine freude; lazzet werden dem ertreich was im zugehoret,
enblösset meinen leip und gebt in der erden, doraus er
gemachet ist, das er wider geleget werde, von dann er
komen ist.'

XVII.

Do sulche rede ende hette, zuhant wurden alle bruder
mit zehern bitterlichen begozzen, und enblösten seinen heiligen
leip, der durch hertikeit willen seines lebens also enpherbet
was das grausamig sein angesicht were: wann sein leip so
mager was das man alles sein gebein und alle sein gelid
mocht gezelt haben, und was durch slege willen mit blute
also bestrewet das er einem aussetzigen geleich was. Des
legten sie den nackten leip auf die blozzen erden und dakten
mit einem leinein sacke. Dornach zuhant als der heilige man
enpfinden wart der erden hertikeit, so keret er sich zu den
brudern allen, die mit smertzen, mit engsten und mit bitter-
lichen zehern in seuftzen und in klagen begriffen waren, und
sprach also: 'Ich mane und bitte euch, mein allerlibsten
kint, die ich erzogen hab in güten unsers liben herren Jesu
Christi, das ir in kreften sulcher libe als ich euch gemeinet
hab, in gotlichem fride mit einander lebet: wenn gotes diner
und gotes hofgesinde und gotes frund wol anzimet das sie
fridlichen sein und nach geistlichen selden stellen zu guten
bilden werltlichen leuten. Liben kint, wann ir geistliche leute
seit, worumb vorgizzet ir sulche unfruchtige zeher? Nicht
weinet umb mich: beweinet ewer sunde und seit dorumb also
bereit zu den zehern als ir bereit gewesen seit zu den sunden:

---

1 habe *fehlt* A. hab B. suzzlicher B. 2 mein C. daz A C. 3 gebet C.
4 were B. werd A. von *fehlt* C. Vor XVII.: do trostet er all sein bru-
der B. 6 hat A B. worden C. 9 seins A. waz C. 10 seine glyt C.
11 mecht B. geezelet hab C. 12 bestrebet A. bestrüet C. enlich B. en-
lichen C. 13 bedakten A. 14 leinen B. sack C. dennach A B. 15 wardt B.
do kerte sich C. 18 man C. 19 kinder C. liben *fehlt* C. 20 ir *fehlt*
B C. euch *fehlt* B. 22 freünden C. anczimt C. die C. 23 fridlich C.
24 geistliche leüt C. 25 denne sulche C. unfruchtbere C. 26 eur C. seit
fehlt B. 27 also C. seit gewesen B.

wann so einen sunder in zeiten seines todes seine sunde
rewent, des frewent sich die himelischen engel; so aber ein
guter mensch in sunden stirbet, des werdent sie betrübet.
Aber mich sullet ir nicht beweinen als einen, der do stirbet,
5 sunder ir sullet euch mit mir frewen: wann ich sicherheit
des ewigen lebens in freuden hab begriffen.'

XVIII.

-'Was ist unbederber denn die swachheit dises lebens,
dorinne wir mit so vil leidunge und so vil smertzen begriffen
sein also das nimmer einige stund ist, dorinne ein lebender
10 mensche leides und smertzen ledig sei. Ein reicher man ist
allewege in engsten und forchten das er seinen reichtum icht
verlise; der arme ist allewege in gedanken, wie er reicher
wurde; ein guter mensch furchtet allewege das in dise bose
werlt icht zu valle bringe: wann er allewege in vorchten
15 ist und besorget teglichen das icht sein schiff seines todlichen
leibes auf dem mere diser werlde dertrinke mit schaden seiner
sele. Dovon muget ir wol merken, hertzenliben kint, das
weder man noch weip, herre oder knecht, alt oder junk ge-
sichert ist auf erden, die weil er ist in swacheit dises totlichen
20 lebens. Wisset ir icht gebrechen an mir, den sullet ir be-
weinen; sei des nicht, so frewet euch meiner selden. Waffen
des leides und des ungeluckes uber Adames kinder, die auf
diesem grozzem mere der leidigen werlde swimmen in so
gar starker und so gar unseliger anfechtunge der bosen
25 geiste! wann oft das geschicht und manigem widervaren ist
das er nach langer seliger tugentlicher schiffunge durch an-
fechtunge des teufels in sunden gevallen ist und leidiklich
dertrunken in den zeiten, als er in starker hoffenunge was

---

3 sturbet *B*. 4 schollet *C*. ein *C*. stürbet *B*. 7 swacheit *C*. diezs *A B*.
8 dorvmb *B*. mit so vil smerzen begriffen sein vnd mit so vil laidvng *A*.
9 ein *A*. stunde *C*. lebendinger mensch *C*. 11 alleweg *C* *immer*. reich-
tume *A B*. nicht *B C*. 14 nicht *A B*. 15 teglich *C*. 16 dertrüncke *C*.
17 liben kint *A*. 19 totlichen *fehlt A*. 20 leibes *B*. 22 leidens *A B*.
23 grozzen *C*. 24 anfechtung *B*. 25 geist *C*. das *fehlt B C*. manigen *A B*.
26 tugentliche *B*. 27 sünde *C*. 28 hofnunge *C*. was *fehlt A*.

er scholt des ewigen lebens selikeit begreiffen. O wie vil
ist der, die loblich gelebt haben und zu valle komen sint
nur mit einer sunden!'

XIX.

'Dovon, libe kint, die weil ir lebet, so furchtet unsern
herren. Beginstnusse aller weisheit ist vorcht unsers herren.
Unser leben ist ein ritterschaft auf diser erden. Wer hie
gesiget, der wirt dort gekronet. Alle die weil und wir mit
diser fleischlichen haut bedecket sein, so muge wir uns einiger
sicherheit des siges nicht gerumen. Hette sich Adam, unser
vater, gevorchtet, so wer er nicht gevallen. Ein beginstnusse
aller boser dingen ist, wer seiner krankheit turstiklichen
gelaubet, und wer sich nicht furchtet, der gelaubet seiner
turstikeit. Wie mochte imant mit gold und mit silber und
mit grossem reichtum under den mordern sicher gesein?
Was leret uns anders der almechtige got? nur aleine das
wir uns furchten sullen; wann er also spricht: vorchtet
euch, sint ir nicht wisset zu welcher zeit der dip komen
welle! Wann weste der hauswirt zu welcher zeit der dip
komen wolde, so wurde er ane zweifl wachen auf die rede
das im sein haus nicht durchgraben wurde.'

XX.

'Was sprichet denn der hochste slusseltrager Petrus?
Seit nüchtern, kinder, und wachet stetiklichen: wann ewer
widersache, der teufl, allewege umbget und sucht als ein

1 er scholt das uber des ewigen lebens seliklichen *A B*. 3 eyniger *C*.
Vor XIX.: hye lernt er sein brüder *B*. 4 liben *C*. 5 weginstn anz aller
weisheit *A*. beginnizze *C*. alle *B*. hern vorcht *A*. vorcht *fehlt B*. 6 ritter-
schafte *B*. 8 flaischen baut gedeket *A*. fleisschlewchen hewte *B*. mogen *C*.
ewiger *A*. einger *B*. 10 in beginstnusse *A*. ein *fehlt B*. begintnizze *C*.
11 allen bozen *B*. boszen dinge *C*. krenkcit trustlichen *A*. krenkeit *B*.
turstielich *C*. 12 und *fehlt A B*. wer *bis* der gelaubet *fehlt B C*. 13 mecht
A B. golde *C*. und *fehlt beidemal A*. odir *C*. 14 vnder grozzen mor-
den *A*. den *fehlt C*. 15 de *B*. 16 sprecht *B*. spricht durch den Ma-
thenm *C*. 17 euch] ow *B*. wen *C*. 18 wirt *B C*. welche zeit *A B*.
diept *B*. 19 wurder *B*. ezweyfil er wachen *C*. 20 icht *C*. Vor XX.: send
peters wart *B*. 21 hoeste *B*. schulertrager *A*. 22 nüchte *A B*. ste-
tielich *C*. 23 widersag *A*. wydersacher *C*. und *doppelt C*.

brimmender lebe, wen er fressen muge. Nimant wonet sicher
under giftigen slangen. So iclicher heiliger und weiser ist,
so sol er sich dester vaster vorchten: wann iclicher von der
hohe swerlichen vellet. Des teufels speis mus erwelt sein;
5 boser leute achtet er nicht: wann er sicher ist das sie bei
im beleiben. Der weise Salomon ist zu valle komen; David,
sein vater, den got erwelt hette nach seines selbes hertzen,
ist auch swerlich gevallen. Dovon, libe kint, furchtet euch
allewege, furchtet euch allenthalben: wann selig ist der
10 mensch, der got seinen herren furchtet. Und ob der teufel
mit heres kraft wider in streite, dennoch beleibet er in steter
sicherheit und an alle vorchte sein hertze; und ob noch
sterker die anfechtunge wurde, doch mochte sie sein hoffe-
nunge nicht verkeren: wanne volkomen gotes vorchte alle
15 ander vorchte vertreibet. Gotliche libe und gotliche vorchte
sint nur ein dink, das uns der prophete wol beweiset, so er
spricht: behefte mich, herre, zu deinen vorchten!'

XXI.

'Hertzenliben kint! ist imant under euch, der begirig
sei guter tag zu sehen, der volge meiner lere auf die rede
20 das sein antlutz seiner vernuft also erleuchtet werde das er
in eren bleibe. Wann wer got furchtet, der tut allewege das
beste in gotlicher gerechtikeit; sein sele wirt ervrewet und
schol ane zweifel das ewige leben erblich besitzen: wann
got ein festenunge ist allen den, die in vorchten, und offen-
25 bart in sein geheime als seinen liben frunden. Liben kint!
was ir gutes beginnet, das tut allewege mit weisheit und in

1 brimfender *A*. brimnunder *B*. lev *A*. leb *B*. wönt *A*. wandert *B*. sicher-
leichen *B*. sicherlich *C*. 2 yetlicher *B*. 3 vester *C*. yetlicher *B*. 4 höch *A*.
hoe *B*. tewfel *A B*. 5 leiit der achtet *C*. er ir sicher *C*. 6 bleyben *C*. der
doppelt A. David do mit sein *A*. 7 erwellet hat *A B*. 8 liben *C*.
9 allewege furchtet euch *fehlt C*. 10 ob di t. *A*. und ob der teufel *dop-
pelt B*. 11 wider] mit *A*. streitet *C*. blibe *C*. bleib *B*. er *fehlt B*.
12 all *B*. 13 die] sein *C*. offenvng *A*. hoffnung *C*. 15 forcht *C*. lib *B*.
vorcht sein *C*. 16 wol *fehlt B C*. weiset *B C*. prophet *C*. 17 beheft *C*. in *C*.
Vor XXI.: ein gute ler' Jeronimus *B*. 18 begeng *B*. 19 czu sehen gute
tage *C*. nimer *B*. 21 wer] er *A C*. tot *A*. 22 sel *A B*. wirdet *C*.
23 erblich *fehlt A*. 24 vesteuung *B*. 25 sein *C*. freiunden *C*.

gotes vorchten. Was ir immer gutes getun muget, das ist
alzumal verloren, sei das sach das ir dorumb der werlde lob
begeret. Der junkfrawen waren zehen, die zu des himels
hochzeit gerufet waren, und ward doch dem halben teil des
himels pforte verslossen nur dorumb aleine das sie in hoch- 5
fertigem gemüte das öl rechter dimutikeit in den lampen
ires hertzen nicht fleissichlichen, nicht dimütiklichen noch
weislich behutet und behalden hatten. Ach wie vil ist der
unseligen, die von sunden gereiniget sein in der heiligen
tauf und nach Cristo tragen cristenlichen namen, den vil weger 10
were das sie nie geboren weren: wann die hellische pein
der ungelaubigen heiden vil minner ist denn der bosen cristen.
Wolte got das under den cristen der bosen zal nicht die
groste were!'

XXII.

'Wie gantz und wie veste ein schif allenthalben sei, das 15
mus dertrinken, ob es durch unfleiz der marner einiges hol
gewinnet. Allermeniklich verirret sich in wustemunge diser
leidigen werlde: etliche leut sint besweret mit geitikeit, etliche
mit unkeuscheit, etliche mit unfletigen ungeschaften worten,
etliche sint reuber, etliche sint dib oder sust in andern 20
sunden schemlichen gevangen, also das sie mit gleichem
irresale gleich und enlich worden sint unvernuftigen tiren.
Und wolde got das sie denselben gleich gewesen mochten
sein! sust sint sie vil erger: wann iclich tir seiner naturen
allewege volget, so der bose sundige mensch sein naturliche 25
vernunft, die er von got enphangen hat, zu dem ergsten

1 war *A B*. waz ir gutes tut daz ist alles vorloren ist daz ir dorumb der
werlt lop *C*. 2 lewt lob *A*. 4 gerüfft *A B*. 5 pfort *A*. neür *C*. hoch-
furtigem *B*. 6 das *fehlt A*. olrechter *A* ole *C*. demütikeyt *C*. 7 fleischie-
leichen *A*. demüticlich *C*. 8 fleizzig *C*. 10 Cristus *C*. cristeleichen *A*.
11 wer *C*. hellischen *A B*. 12 dann *A*. der bosen *fehlt B*. 13 Wolte
bis cristen *fehlt B*. pözzen cristen nicht di grözzte czal wär *A*. 14 wer *C*.
Vor XXII.: ein peyzbild *B*. 16 dez marners *C*. ains höl *A*. 17 aller-
meineniklich *B*. 18 leiden *A*. werlt *C*. etliche *fehlt nach* geitikeit *A*.
19 etliche *fehlt nach* unkeuscheit *B*. mit *fehlt A*. ungeschaften] boszen *C*.
20 sein rauber *C*. rawber *A*. rewbereiliche dyep *B*. sein *C*. sint *fehlt B*.
dibe *C*. 22 irsal *C*. 23 welde *A B*. 24 sein *fehlt C*. etleich *A*. yecliches *B*.
tir *fehlt B*. 26 den *B*.

keret. Sulche leute sint nicht auf dem wege in die newe
stat Jerusalem zu komen, die sich im himel so wirdiklichen
machet: wann sundiger leut schar dahin nicht gehoret. Cen-
turio behilt von got mit demütiger vorchte gotes gegenwer-
5 tikeit, die versaget wart durch ubermut einem hochfertigen
kunige. Ach leider wie wenig ist der leut, die des heiligen
ewangelien warhaftige lere gehorsamichen halden, als der
heilig zwelfbot gesprochen hat: sulche zeit wirt noch komen
das die leute rechtvertige lere nicht behalden werden. Vil
10 ist prediger, aber die warheit prediget imant selten. Betrogen
werden vil einveltiger leute: wann in die prediger umb
kleine dink grozze gewissen machen, und die groste sunde
bleiben ungestraffet.'

XXIII.

'Ein falscher lerer ist geleich einem swerte, das zu
15 beiden seiten sneidet. Beweilen ergert er die leute mit boser
valscher lere, beweilen mit bosen werken und mit argem
bilde. Welch zeit das fewer naturlichen kalt wirt und das
wasser zu vewer wirdet, und welche zeit die stein fligen
werdent, so mag ein unkeuscher man wol mit lobe der
20 keuschen reinikeit predigen und sagen: und ob ein sulcher
prediger semliche keusche und reinikeit prediget, das bringet
kein nutz: wenn ein iclicher, der das horet, mag wol in
seinem hertzen denken: was prediget der in seinen worten,
das er nicht heldet mit seines selben werken? Wann wer
25 wol redet und ubel tut, der besaget sich selben, und vil bas
fuget im sein sweigen dann sulche unnutze rede, die er so
gar unnutzlichen saget. Wie beheglich auch dem almech-

---

2 in den A. in B. 4 vorcht C. gegenburtikeit B. gegenwortikeit C. 5. hoch-
furtigen A B. 6 konige C. der leut ist B C. 7 geharsamelichen C. be-
halden B. 8 sülch C. 9 leut C. weren B. 12 grosten C. Vor XXIII.:
ein peyzbild B. 14 Dein A. gleich C. zu fehlt B. 15 bey weillen C.
16 bey weilen C. 17 naturliche C. wirdet C. 18 welch C. sterne B.
stern flihen werden C. 19 laub C. 20 sülscher C. 21 prediget A. sem-
lich B. keüsch C. prediget fehlt A B. 22 ein fehlt A. etleicher A.
23 gedenken A. mit C. 24 seinen selbes C. 25 selber C. und fehlt C.
bas fehlt A. 26 wenn B. wen C. red C. 27 vnnüczlich C. redet A.

tigen gote sulche predige sei, das kundiget uns der heilige
prophete Davit in sulchen worten: dem sünder saget got:
worumb redest du mein gerechtikeit und worumb nimestu
mein heilige wort in deinen sundigen mund? sint dastu
neidest und hassest alle tugentliche zucht und hast meine 5
wort versmehet und zurücke geworffen.'

XXIV.

'Gar vil ist sulcher lerer, die grosse dink leren und
behendiklichen in grossen sinnen disputiren und all ir mei-
nunge gar zirlichen und auch gesprechielichen reden nur
alein umb wertliches lob und auf die rede das sie in gemein- 10
schaft der leute meister genennet werden, und dobei haben
sie keinen vleizz zu tugentlichen werken. Ich Jeronimus hab
mich des ervaren und ist ein gantze warheit, dovon schullet
ir mir desselben gentzlich gelauben, das der leute hertze vil
mer zeuhet und leret des lebens reinikeit denn wolgezirte 15
worte. Dovoh, liben kint, wurket des ersten lobliche gute
werk, und dornach prediget nach lere des almechtigen gotes,
der mit genadenreichen werken angehebet hat, nicht mit
worten: wann alle predig ist unnutz, die mit werken nicht
gebildet wirt. Got hat nicht gesprochen: wer meines vater 20
willen prediget, der ist mein wirdig, sunder er hat gespro-
chen: wer meines vater willen tut, der ist mein wirdig. Liben
bruder! ich straffe nicht die prediger des gotlichen wortes,
ist das sache das sie selber auch das tun, was sie den leuten
sagen. Ein prediger behender worte, ob er sein predig nicht 25
bestetiget mit tugentlichen werken, der ist nur als ein wint,
der die oren bekumert, ein rauch der warheit, der snellik-

---

1 got *C.* 2 prophet *C.* da mit *A.* 3 nymst du *C.* 4 meine heiligen *C.* 5 ney-
des *B.* daz du haszest und neydest *C.* mein *C.* *Vor* XXIV.: wy werltleichn
leren *B.* 7 seint *C.* lernen *B C.* 8 behendielich *C.* dispitirn *A.* alle ire *C.*
9 ezirlich *C.* gesprochlichen *B.* gesprechelichen *C.* 10 alleine *C.* wertl-
liches *C.* gemeinschaft *C.* gemeinschofte *B.* 11 meinent *B.* meinen *C.*
12 sie *fehlt A B.* tugenlichen *C.* 13 schollet ir desselben mir *C.*
15 ezewehet *A.* wolgezirt wort *C.* 16 kint *fehlt C.* 18 gnadenreichen *C.*
angehebt *B.* 20 wirt] ist *C.* 21 des mein nicht wirdig *B.* 24 sache das
fehlt C. das *fehlt C.* daz sie *C.* 25 warten *A B.* predige *C.* 27 be-
kömert *C.* snellich one *C.*

lichen an alle frucht verswindet. Vernemet, liben bruder,
vernemet rechtiklichen, was ich euch sage, und habet ge-
duldige oren zu meinen getrewen worten! Mein meinunge
ist das vil mer lones habe ein iclicher, der tugentlichen lebet
5 und dorzu prediget und auch leret denn der do wurket gute
werke und dorzu sweiget. Wurke ich gute werk und sweig
dobei, so bin ich mir nur aleine und nimant anders nutze;
sei aber sach das ich dorzu predige, so werde ich nütze mir
und allermeniclichen: wann die heiligen lerer in tugentlichem
10 glanste ires reines lebens sich wol geleichen mugen den
ewigen lichten sternen.'

XXV.

'Die heiligen prediger sint ein licht zu leuchten aller
werlde: wann ir heilige lere der lewte hertzen, die vor
sunden vorvinstert sein, mit dem warhaftigen lichte des
15 almechtigen gotes durchscheinen und durchleuchten. Auch
sint sie ein wolgesmackes saltz, wol zu bereiten das gotes-
wort zu suzzer speise den gelaubigen selen mit wolrichenden
wurtzen tugentlicher werk. Ein iclicher gelerter man ist
phlichtig das heilige goteswort zu predigen, sei das sach
20 das er tugentlichen lebet. Wer mit seinen kunsten wol tut
und dobei nimant leret, der ist dem almechtigen got grozzer
rechnuge schuldig und verbunden. Sant Johans spricht:
wer seinen bruder hasset, der ist ein manslechtiger morder,
und wer diser werlt gut hat und sicht seinen bruder not
25 leiden, wie mag in demselben gotes libe sein, ob er sich
uber seinen bruder nicht erbarmet. Dovon, liben kint, wer
geleret ist und seinen bruder sihet irre varen und sihet in
totlichen sunden und hilfet im nicht mit dem worte der heiligen

2 rechtlich *C.* 4 hab *C.* 6 werck *C.* 7 nur *fehlt B C.* aleine nucze *A B.*
nyemancz *A.* 8 ist es aber das *C.* wirde *C.* nücz *B.* nür *B.* 9 aller-
meiniclich *C.* 10 glast *A.* glanst *C.* gleichen *C.* 11 stern *A.* *Vor* XXV.:
von den guten *B.* 13 leüt *C.* 14 vorvinstert worden vnd sein *B.* licht *C.*
15 almechtige *B.* erleuchten *B.* 17 speiz *C.* geleubigen *C.* richenden *C.*
18 würtzzen *C.* werken *A B.* 19 pflitig *C.* ist daz er *C.* 20 tüt *B.*
21 almechtigen *fehlt A.* 22 rechnung *A.* schuldig und *fehlt B C.* der
spricht *B C.* 23 sein *A B.* 24 werlte *C.* sihet *C.* 25 dem *C.* sey *C.*
27 irrefragen *A.* in ezu totl. *A.*

lere, der ist michels mer ein manslechtiger morder und an
alle gotes libe. Vorchtet euch, ir lerer und weiser des volkes,
den got die heilige predige enpholhen hat, ob ir in das
goteswort nicht vleizziklichen kundet: wann unser herr aller-
menieliehen, die ir versaumet habet oder die von wegen 5
ewers boses bildes in sünden gestorben sint, vordern wil und
von ewern henden hertiklichen eischen: wan so ir ie wir-
diger in diser werlt seit, so werdet ir grozzer pein in der
helle leiden. Ir seit nicht herren, sunder ir seit hirten des
volkes; ein obrister herre und ein obrister hirte ist der 10
almechtige got, der sein schaf erkennet und wil sie vordern
von ewern henden in seines gerichtes zeiten.'

XXVI.

'Almechtiger got, wie vil sint dises heutigen tages pre-
laten in deiner heiligen kirchen, die nicht hirten sunder
mitelinge sein, zu den deine libe schaf nicht gehoren! Owe, 15
wolt got das sie mitelinge weren! sust sint sie leider raubig
wolf, die des almechtigen gotes schaf zucken und zustrewen.
Nicht ist erger, nicht ist unmenschlicher denn so der raubet
und stilt, der bewaren und behuten scholt. Almechtiger got,
welche grozze sunden treibent sie in deiner heiligen kirchen! 20
nicht bischofe, nicht hirten, sunder vorderber deines volkes,
die nicht anders suchen, nur alein wie sie der leute, die in
enpholhen sein, gut und arbeit gleich der hellen geitiklichen
verslinden. Sie trachten nicht mit welchem rate deine schaf
von sunden gereiniget werden, sunder sie bringen sie zu 25
arger missetat mit worten und mit werken. Almechtiger
got, woldestu sulche missetat nicht rechen, so werestu nicht

---

1 michel *B.* mere *A B.* one *C.* 2 wurchtet *A.* lere *B.* 3 den *doppelt B.*
er *A B.* 4 herre *C.* 5 allermenieleich *A.* allemenielichen *B.* vorseümet *C.*
6 boszen *C.* vodern *A.* 7 heischen *C.* 8 werlde *C.* werdent *B.* 10 ober-
ster *A.* ein *fehlt A B.* 11 gote *B.* schafe *C.* kennet *C.* Vor XXVI.: von
den posen prelaten *B.* 15 mitling *C.* dein *C.* 16 mitlinge *C.* sein *B.*
sie *fehlt B.* leider *fehlt A.* rawbendige *B.* raubendinge wolfe *C.* 17 scheff *B.*
18 nicht ist erger *fehlt A.* 19 schol *C.* 20 sie *fehlt A.* 21 beschon *A.*
bisscholne *B.* dines *B.* 22 süchen nur alleine süchen *C.* 23 geittielich *C.*
24 scheff *A B.* 25 weren *A B.* 26 grozzer *C.* 27 woldest du *C.*
werst du *C.*

got. Dovon, meine liben kint, die weil ir lebet, so dinet got
in vorchten und frewet euch mit demütigem hertzen; seit
tugentlichen in zuchten das ir mit hilfe gotes auf dem rech-
ten weg bleibet. Merket, merket, meine liben kint, merket
5 und sehet, wie suzze unser herre ist: die reichen sint ver-
armet, die reichen twinget hunger; wann sie in reichtum
und in wollusten entslaffen sint und ist nichtes beliben in
iren henden. Aber gotes dineren gebrichet nimmer gutes:
junger was ich, elder bin ich worden und hab nie gesehen
10 das got den gerechten gelazzen habe oder seiner same
brotes mangelt oder darbet.'

XXVII.

'Hertzenliben kint! seit volger des armutes nach bilde
des almechtigen gotes, der warhaftiger got ist und alle dink
vermag in seinen gotlichen kreften, der alles reichtumes und
15 aller eren obrister herre ist, und hat doch sich selber ge-
nidert und gekrenket und seines knechtes gestalt zu im
genomen. Er ist armer geboren, hat in kommer und in
armut gelebt, ist in armut tod und in armut begraben, als
er bekennet mit seinen gotlichen worten: die fuchse haben
20 gruben, neste haben des himels vogel; aber des menschen
kint hat nicht wohin sein haupt zu neigen. Er hat auch
geboten seinen zwelfboten das sie weder secke noch taschen
tragen solten und hat allen den seinen allewege geraten das
sie durch seinen willen alles werltliches gut vorsmehen sol-
25 ten. Liben kint, gelaubet ir in got, so schullet ir des
gelauben das in nimant betrigen mag. Er wer nicht got,
mochte man in betrigen, und sint er nicht zu betrigen ist,

1 lieben meinen kind *A*. libe *B*. mein *C*. 2 mit *C*. dimitigem *B*. 3 er
B C. 4 weg *fehlt B*. wege *C*. merket *fehlt einmal A*. libe *A B*. 5 suzz
A B. 7 beliben *fehlt B C*. 10 gelazzen hab *C*. gelazzen h. aber *A*.
11 brotez man darht oder gelt *A*. *Vor* XXVII.: ein gute ler *B*. 12 der *C*.
13 almechtige *A B*. got *fehlt C*. 15 hat *bis* gekrenket und *fehlt A*.
16 sich *C*. 17 Er *fehlt A B*. geborne er hat *C*. kummer *C*. in *fehlt A B*.
18 gelebet *C*. tod *bis* armut *fehlt A*. armute *B*. 19 füchs *C*. 21 haup *B*.
22 gepotten *A B*. sak *B*. 23 scholten tragen *C*. hat *fehlt C*. alle *A B*.
24 seine *A B*. wertliches *B*. solten *fehlt A*. 25 in *fehlt C*. gote *A B*.
daz *A*. 26 in *fehlt B*. got *fehlt A B*. 27 fint *B*.

so volget im, liben kinder! Vnmuglich ist in reichtum
grosser fulle gote nachzufolgen; die natur gehenget nicht
das widerzemige ding bei einander bleiben. Wir mugen nicht
gote und dem teufel beiderseit gedinen: entweder ich bin
betrogen oder sie werden betrogen. Alle die mir nicht 5
gelauben, denne werden sie mir gelauben, so ir reichtum in
grozze armut gewandelt wirt. Ein reicher man azz alle tage
köstlichen, als uns das ewangelium saget, und kleidet sich
teglichen mit purpur und mit seiden. Do er aber gestarb,
do wart er gentzlichen gewar in grossen seinen peinen was 10
im schadens brechte, das er Moyses und den propheten nicht
gelaubet hatte. Gotes diner schol unbekumert sein mit
wertlichen dingen: der kunig wirdet nicht behalden mit
seinem reichtume noch mit seinen kreften. Grosser reichtum
trewget allermeniclichen: wann dem reichtume ist hochfart 15
gesellet und auz der hochfart kumen alle böse dinge als
auz einer bösen wurtzel.'

XXVIII.

'So der mensche reich wirdet und sein werltliche ere
beginnet steigen, zuhant erhebet sich sein hertze in sulche
hochfart das domitte alle sein wege unfletige werden in 20
allen seinen zeiten. So sitzet er mit andern reichen in
heimelichem rate in sulcher meinunge das sie trachten, wie
der unschuldige arme vorderbet werde. Der reichen augen
sint allewege auf dem armen wie er in vornichte, gleicher
weis als ob got des armen vorgessen hette und von im sein 25
antlitz gar gewendet. Ach wie gar sint die reichen doran
betrogen und zumal vorirret! wanne der almechtige got
ofte sich entheidet und vortreget den sundern gar zu langen

---

1 vnmöglich C. 2 schulle A. got C. die tur A. 3 dem widerz. A. ding
fehlt A. 4 und doppelt A B. 6 denne bis gelauben fehlt A. 7 grozzes B.
tag C. 8 kostenliche C. 9 teglich C. purpir C. mit fehlt C. 10 gentz-
lich C. 12 hette C. vnbekomert C. 13 sachen C. konig C. 14 reichtum C.
noch bis reichtum fehlt A. reichtume B. 15 betrubet B C. allermeiniclich C.
der r. A. reichtum C. hochfart bis der fehlt A 16 vz C. hoffart A. ko-
men C. ding C. 17 vz C. wurtzzeln C. 18 Do C. mensch C. 19 hertz C.
20 domit C. seine C. 21 alle A B. tagen A. 22 heimlichen C. trachte B.
25 het C. 27 alezumal C. 28 vortreget B.

fristen. Und in sulcher geschieht ist er allermeist zu fürchten: wann ie lenger er geduldig ist, so er dornach dester zornielicher und herticlicher richtet. Der almechtige got vorhenget in etlichen zeiten das gute leute vil unrechtes
5 von der hochfertigen bosheit leiden, und domitte werdent der hochvertigen sunde zu aller stunde gemeret; und die armen bedecket er mit gotlichem troste und meinet ir nicht zu vergezzen in keinen stunden als der profete spricht: dir ist enpholhen der arme und der weise ist gelassen deiner
10 hilfe. Got widersteht allewege den hochfertigen bösen und gibt seine genade den armen; got vorderbet der hochvertigen sterke und derhoret der armen demutige gebete; got vorwerfet der hochvertigen bosheit das sie nicht teiles behalden in dem himelreiche.'

XXIX.

15 'Dovon, allerlibisten meine kint, seit arme und demutiget euch under sulche mechtige hant des almechtigen gotes auf die rede das ir ewer dinst und hoffenunge nicht vorliset. Armut ist gote nicht anders geneme nur in rechter demutikeit. Got wolde mensche werden von unser frawen, seiner
20 muter, und von keiner andern junkfrawen nur aleine umb ir grozze demutikeit, als die barmhertzige unser libe frawe selber spricht in irem magnificat: er hat angesehen demutikeit seiner dirnen; dorumb sagent mich selig alle leute. Gleicher weis als auz hochfart sam aus einer bosen wurtzeln
25 alle böse ding wachsen, also ist die wurtzel warhaftiger demutikeit ein grunt aller guten hertzen. Liben kint, der almechtige got ist ein bilde aller demutikeit, wan er also gesprochen hat: lernet von mir; wann ich bin senfte und

---

1 schicht *A B*. 3 zornielicher und *fehlt C*. 4 czeichen *Hss*. leüt *C*.
5 domit *C*. wirt *B C*. 6 stund *C*. 7 gedeket *A*. nicht *fehlt B*. 8 prophet *C*. 11 sein gnade *C*. vorterbt *B*. 12 dehoret *B*. demütiges *C*.
13 vorwerfert *B*. vorwurffet *C*. *Vor* XXIX.: von der willigen armut *B*.
15 allerlibsten *C*. meine *fehlt A*. 16 wyder *C*. mechtiger *B*. gotes *fehlt A*.
18 got *C*. 19 mensch *C*. seine *B*. 20 ander *A B*. vm *A B*. 21 libe *fehlt C*. 23 dirne *C*. sagen *C*. 24 vz *C*. bosen *fehlt A B*. 26 alles *C*.
27 bilder *C*. 28 seufter *C*.

demutiges hertzen. Merket, liben kint, seine grosse demutikeit doran sunderlichen das er seinem vater gehorsam gewesen ist untz an den tod des creutzes, den er geduldiclichen geliden hat durch unser aller willen.'

XXX.

'Allerlibsten bruder! wer demutig ist, der sal auch gehorsam sein. Merket, liben kint, ewern namen! Das wort mnniche ist von crichischer zunge zu latein bracht und bedeutet einer sele huter. Dovon muget ir keinen eigen willen haben nur das ewer meinunge allewege sei nicht zu sunden. Seit gehorsam und tut zuhant was euch geboten wirdet: wanne zu einem gebot unsers herren und gotes sant Peter und sant Andreas ir schif und garn liessen und volgeten dem almechtigen gote. Warhaftige gehorsam wil das zuhant geschee was der obriste gebeutet. Sulche gehorsam hat unser herre Jesus Cristus uns alle geleret, do er nach seinem abentessen die fuzze wusch seinen jungern, do er auch sprach zu sant Peter: bistu nicht gehorsam, so wirdest du keinen teil in dem himelreich mit mir behalden. Dovon, liben bruder, seit einmutig und eines willen: wann es unmassen gut ist und vil geistlicher freuden bringet, wo bruder eintrechticlichen in gotes dinste leben.'

XXXI.

'Ewer einer schol sich nicht grozzer machen den der ander sei, sunder wer under euch zu gebiten hat, der sal sich geleich einem diner halden. Nimand sal sich herschefte annemen uber den andern nach wertlicher leute siten; nimant schol begirig sein wertliches lobes, sunder nach dem bilde

2 sunderlich *C.* seinen *B.* 3 biz *C.* her *A B.* gedüldiclich *C.* *Vor* XXX. hy sagt er yn was bedewt das wart müch *B.* 5 dimutiger *A.* schol *C.* 5 kint *fehlt C.* 7 Münch *C.* han ich von *A.* crihischer *B.* 8 luten *A B.* 9 sey allweg *A.* 10 unde *B.* 12 Andres *C.* volgten *C.* 14 oberigste pewtet *A.* 17 keinem *A B.* 19 wen vnmaszen *C.* 20 eintrechticlich mit einander leben in gotes dinste *C.* *Vor* XXXI.: hie lert er sy dymutichait *B.* 22 Aber einer schol *A.* 23 schol *C immer.* 24 sich geleich ainem dyner machen halden *A.* einen *B.* diner gleichen *C.* 25 wertlicher *C.* leute *fehlt A B.* 26 sey *C.* werltliches *C.*

unsers herren Jhesu Cristi sal ewer iclicher den andern demuticlichen eren, und der allergroste sal des allerminsten geselle sein in demutikeit unsers herren. Sundet dein bruder, so solt du in in got bruderlichen strafen. Hutet euch mit
5 allem fleizze vor sunden: ewer iclicher sal den andern so lip haben das er gehessig sei den sunden. Ein grosses zeichen warhaftiger lib ist das, so du deinen bruder umb seine sunde strafest. Warhaftige demutikeit sal allewege wider die sunde schreien als der profete Isaias spricht: rufe und schreie, er-
10 hebe deine stimme gleich busaunen, vorbotschefte meinem volke ire sunde. Wolt got das ein icliche creature wider die sunde schrire: wanne so wurde ir dester mer gelassen; leider itzunt die leute mer geforchtet werden denn der almechtige got, unser aller herre. Zornet nicht, liben bruder! nicht
15 gehenget das eur zorne bis auf der sunne nidergank wider ewren bruder were. Der gerechte got hat lip die gerechtikeit: sein gotliches antlitz schet allewege auf die gerechten und auf das geleich. Wachet allewege, liben bruder, in warhaftiger demutikeit: wann etliche demutikeit ist nicht beheglich dem
20 almechtigen gote, bei namen so der hirte in sulcher mazze demutiger ist das durch sein saumnusse der wolfe kraft die gotes schaf zustrewet.'

XXXII.

'Bleibet allewege in der gerechtikeit und meinet iclichem zu geben, das in angehort. Dovon, liben bruder, nicht eret
25 den gewaltigen noch den reichen mer denne den armen oder den ungewaltigen: wann der almechtige got machet keinen

---

1. Jhesu Cristi *fehlt* C. 4 scholt C. in in got *fehlt* C. hüt C. 5 allem *fehlt* C. fleizz B. ietlicher B. also A. 6 gehäzzig A. geheissig B. sei dez andirn sunden C. 7 um A B. 8 warheftige B. 9 profet spricht ysaias C. schrey vnd C. 10 busaumen C. vorbotschaft C. 11 ietliche B. creatur C. wider die sunde *fehlt* B. die *fehlt* A. sünden A. 12 strebet A. schreyet C. 13 die lewte yeczunt A. 15 verhenget A. ewre B. Sonne C. vndergank A. 17 auf bis allewege *fehlt* B C. 19 wann etliche demutikeit *fehlt* B C. 20 got C. 21 demötiger C. savmnusse C. *Vor* XXXII.: hye lert er sy dy gerechtichait B. 23 Beleibet A. ger. die warhaftige gerechtikeit meynet B C. 24 angepurt B. 25 noch den reichen *fehlt* C. denne *fehlt* C. 26 oder den ungewaltigen *fehlt* A B. keine A B.

underscheit under seinen leuten, sunder wer in furchtet, der
ist in seinen hulden. Ir schullet gote gehorsam sein, nicht den
leuten; wer durch vorchten gewaldes die warheit vorsweiget,
der hat sich selber vorurteilet. Seit richter ewer selbes ge-
danken; bleibet in warhaftiger nicht in geverbeter gerech- 5
tikeit; haldet nicht den reichen vor den armen nur aleine
in sulcher geschicht, ob der reiche tugentlicher wer denn
der arme. Ir sullet allewege zu den armen geneiget sein:
in den armen scheinet gotes bilde, ein reicher man ist der
werlde bilde. Wir sein alle geborn von einer wurtzel und 10
sein allesampt gelider eines leibes, und desselben leibes haupt
ist Jhesus Cristus, unser herre. Worumb sal man denne den
reichen ichtes mer denne den armen eren, er were denne
tugentlicher als ich vor gesprochen hab? Wer den reichen
uber den armen werder heldet, der gibet der werlde grosser 15
lob denne gote; wer ichtes liber hat den got, der ist nicht
gotes wirdig. Dovon, liben bruder, gebet gote, das gotes ist
und gebet der werlde, das sie angehoret!'

XXXIII.

'Tugent sal man allenthalben eren, untugent ist allezeit
zu strafen. Was sal ich nu von den gewaltigen, mechtigen 20
reden, die sich ires reichtumes, ires adels, irer macht und
irer wirdikeit uberheben in hochvertigem mute? Nicht anders
mag ich sprechen nur das sie ein stinkundes fleisch sein,
das ane zweifel muz zu asche werden. Sie vorsmehent ander
leute und denken das sie domitte der eren bekumen mugen, 25
die got seinen demutigen dinern hat bereitet! Von sulchen

1 vorchten C. 2 schollet gut C. 3 vorchten willen C. 4 vorvrteilt C.
5 nach warhaftiger am Rande czunge A. in fehlt A. geverbter C. 6 habet
BC. vür C. 7 in der geschicht C. schicht A. geschichte B. tugentlicher
wenn B. wer fehlt C. 8 arme were BC. schollet C. 10 wilde A.
wurtzzeln C. 11 seine B. glyder C. haup AB. 12 warum B. denne
fehlt C. 13 mere eren den den armen C. arme AB. wer den C. 14 habe
vor gesprochen B. hab gesprochen C. 15 werdet C. gibt C. 16 den
got C. 17 dou von B. got daz C. was B. 18 was B. Vor XXXIII.:
von der tugent B. 19 vnd tugent A. 21 üdels B. und bis wirdikeit
fehlt C. 22 nicht mag ich anders C. 23 stinckendes C. 24 one C. verden B.
die AB. vorsmehen C. 25 do mit C. bekomen mogen C. 26 bereit BC.

3

leuten mag ich wol sprechen, nicht meine sunder gotes wort: we euch armen reichen: wann muglicher ist dem grossen camel durch ein nadelör ze krichen, denne das der reiche komen muge in das himelreiche. Dise rede ist nicht zu
5 strafen: wanne so himel und erde vorgangen sint, dennoch muzzen unsers herren wort ewiclichen beleiben. Ir edeln, ir mechtigen, ir reichen beweinet und beklaget ewer ungelucke! Ir seit itzunt in freuden, in woltagen, ir vorsmehet die armen, ir seit in hohem mute reichtums und auch wirden.
10 Owe, wie seit ir armen so vorblendet! Wisset ir nicht das ir leichte in diser nacht sterben musset und in hellischen peinen ewiclichen bleiben? Ir wellet nicht arbeiten mit anderen leuten, sunder ir wellet euch mit armer leute arbeit allewege generen; dorumb werdet ir gepeiniget mit den
15 teufeln in der helle: wann so ie grosser ewer wirde und ere gewesen ist auf diser erden, so ie sterker wirt ewer peine in der hellen fewer.'

XXXIV.

'Unser herre Jhesus Cristus hat im zwelf jungern erwelt in diser werlde: in aller sulcher zal ist nur aleine sant
20 Bartholomeus edeler gewesen und sant Matheus stund nach reichtum e denne er zu gotes dinste gerufet wurde; alle die andern waren arme vischer oder sust arme leute. Was hat nur das reichtum mit dem himelreich zu schaffen! Was ist ein reicher man? Was mag er anders gesein nur ein faules
25 stinkendes vas volles aller sunden? Wo grosse hochfart, wo trunkenheit, wo unreinikeit, wo unkeuscheit, wo nimmer satte geitikeit? nur aleine bei den reichen, bei den edeln und

---

1 leuten *fehlt* C. 2 moglicher ist ein C. 3 cameln C. czu C. den C. dy reichen B. der reich kome in C. 4 himelreich C. 5 erden A B. 6 musen B. ewiclich bleiben C. 7 beklaget vnd beweinet C. 8 worsmehet B. 9 hoen A B. reichtumes C. 10 so *fehlt* B. 11 leicht C. 12 wert B. wolt C. 13 wollet C. mit *fehlt* B C. 14 begen vnd neren A. 15 so *fehlt* C. eur ere C. 16 pein C. 17 feür C. Vor XXXIV.: ein peyzbid B. 18 hat *fehlt* C. junge A B. 19 sant *fehlt* C. 20 edler C. 21 gerneste A. wart C. 23 der C. 24 vnfletiges stinckendes vas C. 25 stinkeczdez A. stinkundes B. 26 wo nukeuscheit *fehlt* C. wo mer geitikeit C. 27 nu A B. edlen C.

bei den mechtigen diser armen werlde. Sint sie nicht morder, die da undertane arme leute vorderben, toten und berauben? Sie vorderben die armen, den sie helfen schullen; sie treiben grosse hochvart in teuren köstlichem gewande, und get in nicht zu hertzen ob die nackten armen in frostes not der 5 frisen; iren bauch füllent sie mit reicher kostlicher speise und achten nicht ob die armen durstes und hungers sterben. Was ist anders eines reichen mannes leben nur steticlicher sunde? Aller meister zungen mochten nicht volsagen der reichen leute sünde; in ist nicht anders denne ob in von 10 gote traumet, und sie dunkent als ich gelaube das sie nicht sterben sullen: wanne der nicht leichticlichen in sunde vellet, der seinen tod allewege betrachtet und der sulches hertes gerichte des almechtiges gotes vorchticlichen bedenket.'

XXXV.

'Unseliger ist iclicher, der sulche sachen nicht zu 15 hertzen nimet und leset sich der werlde zirheit und des teufels list betrigen. Wer got vor augen hette und wolde seinen tod betrachten, der wurde mit nichte so ane vorchte und so sicherlichen sunden. Die sulchen reichen, die edeln und die mechtigen gen hochfarticlichen in die heiligen kir- 20 chen, nicht in sulchem vürsatze das sie dorinne meinen gote ze dinen, sunder das sie der weibe antlutz in unkeuschem mute besehen und beschawen. Das ist ir gedanke, das ist ir meinunge, das ist ir grosse ere, die sie dem almechtigen gote in seiner heiligen kirchen so wirdiclich erbiten. Sie 25 varen uber lant, sie schiffen uber mer, sie wachen, sie denken

2 da] ir *C*. undertan armen *C*. 4 hochwart *B*. kostenlichem *C*. geet *C*. 5 naken *B*. armen nacketen *C*. 6 in ires bauch fullen sie reiche kostliche speis *C*. 8 steticlichen sunden *C*. 9 vollensagen *C*. 10 reicher .... ent ist *B*. leit gedanken *C*. 11 got traumte *C*. duncket *C*. geleube *C*. 12 schollen wen *C*. leichkleich *A*. leichticlich *C*. 13 vnd sulches *C*. 14 gerechte *C*. almechtigen *C*. *Vor* XXXV.: ein gute ler *B*. 15. Unselig *A*, ietlicher *A B*. sulcher *C*. 16 nympt *C*. 17 wolde *B*. 18 sein *A B*. 19 die vor edeln *fehlt C*. edlen *C*. 20 den *A*. geen *C*. hochferticlichen *C*. heiligen *fehlt A*. 21 fürezuge oder fürsaeze *A*. vorsaeze *B*. vürsatz *C*. meinten *B*. got *C*. 22 czu *C*. de *B*. antlitz *C*. 23 mut *C*. gesehen *B*. 25 got *B*. wirdiclichen *C*. 26 mere *C*.

und sorgen wie das sie iren kinden grossen reichtum gesamen mugen. Ach wie kostenlich, wie mit fremder sinnen reicher meisterschaft ir gewant gemachet ist, wie oft vorkeren und vorwechseln sie dasselbe! Ire kürtzweil ist in etlichen
5 zeiten das würfelspil, zu andern stunden stechen, nu zu torniren und dornach hochferticlichen tantzen, frawen und junkfrawen anzusehen. Got weiz wol in welchem reinen mute sie pflegen grosser wirtschefte reicher wolgemachter speise und varen denne in schalle. Woldan! woldan! vil
10 liben gesellen, frewe wir uns in trunkenheit, in unkeuscheit und in allen sunden auf die rede das uns der teufel also vorslinde!'

XXXVI.

'Ach und we uber euch armen, die in sulcher unfletikeit leben und in sulchen snoden sinne! Wisset ir nicht das ir
15 domite den leip e denne sein zeit kumet so tursticlichen totet und die sele des ewigen lebens beraubet? Wanne kumen die sichtagen? wanne kumet der unzeitliche tod? nur von grozzer uberflussikeit trankes und speise und von stetiger unkeuscheit, die leib und sele vorderbet. Ir denket ir sullet
20 got betrigen: sicherlich ir betriget nur euch selber; durch des leibes willen vergesset ir der sele und bringet leib und sele in die iamerige helle. Dovon frewet euch und seit gutes mutes in der kurtzen frist, die ir itzunt habt auf diser erden auf die rede das ir dornach mit den teufeln ewiclichen klaget
25 unde weinet! Reiniget ewer gewant, ziret ewer edel, lasset euch nimant geleich sein in hochvartigen leben auf die rede

---

2 kestlich *B*. fremden *C*. 3 gemachtet *B*. offte *B*. vorkeren sie und *BC*.
4 sie *fehlt BC*. 5 czeichen *AB*. stunde *B*. vnd *C*. 6 turniren *C*. hochferticlich *C*. czu tantzzen *C*. 7 reinen *fehlt BC*. 9 speiz *C*. woldan *nur einmal A*. vil *fehlt C*. 10 freüwen *C*. in unkeuscheit *fehlt C*. 11 also sat v. *A*. 12 vorslint *B*. Vor XXXVI.: ein stroffung *B*. 15 domite *fehlt C*. den *fehlt A*. sein] die *C*. kome *C*. 16 raubet *AB*. 17 wann kumet der vnczeitleich tot vnd die sichen tage *A*. kumen *B*. vuczellche *C*.
18 grozzer *fehlt BC*. 19 vnkausch *A*. 20 gote *B*. betruget *B*. euch nur selber *AC*. 21 sellen *C*. sele und *bis* sele *fehlt A*. 22 icmerigen *C*. euch *fehlt B*. 24 ir *fehlt A*. 25 vnd *C*. adel *C*. 26 gleich *C*. zu *A*. hochfartigem *C*.

das ir in der helle laster und schande vindet! Wo sint
denne ewer wirtschafte? wo reicher trank? wo wolgemachte
speise, die ir so wol mit honige mengen und mit reichen
wurtzen machen kunnet? Esset reichlichen, trinket wol,
habet ewer lust in unkeuscheit und sunden: wann ir in jener 5
werlte in hunger und in durste gepeiniget werdet, so der
almechtige got und richter sein urteil sprechen wirdet: get,
ir vorfluchten, in das ewige fewer, das den teufeln und seinen
engeln bereitet ist in der tifen helle!'

XXXVII.

'Welch hertz mag so vorsteinet sein, das selches urteiles 10
nicht bitterlich erschrecke? O sundiger mensche, bedenke
den vorchtsamen tag, den grausamen tag gotliches zornes:
wann auf dieselbe zeit mustu rechnunge tun und antwurte
geben nicht aleine umb dein hochvartiges gewant und umb
dein trunkenheit und umb unkeuscheit, sunder er wil rech- 15
nunge haben aller deiner zeit, die du gelebt hast auf erden,
und wil antwurte haben umb alle dein unnutze wort und
umb alle heimlichen gedanken. Sundiger mensche! wes
beitest du? worumb bekerest du nicht dein hertz in bezze-
runge gegen gote? worumb rewet dich nicht dein sunde? 20
Sich, armer mensche, der tod eilet zu dir bei nacht und auch
bei tage; der tewfel bereitet sich zu nemen deine sele; dein
reichtum mag dir nicht gehelfen: die wurme warten mit
allem fleizze deines leibes das sie den nagen und frezzen
untz an die zeit das er mitsampt der sele unzellich peine 25

---

2 wirtschefte C. ewer reicher C. 3 speiz C. henige B. menget B. 4 kun-
net C. reichlich C. 5 habent A. wollust C. sündet C. 6 welt A B. oder
in C. 7 got und fehlt B C. get C. 8 dem A. dem teütfl C. 9 bereit B.
Vor XXXVII.: von dem gericht vnsers hern B. 10 gesein C. sulches C.
11 erschreck C. mensch C. 12 den sundigen vorchts. C. vorchtsamigen B.
den grausamen tag fehlt B C. 13 dieselben C. must du C. antworte C.
14 um A B. hochfertiges C. und fehlt A. 15 dein fehlt C. und fehlt B.
trunk. und unk. C. rechnug B. 16 gelebet C. 17 deine vnnützen C.
und fehlt B C. 18 heimliche C. mensch C. 19 bereitest B. dem hertzen B.
20 gegen got in besserunge worümb reüwe dich deine sünde nicht C.
21 mensch C. eylet doppelt C. auch fehlt C. 22 tag C. 23 würbme A.
24 fleiz C. 25 biz C. vnczelliche pein C.

ewiclichen leide. Armer sunder, du bist irre: wann warhaftiger reichtum, ere und wirde und warhaftige freude sint nicht auf diser erden. Sei aber sache das dein hertze begerig sei rechter freuden, so schicke dich zu dem ewigen leben:
5 doselbest wirdet dein hertz vinden sulche freuden, sulche kurtzweile, die das auge nie gesehen hat, das ore nie gehoret hat und menschen hertze nie und nimmer mag besinnen.'

XXXVIII.

'Was schol ich von den sagen, die weder gotes vorchte noch werltliche schande noch des todes bitterkeit noch die
10 grosse ubermessikeit hellischer peine gezihen mag von sunden? den gar widerzemig were ob sie got also begenaden wolde das sie von sunden lizzen? Ich weiz nicht anders denne also zu sprechen: we euch unseligen sundern! was ir hie gelachet, das musset ir dort beweinen; so ie grosser
15 ewer freude auf diser werlde ist, so ie swerer ewer peine in der helle wirt. Treibet ewer bosheit auf die rede das ir in kurtzen zeiten in gotes zorn vallet; treibet ewer schimpf in krige, in unkeuscheit; werdet trunken, vechtet, streitet, tautzet, lazzet euch wol sein zu allen stunden! Wes beitet
20 ir? seit fleizzig die weil ir lebet eweren kinden reichtum, ere, herschafte und mechtikeit zu sammen! Meret und hoet ewer edel auf die rede das ewer kinder auch mugen sulche sunde getreiben, also das sie mitsampt euch und ir mit in in dem hellischen fewr dester grosser pein ewiclichen leidet.'

1 leydet C. 3 ist aber das C. hertz begirig C. begeriger A. 5 doselbst wirt C. vrewede A. 6 kurtzweil C. daz di awgen A. aug B. 7 und fehlt A. menschen bis und fehlt B C. noch nimmer kein mensch besinnen mag C. mag fehlt A. Vor XXXVIII.: ein stroffung der sunder B. 8 wedr B. furchten A B. 9 werltlicher C. todes fehlt A. noch fehlt B C. 10 pein C. 11 widerczem A B. begnaden C. 12 liesen B. anders fehlt B C. 13 also fehlt C. czu B. den daz so czu sprechen C. sunder C. 14 belachet C. 15 welt A B. die pein C. 17 czorne C. euren schimpf C. 21 herschefte C. sampnen C. 22 adel C. erde B. red A. ewer fehlt A. auf A. muge A B. 24 leyden C.

XXXIX.

'Spreche imant do engegen: got der ist gutig, got der ist barmhertzig; welch zeit den sunder rewt sein missetat, so enpfehet er in und vergibet im sein sunde. Das bekenne ich das es war sei: wann got ist vil besser wann imant gelauben muge und vorgibet einem iclichem sunder, der mit rechtem hertzen wider zu im keret. Ist got nicht gut? wie mochte er auch bezzer gesein, so er von den sundern so vil grossen unrecht geduldiclichen leidet, so er in so lange frist gibet und irer besserunge zu allen zeiten wartet? Doch schol man wissen das gleicher weis als unser herre guter ist in grosser geduld zu disen zeiten, also ist er auch gerechter die sunde ze rechen in der helle peine. Nu mochte imant sprechen: ob ein sunder alle seine tage ubel gelebet und ubel getan hette und ob in seine sunde alein in der zeit seines todes rewent, dennoch gewinnet er genade von dem almechtigen gote. O wie gar unnutze ist sulche hoffenunge! o wie voller torheit sein sulche gedanken! Aus hunderttausenten findet man nicht einen, der nach lasterberigem sundigem leben genade von gote erworben habe. Wie mochte ein boser mensche, der in sunden geborn ist und in sunden gelebet hat, gotes hulde derwerben? Der got nicht derkennen wolde und nicht geleiden mochte das er von im horet reden, der seine sunt nie derkennet hat und nicht wizzen wolte, was bezzerunge oder rewe were und allewege in sunden ist vorstricket, wie mochte der warhaftiger rewe teilhaftig werden in des bittern todes zeiten?'

Vor XXXIX.: von der gut und von dem rechten Jesu Cristi *B*. 1 Sprech *A C*. gut *C*. 2 reüwet *C*. 3 enpfet *C*. sein sunde *fehlt B*. suud *A*. des *B C*. 4 er *B*. den ymant *C*. 6 keret wyder ezu im *B*. ezu im wyder keret *C*. 8 unrechten *A B*. geduldiclichen *fehlt C*. 9 ir *C*. 10 under *C*. gutig *B*. 12 ezu *C*. pein *C*. 13 tag *C*. ubel *fehlt B C*. 14 getone *B*. sein *C*. sunde mit *B*. sunde nür *C*. alein *fehlt C*. 15 den zeiten *C*. rewet *B*. reüwet *C*. her *A B*. gnad *C*. 16 almechtige *A B*. Awe wy *B*. vnnütz *C*. hoffnunge *C*. 18 hundertawsenten *B*. lasterberen *A*. lasterberigen *B*. 19 sundigen *B*. gnade *C*. got *C*. hab *C*. 20 geboren *C*. 21 hat *fehlt A B*. 22 wolt *C*. mocht *C*. 23 redet horet reden *A*. sünde *C*. 24 wolt *C*. were oder rewe *A*. 26 teilhaftiger *C*.

XL.

'O armer sunder, wo ist denne dein hoffenunge? wo
ist denne dein rewe? Auf einer seiten twinget dich angsten
deiner kinder, von den dich der tod scheidet; auf die andern
seiten twinget dich dein grosser reichtum: wenn du in furbas
5 nicht magst behalden. O wie genem sal sulche rewe sein,
die in dein hertz nie kumen were, soldest du lenger leben
mit gesundem leibe! Wer ane gotes vorcht gelebet hat und
got erzurnet hat allewege in seinen gesunden tagen, der mag
in todes zeiten mit nichte gotes hulde erwerben. Allerlibisten
10 meine kint, welcherleie ist die rewe, die ein sunder gehaben
mag so er kunstlichen sihet das er mit nichte furbas mer
mag bei leben beleiben? der vil erger wurde ob in got wider
gesunt machet? Ich hab der reichen vil gesehen, die in des
todes noten sich vormessen haben leidiger grosser rewe und
15 dornach in zeiten ires gesundes des leibes und der siten vil
erger wurden sint. Ich halde in der warheit und habe mich
des wol erfaren: welches mensches leben alleweg in sunden
gewesen ist, das sich der nicht vorsehen schol eines guten
endes: wan der sunder tot unbederber ist, die an vorcht
20 gesundet haben wider die gebot des almechtigen gotes. Aber
der heiligen seligen leute tod ist wirdiger und ist gar teur
und grosser schatzunge in dem gotlichen angesicht unsers
herren.'

XLI.

'Dovon, meine hertzenliben kint, bleibet allewege stark
25 in libe gotliches rechten und vorchtet nicht den zorn oder
ungedult sulcher unseliger leute: wann alle ire machte, ir

Vor XL.: des menschen tod B. 1. O fehlt A C. denne fehlt C. hoffe-
nunge den C. 2 dein fehlt A. eine C. angst C. 3 den der tod dich sch. C.
5 in magst furbazz nicht behalden A. magest B C. gemeine B C. 6 ko-
men wer C. gelebet hab C. 8 gesunden iungen A. 10 meinen C.
welcherley C. 11 konstielichen C. mere C. 12 bei leben fehlt C. wider
fehlt C. 14 und fehlt C. 15 lebens B C. 16 hab C. 17 menschen C.
leben in sunden alleweg A. 20 Aller A B. 21 seiligen heiligen C. vnd
gar C. 22 und fehlt C. gotlichem C. Vor XLI.: ein gute ler B.
24 mein C. 25 in libe bis rechten fehlt A. vorrichtet B C. 26 ir in B C.

reichtum, ir werltliche ere in gotes augen nicht anders nur
krankheit, armut und dorzu schande sint. Wer durch ere
gotes und durch libe der gerechtikeit leidet, der ist selig
und ist vil seliger ob er dorumb stirbet: wann seliger heiliger leute tod teuer und grozzes schatzes wert ist in ange- 5
sichte des almechtigen gotes. Liben bruder! ist ewer begerunge das ir mit unserem herren Jhesu Cristo ewiclichen
leben wollet, so sullet ir durch seinen willen und durch seine
gotliche gerechtikeit des leibes tod nicht flihen. Got ist gemartert durch unsern willen auf die rede das wir im nach- 10
volgen und durch seinen willen gerne leiden schullen. Er
helt sich unbillich einen eristen, der durch Cristus willen nicht
meinet zu leiden: ein getrewer diner sal allewege seinem
herren volgen. Etliche leute sint cristen nur mit worten:
sie gelauben in got und bekennen seinen namen und ge- 15
lauben, aber keinen fleizz haben sie zu guten werken; der
gelaube ane werk ist tot und unnutz, sulche leut bekennen
got mit den worten und laugen sein mit den werken.'

XLII.

'Ein grosses urkunde warhaftiges gelaubens ist gotes
vorchte und das der mensche sich der sunde schame; wer 20
gelaubet und ubel tut, der muz grosser pein leiden den ob
er nicht gelaubet; welche sunde von eigener bosheit geschicht, die ist vil grosser denn ob sie ungewissenlich geschee. Der engel hat gesundet, der mensche hat gesundet;
einer vant genade, der ander nicht: wann der engel hat von 25
eigner bosheit gesundet, aber der mensche hat missetan durch

1 in werltlicher *B C*. 2 der ezu *A B*. stande *B*. 3 gotes *fehlt A*. rechtikeit *A B*. 4 ob er *bis* seliger *fehlt B*. 5 leut *C*. teuer und *fehlt C*. grossers
schaez ist *B*. grossers schacz *A*. wert ist *fehlt A*. 6 angesicht vnsers herren
des *C*. 7 unsern *B*. 8 bleyben *C*. durch got vnd durch seinen willen vnd
auch s. *A*. 12 heldet *darüber* nennet *B*. heiszet *C*. vnwillich *B*. vnmoglich *C*.
nicht *nach* leiden *C*. 14 sein *C*. 15 namen und *fehlt C*. 16 gelaub *A B*.
17 toter vnd vnniitzzer *C*. 18 den *vor* worten *fehlt A*. laukennen *C*.
den *vor* werken *fehlt A*. *Vor* XLII.: ein gute ler *B*. 19 gelauben *C*.
20 vorcht *C*. das sich *A*. sich der *fehlt A B*. schemet *C*. 21 geleübet *C*.
22 geleubet *C*. welch *C*. eigner *C*. 23 ob *fehlt B*. vnwissenlich *C*.
24 mensch *C*. 25 gnade *C*. wann fehlt *A*. 26 vbel getan *A*. mussetan *B*.

anfechtunge des teufels. Nu mochte imant sprechen: ich bin
unschuldig der sunden, wann der teufel mir das geraten hat.
O du armer mensch, wie betreuget dich dein hertze! was
lones mochtest du verdinen, soldest du nicht streiten? schawe
5 wie ein werltlicher ritter seinen leip waget auf die rede das
er beheglich sei der gnade seines kuniges! Adam woste
dennoch nicht umb anfechtunge des teufels, auch woste er
nicht das gote die sunde so vaste missevilen; aber dir ist
wol kunt gotes willen und ist dir auch wizzenlich, wie swer-
10 lich die sunde gepeiniget und gerochen wirdet, und des
gelaubestu gautzlichen und tust dennoch so manig tausent
sunde! Sulche cristen haben got in dem munde und ligen
im mit der zungen; aber ir hertze ist weit von im geverret
und haben keine trew zu seinen gotlichen eren.'

XLIII.

15 'Ein warheftiger cristen in warheftiger gotes libe,
beinamen ein prister und ein geistlicher man sal nichtes
anders nur got aleine besitzen in gedanken und in hertzen:
wann in dem prister als in einem spigel volkomenes
leben leuchtet. Er sal auch sein selbes vorlaugen und
20 alzumal der werlde sterben: wann der same nicht aufget
noch fruchtig wirdet, er sei den des ersten in dem ertreich
alzumal gestorben. Wer der werlde lebet, der ist gote ge-
storben: dorumb sal ein cristenlicher mensche der werlt
sterben, das er keine trachtunge habe zu werltlichen dingen,
25 das er mit dem heiligen zwelfboten sprechen muge: unser
gedanknizze ist in dem himelreiche, und dorzu den andern
spruch: ich lebe und doch nicht ich selber, sunder in mir

1 anefechtunge *C.* anfechtigung *A.* ymant mochte sprechen *BC.* 2 wyder
raten *C.* 3 hertz *C.* 5 seine leib *B.* 6 sei der *fehlt A.* der *fehlt C.*
wäste *B.* 7 umb *fehlt B.* wost *B.* 8 got *C.* 9 wol *fehlt BC.* wille *C.*
wissint *B.* 10 des *fehlt BC.* 11 gelaubest dez gentzlich *C.* so *fehlt B.*
12 Sülch *C.* ligenen *C.* 13 den *BC.* hertz *C.* gefuret *B.* 14 kein *C.* Vor
XLIII.: von dem prister *B.* 15 warhaftiger *C.* warhaftiger *C.* 16 geist-
liche *C.* 18 volkomens lebens *C.* 20 alezumole *C.* wann *bis* gestorben
fehlt C. 21 des *fehlt B.* 22 derstarben *B.* got *C.* 23 Als dorvmb *C.*
mensch *C.* werlde *C.* 24 hab *C.* 25 den *C.* gesprechen möge *C.* 26 be-
gankussne *AB.* hymelreich *C.* anderen *C.* 27 ich *vor* selber *fehlt C.*

lebet Cristus. Dovon wer warhafticlichen gerecht ist, der sal
nicht furchten dises totliche leben zu vorlisen auf die rede
das er Cristum, das warhaftige leben, vinde und bei im
ewiclichen beleibe; er sal nicht furchten die reichen, die do
macht haben den leip zu toten, wann sie nicht gewaldes 5
haben uber die untotliche sele; er sal in disem leben gerne
leiden dorumb das er kome zu ewigen himelischen freuden.
Hertzenliben bruder! dasselbe ist nur der einige weg,
domite man das himelreich beheldet. Mochte imant mit
andern wegen dohin komen, so were got nicht warhaftig in 10
seinen gotlichen worten: wanne sulche mein rede habe ich
nicht gelernet von eines menschen munde, sunder von offen-
barunge des heiligen ewangelien unsers warhaftigen herren.'

XLIV.

'In sulcher weise, in trubsale und in leidunge erwirbet
man das himelreich. Er ist gar vorirret, der mit seinem 15
reichtum meinet dohin zu komen. Ein grosses zeichen ewiger
unselden ist das besunder, so got den sundern iren willen
lesset und das sie der werlt wol gevallen in allen iren sachen.
Wen got lip hat, den straft er zu allen stunden. Sal in der
werlt einige ere sein, so rumet euch nicht anders nur in 20
trubsale und was das sei das ir durch gotes ere leidet. Der
almechtige got Jhesus Cristus, unser herr, do er in dem
lesten abentezzen seinen jungern ein grosses urkunde seiner
libe wolte bezeigen, do sprach er: in der warheit sag ich
euch: ir werdet betrubet und beginnet weinen über die werlt, 25
aber die werlt beginnet frolich zu sein. Dovon, mein aller-
libisten kint, frewet euch, so euch die werlt hasset, leidet

---

1 warhafticlich C. 2 totlichen lebens A B. 4 bleibe C. die mechtigen vnd
die reichen C. 5 czu toten den leip C. 6 vntotlich C. 8 einig B. 9 domit C.
mit yemant mit A. 10 wer C nicht got w. B. 11 gotlichen fehlt C. meine C.
hab C. 12 einiges C. 13 herren Jhesu Cristi C. Vor XLIV.: ein gute
maynung B. 14 trübsal C. und fehlt A B. leidigunge B. 16 zeichen
fehlt B C. grosze ewige vnselde C. 20 werlte C. nur fehlt A. 21 trubsal C.
was sey das B. was sei C. durch] in C. 22 unser herr fehlt B. 23 letz-
ten C. 24 sage C. 25 weret B. über die werlt gi beginnet swerlichen
sein B. 26 werlt wirt vröleich sein A. mein fehlt B. 27 allerlibsten C.

in gutem mute alle schande, alle trubsale von den leuten:
wann so die leute euch gehezzig werden und euch be-
ginnen fluchen und werden von euch alles arges reden
und werden euch beligen durch meinen namen, so frewet
5 euch und seit froliches mutes: wann ewer lon uberfluz-
zig und ubergroz ist in dem himelreich Wie wol euch
gescheen were, ob gegen euch aufstunde alle dise werlt
in argem mute! Weret ir der werlde kinder, so were
euch holt die werlt als iren kindern; so aber euch die werlt
10 hazzet, so frewet euch und wizzet das ir die sundigen werlt
nichtes angehoret.'

XLV.

'Allerlibisten kint! so euch in diser werlt vil trubsales,
leides und widerzemikeit begegenet, so frewet euch und wizzet
das euch der almechtige got domite sterket und euch in
15 gedult vorsuchet. Alle ander tugent, wie gros die sein, werdent
gleich dem golde in dem fewr der heiligen gedult vorsuchet.
Wer ander tugent an gedult heldet, der wartet ir gar in
swacher hute; wann unser her gesprochen hat zu seinen
jungern: in ewer gedult wert ir besitzen ewer selen sterke
20 und auch gedult sein in eweren geselscheften: wann ein ge-
duldiger man ist voller starkes mutes. Wer geduldiger unde
stark ist, der mag auf zukunftige des himels freuden sicher-
lichen hoffen. Allerlibisten kint, haldet gedult in ewren
hertzen! und wenne es zu schulden kumpt, so ubet sie auch
25 in grozzen tugentlichen werken: wan die gedult ein so
starker segel ist das in falsche bose und sturmige winde
nicht zureizzen mugen; und ist ein sulcher gantzer segel,
der euch, liben bruder, zu den ewigen selden an allen zweifel

1 guten *B*. trübsal *C*. 2 so euch di *A*. 3 von *fehlt B C*. argers *A B*.
5 lone *C*. 7 geschee *B*. 8 wert *C*. wer *C*. 9 auch dy werlde holt *B*.
auch holt di welt *A*. ewren *B*. dye werlt euch *B C*. Vor XLV.: ein gute
ler *B*. 12 Allerlibsten *C*. werlde *C*. 13 vnd leydes *A*. beginnet *B*.
bekömet *C*. 14 domit *C*. euch *fehlt A B*. 15 seint werden *C*. 18 hut *C*.
herre *C*. 19 sterck *C*. 20 einer geselschaft *C*. 21 man *fehlt C*. volles *C*.
vnd *C*. 22 stercker *A*. czukunft dez hymels freuden wol hoffen *C*. himls
A B. 23 Allerlibsten *C*. 24 kömet *C*. so vber sihe in groszen tugent-
lichen *C*. 26 bösze falsche *C*. und *fehlt C*. strymmige veint *A*.

bringet. Hertzenliben kint, habet lib einander! nimant sal
sich an dem andern rechen, was im auch gewirret. Hazzes,
neides, boser wort sullet ir durch keine sache pflegen oder
halden in hertzen noch in mute.'

XLVI.

'Allerlibisten kint! seit barmhertzig als auch barm- 5
hertzig ist ewer himelischer vater, der auf die gerechten
seinen regen sendet und lesset auf die bosen und auf die
guten seine sunne scheinen. Barmhertzikeit ist bezzer den
gerechtikeit: wer nicht barmhertzig ist, den wirt got an
alle barmhertzikeit vorurteilen; vorgebet ir nicht den, die 10
euch erzurnet haben, so vorgibt euch got nicht ewer sunde.
Wer nicht barmhertzig ist, der bitet unbillich umb gotliche
genade. Ir sullet, liben kint, alle trubsal und alle wider-
zemikeit durch got und in dem namen gotes geduldic-
lichen leiden: das ist unser ewiges leben, das ist unser 15
himelreiches lon, ob wir unser freunt in got lib haben
und unseren veinden holt sein durch gotes ere. Der
unbarmhertzige knecht, do er von gote barmhertzikeit
enpfangen hatte und die seinen gesellen nicht tun wolte,
der wart von dem almechtigen gote herticlich gestrafet. 20
Gerechtikeit ane barmhertzikeit ist allewege zu strafen;
ewer gerechtikeit sal allewege sein mit barmhertzikeit ge-
mischet. Gotes recht ist in barmhertzikeit: wan sein ge-
rechtikeit mag uns allewege vorteilen, so sein barmhertzikeit
uns beheldet. Welch cristenmensche ist so reiner das er der 25
barmhertzikeit nicht darf? Wer barmhertzig ist und suzzes

---

1 an eynander *A B*. 2 sich *fehlt C*. 3 neides vnd b. *A*. 4 oder in *C*. Vor
XLVI.: von der barmherezigehait *B*. 5 Allerlibsten *C*. kint *fehlt C*.
barmhertzzikeit voller *C*. euch *A C*. 6 barmhereziger *C*. 7 sendet seinen
regen *C*. segen *B*. auf *nach* und *fehlt C*. 8 sun *A B*. schein *A B*. 9 dem *B*.
10 vorteilen *A B*. 11 vorgibet *B C*. nicht got *A B*. 12 barmhereziger *C*.
13 gnade *C*. 16 lone *C*. freunde *C*. 17 vinden *B*. 18 got *C*. 19 hette *C*.
wolte tun *B*. 20 der *fehlt A B*. got *C*. 23 gemuschet *B*. 25 welch
mensche cristen mensch *A*. cristen mensch *C*. der *fehlt A B*. 26 ist vnd
suzzes mutes vnd hertzzen *C*.

hertzen, der vorsunet gotes zorn gar leichticlich; wer barmhertzig ist zu seinem ebencristen, der findet barmhertzikeit bei gote.'

XLVII.

'Ein prister und ein geistlicher man ane barmhertzikeit
5 ist ein schif, das durchlöchert ist, in grossem zweifel mitten in dem mere swimmet. Es ist ein unnutze geistlichkeit, die nicht barmhertzikeit beheldet. Was hilft den prister das er mit gewande underscheiden sei von den leien und sei in enlich mit werltlichem leben? in reinikeit ist zu derkennen
10 pristerliche wirde, nicht in dem gewande. Die werlt ist voller prister, die werlt ist voller geistlicher leute, und findet man aus hunderten nicht einen, der geistlichen und pristerlichen lebe. Welch unvornuftiges tire mag freidiger sein denne ein boser prister und ein geistlicher man, der seine ordenunge
15 nicht heldet? Owe, was muz ich itzunt klegelichen reden! Ein sulcher lesset sich nicht strafen, er mag der warheit nicht gehoren; er ist in bosheit uber alle ander lente, und ob ich kürtzlichen reden sal: sulche leute sint prister nur mit gewande, mit unnutzer geistlichkeit und mit unnutzem
20 namen. Reine und unvormeilte geistlichkeit bei gote und bei dem almechtigen unsern vater ist nicht anders nur witwen und weisen und arme leute suzziclichen trosten in irem ungemache und sich selber reine zu behalden vor unfletikeit diser bosen werlt.'

XLVIII.

25 'In sulchem des gewandes und des namen prister und munichen ist so gar ubermessig geitikeit gewachsen, also das sie durch nichte anders nur aleine durch ire geitikeit

---

1 versmehet *A.* 2 gein *C.* 3. got *C.* Vor XLVII.: ein peyzbild *B.*
7 die nicht barmhertzikeit *fehlt B.* hilffet *C.* 8 sei in] sein *B.* 9 werltlichen *B.* 11 prister vnd geistlicher leute *C.* wolle *B.* 12 hundert ainen nicht der *A.* hundert einen der nicht *B.* 13 tyr *C.* gesein *C.* 14 geistlich *C.* sein *C.* 15 kleglich *C.* 18 kurtzlich *C.* leüt sein geistlich nür *C.* 19 vnnützlicher *C.* geistlikeit *B.* vnd *fehlt C.* vnnutzen *B.* 20 vnvormelte geistlikeit *B.* got *C.* 21 vnserem *C.* 22 leütt *C.* irem] rein *B.* 23 reine] meinen *C.* zu *fehlt A.* 25 An *A.* pristern vnd munchen namen *C.* 26 vberflussige *B C.* 27 sie nicht anders *B C.*

prister werden. Ein geistlich man und ein prister one barmhertzikeit sein in schefeinem gewande raubende wolfe: sie sal flihen allermeniclichen als natern und auch slangen. Etlich leut wenen das sie got domite grossen dinst tun, ob sie kirchen und kloster kostlichen machen von armer leute gute, 5 und dieselben sint besezzen mit grosser geitikeit das sie dunket, in welle erde, wazzers, luft, fewers und aller element gebrechen. In disem werltlichem gute ist ir hertze, ir mut und ir gedanken alzumal begraben: sie meinen nicht anders nur iren schrein zu füllen und ander leute zu rauben. Schone 10 kirchen und reiche kloster zu machen ist wolgetan, sei das sache das du armer leute dorunder nicht vorgissest. Wer do wil dem almechtigen gote einen wirdigen tempel bawen, der helfe und rate seinen armen leuten. Welch tempel ist gote wirdiger und bas genemer denne eines seligen gerechten 15 menschen hertz, dorinne der almechtig got genediclichen wonet, als der heilige zwelfbot gesprochen hat: so du dem armen deine hant reichest; so du seine notdurft bedenkest; so du den sunder zu rechtem wege furest: owe, wie gar einen wunderhaftigen, einen edeln und wol genemen tempel hastu 20 denne gemacht dem almechtigen gote.'

XLIX.

'Was spricht der prophete? brich dem hungerigen dein brot, leite den armen in dein wonunge, sihest du einen nackten, so teil im dein gewant, und dein fleisch saltu nicht vorsmehen. Nimant auf erden mag sich entschuldigen! wer 25 icht gewandes hat uber sein grosse unvermeiliche notdurft und sihet den armen not leiden und hilft im nicht, der ist

---

1 aus *B*. 2 scheffem *A*. scheffeineinem *C*. raubendige *B*. raubendinge *C*.
3 allermeiniclich *C*. etliche *C*. 4 domit *C*. 5 kostenlichen *C*. leüt *C*.
7 wolle *C*. wasser *C*. feüres *C*. elament *C*. 8 gut *C*. hertz *C*. 10 leut *C*.
11 kloster vnd reiche kirchen *C*. wol eze tun *A*. ist daz daz *C*. 12 leüt *C*.
13 wille *A B*. got *C*. eine *B*. tempel czu h. *A*. 15 got *A*. wideryger *A*.
geneme *C*. gerechten *fehlt B C*. 16 mensches *B*. herezen *A B*. almechtige *C*. 18 sein *C*. 19 weg *B*. ein *B C*. 20 vnd wunderh. *A*. wol *fehlt B*.
hast du *C*. 21 gemachet *C*. Vor XLIX.: der profett *B*. 22 prophet *C*.
hungrigen brot leit *C*. 24 nacket *C*. im mit *C*. scholt du *C*. 26 vnnomertliche *B*. vnmesliche *C*. 27 sihen *A B*. hilffet *C*.

ein dip und ein morder an allen zweifel. Allerlibisten kint, wir sein nicht herren sunder schaffer diser werltlichen dingen! was wir uberiges behalden, des wir selber notlichen nicht bedurfen, das stele wir diplich armen leuten und sein
5 erger denne sust gemeine dibe: wann ander diben stelen durch armut und durch anligunde not, die sie twinget; so beheldet und stilt ein reicher an alle not, des hundert arme leut geleben mochten, die sust hungers sterben. Gemeine dibe die stelen einem oder zweien; aber ein sulcher geitiger
10 unseliger man stilet also manigem menschen als der ist, die seines gutes bedurfen und den er nicht hilfet in hunger und in noten.'

L.

'Nu mochte imant sprechen: mein gut ist mein, domite mag ich tun was ich wil: wann mein eldern haben mir das
15 gelazzen. Unseliger mensche, wie mochten sie dir das gelassen, das ir nicht was, wann sie in dise werlt nichtes bracht haben und mugen mit in doraus nichtes gefuren? Was du sulches gutes nicht miteteilest armen leuten, das wirt rache uber dich schreien an dem jungsten tage. Wer oren
20 hab zu vornemen, der hore meine lere! Wer mir nicht gelauben wil, o wie swerlichen sal er des gewar werden in den zeiten, so sein reichtum zu grossem armut worden ist! Naturlich recht gebeutet und sprichet: was du weldest dir gescheen, desselben bist du schuldig zu geweren deinen
25 ebencristen. Deine begerunge ist das dir got barmhertzig sei: wie schol er das getun, so du keine barmhertzikeit hast zu den armen? Uberlauf die alten und newen schrift, be-

---

1 allerlibsten *C*. 2 werltlicher *C*. 3 vbriges *B*. notlich *C*. 4 bedürffen *C*. stelen *C*. sint *A B*. 5 dibe *C*. 6 und *fehlt A B*. anligende *C*. 7 an not ein reicher dez *C*. 10 als *A B*. manigen *B*. *Vor L.*: des menschen vnvernuff *B*. 13 ymancz *A B*. 14 do mag ich mit *C*. elderen *C*. 15 gelazzen *bis* gelassen *fehlt A*. mensch *C*. das *fehlt B*. 16 sie dir in *C*. 17 furen *C*. 18 mitteylest *C*. 19 uber dich rache schreyen *A*. ore haben *A B*. 20 mein *C*. 21 geleuben *C*. o we *C*. swerlich *C*. 22 ein *A B*. groszer *C*. 24 bis *B*. dein *C*. 26 kein *C*. 27 armen läwten *A*. die neüwen vnd die alden ee vnd schrift *C*.

schawe aller meister lere; so kanstu nicht anders vinden nur
das es war sei, was ich gesprochen habe. Was sal ich reden
von den unweisen leuten, die grosse palast, hoc mauern und
kostlich heuser so gar reichlichen machen? O wie gar un-
nutze sint sulche ir gedanken! Wer mag sulche werk anders 5
ausgerichten, nur das sie gescheen in hochvertigem mute
und das sulche lent nicht anders suchen nur wie sie der
werlde lop behalden?'

LI.

'Etliche leute opfern unserm herren sulches gut, das
sie geraubet und gestolen haben oder sust zusampne bringen 10
von grosser arbeit armer leute. O du barmhertziger got,
wie ungenem ist sulches opfer deinen gotlichen augen! Nu
mochte imant sprechen: sal man nicht kloster, kirchen und
gotesheuser bawen, das got dorinne geeret und gelobet werde?
Dorzu sprech ich: es ist wolgetan, wer sulche ding machet, 15
sei das sache das arme leute dorumb nicht betrubet werden
und in nicht gewaldes oder unrechtes widervare, den sie
bitterlichen klagen muzzen dem almechtigen gote. Wie mag
imant gote ein behegliche kirche bawen oder eine geneme
wonunge seinen heiligen von sulchem gute und von sulchem 20
gelde, dorumb arme leute bitterlichen weinen? Was gerechtikeit
mag das gesein, do man die toten begabet und die lebendigen
raubet? Wer sulch opfer beheglich dem almechtigen gote, so wer
ein gleiche gesellschaft der gerechtikeit und des raubes; wolte
der almechtige got sulches opfer von uns empfahen, so meinet 25
er auch teilhaftig zu sein unsern sunden; und mit kurtzen
worten: was gote nicht behaget, das missevellet auch allen
seinen heiligen.'

1 bechawe *B*. kaust du *C*. 2 hab *C*. 3 mauren *C*. 4 kostenliche *C*.
reylcichen *A*. so gar reichlichen *fehlt C*. 5 sulche *fehlt C*. ire *C*. anders
fehlt BC. 7 suhen *C*. *Vor* LI.: von dem unrechten opher *B*. 9 Ete-
liche *B*. leute *fehlt C*. vnserem *C*. 13 und *fehlt B*. 14 gotes *fehlt C*.
16 ist daz daz *C*. 17 vnrechtens *A*. widervar *C*. 18 got *C*. 19 gote
hegleich kirche *A*. kirchen *C*. ein *C*. geneme *fehlt BC*. 21 leüt *C*.
22 lebendingen *C*. 23 wer ein *C*. behegenlich *A*. got *C*. 24 gleich *C*. ge-
selschaft *C*. rawbers *A*. 26 vnseren *C*. 27 got *C*. nich *B*. auch seinen
heiligen allen *A*.

4

LII.

'Dovon, allerlibisten kint, leget von euch alle bosheit, argelist, gleichsenheit, zorn, has und alle untugent und werdet als newgeborne kint vornuftiges fursatzes; ane geverde be-geret der milch geistlicher unschuldikeit das ir dorinne zu
5 ewigen selden wachset und smecket, wie suzze und wie senfte unser herre sei. Wo ir nicht gleich den kinden un-schuldiges hertzen werdet, so komet ir mit nichte in das himelreiche: wan kinder ergern sich nicht, ob sie schone frawen sehen; sie begerent nicht schones gewandes; sie bleibent die
10 lenge nicht in zorn; ob sie von imant geleidiget werden, des vorgezzen sie gar in kurtzen fristen. Sie hazzen nimant, sie volgen iren eldern: dovon schol nimant des himelreiches hoffen, der sich nicht in unschuldigem mute vindet gleich denselben kinden also das er in rechter keuscheit reiniclichen lebe,
15 die werlt vorsmehe, in unschuldiger libe sei und gleich einem unschuldigem kinde in der schoz seiner muter, der heiligen kirchen, steticlichen bleibe.'

LIII.

'Dovon, mein allerlibisten kint, enblosset euch des alden sundigen menschen, den Adam auf euch bracht hat, und kleidet
20 euch in den newen menschen unsers herren Jesu Crist und wapent euch in gote auf die rede das ir widersten muget grosser anfechtunge des teufels. Enblozzet euch, liben kint, alles werltlichen gutes und achtet nicht sulches reichtumes, der gleich dem schaten kurtzlichen vorswindet, auf die rede das
25 ir menlichen bereit seit zu vechten mit der werlde. Wer

Vor LII.: ein gute ler B. 1 allerlibsten C. bosze C. 2 argen A. gleischen-hait A. gleissenheit C. 3 als *fehlt* BC. neüwe geborne C. viirsatz C. 4 gestlicher B. 5 weschsset C. 6 gleich *fehlt* A. kindern C. 7 gleich werdet A. 8 hymelreich C. 10 nicht die lenge in czorne C. geleidigt B. 11 gar *fehlt* BC. nymandes BC. 12 so sal B. do schol C. himelreichs B. 13 vnsuldigem B. mute *fehlt* C. 16 vnschuldigen C. 17 steticlich C. Vor LIII.: ein gute ler B. 18 allerlibsten C. kint *fehlt* C. emplosset B. 20 dem B. vnsern AB. Jhesus Cristus C. 21 got C. 22 emplossent AB. 24 kurtzlich C. 25 bercitet C.

angetaner und mit gewande bekleidet sal mit einem nackten
ringen, der vellet dester schirer auf die erden: wenn er
etwas hat, domit man in begreifet. Wiltu sicherlichen vechten
mit dem teufel, so lege von dir alles gewant werltliches
gutes! Liben kint, die wapen ewer geistlichen were sullen 5
sein kenscheit, gedult, demutikeit und dorzu gotliche libe.
O in welchen kreften werden denne ewer arme gesterket,
so ir also gewapent werdet! sterke und zire werdent ewer
wapenkleid und werdet in vreudenreichem mute lachen in
zeiten sulches streites; und durfet euch nicht furchten vor 10
des winders kelden: wan gotlicher libe hitze von euch jagen
wirt allen frost der sunden, wann ewer wonunge gegrunt-
festet wirdet auf den immer bleibenden stein Jhesus Cristus,
unsern almechtigen herren.'

LIV.

'Unkeuscheit ist des teufels swert, domit er freidiclichen 15
vichtet. Almechtiger got, wie vil ist derselben, die der bose
geist mit sulchem swerte mordet! mit keiner andern sunde
gesiget der teufel als oft als mit der bosen unkeuscheit. Dovon
ist sie allewege zu flihen: wann gleicher weis als die reine
keuscheit den menschen gleich gotes engel und auch mer 20
wenn gotes engel machet, also machet unkeuscheit den menschen
gleich unvornunftigen tiren; und ob ich reden sal, so ist ein
unkeuscher mensch erger den ein tir. Durch derselben sunden
willen hat got in seinem zorne gesprochen: mich rewet das
ich den menschen geschaffen habe. Unkeuscheit swachet und 25
krenket den leip und schicket in allewege zu dem tode; sie
bringet den menschen in boses wort und in werltliche schande,
lediget die schrein und machet dorzu dibe und morder, vor-

---

1 wenn ein angetaner B C. und *fehlt* C. gewant geeleydet C. 2 rangen C.
schir C. 3 wil du sicher C. 5 schol sey C. 6 gedult demutikeit
fehlt B C. 8 werdent B. 9 werdet *fehlt* A B. vrewdenreichen B.
11 kelde C. gottliche A B. 12 vnd eür C. gegurtfestet A. 13 dem B.
jesu cristus B. Vor LIV.: von der chayschait vnd vnchayschait B.
15 freiidiclichen C. 17 ander B. 20 gotes *fehlt* A B. 21 machet auch
A B. 22 rede B. 24 sprochen A B. 25 beschaffen A. hab C. 27 in
ein C. 28 dein schreine vnd dorczu B. den schrein vnd machet dibe C.

4*

swechet das gedechtnizze, benimpt dem menschen allen guten
fürsatz, blendet die augen des leibes und der selen und
machet den menschen zorniges und bitterliches mutes und
ist mit trunkenheit gesellet. Umb kein ander untugent hat
5 got so hertiklichen gerichtet als durch der sunden willen:
durch unkeuscheit hat got, unser herr, die werlt alzumal
dertrenket, durch unkeuscheit hat got Sodomam und Gomorram
vorbrennet. Er wirdet nicht balde gelediget, wen der teufel
mit sulchem garne bestricket.'

LV.

10 'In sulchem sweren streite mag nimant gesigen, den der
do fluchtig wirt. Wer sein fleisch twinget, der gesiget in
disem streite; trunkenheit bringet schaden, als der fewr in
seiner schoz hilde. Der heilige zwelfbote spricht: nicht werdet
weines trunken, wann unkeuscheit dorinne ist. In dem streite
15 mag nimant besten nur aleine wer seinem leibe abebricht
und geduldiclichen vastet. Wein reitzet zu unkeuscheit, und
mer reitzen die schonen antlutz glantzer frawen. Unnutze
weip sint geschoz des teufels und sein scharpfen pfeile, domit
er allermeniclichen in unkeuscheit vorwundet. Nimant schol
20 im selber gelauben in disen dingen: wie wol du heilig seist,
dennoch bist du der sunden nicht gesichert. Wer mag das
fewr in seiner schoz also vorbergen das sein gewant nicht
brenne? wer mag auf gluendigen kolen gen also das seine
fuzze der hitze nicht enpfinden? Man und weip, fewer und
25 stro, dorin der teufel nicht aufhoret zu blasen untz das er
sie beidenseiten enzunde. Nimant sal mit den weiben ane
grosse notdurft lange rede halden; nimant sal gabe nemen
von den weiben; nimant lazze sich betrigen mit iren listigen

1 gedechnusse *B*. benimet *C*. 2 blindet *B*. 4 ander *fehlt B C*. 5 hertiklich *C*. 6 unser herr *bis* got *fehlt B*. herre *C*. alczumole *C*. 7 Gomorram vnd Sodomam *B C*. 8 wirt *C*. 9 garne stinket stricket *A*. *Vor* LV.: anfechtung von der trugenhait *B*. 10 streit *C*. gesten *B*. 11 do *fehlt A*. 12 dem streite *B*. schadem *B*. 13 czwelfbot *C*. 14 ist *fehlt B*. streit *C*. 15 abbricht *C*. 16 reitzzeit *C*. 17 antlitz tugentlicher gl. *C*. 18 sein *C*. scharffen *B*. 19 allermeiniclich *C*. 22 also in seiner *C*. also *fehlt C*. 23 gluendingen *C*. also *fehlt A B*. 24 fuzz *B*. 25 aufhort *C*. biz *C*. 27 haben *B*. gaben *C*. 28 lustigen *C*.

suzzen worten, er welle denne mit der unkeuscheit garn
bestricket werden. Ein prister und ein geistlicher man sullen
also selden bei den weiben sein das ir eines des andern
namen nicht erkenne.'

LVI.

'Wie gar vil heiliger leute sint gevallen mit sulcher 5
unkeuscheit nur dorumb das sie meinten sicher zu sein!
Dovon, liben kint, vorchtet euch allewege: wann so man
grosser vorchte darf vor andern sunden, ungeleiches mer schol
ein icliches mensche sich vor unkeuscheit vorchten. Wie vil
ist der leider, die in varben geistlicher gleizzenheit zu sulchen 10
sunden gelocket werden! Etwan schampten sich die leute:
nu frewet sich der sunder, so er gevellet in der sunden
schanden. Etliche schame ist noch bei den weiben, wie kleine
sie auch sei; aber bei den mannen hat sulche bosheit zuge-
nomen das man sie dorinne an alle schame vindet. Wer 15
itzunt in denselben sunden nicht geleret ist, den helt man
vür einen toren: in unkeuscheit ist ire freude alzumal, von
unkeuscheit ist ir rede und von nichte anders. Dorumb besu-
chen sie die kirchen das sie die weip sehen und mit in
gereden, nur dorumb das sich die unkeuscheit sterklicher 20
enzunde. Unseliger man, des frewest du dich zu hundert
malen! Grozzer ist dein sunde denne der swachen weibe:
sie ist von naturen krank und du scholdest sterker sein;
sie bleibet doheim und sitzet in irem hause: so vindest du
tausent falsche list, wie du sie betrigest, und twingest sie 25
beiweilen zu sunden. Nicht gedenke, unseliger man, das du

---

1. garen *A*. 2 geistlich *C*. 4 names *A B*. Vor LVI.: ein varnung der
sunden *B*. Kein neues Kapitel *C*. 6 nur *fehlt C*. darvmme *B*. ezu
sicher sein *A*. 7 allewege *fehlt C*. so *fehlt C*. 8 von *A*. andrer sundrer
sunden *B*. anderer sunder sunden *C*. 9 sal man ein yelich mensche *B*.
mensch *C*. 10 varber geistlicher *B*. varbe der geistlichen *C*. gleichsenheit *B*.
11 etwen schamten *C*. 12 freuwen sie sich der sunden vnd der sunder *C*.
13 ist noch schame *C*. schande *A*. 14 anch *fehlt C*. 16 den sunden *C*.
17 vor *A B*. ir *C*. alczu mole *C*. 19 geschen *C*. 20 die *fehlt B C*.
21 erezunde *A*. 22 den *C*. 24 do heime *C*. 25 sey beidemal *A B*.
26 beleiben zu *A*. den sunden *C*. nich *B*.

gesichert seist, ob got dorzu so gedulticlichen sweiget: wann er wirt dorumb mit deinem ewigen schaden gar hertiklichen strafen.'

LVII.

'Dovon, mein allerlibisten kint, seit weise und vorsichtig
5 als die natern und einveldig sam die tauben auf die rede das ir widersten muget dem alten slangen. Umgurtet ewer huffe mit der keuschen reinikeit, traget brinnunde licht in ewern henden bildsames lebens, des allermeniclich gebezzert werde; tut menlichen und sterket ewer hertze: wann got
10 mechtig ist euch krefte zu geben wider alle ewer veinde. Seit holt an einander; got hat gesprochen: das ist mein gebot das ir an einander lib habet: wann alle ander tugent beslozzen sint in libe. Gleicher weis als vil zweie aus einer wurtzel wachsen, also ensprizzen alle tugent aus gotlicher
15 ibe. Der heilige zwelfbote spricht: ob ich mit englischen zungen gereden mochte; ob mir alle prophecien kunt weren und alle heimlikeit der schrift; ob ich alle kunst und allen gelauben hette: dennoch were ich nichtes ane gotliche libe. Wer warhaftige libe hat, der ist senfter und geduldiger und
20 volget nicht der mageschaft fleisches und blutes und ist seinem veinde holt gleich dem freunde. Doran ist zu prufen gotlicher libe kraft, ob einer seinem widersachen holt ist. Man sal libe vornunfticlichen tragen: ein mensche mochte das ander so unordenlichen lib haben das es beraubet wurde
25 gotlicher libe. Zu allen dingen gehoret ordenliche mazze.'

1. so *fehlt* A. genediclichen B C. 2 ewigem C. hertigligen A B. 4 allerlibsten C. weis C. vürsichtig C. 5 die *vor* tauben *fehlt* C. 7 keüsche C. brünnende C. 8 willsames A. bilsames B. des sich A. gepezzer A. 9 werde *fehlt* A. und *fehlt* B C. hertz C. wann *bis* veinde *fehlt* C. 10 mechtiger B. 11 an einander holt C. vnder B. wen got gesprochen hat C. 12 an] vnder B. lip habt C. 13 gleichweis A. geistlicher weis B. also C. czweyg A. czweige C. 14 burczen B. wurtzzeln C. entsprissen C. 15 czwelfbot C. engelischen C. 16 profethen B. 17 heimlichkeyt C. dez A. geschrifte B. schrift *bis* allen *fehlt* A. 18 wer C. 19 warhaftig B. senfte vnde geduldig B. senft gedüldig C. und *fehlt* A. 21 brüffen C. 23 vornüfticlichen C. mensch mocht C. 24 vnvornüfticlichen C. haben lieb A.

LVIII.

'Allerlibisten kint, flihet schedeliche libe! Uberige libe bringet manigen in unkeuscheit, in zorn, in hazze und hat manigen in gotes dinste gehindert. Uberige libe betöret den menschen das er seine freunt allewege ansehen wolte; uberige törechte libe vorgisset der gerechtikeit und dorzu der warheit. Sulche lib ist ane vornunft und weis keine mazze und kan anders nicht gedenken nur allewege sein freunt zu sehen. Sulche lib dunket das nichtes unmögelich sei, das nichtes swer sei und tobet in ir selber. Unmuglich ist, wer mit sulcher unvornunftiger libe behaftet ist, das er immer dem almechtigen gote mit warhaftiger andacht gebeten muge. Sulche lib ist nicht gotliche weisheit, sunder sie ist ein unmessige torheit. Wir schullen unser bruder lib haben also das wir veint sein iren sunden. Grosse rewe der sunden ist ein zeichen gotlicher libe. Wer tugentlich ist, der ist wert sulcher libe. Man schol in gotlicher libe tugent eren und untugent vortreiben. Rechtvertige libe wil das wir got lib haben sullen mit gantzem hertzen, mit allen gedanken, mit allen kreften und dorzu unsern ebencristen als uns selber; in den zweien geboten ist beide, alde und newe schrift beslozzen. Got selber ist die warhaftige libe: wer nicht libe hat, der ist ane got. Wer itzunt in warhaftiger libe ist, der hebet an zu wonen in dem himel, do alle heiligen vol sulcher libe sein.'

LIX.

'Warhaftige libe vortreibet allen haz, alle geitikeit, alle spotunge, alle bosheit; in warhaftiger libe sint alle selige

Vor LVIII.: von vbriger lieb *B*. 1 Allerlibsten *C*. schedliche *C*. libe *nach* schedeliche fehlt *A B C*. 2 mangen *C*. hat *fehlt A*. 3 mangen *C*. dinst *C*. 4 frewent *B*. allerzeit *C*. 5 dy warheit *B*. 6 lib *fehlt C*. kein *C*. 7 allewege *fehlt C*. seinen *C*. 8 libe *C*. vnmoglich *C*. das *bis* swer sei *fehlt B*. nihez *A*. 9 ir *fehlt A*. vnmoglich *C*. 10 sulche vuvornunftigen *A B*. gehaftet *B*. nymmer *B*. 11 got *C*. mit *bis* muge] andechticlichen bete *C*. 12 libe *C*. sie *fehlt C*. 13 vnnüczige *A*. 15 Wer *bis* libe *fehlt A*. tugentlichen *C*. 18 gedanken vnd *A B*. 21 ist selber *A*. worheftige *C*. 23 dem *fehlt A B*. hymele *B*. sulcher libe vol seint *C*. *Vor* LIX.: von warhaftiger lieb *B*. 25 vnd geitikeit *C*.

leute eines hertzen. Wizzet, allerlibisten bruder, wer in warhaftiger gotlicher libe nicht ist, der ist in gewalt des teufels, und wer in gotlicher libe nicht ist, der ist ane got, und domit ist er auch gewisslich in der helle. Dovon, mein aller-
5 libisten kint, nemet fruchticlichen und zu gutem nutze die genaden unsers herren: wan seine genade allermeniclich gegeben ist durch den unschuldigen tot seines sunes. Werfet reinen samen guter werke, die weil ir lebet in disen kurtzen tagen auf die rede das ir in dem himelreiche ewige freude
10 vindet. Kurtz sint die tage des totlichen menschen auf diser erden und vorgen und vorbleichen gleich dem schaten. Der tot sleichet heimelichen gleich einem dibe. So denne der mensche gestirbet, so volget im nicht sein reichtum noch sein werltliche ere. Die reichen und die mechtigen leben auf
15 diser werlde in beheglichen suzzen tagen bei disem snoden gute, und bei kurtzen fristen faren sie in die helle und folget in weder reichtum, gut noch ere.'

LX.

'Welches mensches leben allewege in sunden gewesen ist, der hat nicht ander sicherheit nur das er ubel sterbe.
20 Was wir auf diser erden tun, es sei büs oder gut, das vinde wir nach dem tode an allen zweifel. Nicht vorzihet gute werke, nicht vorzihet tugentliches leben! Liben bruder, wurket tugentlichen, die weil dise geneme zeit ist dem almechtigen gote; get in dem lichte, die weile euch das warhaftige licht
25 unsers herren Jhesus Cristus leuchtet! Cristus erleuchtet alle vinsternusse, Cristus erleuchtet allermeniclichen in diser werlde. Get in demselben lichte, bleibet des lichtes kinder;

---

1 allerlibsten *C fast immer*. 2 der ist *fehlt A*. 4 gewissenlich *C*. 5 fruchticlich *C*. 6 gnaden *C*. sein guade *C*. guade ist *BC*. aller *C*. 8 werck *C*. 9 hymelreich *C*. 11 vorgeen *C*. 12 heymlich *C*. 13 mensch *C*. nach noch *BC*. 14 legen *B*. 16 so faren *C*. 17 die ere *C*. *Vor* LX.: ein gute ler *B*. 18 menschen *C*. 19 er ubel sterbe *fehlt BC*. 20 das wir tun auf diser *C*. 21 worcziet *AB*. 22 werck *C*. worcziet *AB*. 23 geneme *fehlt A*. almechtige *B*. 24 den leichten *B*. lichten *C*. weil *C*. 25 unsers herren *fehlt BC*. Cristus *bis* vinsternisse *fehlt A*. 26 Cristus allermeiniclich erleuchtet *C*. in *fehlt A*. 27 lichte *fehlt A*.

wanne iclicher wirt in vinsternusse vorirret. Haldet euch
an den gruntvestigen lebendigen stein, den got erwelt hat,
des die werlt nie wirdig mochte werden, und bawet dorauf
als lebendige steine und gebet euch in seinen dinst in gedult,
in trubsale, in armute, in engsten, in slegen, in gevangnusse, 5
in arbeiten, in wachen, in vasten, in keuscheit, in vornunfte,
in stetikeit, in suzzikeit, in dem heiligen geiste, in warhaf-
tiger libe, in worten der warheit und in des almechtiges
gotes kreften.'

LXI.

'Mein allerlibsten kint, bleibet in der warheit und hutet 10
euch vor lugen: wann got die rechte warheit ist, so ist im
widerzeme ein iclicher lugener. Hutet euch vor unnutzigen
worten: wann ir von aller unnutzer rede rechnunge tun musset
dem almechtigen gote. Vil rede ist selden ane lugen; dovon
sweiget gerne. Die auswendige rede ist ein zeichen der innern 15
gedanken. In eines icliches pristers oder geistliches mannes
rede sal allewege Cristus genennet sein. Ewer rede sal alle-
wege sein von den heiligen geboten unsers herren. Wer tag
und nacht auf die gebote unsers herren steticlichen gedenket,
der bleibet mit nichte in dem rate der ungerechten noch in 20
dem wege der sunder, dorumb das er sein wirdet als ein
holtz, das gepflantzet ist bei dem wazzer, des bleter nicht
dorrent, und bringet sein frucht in rechten zeiten, und alle
seine werk beginnen in gotes genade selig werden. Nicht
schadet den leuten also heftielichen als bose geselleschaft: der 25
mensch wirt sulcher, als er sich gesellet. Es ist ein unzimlich
wonunge des wolfes mit dem lamme; ein reiner keuscher
man sal eines iclichen unkeuschen mannes geselleschaft zu

---

1 wirdet C. vorhindert C. 2 den fehlt B. lebendingen C. 4 stein C.
5 trubsal in armut C. gefeucknizze C. 6 vorniiften C. 7 geist C. 8 al-
mechtigen C. Vor LXI.: von der warheit B. 12 wyderezemig C. lüg-
ner C. mussigen B C. 13 red C. tuen B. 14 almechtige B. dovon bis
gerne fehlt A. 15 ynneren C. 16 iclichen C. geistlichen C. 17 red C.
18 mit den geboten A. 19 gebot C. 20 vnrechten A. 21 dem fehlt C.
22 am holez A. 23 ine A. 24 begrunen in gotes gnaden Nicht C.
25 hefticlich also C. geselschaft C. 26 also C. vnezimliche geselschaft C.
27 lampte einer A B. 28 geselschaft C.

allen zeiten flihen. Es ist unmuglich das ein reiner keuscher man lange in guten werken bleibe, der sich boser geselleschaft fleizzet, als David gesprochen hat: du wirdest heilig mit den heiligen, unschuldig mit den unschuldigen, erwelter mit den
5 erwelten und arger mit den bösen.'

LXII.

'Gleicher weis als bose geselleschaft schaden bringet, also schaffet gute geselleschaft grossen frumen. Nicht ist geleich guter getrewer geselleschaft: wan wer gute geselleschaft vindet, der begreifet den weg des ewigen lebens und vindet allen
10 schatz geistliches reichtumes. Nimant schol doran zweifeln das ein iclich mensche boser oder guter wirt, dornach er sich gesellet. Eines kindes hertz ist einfeldig und slecht als ein ungemalte tafel, und was des kindes hertze enpfehet von geselleschaft gutes oder boses, das bleibet bei im untz in
15 sein alder entweder zu schaden oder zu frumen. Unzimlich ist es das die jungen bei einander wonen: wan ein fewr das ander nicht leschet, sunder bringet grozzer hitze. Allenthalben und alle zeit machet die weisheit lust dem hertzen. Etliche leut sint jung der jare und alt mit weiser lere. Weisheit
20 mag keine geselleschaft haben mit den toren. Mein allerlibsten kint, seit vorsichtig! sweret nicht bei himel noch bei erden oder sust mit einigem eide: ewer wort schullen sein io oder nein. In welches menschen munde der eide so gerad ist, der hat gar kleine bekentnusse oder libe gen gote. Ist es nicht
25 war, das einer sweret, so lauget er gotes: dovon nemet nicht unnutzlich in ewern munt den heiligen gotes namen.'

1 einer *A B*. keuscher *fehlt A B*. 2 geselschaft *fast immer C*. 3 wirst *C*.
4 vnd schuldig *A*. erwelt *C*. 5 erger *C*. *Vor* LXII.: von guter vnd von peser geselschafft *B*. 6 geschaft *C*. 7 nichte *C*. gleich *C*. 9 ewigens *A B*. 10 schaz dez ewigen gaistliches *A*. reichtums *B*. doran nicht *A*. 11 iclicher mensch *C*. vnd guter *C*. dorn. vnd er *A B*. 12 herczen *A B*. enueldig *A B*. 13 hertz *C*. 14 bis *C*. 16 wan *fehlt B C*. 17 allentalben *B*. 19 leute *C*. 20 kein *C*. 22 wordy *B*. wort die *C*.
23 welchs *B*. eide *fehlt A*. geringe *C*. 24 clein *A B*. den gote *B*.
25 lauget *A*, lauket *B C*. 26 manen *A B*.

LXIII.

'Ir schullet allewege andachticlichen beten; wann stetiges und andachtiges gebete grossen frumen bringet: es erhebet den menschen von der erden und furet in auf des himels hoe. Wer andachticlichen betet, der redet mit gote und derwirbet seine genade. Wer gotliche genade behalten wil also das sein gebete derhoret werde, der sal bestellen das sein gebet andachtiges sei und mit zehern allewege gemenget. Ezechias behilt von gote mit andachtigen zehern das er sein urteil vorkerte und in von dem tod zu dem leben widerbrachte; Susanna wart mit gebete und mit zehern gelediget von falschem gerichte; Elias erwarb einen seligen regen von dem almechtigen gote mit seinen zehern, do es drei jar und sechs maned nicht geregent hatte. Bittet unsern herren umb alle ewer notdurft in rechtem gelauben und mit andachtigen zehern, so geweret er euch an zweifel, wann er reich ist zu beraten allermeniclich. Warhaftige hoffenunge sal ewer freude sein, alle ewer gedanken, alle ewer begerunge sal nicht anders nur aleine in got sein: wann aus im, in im und durch in sint alle dink; in demselben lebe wir, in im sei wir und an in mag nichtes gesein in himel noch auf erden.'

LXIV.

'Hertzenliben meine kint, ich mag nicht vil furbas mit euch gereden: wann mein zeit komen ist in sulcher schicht das ich aus der werlt vare als ich dorein komen bin. Solde ich nicht sterben, so were ich nie geborn. Got hat nicht vortragen seinem einem liben sun, sunder er hat in fur uns

---

Vor LXIII.: von der andacht *B*. 1. andechticlichen *C immer*. 2 und andachtiges *fehlt C*. gebet *C*. 3 den *B*. in des hymls hoch *A*. hymls *B*. 4 got *C*. 5 sein gnade *C*. gnade *C*. 6 seine *B*. wirde *A B*. 7 andachtige *B*. 8 got *C*. 9 verkerüt *A*. tode *C*. widerbrachte czu dem leben *C*. 10 geheyligt *A*. 12 got *C*. möneind *A*. wochen *C*. 13 bette *C*. 14 not *A*. 15 reich czu beraten ist *A*. reicher *B*. 16 Aller menschlich *A B*. warhaftiger *B*. hofnunge *C*. 18 aleine *fehlt C*. 19 leben *C*. *Vor* LXIV: hie hebt sich sein sterben *B*. 21 meine *fehlt C*. 23 werlde *C*. 24 gestorben sein *A B*. so *bis* geborn *fehlt B C*. 25 aygen *A*. einigem *C*. liben *fehlt C*.

alle an dem fronen kreutz sterben lassen, mit des tode unser
tot gesterbet ist. Nimant lebet noch stirbet im selber: wann
wir gote leben und sterben und allewege gotes sein in leben
und in tode; dovon heizzet Jhesus Cristus ein herre uber
5 die lebendigen und uber die toten. Sint unser herre Jhesus
Cristus tot ist, so schulle wir auch gerne sterben, wann der
knecht nicht grosser sein sal denne sein herre. Ist Jhesus
Cristus erstanden von dem tode, so habe wir sicher hoffenunge
das wir auch ersten werden in seinen eren. Do Cristus, unser
10 herre, starb, do starb auch mit im der alte mensche der
sunden auf die rede das er der sünden leichnam vorderbet
und das wir ein leib mit im wurden und mit im aufstunden
in seinen wirden: wan wir sein gelider sein; und gleicher
weis als Cristus furbas mer nicht stirbet, also werden wir
15 mit im ewiclichen leben.'

LXV.

'*M*eine allerlibsten kint, ir sehet das ich sterbe. Doch
gelaub ich das mein derloser lebe und das ich mit diser
haut anderweit umbezogen werde und das ich in disem meinem
eigen fleische meinen schepfer sehen werde, ich, derselbe,
20 der itzunt mit euch redet und den ir sterben sehet mit disen
augen, domite ich euch, liben bruder, sehe. Dovon werbet,
wie ir vornunfticlichen lebet nicht als toren, sunder als weise
leute. Nicht volget dem fleische: wann er sterben muz, der
dem fleische volget. Geet in dem geiste und sterbet alle
25 begerunge des fleisches. Frewet euch mit mir, lobet got und
seit freudenreiches mutes; lasset alle klage, trubsal und
weinen, schutet von euch aller sorgen aschen. Singet dem

1 laszen sterben an dem fronen Creütze *C.* tod *B.* 2 gestorben *A.* ge-
totet *C.* noch] vnd *C.* 3 gote] von gotez *A.* 4 er Jh. *A.* 5 die *fehlt A.*
lebendingen *C.* die *fehlt A.* herre *fehlt B.* 7 den *C* immer. Jh. *C.* ist *A.*
8 entstanden *B.* haben *C.* 9 ersteen *C.* 10 im *fehlt C.* mensch *C.*
11 er der sünder *A.* 12 mit im ein leip *C.* im *fehlt C.* erstun-
den *A.* 13 glyder *C.* 15 leben amen *B.* *Vor* LXV.: auch von seinem
tod *B.* 16 Mein *C.* 17 gelaube *C.* 18 häwt *A.* vberczogen *C.* werd *A.*
wirt *B.* in *fehlt A.* 19 eignen fleisch *C.* wirde *C.* 21 liben] lebendingen *C.*
paytet *A.* 22 vornüfticlich *C.* leben *AB.* 23 leut *C.* ir sterben müzzet *A.*
24 geist *C.* aller *C.* 25 lebet *B.* gote *B C.* 26 klag *C.* klage vnd *A.*

almechtigen gote und wirdiget sein gotliche ere; wann ich
untz doher durch fewer und durch wazzer bin gegangen und
mein herre will mich itzunt zu ewigem gemache furen. Ich
wil gen in das haus meines herren und wil sein lob tege-
lichen sprechen. O wie gar grossen gewin hab ich dises 5
sterbens: wann Cristus, mein herre, furbas mer mein leben
sein wirdet. Mein werltliche wonunge wil nu gar zubrechen
und mir sal ein ander dorumb werden, die nicht mit der
leute, sunder mit gotes henden gemachet ist in dem himel-
reiche. Totliches gewandes werde ich itzunt beraubet auf die 10
rede das ich mit himelischer wat gekleidet werde. Untz
doher bin ich ein pilgrem gewesen auf disem ertreiche, nu
fare ich seliclichen zu lande.'

LXVI.

'Mein herre und mein got meinet mir zu lonen aller
meiner arbeit auf erden. Ich begreife itzunt, des ich ie begeret 15
habe: mein herre furet mich aus vinsternusse in sein lichte,
von sorgen und von zweifel zu ewiger sicherheit, von armut
zu seinem reichtum, von dem kampf zu sighaftigen wirden
seiner eren, von trubsale zu freuden, von dinste zu her-
schaften, von stanke zu edelm ruche und von disem totlichen 20
leben zu dem ewigen himelreich. Mein blindikeit wirdet er-
leuchtet, meine wunden werdent allzumal geheilet, mein trubsal
schicket sich zu den ewigen freuden, mein sterben sterket
sich zu leben mit gote ewiclichen. Diser werlde leben ist
nicht anders denne ein steticliches sterben, trugsames, betrubtes, 25
swaches, unstetes und lugenhaftiges. Itzunt grunet ditz leben
und ist dornach allzuhant vordorret. O falsches leben, ie mer

---

1 got *C.* 2 bis *C.* 3 itzunt *fehlt AB.* 4 geen *C.* teglichen *C.* 6 mein
herre *fehlt C.* mere *B* 8 der *fehlt BC.* 9 leute henden *C.* henden
fehlt C. hymelreich *C.* 10 gotliches *BC.* 11 werde gecleidet *B.* Bis *C.*
12 pylgereim *C.* ertreich *C.* Vor LXVI.: ein gute red czu vuserem
herrn *B.* 14 Meine *B.* meine *B.* 15 begreif *C.* 16 hab *C.* licht *C.*
17 und *fehlt AB.* 18 kampfe *C.* sigehaftigen *C.* 19 trübsal *C.* 20 her-
schefte *C.* edelem *C.* 21 wesen *A.* ewigem *C.* 22 mein *C.* werden *C.*
23 dem *AB.* ewigen ymmer werunden freuden *B.* ymmern freuden *C.*
sterke sterekt *A.* 24 got *C.* lon *B.* loue *C.* 26 grunes di *B.* dis *C.*
27 allezu mole *C.* vertoret *A.*

du wechsest, ie vester du abenimst, und eilest allewege zu dem tode! Wie vil hastu unseliger sunder zu der helle bracht mit deinen falschen stricken! Selig ist der, der deine falscheit vol derkennet; noch seliger ist, wer dein nichtes achtet; 5 allerseligste ist ein iclicher aber, der dein wol beraubet wirdet. O wie gar reich ist desselben kaufmanschatz uber golt, uber silber, uber edels gesteine und uber alles alzumal, das teuer gewesen mag auf erden.'

LXVII.

'O du frolicher suzzer tod! o wie er irret, der dich 10 tod nennet: wann du gibest das ewige leben allen goteskindern! O suzzer tod, du gibest ende allen sichtagen, dem hunger, dem durste und allen andern gebrechen, die do totlichen leuten anligende sint! O du gerechter tod, du bist suzze den guten und scharfe den bosen, du entsetzest 15 den hochvertigen reichen und derhohest den dimutigen armen; du vorsmehest den geitigen und trostest alle armen weisen, du gibest den bosen ir ewige peine und ir ewiges lon den guten. Kum, mein libe swester, mein libe freundinne, zeige mir meinen herren, zeige mir denselben, den lib hat 20 meine sele, zeige mir sein himelische wonunge, zeige mir sein ewige ere, lass mich nicht lenger in diser werlde von im irre werden! Susser tod, mein einige ere, reich mir dein hant, zeuch mich nach dir, mein hertze ist bereit nach dir zu laufen in suzzikeit deines ruches untz an die zeit das

---

1 ie mer du abnymst *C*. 3 mensch der *B C*. dein *A*. 4 wol *C*. 5 Allerseliger *B*. ist *doppelt B*. der *fehlt C*. wirt *C*. 6 kawf manschaft *A*. 7 edelgestein *C*. uber *fehlt C*. czumal *C*. *Vor* LXVII.: ein gute red czu dem tod *B*. 9 O *fehlt B C*. o *fehlt C*. er *fehlt B*. 10 heiszet *C*. 11 kinden *C*. gibst *A B*. 12 do *fehlt C*. 13 anligenden *C*. 14 gut *C*. und *fehlt B C*. scharff *C*. 15 die *C*. höhest *A*. enthohest *B*. den dy *B*. denne die *C*. demütigen *C*. 16 trostes *C*. 17 die ewigen pein *C*. den guten ir ewiges lone *C*. 18 kome *C*. mein *fehlt B*. 19 erezeige *B C*. erezeige *B*. hat mein leip vnd mein *A*. 20 mein *C*. erezeige *B*. heymliche *C*. 21 ere raiche mir dein hant vnd czewch mich nach dir lazze *A*. 22 ire *C*. werder *A*. reden *B*. reich *bis* nach dir *fehlt A*. 23 der *B C*. hertz *C*. 24 bis *C*.

du mich zu meinem herren bringest auf die rede das ich sein antlutz beschawen muzze und sein gotliches lop in freudenreichem mute singen.'

LXVIII.

'Wie schone bistu, mein hertzenlibe freundinne! kume schire und laz dein beiten: meine tage haben abgenomen, 5 mein jare sint vorgangen gleich dem schaten. Kere dich zu mir, libe swester: wan ich dein in freuden habe begert und ist mir alle mein lebtage wol mit dir gewesen. Enpfahe mich, liber tod: wann du mich geheilet hast und bracht hast von dem tode zu dem leben in den zeiten, als du 10 enpfingest meinen herren. Sich auf mich, suzzer tod, mein libe swester, ledige mich aus wazzern diser werlde und von henden fremder kinder; ledige mir mein sele aus gefenknusse dises leibes und bringe mich zu lande durch genaden meines herren, die er mir getan hat in den zeiten als du in enpfingest. 15 Laz mich nicht furbas in Adames ellende meines vaters, fure mich in den garten meines liben herren auf die rede das ich gesettet werde in seinen suzzen fruchten. Meine tage haben abgenomen gleich dem rauche, mein fleisch und meine gebeine sint dem zunder gleich verdorret. Libe swester, sein 20 ist zeit das dein güte sich uber mich erbarme: nicht enthalde dich, eile und ledige mich; wann ich bin sich worden in libe meines herren. Tod, libe swester, durch deine hant enpfahe wir die frucht unser guten werk und mit deiner hilfe derkenne wir den gotlichen lon, des wir hoffen. Vor 25 deiner zukunft ist unser derkentnuss blinde, nach deiner zukunft sehe wir die warheit gleich als sie ist gebildet.'

---

2 antlitz *C immer*. beschaen *B*. 3 freudenreichen *B*. 4 bist du *C*. libe *A*. freüdynne *C*. kome *C*. 5 mein *C*. abgenomen *C*. 6 gleich dem rauche mein fleisch vnd mein gebein sint dem czunder kere ... *C*. 7 hab gegeret *C*. 8 meine tage *C*. 10 dem *fehlt A B*. in den zeiten *doppelt B*. du *fehlt A B*. 11 enpfingest *A*. liber tot *C*. 13 mich *B*. 14 gnaden *C*. 17 liben *fehlt C*. 18 Meine tage *bis* verdorret *fehlt C*. 24 werken *A B*. 25 lone *C*. 26 derkentnisse blindes *C*. 27 sehen *C*.

LXIX.

'Suzzer tod, mein libe swester, du bist swartz und dobei wol gestalt; du bist schone und grosser zirde; sam honikseim smecket mir dein rede; du bist zu vorchten und mag nimant widersten deinen kreften; dich furchten alle fursten, alle
5 kunig und alle mechtikeit der werlde. Dein macht ist wol bekant den leuten: wann du die fursten ires geistes beraubest. Du brichest den sundern ire hochvertigen hörner, du setzest allewege gerechtikeit in eren; die erde erschricket, so sie deinen doner und deines blitzens schauer ansihet oder
10 beschawet. Nu offen mir, hertzenlibe swester, suzzer tod, des ewigen lebens pforte, als du, mein libe freundinne, mir gelobet hast in den zeiten, als du gewesen bist bei meinem gote und bei meinem herren, auf die rede das ich in ewigem fride sei in wonunge des suzzen himelreiches. Enblosse mich
15 meines totlichen rockes, den ich itzunt trage, und kleide mich mit dem gewande ewiclicher freuden. Mein sele vorsmiltzet in grosser begerunge, die ich hab zu vinden meinen herren. Ich habe in gesuchet und vinde in nicht in aller diser werlt. Die wachter, die ummegeen die stat meines
20 leibes, meine fleischlichen sinne, haben mich geslagen, haben mich gewundet; den mantel meiner vornunfte haben sie mir genumen, die huter auf der mauern. Meine veinde haben mich gesmehet in zorne, in hasse und in falschen zungen: hasses umb mein gut, leides umb meine libe hab ich ge-
25 wartet von allen meinen veinden.'

LXX.

'Freudenreicher tod, hertzenlibe swester, furder dich! wes harrest du? mein geist vorswachet durch grosser

Vor LXIX.: wy er spricht ezu dem tod *B.* 2 honig sann *B.* honig so *C.*
3 vnd dir mag *A C.* 5 diser *C.* 7 hochfertige *C.* 9 deine *C.* an fichtet *C.*
10 hertzenliben *A B.* 12 gelobest *C.* 13 got *C.* ewige *B.* 14 in] ezu *A.*
15 hab *C.* gesucht *C.* 19 werlde *C.* die *nach* wachter *fehlt A.* vmb geen *C.* 20 fleischliche *C.* vnd haben *A.* 21 mit *A B.* vornüfte *C.* habe *A B.* sie *fehlt A.* 22 den *B.* 24 leides umb *fehlt A.* vnd *B. Vor* LXX.: hie begert er des todes *B.* 26 füder *A.* 27 wartest *C.* versmechet *A.*

smertzen willen. Brich, liber tod, alle swert, schilde, bogen und wapen aller veinde. Dein trost erfrewet mein sele: nicht vorstopfe dein oren zu grosser begerunge meiner sinne; hilf mir das ich kume zu meinem herren und das ich sein antlitz frolich ansehen schulle in ewiclichen freuden. In disem gegenwurtigen leben diser armen werlde sint mir zu brote und zu speise tag und nacht nicht anders gegeben nur alcine arbeit, unselde, schande, beswerunge, schaden, hunger, durst, vasten, wachen, anfechtunge, sichtage und vil sulcher gebrechen. Tod, libe swester, las dich sulches suftzens meines gevangnusse erbarmen! nim disen hungerigen vordorben sunc aus disem ellende und gib in wider seinem himelischen vater! nim disen Lazarus, der voller geswer ist, und setze in in die schoz des hochsten patriarchen! hilf im in den heilsamen weingarten seines herren! laz mich nicht mussigen sten! nim mich von wegen der ungerechtikeit und fure mich in die wege der ewikeit! fure mich aus vinsternusse und schaten des todes in leben des ewigen lichtes! zutrenne meine bant! brich meine vessel! erleuchte meine blindikeit! enthalt meine krankeit! Erbarme dich, tod, libe swester, uber mich ellenden weisen, der in lande und in schaten des todes sitzet; laz mich furbas mer nicht entslaffen in der sunden tod!'

LXXI.

In den zeiten, do der heilige sant Jeronimus sulche und ander wort mit uns redet, ware wir alle in suftzen und in klagen und nimant mochte sich weinens enthalden und sprachen wir alle mit gemeinem munde: 'Was sulle wir

---

1 swert *fehlt* A. schilden B. 3 verschoppe A. deine C. stymme A. sinnen B. 5 frolich *fehlt* BC. czu sehen B. 6 armen *fehlt* BC. brote bis zu *fehlt* C. 7 speiz C. nach AB. gegeben ist ABC. 8 unseld B. hunger schaden durst C. 10 süftzen C. 11 gefencknisszes C. 12 gibe C. hymelischem C. 13 sweren B. swer C. 14 in vor die *fehlt* C. schosze C. obristen C. 15 lasze C. 16 nim] im AB. 17 die *fehlt* BC. mich *fehlt* C. 18 lichte AB. 19 vester A. vesser BC. 20 krankheyt C. 21 armen C. *Vor* LXXI.: alhy reden dy bruder mit ym B. 24 der czeit C. 25 woren C. 26 clage B. sich vns weinen derweren vnd wir sprachen C. 27 schollen C.

furbas tun, allerlibister vater? Dein weisheit hat disen weingarten unser bruderschaft gepflantzet, gebawet und auch bracht zu gotlichen fruchten. Worumb wendest du von uns dein antlutz? In deinem lichte haben wir gelebet: du bist
5 gewesen er und wirde aller unser krefte. Wes sulle wir, allerlibister vater, ane dich beginnen? Du bist gewesen unser vater, unser lerer und zuflucht, der gotlicher reinikeit ein bilde. Wolde got, solde wir mit dir alle sterben! Wir werden zu nichte gleich als schaf, die vorirret sein ane hirten; unser
10 kraft wirt gleich den wazzern, die alzumal zuflissen; uns wirt nimant trosten, dein kint sint vorweiset und werdent hunger leiden. Ach grosses leides und grosses smertzens widerzemikeit! Sulle wir dich, lichte sunne, furbas mer nicht sehen? Du bist gewesen ein getrewer sampner der gelau-
15 bigen leute, ein zustrewer der ketzer: wann du sie vorderbet hast mit dem swerte deines mundes. Du bist gewesen ir hamer, ir amboz und ir beihel: wann du ir giftige zene zubrochen und vorderbet hast. O wie fro sint sie deines todes! Furbas mer werdent sie nidern deine jungern und
20 angreifen dein heiliges erbe; sie werdent vorderben die gerechten, unschuldiges blut vergizzen und auch die warheit des gelauben alzumal zureizzen.'

LXXII.

Sulcher wort wart unser heiliger vater sant Jeronimus betrubet und begunde weinen durch warhaftige libe seines
25 suzzes hertzen und gab uns betrubten antwurt in sulchen worten: 'Eia ir guten gotes ritter, gelaubet in gote und in

1 hat *fehlt* A bamgarten B. 2 deiner C. geplantzet *doppelt* C. auch *fehlt* A. 3 aupracht A. gebracht B. 4 deinen B. licht C. 5 ere C. wir türpaz A. 7 vnd vusir zuflucht C. gotlichen C. 8 bilder C. werde B. 10 alle czu mole C. 11 werden C. 12 leides *fehlt* C. smertzen C. 14 samner C. 15 czustörer C. vorderbest C. 16 dem *fehlt* A. du bist ein hamer vnd Ambos vnd ir beyhel wen du ir giftigen czen czubroche C. 18 seint die C. ist vnd seint sie A. 19 werden C. deinen A B. 20 werden C. 21 vnd vnschuldiges C. 22 alzumal *fehlt* C. *Vor* LXXII.: hye antwort jeronimus den brudern mit wetrubten warten B. 23 worte C. heiliger *fehlt* C. sant *fehlt* C 25 suzen C. betrubte C. 26 got C. 'in *nach* und *fehlt* C.

die almechtikeit seiner kreften! Nicht furchtet euch: ir bekumet
barmhertzikeit von gote, sei das sache das ir in gantzer
hoffenunge bleibt: wan unser herre ist suzzer und barm-
hertziger und lesset der keinen, die in seine genade hoffen.
Wen hat er ie gelassen aus den, die in seine genade hoffen? 5
Ich werde euch lassen, aber got wirt euch enpfahen: er
wirt euch leren, wie ir wandern sullet in seinen wegen; er
wirt euch die grossen strassen furen und wirt euch vor
allen ewern veinden genediclichen beschirmen. Tut mennic-
lichen, sterket ewer hertze und seit gehorsam dem almech- 10
tigen gote: wann er in tausent wegen. wol helfen kan seinen
getrewen knechten. Nicht betrubet euch, nicht forchtet euch:
hoffet in gote und vorgisset vor im ewer zeher, wann er
ewer helfer wirt ane zweifel. Ir werdet mich anderweit sehen,
wanne ir in kurtzen zeiten zu mir komen werdet und mit 15
mir in ewigen freuden bleiben, in sulchen freuden, die euch
und mir nimant nimmer mag in keiner weis genemen.'

LXXIII.

'Gedenket, allerlibisten kint, wie nach des heiligen sant
Moyses tode der almechtige got seinen getrewen knecht
Josue zu richter und schirmer machte seinem volke, und 20
do er Elias in den himel furte in einem feurigen wagen, do
machet er den getrewen Eliseus zu einem propheten in sulchen
genaden, das im Elias geist zwifeltig gegeben wart. Ist nun
desselben unsers herren hant vorswachet? oder hat got seiner
barmunge vergessen? oder meinet er in zorne seine barm- 25
hertzikeit enthalden? Mit nichte schullet ir das gelauben;
wanne er ist ewer erbeteil, trost ewers leidens, behalder ewer

---

1 kreften sterken *B*. bekennet *B*. 2 got ist daz daz *C*. 3 bleibet *C*.
her *AB*. 4 kennen *B*. sein barmhertzzikeyt *C*. 5 Wen *bis* hoffen *fehlt C*.
6 wir *AB*. 7 lernen *B*. 9 alle *C*. beschirmen genediclichen *BC*. menlich *C*.
10 vnd sterket *A*. hertz *C*. 12 nich *AB*. 13 vergiezzen *A*. ergisset *B*.
hertze *AB*. 14 helffer ist vnd wirt *C*. 17 nimmer mer mag *B*. be-
nemen *B*. *Vor* LXXIII.: ein peyzbild *B*. 18 allerlibisten kint *fehlt C*.
noch tode sant Moyses *C*. 21 helias *AB*. in das paradeis *BC*. einem
fehlt AB. fewrenem *A*. 23 genaden *fehlt A*. gnaden *C*. geiste *AB*.
czwifechtig *BC*. 26 dez *C*. 27 erbteil *C*. leides *C*. behaldet *B*.

5*

krefte und meinet euch widerzugeben ewer ewicliches erbe.
Er wirdet aus euch in meine stat einen andern hirten setzen
und wirt in kreften sein heiliges ewangelie zu leren und zu
sterken. Derselbe wirdet bei euch wonen reiniclichen in
5 gotlichem rechte und auch in tugentlichem leben. Des bitte
ich den almechtigen got, der mich under euch gefuret hat
nach seinem gotlichem willen: sei das sache das einiger guter
geist in mir gewesen ist zu behalden die heiligen gebote
meines herren, das er demselben lerer, den er euch senden
10 wirdet, sulchen seinen geist euch zu troste und zu ewigen
nutze zwifach geben well.'

LXXIV.

'Allerlibisten kint, ir habet bei euch Eusebius, meinen
liben sun; den sullet ir horen gleicher weis als mich selber,
er schol ewer vater sein und ir sein kinder in warhaftiger
15 libe, in gehorsam, in demutikeit, in senftmutikeit, in geduld,
in aller tugent und in eren des almechtigen gotes. Allen
ewern gebrechen schullet ir im vorkunden. Ich mane euch,
liben kint, das ir fleizzig seit einen mut und eine libe zu
halden in gotlichem fride und das ir ein leip und ein sele
20 seit, als ir gerufen seit in einer hoffenunge teilhaftig zu
werden der ewigen freuden. Einen got und einen vater
habet ir: Jhesum Cristum unsern almechtigen herren. Dovon,
allerlibisten kint, volget im und bleibet in bruderlicher libe,
als er umb rechte libe die bitter marter geliden hat durch
25 ewer sunden willen, und hat euch erloset auf die rede das
ir im volgen sullet in unschult und in heilikeit des lebens:
wan er sein genade mit euch teilen wil nach gotlicher milde
und wil mit dem tawe seines heiliges geistes ewer hertze

---

1 creften *B*. ewer *fehlt BC*. 2 an *C*. 3 werdet *A*. 4 der wirt *C*.
reiniclichen wonen *C*. 5 rechten *C*. bit *C*. 6 gote *B*. 7 wille *B*. ist
daz daz *C immer*. 8 gewest *C*. sey *A*. heiligen *fehlt A*. heilige *B*. gebot *C*.
9 denselben *B*. 10 wirt *C*. ewigen *fehlt C*. 11 müsse *C*. *Vor* LXXIV.:
alhie enphilcht er sein bruder seinen lieben sun ewsebyum *B*. 16 vnd in
BC. allen tugenden *C*. 17 brechen *B*. in *AB*. man *C*. 19 frige *B*.
22 almechtigen *fehlt C*. 26 selichait vnd in heilikeit *A*. 27 gnade *C*.
28 heiligen *C*. hertz *C*.

dersuzzen auf die rede das ir wisset, in welcher weise ir
sein gotliche wirde creu sullet. Er wil auch entslissen ewer
hertze zu derkennen seinen willen in allen seinen geboten
und meinet auch nicht zu lassen alle seine libe kint, die
teilhaftig worden sint seines himelischen erbes.'

LXXV.

'Mein liber sun Eusebius, underwinde dich meiner stat,
kleide dich mit tugentlicher sterke, volge allewege deinem
herren: wann domit gewinnest du ewige selikeit, also das
dein gerechtikeit ewiclichen bleibet. Dein demutikeit sal grosser
sein denne deiner bruder aller. Sich in den himel und setze
in got deines hertzen augen: la seine gebot in deinem hertzen
allewege bleiben. Nicht furchte der werltlichen leute wort,
ob sie dir ubel sprechen. Hoffe in genade deines herren:
wanne er wirt dich sterken und dir des edeln adelers flugel
geben, domite du entrinnest allen deinen widersachen. Du
scholt gotes gebot an alle furchte allermeniclichen sicher-
lichen leren: wan unser herre bei den predigern der warheit
zu allen stunden bleibt und sichert sie vor allen trügnern
und lesset sie nicht in banden und ist ir helfer und ir
beschirmer in allem trubsale. Wer tugentlichen lebet, der
furchtet disen tod gar unbillichen: wanne er solde zu rechte
gehessig sein disem kranken leben. Allerlibister sun Eusebius
ich setze dich heute uber dise geselleschaft deiner und meiner
bruder auf die rede das du aus iren hertzen untugent vor-
treiben, vorderben und vornichten sullest und dorein reine

---

1 des suzzen *B*. weiz *C*. 2 ere wirden *B C*. entlissen *A B*. 3 hertz *C*.
seinen *fehlt C*. 4 libe *fehlt C*. 5 erbes amen *B*. *Vor* LXXV.: wy er
geret hat mit seinem lieben sun eusebium *B*. 6 Eüsebii *C*. 8 wann
fehlt C. du mit *B*. dy *B*. du alle *C*. 9 ewiclichen bleibet *fehlt C*. were *B*.
Dein] vnd *C*. 11 laz *C*. 12 allewege in deinem hertzen *B*. nich *B*.
nichte *C*. 13 gnade *C*. 14 edlen adlers *C*. 15 do mit *C*. 16 allemeni-
lichen *B*. sicherlich *C*. 17 predigeren *C*. 18 wonet *C*. sichet *B*. trüg-
neren *C*. 19 losset sich *A B*. 20 schirmer *A*. alle *B*. trübsal *C*. 21 vn-
pilleich *B*. scholt czu recht *C*. 22 sey *C*. getranken *A*. 25 treyben *A*.
und *vor* vornichten *fehlt C*. eine reine *B*.

gotliche tugent pflantzen: wanne du pflichtig bist unstreflich
zu sein zu allen zeiten. Wer sich unstreflich weis, der mag
einen iclichen sunder sicherlichen strafen.'

LXXVI.

'Grosser wirt sein dein arbeit und auch domite grozzer
5 dein lon in dem himelreiche. Bis allewege nüchter, schamiger,
weiser, senfter und bereit allermeniclichen zu leren. Nimant
tu gewalt noch unrecht: bis holt allermeniclichen in got-
licher libe und iclichem so vil holder als er tugentlicher ist.
Bis mezzig, wirbe nimandes schaden, hüt dich vor geitikeit,
10 predige gotes wort mit allem fleisse: ein iclich schrift, die
got in des menschen hertze sendet, ist nutz zu heiliger lere.
Gewinne dir behegliche wort, domite allermeniclich geleret
werde: wanne heilige predige ist nutze der leute hertze zu
derleuchten, sunde zu strafen, siten zu bessern und gerech-
15 tikeit zu sterken, also das allermeniclich gebessert werde
sulcher heiligen lere: wann Jhesus Cristus unser herre, unser
got und unser einiger troster, sitzet zu der rechten seiten
der kreftigen tugent seines almechtigen vaters und offenbart
uns alle heimlikeit, alle weisheit und alle kunst zu trost und
20 zu besserunge seines gelaubigen cristenlichen volkes.'

LXXVII.

'Eusebius, liber sune, bis allewege ein bilde tugentlicher
werke in aller heilikeit und aller gute: wanne von des
hauptes wetagen wirt der gantze leip gekrenket. Ein kurtze
lere gibe ich dir: furchte unsern herren, so wirdet dein hertze
25 nimmer arges, sunder alles guten zu allen stunden begern.

1 pflanczet *C*. 2 zu sein *fehlt A*. vnstreflichen *C*. 3 iclichen *fehlt C*.
Vor LXXVI.: wy er lernet *B*. 4 Grözzer *A*. sein *fehlt A*. domit *C*.
grozzer *fehlt C*. 5 lone *C*. hymelreich *C*. himelreiche ist *B*. wis *B*.
6 weyser Schemiger *B*. menicleich *A*. allermeiniclich *C*. 7 vnrech *A B*.
wis *B*. allermeiniclich *C*. 8 so vil er *C*. 9 wis *B*. messiger *C*. nymans *C*.
vor *fehlt A*. 10 allen *A B*. 11 heyliger gotlicher *C*. 12 domit *C*.
13 nütz *C*. leüt hertz *C*. 17 tröst *A*. 19 heimlichkeit *C*. 20 gelau-
bigen *C*. cristenliches *A B*. *Vor LXXVII:* auch sein ler *B*. 21 wis *B*.
bilder *C*. 22 werken *A B*. in *fehlt B C*. 23 wetag *C*. 24 gib *C*. hertz *C*.
25 geren *B C*.

So du meinem erwirdigen vater Damasus, dem cardinale
schreiben wirdest, so gedenke mein in deinen brifen und
bite in das er mich in seinem gebete halde und das er mein
werk meiner bucher, die ich mit so grosser arbeit getichtet
und beschriben habe, nicht lasse vorderbet werden von den 5
bosen argen, die mir widerzemig gewesen sein von meinen
jungen tagen. Bite in auch das er der heiligen kirchen mit
weisheit fleizzielichen hute: wann sich die bosen allewege
dorzu richten, wie si bestricken mochten sulcher einveldiger
leut selen, die ich habe mit hilfe gotes in den rechten weg 10
gefuret. Itzunt reden dieselben bose grosse luge, itzunt
scherfen sie die swert irer bosen liste, wann ich durch
krankeit sweigen muz und geworfen bin in das grab meines
slafes: doch hoffe ich zu der gute des almechtigen gotes
das er sein cristenheit genediclichen bedenke.' 15

LXXVIII.

'Eine grosse freude und einen sunderlichen trost hab
ich von barmhertzikeit unsers herren das bei euch bleibet
der gelerte tugentliche man Augustinus, der bischof, der in
der warheit mit aller tugent volkumenheit geziret ist, der
mit hilfe gotes ewern gelauben sterken wirdet. Dovon, wenn 20
du im schreiben wirdest, so bite in von meinen wegen das
er als ein getrewer gotes ritter menlichen vechte auf die
rede das icht leides widerfare unserem cristenlichem volke.
Du salt mich auch enpfelhen Theodonio dem romischen
fursten und dorzu allen unsern cristenlichen brudern, die 25
gelaubig sint in gote.'

Do der heilige sant Jeronimus sulche wort geendet hette,
do keret er sich zu den brudern und sprach mit frolicher

1 meinen *A B C.* erberdigen *A B.* cardinalem *A.* 3 halt *C.* 5 geschriben *C.*
6 sein gewesen *C.* 7 Bite auch in *C.* Bitt auch in von meinentwegen *B.*
von meine wegen *C.* 10 leüt hertzzen vnd selen *C.* habe *fehlt C.* 11 habe
gefüret *C.* böszen *C.* lügen *C.* 12 ire swert der *C.* 14 vaters *C.* 15 gne-
diclichen bedencken *C.* 16 Eyn *B C.* ein *A|B.* habe *C.* 17 bleibe *C.*
18 gelarte tugentlicher *A B.* man sant *C.* der bischof *fehlt C.* 19 ist ge-
cziret *B C.* 20 Dovon *bis* wirdest *fehlt B C.* 23 leides *fehlt A.* vnsern
A B. 24 Theodimo *A.* theodonis *B.* 25 und *fehlt B C.* vnseren *C.*
26 zeleubig *C.* got *C.* 27 heilige man *C.* hette *fehlt A.*

stimme: 'Geet zu mir, mein liben kint, das ich euch berüre
e denn das ich von hinne scheide!' Und do sie zu im quamen,
do halset er ein iclichen besunder nach seinen kreften, als
er beste mochte, und kusset auch ir iclichen in gotlichem
5 fride. Und dornach erhub er seine stimme mezziclichen und
strecket gegen himel seine hende und sprach mit frolichem
antlitze sulche wort als hernach geschriben sten.

LXXIX.

'Suzzer Jhesus, mein tugent, mein zuflucht, mein enpfaher,
mein derloser, mein suzzes lob, in den ich gelaubet und
10 gehoffet habe, den ich in libe gehalden habe, allerhochster
suzzer turm aller sterke und mein einige hoffenunge von
meinen jungen tagen, rufe mir, furste meines lebens, so
wil ich dir antwurten; reiche dein hant deiner schepfenunge,
die du, schepfer aller dinge, aus erden hast gemacht und
15 mit adern und mit gebeine hast zusampne gefüget und mit
deinem tode ir leben und barmhertzikeit hast mildiclichen
geben! Reiche ir, herre, die hant deiner gotlichen gute;
nim sie zu deinen genaden: wann sein itzunt zeit ist das
mein pulver meines leibes wider zu pulver werde und der
20 geist wider vare zu dir seinem herren, wann er von dir
bekumen ist. Offen mir die pforten des lebens: wanne in
den zeiten, als du gleich einem loter an dem creutze hingest,
so hastu mir gelobet das du wollest meinen geist enpfahen.
Kum, mein allerlibister herre, das ich dich begreife, dich
25 behalde untz das du mich in dein wonunge seliclichen furest.
Mein herre, mein freude, mein hoffenunge, mein trost, mein
heil und mein segen, enpfahe mich, barmhertziger got, nach

---

1 das berure euch *B*. daz ich berüre eüch *C*. 2 denn *fehlt C*. das
fehlt B C. von euch *C*. 3 holsat *B*. ein *fehlt C*. 4 beste *fehlt A*. best *B*.
ir auch *A*. 5 erhube *C*. mezzicleichen sein stimme *A*. meussiclich *B*.
6 gen *A*. gegen dem *C*. 7 antlitz *C*. stet *A C*. *Vor* LXXIX.: wy er
redet mit czu vnserm *B*. 8 Svuzzer *B*. empfaer *A B*. 10 allerhoeste
süsze tür in *C*. 13 wolt *A B*. reich *C*. 14 dingen *A B*. gemacht hast *A*.
15 vnd adern *C*. czusampne *B*. 16 mildiclich *C*. 17 gegeben *C*. herre
fehlt B C. Reiche mir die haut deiner *C*. gotlichen *fehlt A*. 18 gnaden *C*.
19 pulwer *B*. 20 seinen *B*. 24 kome *C*. 26 herre] ere *A*. hoffenunge
vnd *C*. 27 heile *C*.

der macht deiner uberflussigen barmhertzikeit, als du vormals
hangunder an dem creutze den seligen loter hast so gene-
diclichen enpfangen!'

LXXX.

'Ewige selikeit schaffe das ich besitze. Ich bin leider
blinder und sitze schreiender bei dem wege: Jhesu, Davides
sun, erbarm dich uber mich, erleuchte mich mit der klarheit
deines ewigen lichtes! O du unsichtiges, unbegreifliches licht,
des Tobias mit grossem leide darbet in den zeiten, do er
sprach: was freude mochte ich gehaben, sint ich in vinster-
nusse sitze und nicht mag des himels licht beschawen! O du
erwirdiges licht, in des ewigen scheine begriffen ist alle
warheit, alle weisheit, alle bescheidenheit und alle gute,
erleuchte mein augen das ich nicht entslaffe in des todes
banden, das sich mein veint, der bose geist, nicht gerunen
muge das ich siglos worden sei durch seine trügesame liste.
Ich rede in grosser bitterkeit meiner selen: ich bin sicher,
mein leben ist in armut verkranket, mein gebeine ist vordorret
gleicher weis als ob es in einer pfannen gerostet were; des
habe ich zuflucht zu dir, himelischer artzte: heile mich, mein
got und mein herre, so werde ich geheilet; behalde mich,
so werde ich behalden. Ich habe dir allewege getrawet: las
mich nicht zu schanden werden. Wer bin ich, allerlibister
herre, das ich mit dir rede so tursticlichen? Ich bin ein
sunder, der in sunden geborn und erzogen ist, ich bin ein
faules fleisch, ein stinkendes vas und der unfletigen wurme
speise. Vorgib mir mein sunde, genediger suzzer herre! Was
eren hetest du des, ob dein gotliche macht mit kreftigem
streite mich armen uberwunde: wann ich nicht anders bin
nur als ein leichtvertiger halm, der vor des windes kraft
vorswindet.'

2 hangender *C*. Creütz *C*. gnediclichen *C*. *Vor* LXXX.: wy er rufft ezu
vuserm herren *B*. 4 ich dich besitzze *C*. 5 blinde *AB*. 6 erbarme *C*.
7 vnbegriftigez *A*. 8 grossen *B*. darb *B*. 11 erwerdiges *AB* schein *C*.
14 de *B*. 15 trubsame *B*. trügsamen *C*. 16 sich *C*. 17 vor crankeit *B*.
18 pfanne *C*. wer *A*. werde *B*. 20 meine herre *B*. geheiliget *C*.
21 hab *C*. lasze *C*. 23 got *A*. dürsticleichen rede *A*. 24 geboren *C*.
geczogen *BC*. 25 ein) vnd *C*. 26 vorgibe *B* spude gnediger *C*.
27 du *doppelt C*. 29 halme *C*.

LXXXI.

'Almechtiger got, vorgib mir alle meine sunde, nim aus diser unfletikeit deinen armen! Ob ich gereden tar und ob es dir beheglich ist, so muz ich also sprechen: herre, du salt mich nicht vorjagen, sint ich zu dir flihe: wanne du
5 bist mein got und mein herre, dein fleisch von meinem fleische und dein gebein ist von dem meinem, also das du dorumb nie gescheiden werdest von deines vater seiten. Du bist mensche worden und dobei got beliben in einer personen: worumb hat dein gnade ein sulches getan, das so grosses
10 ist das es nimant mag betrachten? nur dorumb aleine das ich armer sicher zuflucht zu dir als zu einem bruder hette und das du mich deiner gotheit teilhaftig machest. Dovon, mein genediger herre, stand auf und hilf mir; stand auf und vortreibe mich nicht ewiclichen! Gleicher weis als der hirse
15 begeret des wassers, also durstet mein sele und begeret dein, lebendiger brunne, auf die rede das sie in freuden aus dir ewigem wasser so vil schepfe das sie furbas mer nicht durste. Wenne sal mein arme sele dein antlutz beschawen? wenne wil dein barmhertzikeit sie ledigen von diser bosen werlde
20 und von anfechtunge der bosen geiste sie erlosen, die allewege in ungedult gleicher weis als zornige lewen brimmen?'

LXXXII.

'Wolde got das mein sunde, domite ich gotes zorn vordinet habe, und die grosse pein, die mein got und mein herre Jhesus Cristus durch mein willen geliden hat, auf ein
25 wage geleget wurden, so wer ich gesichert das dein marter uberwuge alle meine sunden: wanne dein marter gentzlichen

Vor LXXXI.: wy er got byt vmb sein sund *B*. 1 liber got vorgibe *C*. 2 den *BC*. gerden *B*. 5 und *fehlt B*. fleisch *C*. 7 wardest *C*. vnd *A*. vatirs *C*. 8 mensch *C*. bliben *C*. 9 genaden *AB*. 11 czu dir czuflucht *C*. als du czu *A*. het *C*. 13 gnediger *C*. hilffe *C*. 15 begert *C*. den *B*. 16 lebendinger *C*. sie in] sein *B*. 17 ewigen *B*. nit mer durste *A*. 18 sal sie *BC*. 19 sie ledigen von *fehlt BC*. 20 geist di die allewege *A*. geist *B*. 21 leben brummen *C*. *Vor* LXXXII.: wy er melt sein sunt *B*. 22 domit *C immer*. 24 meinen *C*. 25 ichs *C*. 26 vberwude *B*. meinen *AB*. genczlich *C*.

so vil sterker ist das dein ewiger vater mir dorumb vorgebe alle missetat, denne das durch sulches unflates willen meiner sunden dein almechtiger vater in zorne sein barmhertzikeit enthalde. Dovon, mein allerlibister herre, mein got, mein einiger trost, sei das sache das du deine genade furbas vor- zihen wollest, so vinde ich nicht anders nur trubsal und unmessigen smertzen. Erzeige dich, freude meines geistes, das mein sele mit dir und in dir erfrewet werde! offenbar mir dein gotlichen wege, ewige freude meines senielichen hertzen! Mein arme sele suchet dich: la dich finden. mein trost, mein barmhertziger herre: wann gleicher weis als ein mitling, der sein arbeit zu tagewerke vormitet hat, mit grosser begerunge seines werkes und seiner arbeit ende beitet, also beite ich dein das dein genade mich ledige von arbeit diser werlt. La dir zu hertzen gen mein gebet, almechtiger herre, beschaw mein suftzen in deinem angesichte, reiche mir dein hant und bringe mich zu deinen ewigen selden!'

LXXXIII.

'Almechtiger got, schawe deinen knecht Jeronimus, den auf dem wege von Jericho sundige morder gewundet haben, also das er halp toter, halp lebendiger liget auf den strassen: du suzzer arzte, underwinde dich des armen! Alle mein lebetage hab ich gesundet und ubel getan in deinen augen: ich habe dich nicht erkennet; ich bin nicht dankneme gewesen gotlicher genaden; ich habe dich nicht gelobet als ich zu rechte scholde; ich hab dein warheit ofte vorswigen in meinem hertzen; ich bin undanknem gewesen in den zeiten als du geklopfet hast an die pforten meines herzen; ich bin zu vil holde gewesen meinem faulen leibe, der als ein schate alle-

---

5 gnade *C immer.* 6 und *doppelt* C. 7 übermessigen C. 8 mit im vnd mit dir A. 9 gotliche C. wege *fehlt* A. seneclichen C. 10 laz C. 12 mittelinge C. tag werck C. 14 beyt C. 15 werlde laz C. geen C. 16 beschauwe C. angesicht reich C. *Vor* LXXXIII.: allhie maut er got B. 18 knecht *fehlt* C. 19 iericho verbundet ist also daz A. 20 tot vnd halp lebendinger vff der strassen C. 22 lebtag C. 23 hab C. dankneuer C. 24 deinen gotlichen gnaden C. hab C. nich A B. 25 recht C. hab ofte dein A. 26 vndanknemer C. 28 holt gewest C. schaten C.

wege vorswindet; ich hab meinen munt geunreiniget mit
unnutzen worten; mein gedanken haben nicht zu aller zeite
auf dein gebot gesunnen; ich habe mein augen underweilen
eitelkeit lazzen sehen; meine oren haben unnutze ding ge-
5 hort; mein hende haben mit almusen die armen nicht getrostet;
mein fuzze waren snelle zu den sunden. Was schol ich mer
sagen? Von den versen meiner fuzze untz auf den wirbel
meines hauptes ist in mir nicht gantzes noch gesundes, und
wo mir dein genade nicht geholfen hete mit deinem unschul-
10 digen tode auf dem fronen creutze. so was mein sele geschicket
in der hellen ewiclichen zu bleiben.'

LXXXIV.

'Suzzer Jhesus, ich bin ein teil sulches grosses geldes,
das du bezalt hast an dem fronen creutze; du hast durch
meinen willen dein teures blut vorgossen. Nicht vorsmehe
15 mich: wann ich bin dasselbe schaf, das irre worden ist auf
dem wege. Suche dein schaf, suzzer getrewer hirte, bringe
es wider in den schafstal deiner himelischen freuden auf die
rede das du gerecht werdest in deinen worten; wanne du
mir gelobt hast: welche zeit der sunder ersuftze und sich
20 leidige umb seine sunde, das er danne alzuhant sei selig
worden. Mich rewet mein sunde, ich derkenne mein missetat,
und mein ungerechtikeit ist allewege vor mein augen. Ich
bin nicht wirdig das ich dein sune genennet werde: wann
ich hab in dem himel und vor dein augen swerlichen ge-
25 sundet. Wende dein antlutz von meinen sunden, vornichte
alle meine missetat nach genaden deiner barmhertzikeit. Nicht
vortreibe mich von deinem angesichte, tu mir nicht nach
meinen sunden, sunder hilfe mir, mein schepfer und mein

2 vnnuczigen *A*. gedanke *B*. zu *fehlt C*. alle czeit *C*. 3 gebote *C*. hab *C*.
4 mein *B*. gehöret *C*. 5 dy armen mit almusen *B*. 7 meines fuzzes *A*.
bis *C*. 9 dein gnade mir *A*. 11 helle *C*. zu *fehlt A*. Vor LXXXIV.:
bye stet er pey den sundern *B*. 12 groszen *C*. 13 dein *B*. 14 tewr *AB*.
15 sulche schaf *A*. 16 Sulches *B*. deine schafe *A*. du süszer *C*. 17 es
fehlt AB. 18 gerechte *B*. 19 gelobet *C*. dersüfeze der sünder *C*.
20 sein *C*. deine *A*. denne *C*. 21 reüwen mein sünden *C*. 22 vernicht
vor mein *A*. meinen *C*. 23 sey *B*. 24 vor *fehlt B*. deinen *C*. schemlich *A*.
25 wenn dein *A*. 27 deinen *B*. angesicht *C*. 28 mir schepfer *A*.

herre, durch eren willen deines gotlichen namen! Tu mir
gutlichen in deinem willen und laz mich wonen in deinem
hause das ich mit allen heiligen dich ewiclichen loben musse!'

LXXXV.

'Allerlibister herre, mein einiger trost meiner sele, enpfahe
sie in dein genade! Nicht achte des, ob sie vorblichen sei 5
oder swartz in sunden; zeige ir dein lipliches antlutz, la
deine stimme in iren oren klingen: wann dein antlutz schones
ist und gar suzze ist dein gotliche stimme. Nicht wende dich
von mir und verre dich nicht in diser meiner lesten zeit
von mir, deinem knechte; gib mich nicht in gewalt meiner 10
veinde, der bosen geiste! Ich beite dein, allerlibister herre,
ich warte deiner genaden, ich hoffe zu kommen in dein
himelreich. Kum, liber herre, lasse mich das lebendig laut
beschawen, la mich sehen, ob die weingarten itzunt sten in
wirdiger blute, vorwechsel mein suftzen und mein klagen in 15
ewige freude, neige dein ore zu meinem gebete und nim
mich snellich von grunde diser uuselde und zweifels diser
werlde!'

Nachdem als der heilige sant Jeronimus sulches sein
gebete gesprochen hatte mit aufgerackten henden und mit 20
andechtigen zehern, do wendet er sein augen auf die bruder
und sprach: 'Ich gebite euch, mein allerlibisten kinder, in
dem namen und in tugenden unsers herren Jhesu Cristi,
wenne ich gesterbe, das ir denne meinen leichnamen nackten
begrabet bei der krippen unsers herren, das er in den zeiten, 25
so er widerkomet, denselben meinen leichnam mit in fure.'

1 Tube *C*. 2 gutlich *C*. deinen *B*. 3 ewig *C*. gelohen *B*. Vor LXXXV.:
hie pit er got das er sein sel enphach *B*. 5 nichte *C*. sein *B*. 6 laz *C*.
7 dein *C*. ire *B*. 9 letzten *C*. 10 deinen *B*. knecht *C*. deiner *C*.
11 bose *B*. geist *C*. 12 hoff *C*. 13 kome *C*. laz *C*. lebende *BC*. 14 laz *C*.
15 vnd klagen *C*. 16 oren *C*. nyme *C*. 17 snelle *C*. 19 *Capitel-Anfang A*.
seinez gepetez *A*. 20 het *C*. aufgereckten *C*. 21 ezehoren *AB*. wender *B*.
22 euch *fehlt C*. brüdern vnd kinden *C*. 23 in *fehlt B*. 24 leichnam
nacketen *C*. 26 so widerkomet *C*.

LXXXVI.

'Ein icliches ding begeret allewege seines gleichen. Dovon schullet ir meinen leichnamen in die erden legen, als ich gesprochen habe, bei meines herren krippen auf die rede das ein erde mit der andern gesellet werde: wanne die erde
5 unbillichen geselleschaft haben schol mit den steinen.'
Dornach in kurtzen fristen sprach aber sant Jeronimus: 'Hertzenliben veter und herren, bringet den leichnam unsers herren Jhesu Cristi, das ich erleuchtet werde in seinem lichte und das er die augen seiner barmhertzikeit auf mich armen
10 also genediclichen wende das er mir vornunft gebe und mich lere den rechten gank, wie ich in disen wegen mich halden schulle, dorinne ich itzunt bin aus diser werlt zu faren in genaden und in guten meines trostlichen herren.' Des brachte unser bruder einer den heiligen leichnam unsers liben herren
15 und weiset den zu angesicht sant Jeronimo mit allen wirden, und als der heilig sant Jeronimus den heiligen leichnam begunde sehen, do leget er sich alzuhant mit unser hilf auf die blozzen erden und begunde mit andachtigen zehern und starker stimme schreien sulche wort als hernach geschriben sten.

LXXXVII.

20 'Herre Jhesu Criste, wer bin ich das ich dein muge wirdig werden? Wie mag ein sundiger mensch umb dein genade das vordinen? Sicherlich ich bin dein unwirdig, mein trostlicher herre! Schol ich nu bezzer sein denne alle meine heiligen veter? Du woldest dich dem heiligen Moyses nicht
25 zeigen zu einigem augenblicke: wie grosse ist nu dein de-

Vor LXXXVI.: hie begert er wo man yn begraben sol *B.* Kein neues Capitel *A.* 1 ding *fehlt C.* begeret seines. gleichen allewege *A.* 2 leichnam *C.* erde *C.* 3 die erde das *B.* 5 vnbillich *C.* stein *A B.* 6 dornach aber *B C.* sprach sant *B C.* herren *fehlt A.* mir den *B C.* heiligen leichnam *C.* 12 auf *B.* werlde *C.* 14 vnser *A B.* 16 heilige *C.* 17 hilfe *C.* 18 blozzen *fehlt B.* 19 stet *A.* *Vor* LXXXVII.: wy er sich vnwirdig gemacht hat gotes leichnam *B.* 20 moge werden wirdig *C.* 22 die gnade vmb dich vordinen *C.* vordien *B.* sicherlichen *C.* 23 mein *C.* 24 nicht dem *C.* Moyses zeigen *C.* 25 ainen *A.* anblicke *C.* groz *C.* nu worden *B C.* deine *C.*

mutikeit das du dich lessest zu einem sunder tragen nicht
aleine in sulcher meinunge das du mit im essen woldest,
sunder das du in ein lebende speise werdest?' Do nu der
prister nahe bei im was mit dem fronen leichnam unsers
herren, do richte sich auf der erwirdige man sant Jeronimus 5
in unser aller angesichte und kniet auf die erden und slug
auf sein bruste zu manigen stunden und sprach mit andech-
tigen zehern und mit starkem suftzen: 'Du bist mein got
du bist mein herre, der durch mich geliden hat, du bist
derselbe und nimant anders! Du bist der got, der vor der 10
beginstnusse der zeit an alles anheben in ewiger geburte von
dem ewigen vater ist ewiclichen geborn, sulcher geburte, die
nimant gedenken mag noch dovon gereden. Du bist derselbe
got, der mit dem vater und mit dem heiligen geiste ein
warhaftiger got ist und dorzu bleibende, als du werest, bist 15
du vorslozzen in einem kleinen leibe einer junkfrawen und
bist dorinne mensch worden warhafticlichen, als ich mensche
bin und noch bist du warhaftiger mensche.'

LXXXVIII.

'Also hast du in leibe der junkfrawen die menscheit
enpfangen das du nicht got bist an die menscheit und auch 20
an die gotheit bist du nicht mensch, wie wol das war sei
das die menschheit nicht gotheit ist und auch die gotheit
nicht menscheit ist: wanne die zwo naturen sint zusampne
nicht gegossen, aleine beide naturen in dir eine persone machen.
Du bist mein fleisch und mein bruder, dich hat warhafticlichen 25
gehungert und gedurstet, du hast geweinet und mein sich-
tagen hast du als ich getragen. Doch ist der sunden krankheit

1 lesset *A B*. 2 im *fehlt C*. wollest *C*. 3 speiz *C*. 4 nahant *A B*. vron-
leichnamen *A*. frone *B*. 5 man *fehlt C*. 6 alle *A B*. augesicht *C*.
kloppfet *C*. 8 czehoren *A B*. 10 der vor beginstnisse *C*. 12 ewic-
licher geborner *C*. 13 bedenken *B*. kan *A*. 14 geist *C*. 15 bistu *C*.
17 mensche *fehlt C*. 18 noch pist warhaftiger vnd got vnd auch war-
haftiger menschen *A*. *vor* LXXXVIII.: wy er gelaubt hat in dy dry-
faltichait *B*. 19 libe *C*. 20 menschheit *C*. 22 menscheit *C*. ist *fehlt C*.
23 mensche *A*. czwu *C*. 24 ein *C*. 25 warhafticlich gedürstet vnd
gehungert *C*. 26 meinen *A B*. 27 du *fehlt B*. ist *fehlt B*.

und gebrechen in dir als in mir nicht gewesen: wen in dir
ist leiplich gewesen aller eren und aller genaden fülle; wanne
die genade dir nicht gegeben wart als andern leuten mit
der mazze, wanne zuhant als dein sele zugefuget wart deiner
5 gotheit, do vormochte sie alle ding almechticlichen und west
alle dink eigenlichen. Die gotliche natur, die in dir ist, ist
gleich gote deinem ewigen vater; aber in der naturen deiner
menscheit, als du enpfangen hast durch unseren willen, bist
du minner denn der vater, nicht mit einiger swacheit, sunder
10 mit deinen grossen eren. Du bist derselbe, den Johannes in
dem Jordan hat getaufet, und in derselben zeite ist gehoret
deines vater stimme in semlichen worten: der ist mein liber
sune, der mir wol gevellet; nu horet in alle und tut nach
seiner lere. Der heilige geist ist uber dir gesehen in sulcher
15 meinunge das er beweisen wolde das der ewige vater und
derselbe heilige geist mitsampt dir ein ewiges wesen ewiclichen
weren.'

LXXXIX.

'Suzzer Jhesus, dein heiliger leichnam, den ich itzunt
sehe, hat so grosse marter durch mich geliden an dem fronen
20 creutze, und hast domit den tod getotet, den ich vordinet
hatte mit grossen meinen sunden und domite auch derloset
der alten veter selen aus der hellen und aus gewalt des
teufels. Auch hastu vorsunet menschliche naturen mit deinem
liben vater und hast sie zu ewigem leben bracht aus ewigem
25 tode mit deinem tewern blute, das durch uns vergossen ist
an dem fronen creutze. Du bist derselbe, der aus dem grabe
erstanden ist an dem driten tage, domite unser gelaube gesterket
ist, und ist auch unser hoffenunge gemeret das wir
aufersten werden gleicher weis als du untotlicher und erwirdiger

1 und gebrechen *fehlt BC.* nicht ist gewesen *B.* wen *bis* gewesen
fehlt A B. 4 ezugefürt *A.* 5 almechticlich *C.* 6 in ir *A.* 9 einer *C.*
11 den *B.* in derselben zeite] in demselben *C.* 12 vaters *C.* 16 sampt
fehlt C. wesen *fehlt C.* *Vor* LXXXIX.: hie redt er mit gotes leichnam
B. 20 Creütz *C.* 21 het *C.* seinen *C.* 23 hast du *C.* 24 ewigen
B. ewigen *B.* 26 Creütz *C.* derselbe *fehlt C.* 27 tag *C.* gelauben *C.*
29 auf erstehen *C.*

erstanden bist. Nach deiner auferstendunge woldest du deinen
heiligen jungern und deinen heiligen zwelfboten firtzig tage
derscheinen, das man derkennen mochte das du almechticlichen
von dem tode erstanden werest. Dornach bist du in irer aller
angesichte gen himel gefaren und hast dich zu der rechten 5
hant deines vaters wirdiclichen gesetzet, und bist auch von
gote gewaldiger richter gemachet uber die lebenden und die
toten: wanne gleicher weis als du in demselben tage gen
himel gefaren bist, also sei wir dein wartunde in dem grau-
samen tage des vorchtsamen letzten gerichtes, do dein al- 10
mechtikeit lonen wirdet iclichem nach seinen werken.'

XC.

'So werdent alle kunige für deine fusse vallen, so wirdet
alle herschaft under dich gestrewet und wirdet dich ein iclicher
furchten, der itzunt dich vorsmehet. Was werden denne tun
sulche unselige leute, die sich itzunt frewent irer sunden, so 15
nichtes vorborgen ist deinen augen? Was werden sie denne
sprechen, so nimmer zeit ist die barmhertzikeit anzurufen,
so iclicher mit sorgen muz deines gerechten gerichtes beiten?
Wie werden dieselben gebaren, die alle ir zeite in sunden
vorzert haben und dorzu der werlde falscheit und nicht deine 20
warheit gesucht haben, den ir sune und ire tochter und dise
zurgenkliche werltliche lust liber gewesen ist denne deine
gotliche genade, wenne sie sehen werden dein zorniges
antlutz und dein strenges urteil gegenwurticlichen horen?
wanne sie von iclichem gedanken, sunderlichen ir eigen 25
gewissen, der teufel schar und dorczu der engel und aller

1 enstanden *A.* aufstendunge *C.* 2 heiligen *vor* jungern *fehlt B C.* deinem *C.*
tag *C.* 3 mochte der kennen *C.* almechticlich *C.* 4 werst erstanden *C.*
5 angesicht *C.* czu *A.* gein *C.* 6 auch *fehlt B.* 7 got *C.* lebendingen vnd
vber die *C.* 8 gein *C.* 9 wartende *C.* 10 tode *C.* gerichte *A B.* so *A C.*
11 icliche *C. Vor* XC.: von dem leczten gericht *B.* 12 werden *C.* kü-
nige *C.* dein *C.* 13 gestrebet *B.* 14 denne *fehlt C.* 15 frewwen *C.*
16 denne *fehlt A.* 17 ist *fehlt C.* anzurufen ist *C.* 18 rechten *B.* ge-
rechten *fehlt C.* 19 geporn *A.* gevaren *B.* ire czeit *C.* 20 vorczeret *C.*
dein *A.* deiner *B.* 21 gesuchet *C.* 22 czergenckleiche *A.* czu ergenk-
liches *C.* sein *B.* dein *C.* 24 angesicht *C.* dein *fehlt C.* gegenwerticlich *C.*
25 einige *B.* ire eigne *C.* 26 der engel und *fehlt A B.*

creaturen besagen werdent? wanne sie zuhant nach dem
urteile zu sulchen peinen kumen und mit leib und sele bei
den teufeln ewiclichen bleiben und furbas mer keiner losunge
beiten? We und aber we euch unseligen, den do so wol ist
5 mit disem armen gute das ir dorumb unvornunftig werdet
gleich den wilden tiren; wee euch armen: wanne ob ir durch
gotes libe nicht woldet tugentlichen leben, dennoch schullet
ir durch seines zornes willen von sulchen sunden lazzen!

XCI.

'Suzzer Jhesus, wann dein almechtikeit also groz ist
10 das sie kein creature gesagen noch besinnen mag, die auch
der himel, das mere, das ertreich und alles, das dorinne ist,
nicht begreifen mugen; wanne du allenthalben gantzer und
gegenwurtiger bist in gantzer freiheit deiner gotlichen maje-
stat; wann du selber und in dein selbes wesen sitzender in
15 dem himel zu der rechten hende deines vaters ein ewige
selikeit und immer werunde vreude bist aller himelischen
burger, die in grossen lusten dein antlutz wirdiclich be-
schawen, und auch das ertreiche heldest in deiner hant be-
slozzen und dorzu des meres abgrunde und alles, das ie
20 geschaffen wart in seinem wesen heldest und auch dein her-
schaft in der helle scheinet: wie mag denne ein kleines brot
in sulcher kurtze dich hoen got behalden also gentzlichen,
also volkumenlichen und also ungesundert? O du wunder-
haftiges unsprechliches wunder! o newekeit aller newekeit!
25 Die augen sehen in dir ein weizze varbe, der munt smecket,
die nase richet und die hende greifen, das nimant gesehen,
gesmecken, gerichen noch gegreifen mag. Aber das ore

---

1 werden C. disem A B. 2 vrteil C. domitte A B. mit sele C. 3 teüfeln
wonen vnd C. 4 wee C. wee A B. du fehlt C. 5 vnvornünftig C. seit B.
werdet fehlt C. 6 tiren seit C. 7 libe] willen C. 8 von C. starken
czornes wegen A. smehen A B. Vor XCI.: hie sagt von der almachtichait
gotes B. 10 Creatur besagen C. kan C. 11 meer B. 13 ist A. 14 vnd
wann A C. 15 hende fehlt C. 16 werende C. 17 gar di A. wirdic-
lichen C. 18 ertreich C. du in C. 19 verslozzen A. 20 beschaffen A.
22 hohen C. ganczlichen A B. 23 volkomenlich C. gesundert C.
25 newe varbe A 26 gesehen gerichen vnd gesmecken mag C.

bringet dem hertzen mit des gelauben kreften sulche meinunge das sulche anfelle in dir nicht bleiben mugen: wanne alle sulche anfelle des gesichtes, des gesmackes, des ruches und des griffes in dir nicht sein mugen; wanne du nicht ein brot bist als du gesehen wirdest und als menschliche sinne dunket.'

XCII.

'Was bist du denne, mein herre? Du bist Jhesus Cristus und sitzest zu der rechten seiten deines vater, warhaftiger got. Ich grusse dich, lebendiges brot, das uns von himel komen ist und ewiges leben gibt allen den, die in suzzer andacht dich wirdiclichen enpfahen, nicht als des himels manna, das vormals unser veter gessen haben in der wustenunge und dennoch alle sturben. Wer aber dich, himelisches brot, wirdiclichen nutzet, obwohl sein sele in fleischlichem tode sich von dem leibe scheidet, dennoch stirbet er nimmer ewiclichen; wann sulche schidunge nicht ein sterben ist, sunder sie ist nur ein suzzer durchgank zu dem ewigen leben von diesem werltlichem tode. Wer dich wirdiclichen nutzet, der stirbet diser werlde tode auf die rede das er mit dir ewiclichen lebe. O wie gar edel und wie gar teuer ist sulcher tod, dorinne die leute anheben zu leben e denne sie sterben!'

XCIII.

'Du lebendes brot der liben engel, dein angesichte trostet sie in himelischen wirden! du bist ein seldenreiche speise der selen, nicht des leibes, du speisest reine gedanken, nicht des bauches fulle. Wer in dir nicht zunimt noch gebezzert wirdet in warhaftigen tugenden, der liget sicherlichen in

---

1 sulche meinunge mit dez gelauben kreften *C*. 3 sulcher anefal *A B*. smackes *B C*. 4 greiffes *C*. gesein mogen *C*. *Vor* XCII.: von der enphang vnsers hern *B*. 8 seiten] hant *C*. 9 lebendinges *C*. 12 des vormals *C*. 14 nützzet wirdiclichen *C*. in dem *C*. 16 scheidunge *B*. nicht ein sterben *fehlt C*. 18 tod *C*. Wer *bis* tode *fehlt C*. 20 edler *C*. 21 tode *B*. 22 gesterben *A C*. *Vor* XCIII.: wy er lobt gotes leichnam *B*. 23 angesicht *C*. 24 speiz *C*. 25 speiset *A B*. 26 czunympt *B*. besser *B*. 27 leit sicherlich *C*.

armut und in sunden. Wer dich wirdiclichen nutzet, den
vorwandelst du in dich selber, also das er in deiner teilhaf-
tikeit auch ein got werde: aber du wirdest nicht vorwandelt
in demselben, der dich nutzet als ein ander fleischliche speise.
5 We und aber ewiges we allen den, die dich unwirdiclichen
nemen: wanne sie dich anderweit creutzigen zu iren sunden
und zu grossen ewigen peinen! Nicht also das sulches nemen
dir einen schaden bringet: wanne du untotlicher bist und
magest furbas nicht geleiden. Mein herre und mein got, was
10 sal ich nu sagen? Wie vil ist leider sulcher prister in disem
heutigen tag, die an alle vorchte deinen heiligen leichnam
auf dem alter gleich dem rintfleisch nutzen, und leider den-
noch wirser: wann sie des nachtes unfleticlichen bei den
weiben gelegen haben in stinkenden snoden sunden, so nutzen
15 sie denne deinen heren leichnam des morgens auf dem alter.
Wo bist du, suzzer herre? slefest du oder wachest du in
disen dingen? ist sulches opfer dir angenem? hastu sulche
prister zu deinem dinst erwelt? wilt du in dem himel auf
dem stul deiner kuniclichen wirde sulches gebete erhoren?
20 Nein du zware: wanne woldest du, warhaftiger got, sulches
opfer, so wurdest du ein lugner und hetest geselleschaft mit
den sündern.'

XCIV.

'Warhaftiger got, haben uns dein propheten die warheit
gekundet, meinest du andachtiges gebete gerechter leute
25 genediclichen zu horen und ob dir gerechtikeit behaget: so
sal ein iclich cristenmensch sulches opfer auf die rede das
es nicht geschee hindern zu allen zeiten. Und aleine das
opfer in im selber gutes sei und bose prister das nicht

---

3 inne got *A*. 4 fleische *A B*. 8 einigen *A*. brenge *C*. vntotlich *B*.
9 herre vnd got *A*. mein got vnd mein herre *C*. 10 nu] mer *C*. die in
diesen heütigen tagen *C*. 11 die *fehlt C*. 13 wirser *bis* sie *fehlt C*.
15 herre *B*. heilgen *C*. altar *A*. 16 bistu *C*. slefstu *C*. 17 ist *bis* an-
genem *fehlt B C*. hast du *A C*. 18 dinste *C*. wil du *C*. deinem *C*.
19 stul *fehlt B*. dem stul *fehlt C*. 21 werdest *A B*. 22 sunden *B*.
sünden *C*. *Vor* XCIV.: von dem opher der posen bryester *B*. 24 gebet *C*.
26 mensche der ein cristen ist sulches *B C*. 27 czu allen czeiten hindern *A*.
28 gute *A B*. dez *C*.

geergern oder gefelschen mugen: doch werdent die bosen
prister dorumb in gotes gerechtikeit ewiclich vorurteilet und
sulches ir gebete kumet nimande zu frumen noch zu staten.
Und schol ich die warheit reden: wer eines sulches prister
leben erkennet und horet uber das sein messe, der wirt teil-   5
haftig seiner sunden und aller der pein, die dorzu gehoren.
O du grosse wirdige und dorzu unsprechliche heimlichkeit,
wie vorborgen du bist menschlichen augen! Das brot wirdet
in stucke geteilt und dennoch bleibet gantzer Jhesus Cristus
als er vor was in ieliehem stucke gantzer. O wie kunst 10
lichen werden hie betrogen menschliche sinne! Das brot,
das wir sehen mit unsers leibes augen, das wirdet zubrochen
und dennoch bleibet gantzer Jhesus Cristus, den nimant
zubrechen mag, unser almechtiger herre. Die zene die kewen
das sichtig brot, aber du wirdest nicht beruret noch in keiner 15
weis begriffen.'

XCV.

'O edele wirtschaft und wert alles lobes, dorinne in
brotes und in weines gestalt Cristus gantzer empfangen wirt,
gantzer got und gantzer mensch in dem gantzen brote und
in einem ielichen seines stucke, gantzer in dem weine und 20
in einem ielichen des weines tropfen. O du heilige speise,
wann er got wirdet, der dich wirdiclichen isset, nach des
propheten warheit, der also spricht: ich habe gesprochen:
ir seit gotter und allesampt des hohes gotes kinder. Wer
dich wirdiclichen nutzet, der wirt gelediget von dem bosen 25
und des guten erfullet und wirt untotlichen an allen zweifel.
O heilige suzze narunge unsers ellendes, domit wir von diser
sundigen werlt komen in der himelische Jerusalem froliche
sampnunge! Unser veter assen manna in der wustenunge,

1 geergern mugen B C. So B. do C. werdent C. 2 ewiclichen C. vorteilet
B C. 3 komet nymant C. fromen C. schaden B C. 4 pristers C. 6 aller
peinen C. 7 heylichait A. heymligkeit B. 9 sulche A. beleibet er A.
10 wie gar A. 11 sie B C. 11 ezende B. die fehlt A. 15 sichtige C.
ader B. Vor XCV.: von der erphang gotes leich B. 18 vnd weines C.
wirdet C. 22 dich fehlt B. 23 tropfen warheit B. redet A. sprichet C.
hab C. 24 got A. hohen C. 28 der sundigen B. die B C. vrewliche A B.

doch quamen sie nicht in die suzzikeit des gelobten landes:
wer aber dise speis isset, der kumt in iren kreften auf
Oreb, den heiligen berg des almechtigen gotes. O du lustige
speise, dorinne behalden ist alle suzzikeit geistliches smackes
5 und geistliches ruches! O du suzze ertzneie, domit geheilet
werden alle wunden der sundigen sele! Du bist ein suzzes
gemach nach arbeit diser werlde: was imant begeren mag,
das vindet man alzumal in dir, himelische speise!"

XCVI.

'Du bist ein lebendiges, suzzes, lipliches und froliches
10 leben; du bist ein leben, dorinne und in des kreften leben
alle creaturen. Die suzzikeit deines ruches trostet die sichen
in den sunden, die suzzikeit deines smackes sterket und
heilet die kranken. Du bist ein unbegreifliches licht, das in
diser werlt allermeniclichen erleuchtet. Dein ist alle macht,
15 dein sein alle kunigreich, vor deinem angesichte werdent
alle knie gebeuget. Was du wilt, das geschicht alles in dem
himel und auf der erde, in dem mere und in allen abgrunden.
Nicht ist, das widersten muge deinem willen. In dir, durch
dich und aus dir sint alle ding und ane dich ist nichtes
20 nicht. Davon, gelaubige sele, vrewe dich in gote! eile zu
sulcher heilsamen speise! eile zu sulcher suzzer wirtschafte,
dorinne dir nicht ochsen oder bockes fleisch nach alter ge-
wonheit zu tische getragen wirdet, sunder du wirdest do
vinden den warhaftigen leichnamen deines gotes und deines
25 herren. O du grosses zeichen starker gotes libe: wann in
disem sacrament ein ding sint an alle underscheit der milde
geber und sein reiche gabe: wanne got sich selber gibet in

---

1 chömen A. 2 komet C. irer C. 4 speiz C. in behalden C. 5 ertz-
ney C. 6 sündegen selen C. 8 alczu mole C. hymellischen speisse C.
Vor XCVI.: wy er lobt gotes leichnam B. 13 greifliches BC. 14 der
werlt BC. allermeiniclich C. sint BC. 15 ist A. angesicht C. 16 ge-
pogen A. alls B. 17 den hymeln AB. hymeln auf erde B. hymel auf
erden C. 18 wille B. dir vnd C. 19 und vor aus fehlt B. 20 nicht fehlt A.
gelaube B. got C. 21 suzzer fehlt BC. wirtschefte C. 22 bockens B.
23 zu tische fehlt C. vürgetragen C. 24 waren leichnam C. 25 zei-
chen groszer vnd C. 26 aine A. 27 sich selber got gibet BC.

almechtiger milde! O wie gar ubergrosse ist, herre, sulche suzzikeit, die verborgen ist in deinen guten allen, die deinen heiligen namen furchten, und die vollenbracht ist allen den, die in dein suzze genad hoffen!"

XCVII.

'O du allerhochstes gerichte, allersusister smack, erwirdige speis, die allermeniclich anbeten, erwirdigen, loben, ummegreifen und wirdiclichen derheben sal und mit lobes kraft erhoen und in der selen schrein andechticlichen behalden und seinen mut nimmer in keinen zeiten davon ewiclichen gewenden! Von speise des vorbotenen baumes ist der mensch unseliclichen gevallen, durch dich ist er widerbracht zu ewigen eren. Dein wonunge ist allewege in gerechten hertzen und in gelerten gedanken, die von deiner meisterschaft gelert werden. Dir vorsmahet der hochvertige reiche und lezzest in hungerigen, durstigen und dorzu unseligen beleiben, aber den gerechten, suzzen und auch demutigen armen erfullest du mit ewigem reichtume deiner gotlichen eren und bringest in in die uberflussige grosse wirtschaft deines gotlichen hauses. In dir ist rechtes gerichte, in dir ist volkomenheit aller genaden, in dir ist weisheit, in dir ist sterke, in dir ist wirdikeit des siges wider alle bose geiste, in deiner sterke bleiben in den himeln dein heiligen alle, in deiner weisheit sagen die lerer alle warheit zu troste allem cristenlichem volke, in deinen kreften vichtet der gerechte wider alle geistliche und werltliche veinde.'

XCVIII.

'Du entsetzest die mechtigen von ires gewaldes stule, du erhebest die demutigen in wirden und in eren. In deinen

---

1 o wie gröz *A*. 2 die deinen guten vorborgen ist *BC*. allen den *AC*. dein *BC*. 4 guade *C*. Vor XCVII.: auch ein lob *B*. 5 O du *fehlt C*. gericht *C*. allersüster *C*. 6 speisze *C*. 8 erhöhen *C*. 9 seinen *bis* nimmer *fehlt A*. 10 vorbotten *AB*. baumen *C*. 12 ewiclichen *C*. ist ewiclich vnd allewegen in den *A*. 13 rechten *BC*. 15 reiche *fehlt BC*. si in hung. *A*. 17 armer *AB*. erfullet *B*. du mit *fehlt B*. reichtume *fehlt C*. 18 in *fehlt A*. die *fehlt BC*. 19 reiches *B*. 22 geist *C*. 24 allen cristenlichen *AB*. Vor XCVIII.: von gotes gewald *B*.

henden sint reichtum, herschaft, macht und alle wirde. Du
bist hold deinen freunden: dich vindet iclicher, der dich mit
fleizze und mit reinem hertzen suchet. Du bist allewege bei
den allen, die do einfeldig, demutig und gerechtes hertzen
5 sein. Du bist ein beginstnusse und auch ein ende aller dinge:
du bist ein beginstnusse, das nie angehebet hat und ende
nimmer gewinnet; du bist an alle zeit in der ewikeit ewic-
lichen geboren von deinem ewigen vater. O wie gar selig
sint sie alle, die dich lip haben, die nicht anders denne dich
10 aleine, suzze speise, begeren und also steticlichen auf dich
aleine gedenken, also das sie dich wirdiclichen nutzen und
in dir bleiben und deines gebotes steticlichen warten!
O du wunderhaftige, lustige, begerige speise, dorinne so
grosse newekeit vornewet ist und so grosse wunder teglichen
15 gescheen! In dir ist allé unser vreude, in dir wachsen unser
selen und bessern sich in allen gotlichen genaden. Wie gar
ungehort und wie gar wunderhaft ist dein mildikeit, wie gar
uberflussig ist dein gotliche güte, sint das du nimande von
dir treibest nur aleine den, dem dein güte hochverticlichen
20 vorsmahet.'

XCIX.

'Ist imant kleiner in tugenden, der kume zu dir sicher-
lichen auf die rede das er in selden wachse, so wirdet er
die wege seiner kintheit lassen und wirdet sich an die wege
deiner weisheit halden; wer kranker ist, der kume zu dir,
25 so wirdet er in aller tugende sicherlichen gesterket; wer in
sunden sich ist, der wirt doselbst genediclichen geheilet;
wer tod in untugenden ist, der kume zu dir in warhaftiger
rewe, so schol er ane zweifel das ewig leben ewiclichen

---

1 herschefte *C*. 2 ein iclicher *B*. 4 do *fehlt C*. 5 dingen *B*. 6 an-
gehaben *B*. 7 nymmermer *A*. 10 speis *C*. 13 begerige lustige *B*.
14 teglich *C*. 15 alle *fehlt B C*. unser *fehlt C*. czu dir *A*. 16 selen
fehlt A. 17 ungehort] vngeh...t *B*. wie *fehlt B C*. 19 nur den aleine *A*.
den *fehlt B*. 20 vorsmehet *C*. *Vor* XCIX.: von der weyshait gotes *B*.
21 nyemant *A B*. 22 wache *A*. 23 seine *B*. 24 seiner *A*. crank *B*.
25 er *fehlt A*. tugent *C*. 26 sicher *C*. wirdet *A*. doselbst *fehlt B C*.
27 toter *C*. 28 ewige *C*.

besitzen; wer auch grosser und starker ist, der sal auch zu dir
komen, suzze himelische speise: wanne er in dir seine na-
rung mildiclichen vindet. Nimant mag ein stunde ane deinen
trost geleben. Du ewiges leben gibest leben allen creaturen:
dovon swachet mein hertze, mein leib und auch mein sele 5
in begerunge, die ich hab nach dir, got und herre meines
hertzen. Du bist ein erbteil meiner selen, dornach sie ewic-
lichen durstet; in dir aleine frewet sich mein hertze, dein
aleine trostet sich mein sele, dich aleine und niuant anders
meinet aller mein gedanke: wanne wer sich von dir verret, 10
der muz ewiclich vorderben. Dovon bleib bei mir, aller-
libister herre, hilf mir und behalde mich steticlichen in
deinem schirme. Almechtiger herre, neige zu mir die oren
deiner barmhertzikeit, speise mich armen das ich mit deiner
genaden suzzikeit gesettet werde, so wirdet dich mein leben- 15
diges hertze ewiclichen loben.'

C.

'O du sichtiges licht, das nimmer vorlischet und alle
ding erleuchtet! O suzzer sun des obristen kuniges David,
erleuchte disen blinden, gib im sulches licht, domite er dich,
ewiges licht, gesehe! Erbarme dich uber disen armen sunder, 20
wis im geholfen, bis im beistendig das er unbetrubet und
one forchte geen muge in des todes schaten! Derwecke
mich, mein herre, vom tode meiner sunden, das ich deinen
heiligen namen muz ewiclichen loben! Ich bin sicher und
ist nicht gesundes in allem meinem leib: du kunstreicher 25
artzt, heile mich! Ich bin nackender in grossem froste: reicher
herre, kleide mich! Ich vorderbe hungers in diser wuste-
nunge: milder wirt, nu speise mich! Mich durstet: milder
himelischer schenke, nu trenke mich! Ich bin vorhaftet in
der tife, ich bin in sorgen des tobendes meres, ich hab so 30

---

1 sterker *A B*. 2 sein *C*. 3 narunge *C*. 4 du gibest *C*. 5 hertz *C*.
6 habe *C*. gote *C*. 7 sey *A B*. 8 sich *fehlt A*. 10 aller *fehlt A*. 11 vor-
derbe *C*. 14 ich *fehlt A*. 15 lebendinges hertz loben *C*. Vor *C*.: wy er
got hyt *B*. 17 vnsichtiges *A*. 21 beholffen *C*. bey gestendig *C*. 22 vorcht *C*.
23 vor *C*. 24 leichnamen *A*. müsse *C*. 25 leihe *C*. kunstenreicher *C*.
26 nacketer *C*. 27 anders hungers *A*. 30 der *fehlt A*. tobenden *C*.

lang geschriren das heiser worden ist mein stimme: fure
mich aus disen stricken, mein schirmer, mein enthalder, mein
zuflucht, mein sterk, mein got, mein kunig und mein herre!
Mein geist enpfilhe ich in dein hende: wanne du in erloset
5 hast in barmhertziger gute. Herre, sich an mein demutikeit
und gib mich nicht meinen veinden; fure mich itzunt dises
heutigen tages in die frolichen wunderhaftigen wonunge des
himelreiches das ich dorinne mit allen heiligen ewiclichen
bleibe!'

CI.

10 Do sulche wort der erwirdige herre sant Jeronimus geredet
hate, do nam er gotes leichnam und leget sich wider auf
die erde und also ligende keret er sein antlutz gegen dem
himel und leget seine hende auf sein bruste in creutzes weise
und sprach des heiligen sant Symeonis gesang, den er ge-
15 sungen hat in den zeiten, do er unsern herren Jhesum Cristum
in dem tempel zu Jherusalem in seinen armen hilde. Der-
selbe gesang ist geschriben in dem heiligen ewangelien in
semlichen worten: 'herre, nu lest du deinen knecht nach
deinen worten in deinem fride: wanne mein augen sulches
20 dein heil beschawet haben, das du bereitet hast vor antlutze
und vor angesichte alles volkes dein ewiges licht zu offen-
baren die vinsternusse der heiden deinem volke Israhel zu
eren.' Do er sulche wort geendet hatte, zuhant in angesichte
aller leute erschein auf derselben stat ein also klares got-
25 liches lichte das sein der leute augen gleich der brinnenden
sunnen wol enpfunden, also das sie vor clarheit des lichtes
den erwirdigen heiligen man in seinem sterben nicht gesehen

1 lange geschreiet *C*. 4 entpfelle *B*. enpfil *C*. 5 sihe *C*. 7 frolich
AB. 8 ewiclich *C*. Vor *CI*.: do nym er gotes leichnam *B*. 10 heilig
erwerdige sant *J. A*. herre *fehlt C*. geendet hette *C*. 12 erden *C*. ligen *C*.
auf gen hymel *A*. dem *fehlt B*. 13 legte sein *C*. brust *C*. creweze *B*.
Creütz weiz *C*. 14 sant *fehlt B*. den er bis hat *fehlt A*. 15 vnseren *C*.
16 hilt *C*. 17 Ewangelio *C*. 18 semeleichen *A*. selichen *B*. Nu lestu
herre *C*. 19 deinem warten *B*. 20 heile *C*. das du] vnd *B*. bereit *C*.
21 vnd angesichte *B*. 22 deinen *B*. 23 volendet *B*. hatte *fehlt A*. hette *C*.
angesicht *C*. 25 gotliches *fehlt A*. licht *C*. der prehen der sunnen *A*.
brünnende sonne *C*. 26 sie *fehlt C*. 27 sie den *C*. seinen *B*. sterke *B*.

mochten, und in desselben lichtes scheine haben etliche grosse
schar der engel gesehen, die umb in hin und her snellic-
lichen furen gleich den funken in einem grossen fewr.
Etliche haben der engel nicht gesehen, doch haben sie ein
himelische stimme gehoret in sulchen worten: kum, mein 5
allerlibister, sein ist zeit das du lon enpfahest sulcher grosser
arbeit, die du so menlichen getragen hast durch meinen
willen. Etliche haben weder die engel gesehen noch sulche
wort gehoret, sunder sie haben sant Jeronimus rede gehoret
in semlichen worten: 10

CII.

'Sich, suzzer Jhesus, ich kume zu dir! Enpfahe mich,
deinen knecht, den du erloset hast mit deinem teuern blute!'
Und also balde vorging dieselbe stimme und in derselben
stunden wart sein heilige sele von des leibes swerikeit
enbunden und fur gen himel gleich einem lichten sterne 15
mit allen tugenden wunniclich durchziret und leuchtet in
dem himel in schein der ewigen selikeit gleich der lichten
sunnen. Auch strewet sich ein licht auf diser erden mit
wunderhaftigen zeichen, die got in seinem namen so genedic-
lichen wurket: wanne gleicher weis als ein stat, die auf einem 20
berge gebawet ist, nicht mag vorborgen werden, also wolte
unser herre seines knechtes Jeronimus heilikeit in seinem
tode also offenbaren. wanne sein leben und auch sein lere
zu grossen nutzen erleuchtet haben die cristenlichen kirchen.

Nach dem tode sant Jeronimus bleib ein suzzer ruch et- 25
liche tage an der stat, do er vorscheiden was, das nimant geden-
ken mochte sulches ruches in keinen vorgangen zeiten. Billich
was das sulches mannes heilikeit bezeiget wurde mit sulchem

---

1 lichte *A B*. 2 snellichen *C*. 5 mein *fehlt B*. 6 ez ist *C*. lone *C*.
7 menlich *C*. 8 Etlich *C*. 10 die do waz in *C*. semlichen *A. Vor CII.*:
hie enphlicht er got sein sel *B*. 11 Ich *C*. 12 trewen *A*. 14 stunde *C*.
15 gein *C*. 16 vmniclich *B*. wunniclichen *C*. 18 sunne *C*. werlde *C*. 19 czeich-
nen *C*. 21 grözzen perck *A*. weren *A B*. 22 in seinen *B*. 23 auch
fehlt B C. 24 cristliche kirche *C*. 25 dem *fehlt C*. Jeronimi *C*. leieb *B*.
27 Billichen *C*.

suzzen ruch: wanne er manigen sunder, der in ungelauben
stank, zu cinikeit des gelaubens widerbracht hat mit seiner
wolrichender weiser lere.

CIII.

*U*nser allerlibister vater sant Jeronimus starb in der
5 lesten stunde des tages und auf die rede das sulches erwirdigen
mannes heilikeit aller der werlde geoffenbart wurde, hat der
almechtige got dem heiligen bischof Cyrillen in sulcher weis
vorkundet sant Jeronimus vorscheiden. Do sant Cyrillus in
seinem gebete andachtig was in seiner zellen und sein geist
10 alzumal gezucket was in got, do erschein im ein wunderhaftige
schone strazze, die also wol geziret was, das sant Cyrillus
von sulches wunders angesicht also vorirret wart, das er hin
und her laufen begunde als ob er sein selbes vorgessen hete.
Und dieselbe strasse hub sich an in dem kloster, dorinne
15 sant Jeronimus gestorben was und weret untz in das himelreich.
In sulchen seinen engsten erhub sant Cyrillus sein augen
und sach ein grozze schar der engelischen gesellschaft komen
von dem kloster, die suzze done in zwein choren sungen,
also das in dauchte das himel und erde und alles, das dorinne
20 begriffen ist, von sulches gesanges suzzikeit derklungen.
Und iclich engel trug ein licht brinnende wechseine kertzen,
also das mit sulchem glanste vorvinstert wart der klaren
sunne scheine. Dornach wendet sant Cyrillus sein augen
gen den himel und sach ein ander semliche schar der engel,
25 die gegen disen mit gesange und mit grossen freuden gingen.

1 ruche *C*. 2 in seiner *C*. *Vor* CIII.: das ist das czaichen geschehen
an dem tag seines todes *B*. 4 unser *fehlt A B*. 5 letzten stunden *C*.
des *B*. sulchen *C*. 6 heilkeit *B*. allerwerlt *A B*. 7 sant Cyrillen *A*.
8 Cyrullus *B*. 9 andechtiger *C*. geist *fehlt* *B*. gemüte *C*. 10 ge-
kuczet *A*. erscheine *C*. 11 schone wunderhaftige *C*. die do also *C*.
12 was *A*. 13 laufe *B*. lauffen begonde hin vnd her *C*. het *C*.
15 untz *fehlt B*. bis *C*. 16 angsten *A*. engesten *B*. erhebt *A*. erhub
bis engelischen *fehlt B*. 17 der *fehlt A*. engelischer geselleschefte *A*.
18 czweien kören *C*. 19 alles das daz *B*. alles *fehlt A*. 20 waz in
irem begriffe begriffen ist *A*. derklünge *C*. 21 licht *fehlt C*. 22 glaste *A*.
vorvinster worden *B*. waren *C*. clare *B*. 23 wendete *C*. Cyrullus *B*.
24 gein dem *C*. 25 quamen *C*.

Des wartet sant Cyrillus wie sulche dink ir ende nemen wolden. Er hette gerne gefraget imanden, der in diser dinge entscheiden hette; nu was er in diesen wundern so gefangen das er nicht woste was zu sagen.

CIV.

Do sant Cyrillus lange gebeitet hatte, do sach er under allen den e genanten engeln, die vor und nach gingen, sant Jeronimus sele uber allen engeln reichlichen geziret, und sach dorzu den almechtigen gote zu derselben selen rechten seiten. Auch sach er das dieselbe selige sele in sein zelle quam und stund vor im und redet mit im in semlichen worten: 'Cyrille, kennest du mich?' Do sprach sant Cyrillus: 'Nein; sage mir, wer du seist, der vor den andern allen in so grossen eren scheinet?' Do antwurte sant Jeronimus sele: 'Also hastu nicht kuntschaft vormals gehabet mit Jeronimus auf erden?' Do sprach Cyrillus: 'Salt ich nicht! Nu ist er gewesen, den ich vor allen leuten gehalden habe in sunderlicher libe; nu berichte mich ob du seist derselbe?' Do sprach sie: 'Ich bin sein sele und besitze, als ich gehoffet habe, alle wirde und ere. Cyrille, gee snellichen zu meinen kinden und sage in sulches dein gesichte auf die rede das sie von klagen, sufzen und von weinen lassen und sich mit mir das ich erweltes habe meines wesens frewen.' Dornach vorswant vor seinen augen sulches seliges trostliches angesichte. Und als Cyrillus wider quam zu im selber, do war sein hertze ersuzzet mit unsprechlichen freuden, also das er die gantzen nacht vor grossen freuden, nicht mochte weinens sich erweren.

---

1 sulch C. dink *fehlt* B C. 2 wolde C. 3 bescheiden C. Un B. *Vor* CIV.: wy cyrillus der bischoff sein sel gesehen hat B. 5 hette C. er *fehlt* A. 7 selen B. alle A. reichlich C. 8 got C. 9 selige *fehlt* A. 10 rette C. 11 mich nicht C. 12 sag C. 13 antwort C. 14 vormals mit Jeron. auf erden gehabt A sant Jeron. B. 16 hab C. sunderliche A B. 17 du es seist B C. 18 besiczet B. 19 snellich C. 20 sage *fehlt* C. gesicht C. geschichte A. von *doppelt* C. 21 sufezen von clagen vnd von B C. 22 frewde B. 23 vorswant er von C. sulches *bis* angesichte *fehlt* C. 25 hertz gesüsset C. gesuzzet B.

CV.

Wie wunderhaftig ist der almechtige got in seinen heiligen! wie kreftig ist sein gotliche majestat! was wunders schaft er in himel und auf erden! Sein gotliche hant kreftielichen gewirket: sein gotlichen hant hat sant Jeronimus
5 erhohet und hat sein kraft geoffenbaret aller werlde. O du grosse suzzikeit gotlicher libe! o du milde gabe gotlicher gute! Was mochte der barmhertzige got seinem knechte Jeronimus mer beweisen beide eren und genaden, denne er getan habe in leben und in tode in so gar tugentlicher
10 milde! Got hat im gegeben klarheit des ewigen lebens und hat in gewirdiget mit einem ewigem namen und dorzu einen erben gemachet seiner ewigen himelischen freuden, dorinne er wirdet ewiclichen bleiben. Was wunderhaftiger eren und wie sunderliche wirde hat der almechtige got seinem knechte
15 Jeronimus erzeiget! O wirde uber alle wirde: wanne sein heilige sele nicht aleine der engel schar, sunder unser herre Jhesus Cristus selber mit allen seinen heiligen beleitet haben: wanne auch sein sele nicht aleine scheinet in sulchen himelischen wirden, sunder auch sein leip teglichen wunder-
20 hafte zeichen wurket, dovon ich meine etlicher maze zu reden.

CVI.

Nach tode unsers heiligen vater sant Jeronimus, als er zu completen zeit vorscheiden was, bliben wir bei seinem heiligen leichnam, der in denselben zeiten uber alle aromat
25 und uber alle wurtzen so suzzen ruch von im gab, das allermeniclich getrostet wart. Des wachte wir bei im die

---

Vor CV.: also spricht Cyrillus *B*. 2 wunderschaft *B*. 3 schafte *C*. hant *fehlt B*. 4 wirket wen sie hat *C*. 8 Jeronimo *C*. mer *fehlt A*. 11 ewigen name *B*. ein *A B*. 13 er *fehlt A*. wirder *C*. wunderhaftige *B*. wunderhaftigen *C*. 14 knecht *C*. 15 Jeronimo *C*. 16 herre *fehlt B C*. 18 dein *B*. 19 teglichen *fehlt C*. wunderhaftige *C*. 21 Incipit de signis *am Rande B*. 22 vaters *C*. Jeronimi *C*. 23 Complet *C*. vorschiden *C*. bei im *C*. 25 würeze *C*. gab so suzzen ... *B*. smak vnd ruch *C*. gabe *A C*. 26 waz dez wachten *C*.

gantzen nacht ungeslafen in grossem leide, in suftzen und in
klagen umb sulchen grossen schaden, den wir in seinem
tode enpfangen hatten, und auch umb sein ere, domite in
got gewirdet hatte, waren wir in sunderlichen freuden. Des
morgens, do wir in begingen, und alle ding, als zimlich was, 5
volbracht wurden in gotlichen eren, do legte wir seinen
heiligen leichnam bedakten mit einem leinen sacke, als er
gebeten hatte, bei der krippen, dorinne unser herre Jhesus
Cristus, der keuschen reinen junkfrawen kint, in seiner kint
heit etwenne geweinet hat. Was grosser wunder desselben 10
tages und noch allewege der almechtige got in seinem sun
sant Jeronimus stetielichen wurket und was doselbest ge-
schahen grosser zeichen, das ist mir und allen menschlichen
zungen unmuglich zu sagen; doch mein ich mit gar kurtzen
worten eines teiles dovon zu reden. 15

CVII.

Einer was blinder geborn, der quam gen Betlehem
in dem tage der beigraft sant Jeronimus, unsers vaters,
und also balde er den heiligen leichnam sant Jero-
nimus anrurte, zuhant wart er gesehender in angesichte
alles volkes. 20

Ein ander junger tauber und blinder kusset den heili-
gen leichnam und alzuhant zutranten sich die bant der oren
und der zungen und wart reden und horen. Billich hat sant
Jeronimus getan sulche zeichen: wanne er vormals etliche,
die des hertzen blint waren, mit reinem leben und mit hei- 25
liger lere bracht hat zu unserm herren Jhesum Cristum, dem
warhaftigen lichte. Auch hat er die taubten und stummen

---

1 grossen *B.* 4 hat *A.* hatte *fehlt B.* 6 vollenbracht *C.* leget *A B.*
7 leinem sack *C.* 8 die *C.* dorinne *B.* 9 marien kint *B.* Marie kint *C.*
10 hat geweinet *B.* hette *C.* 11 seinen *B.* sone *C.* 12 sant *fehlt C.*
Jeronimo *C.* und *fehlt B.* da selben *B.* doselbst *C.* 14 gar *fehlt A B.*
Vor CVII.: ein groses czaichen der peygraff Jeronimus *B.* 16 blinde *A B.*
Bethleem *A.* gein Bethlehem *C.* 17 beigraf *B.* 18 als *A B.* sant Jeron.
fehlt A. 19 Jeronimi an rüren begunde *C.* gesehende *C.* angesicht *C.*
22 leichnam sant Jeronimi *C.* entranten *B.* seiner oren *C.* 23 der *fehlt C.*
und vor wart *fehlt B.*

in der selen mit seinen geistlichen ertzneien dorzu bracht
das sie gotes worte und auch sein heiliges lob gerne spra-
chen und auch horten. Auf den tag seiner heiligen beigraft quamen sulcher
5 leute vil, die mit bosen geisten besezzen waren, und als
dieselben sein heiliges grab ansehen wurden, zuhant schriren
die teufel mit wütendiger stimmen: heiliger sant Jeronimus,
worumb bistu uns so swere? du bist unser vorderber ge-
wesen vormals lebender und nu toter! Und also wurden die
10 armen leut gelediget von des teufels banden.

CVIII.

Ein ketzer schalt den sant Jeronimus und sprach sein
leichnam wer wirdig des fewers. Der wart alzuhant zu holtze
und mit himelischem fewer also vorbrennet das er zu aschen
wart in gegenwurtikeit alles volkes. Dobei waren vil an-
15 der ketzer, die durch sulcher grosser zeichen willen den
heiligen leichnam sant Jeronimi wirdiclichen besuchten und
wurden bekeret von irem irresale und hilden sich zu der war-
heit cristenliches gelauben. Was schol ich mer sagen? von
zeiten in zeit, von geslechten in zukunftiges geslechte mag
20 nimant volsagen was wunders got mit im gewirket hat und
wie erwirdigen er seinen namen gemachet und gebreitet hat
in alle dise werlde. O wie gar gros ist unser vater Jeroni-
mus, wie vil vormag er wunders! Nimant ist im geleich nach
seinen grossen werken: sein lob, sein wirde, sein er, sein
25 sterk und dorzu sein wunderhaftige zeichen haben sich durch
alle lant gebreitet, also das der heilige cristenliche gelaube
domite bestetiget und gesterket ist. Wer mag es gar gesa-

---

4 dem *B*. 5 leüt *C*. 6 wurden wurden die teüffil schreyen mit wütender
stymme *C*. 7 wotendinger *B*. Jeronime *C*. 8 bist du *C*. uns *fehlt A*.
vortreiber *C*. 10 leydigen teufels *C*. Vor CVIII.: ein ander czaichen *B*.
11 den heiligen leichnam sant Jeronimi *C*. 12 alczumal *B*. holcz *C*.
13 himelischen *B*. 14 ander *fehlt A*. 17 bekert *C*. Irsale *C*. 19 kunf-
tigez *A*. geslecht *C*. 21 erwerdigen *A B*. gemachet hat vnd *A*. gebreitet
vnd gemachet *C*. 22 aller diser *C*. groszer *C*. 23 vormage *C*. gleich *C*.
24 ere vnd sein *B C*. 25 sterke *C*. wunderhaftigen *C*. 26 das *fehlt
A B*. domit gelaube domit *C*. 27 gestetiget *A*. möchte *A*.

gen wie vil er der sichen bracht hat zu gesunde! Wer alle
seine zeichen zu rede bringen wil, dem mus gebrechen der
worter und des sinnes. Wie offenbar sint deine werk, Je-
ronime, liber vater!

CIX.

Frewe dich, selige cristenheit! vrewe dich, selige schar
aller gelaubigen leute das aus dir entsprossen ist ein lich-
ter morgensterne, in des lichte die strasse des himelreichs
geoffenbaret ist: wanne sein heiliges leben, sein tugentliche
siten und sein warhaftige lere ein lebendiges bilde sint aller-
menielichen. Hertzenliben kint der heiligen kirchen, ewer
liben muter, weinet und klaget und frewet euch in gote:
weinet dorumb das ir vorloren habet einen sulchen vater;
frewet euch das er komen ist zu sulchen grossen eren. Bil-
lich weinet die heilige kirche und vorgeusset muterliche ze-
her umb das sie vorweiset ist eines sulches sunes, vorwit-
wet ist eines sulchen wirtes, vorloren hat einen sulchen
kempfer und beraubet ist des grunen fruchtberigen zweies,
den sie auf den acker des heiligen gelaubens gepflantzet
hatte mit so grossem fleisse. Und ob ich ellender sune, der
seines liben vaters also vorweiset ist, in bitterkeit so gros-
sen meines smertzen ichtes unbescheidenheit reden werde,
das keret mir nicht zu arge: wenne die leute in grossen
smertzen und in hertzlichem leide oft unbedechticlichen re-
den, als mir ane zweifel in diser klage widerfaren wirdet:
wann ich Jeronimum meinen vater vorloren habe, nach dem
mein sele senielichen belanget.

CX.

Was sal ich tun? Mein sele vordreuzzet meines lebens,
wann sie mit Jeronimus tode vorloren hat ir leben. Mein

1 der *fehlt* A. 3 vnd wie A 4 liber vater Jeronime *B C*. *Vor* CIX.:
hie redt ewzebius *B*. 5 Frewde *B*. 7 licht *C*. hymelreiches *C*. 9 leben-
diges bild *C*. allermeiniclich *C*. 11 got *C*. 12 vorlorn *C*. 14 geusset *B*.
16 vorlorn *C*. 17 ezweiges *C*. 18 dem ackir *C*. des heiligen gelaubens
fehlt A. 20 liben *fehlt C*. 21 vnbehendikeit *B C*. 22 in grossem leyde
vnd smertzzen oft vnbehendiclichen reden *C*. *Vor* CX.: hye clagt ewzebi-
us *B*. 27 meinens *B*. 28 vorlorn *C*.

kraft ist vordorret, vorloschen ist das licht meiner augen.
Was freuden mag ich furbas mer gehaben in der werlde,
sint ich vorloren habe die klarheit meines lichtes? Mein
sunne ist vorvinstert und der mande ist mir vorirret. Was sal
5 ich armes schaf in diser wolfe schar furbas mer beginnen, sint
ich vorloren han meinen getrewen hirten? Wie mag der
baum meines lebens furbas mer begrunen, sint der bitter
tod die wurtzel hat vorsniten? Ach tod deiner bermiclichen
tat! Wie hastu den vater so genomen und den sun in sul-
10 cher armut und in so grossem ellende gelassen! O vreidi-
ger tot, mir und der gantzen cristenlichen kirchen! Welchen
ritterlichen kenpfen, welchen suzzen vater hastu uns genu-
men! Worumb hast du lenger nicht gebeitet? O freidiger
tod! Woldestu nicht merken das du einen sulchen genomen
15 hast, dem in tugenden, in des lebens heilikeit und in war-
haftiger lere nicht gleiches lebet auf erden? Er ist gewesen
ein furste des vrides, ein enthalder der gerechtikeit, lerer
der warheit, ein kenpfer wider allen ungelauben. Der pfeil
seines fleisses, der schilt seiner sterke, sein sper vester ste-
20 tikeit sint nie undergelegen in geistlichen streiten.

CXI.

Ir erwirdigen ritter, vorvechter und lerer der cristenli-
chen eren, weinet, suftzet und klaget: ewer furste, ewer
meister ist vergangen. Klage auch du, susse muter, cristen-
liche kirche: wanne dich nach tode sulches deines sunes
25 tobendige hunde mit falschen reten, mit bosen aufsetzen
schedlich besitzen werdent: wanne du vorloren hast deinen
starken helfer. Wer schol nu, heilige muter, dich beschir-
men? Dein trubsal wirdet wachsen: so vindet man denne

1 lich *A B*. 3 vorlorn hab *C*. 4 mone *A*. monde *C*. 5 in der *A*. 6 vor-
lorn *C*. 7 baume *C*. gegrünen *A*. 8 tode *B*. wurtzeln *C*. barmlichen *C*.
9 hast du *C*. sun in so grozzem ellende vnd in sulcher armut *A*. 12 kem-
pfe *B*. hastu *bis* genumen *fehlt C*. uns *bis* hast du *fehlt B*. 13 gepiten *A*.
gebeit *C*. 14 woldest du *C*. 17 vrides enthalder *B*. 18 kenpfe *C*.
19 vleisches *A B*. 20 nicht *B C*. *Vor* CXI.: wy er chlagt *B*. 21 erbergen *A*.
erwirgdigen *C*. der *fehlt B*. 23 chlag *A B*. 25 tobendinge *C*. aufsaeze
schelichen *A B*. 26 werden *C*. 28 wo vindet man denne einen *B C*.

keinen, der dir helfe, sint dein helfer und dein beschirmer
itzunt begraben ist und wirdet furbas nicht widersten dei-
nen widersachen. Dovon clage und weine, leidige und be-
trube dich, suzze muter! Kleide dich in klageberes gewant
deines leides, sint du eines sulchen sunes bist so kleglichen 5
beraubet. Ach, suzze muter, was grosses ungemaches wer-
dent falsche profeten, lugner, ketzer, trugner und ander bose
leute treiben nach unsers vaters, deines liben sunes tode!
Wo ist aber imant so weiser, so starker und so williger,
der in allen in also grosser irer zal widersten muge, sint 10
Jeronimus, des quellenden lebens brunne, vortrunken ist
und vorblichen ist die ader der lebendigen wasser?

CXII.

Allerlibister vater Damasus! Wo ist der itzunt, den du
liber hetest den dich selber? Wo ist Jeronimus, dein ratgebe,
dein lerer, dein furer, licht deines weges? Wenne wirdest 15
du im aber schreiben in sulchen worten: Jeronime, ane
deinen rat bin ich als ein unnutzes glit, das vorsniten ist
von dem leibe; laz dich nicht vordrizzen mir zu schreiben
auf die rede, ab ich in verren landen deines liben angesichtes
enpern muz, das ich dennoch dein angesichte behalde und 20
getrostet werde mit deinen genadsamen brifen: wanne in
dir und in nimant anders gegrundet hat meines hertzen hof-
fenunge? Dovon ersuftze und klage, Damasus liber vater,
las tag und nacht dein zeher rinnen: wanne abgenomen hat
deine sulche hoffenunge; deines liben schreibers hant ist 25
gleich dem hen vordorret. Sein suzze stimme, sein froliche

1 schirmer *A*. 2 itzunt *fehlt C*. ist begraben *B*. wirt *C*. sten wider dem *C*.
3 betrubige *A*. 4 clag geberes *B*. 5 sulchen eines sunes *BC*. cleg-
lich *C*. 6 auch *B*. 8 leüt *C*. tod *C*. 10 irrerezal *B*. Iral *C*. Sint sant
Jeron. *C*. 11 der quellende lebens brunne dertrunken *C*. 12 und vorblichen
ist *fehlt C*. lebendingen *C*. *Vor* CXII.: hye schreibt er damasio *B*.
13 er *BC*. 14 den dich selber hetest *BC*. dein ratgebe Jeronimus *C*.
15 wirdestu *C*. 17 rote *C*. eines *AB*. 18 eze *B*. 19 leibes liben *C*.
20 enpern *C*. muzze *AB*. angesicht *C*. 21 betroste *AB*. deinem *BC*.
briefe *B*. 22 vnd nymanden *AB*. 24 noch *B*. 25 dein *C*. libens *C*.
hant hat abgenomen vnd ist gleich vordorret dem hen *C*.

rede ist gesweiget, die vormals gleich dem suzzen honige
der leute hertze ersuzzet. Ach leides, welchen getrewen
ratgeben, meister und helfer hastu vorloren! Damasus, liber
vater, wer sal dir raten? wer sal dich speisen? wer sal dich
5 furen? sint vorloschen ist das licht der heiligen kirchen und
furbas mer nicht uns sunder im selber, nicht dem ertreich
sunder dem himel scheinen wil. Was sal ich reden? wem
sal ich klagen? oder von wem sal ich trostes beiten? wanne
als ich merke, so ist dises ding von gote alzumal geschen:
10 des wil ich meinem herren und meinem gote zusprechen in
semlichen worten:

CXIII.

Almechtiger got, worumb hat dein almechtikeit von
deiner kirchen einen sulchen schirmer enpfremdet und einen
so getrewen kempfen? Ich wen das dein meinunge also sei
15 das du in selber haben wollest. O suzzer herre, du moch-
test sein wol noch etliche weile enboren haben! Im ist wol
gescheen, aber dein kirche ist witwe, und wir weisen be-
leiben. Genediclichen und rechte hat dorumb getan dein
gotliche gute: wann er wol vordinet hat das er ende haben
20 sulle seiner grossen arbeit und bei dir sei in ewigen freu-
den; doch ist mir leit das deine kirche so grossen schaden
seines todes hat enpfangen: gib in uns wider, suzzer got,
das er deiner kirchen schirmer sei als er vor gewesen ist in
trewen. Susser herre, was sulle wir armen kinder furbas
25 mer tun, sint wir verloren haben unsern getrewen vater?
Wir sein bliben in armut, in hunger, in durste und in allen
nöten; wir vinden nimanden, der uns troste, nimant ist, der

---

1 ist *fehlt* A. honig B. 2 hertzen C. wie ein getreüwen C. 3 hast du C.
4 vater wer schol dir helfen wer C. 6 nit dem A. mit B. 8 trost B C. bit-
ten C. 9 also C. merk C. gescheen C. *Vor* CXIII.: auch wy er chlagt B.
13 ein sulchen kempfen einen sulchen schirmer entpfremdet B. einen sul-
chen kempfen genomen vnd einen sulchen schirmer enpfremdet C. 14 meine C.
15 halden A. 16 noch *fehlt* B. sein noch wol C. weil C. enpern A B.
habe C. 17 geschehen C. 18 recht C. 19 gotliche *fehlt* B C. halden
scholde C. 20 in *doppelt* C. 21 dein C. 23 do er B. 24 schollen C.
wir fürpaz armen kinder tun A. 25 mer *fehlt* B. begynnen C. kenpfen
vnseren vatir C. 26 hunger vnd C. vnd allen B. 27 vinde nimande B.

uns speise in so grossem hunger. Wir sein irre worden als die blinden ane leiter, als schuler ane meister und als irre schaf in abewesen ires hirten.

CXIV.

Ach suzzer vater sant Jeronime, unser troster, wohin bistu gefaren? wer sal nu den wagen des heiligen gelauben furen? wo ist dein wonunge? worumb heldet dich die erde, sint nie irdisch wurden dein gedanken? O Bethlehem, du werde stat, welchen grossen fursten der kirchen hast du enpfangen: gib uns wider unsern liben vater! Und du erde, mit welcher kunheit heldest du einen solchen menschen, des gedanken allewege himelisch gewesen sein, und des begerunge mit der werlde nichtes zu schaffen hatte? Suzzer Theodoni, getrewer furste, betrub dich und den suzzen Jeronimus, deinen vater, laz suzze zeher aus suzzem hertzen fleizzen, bedenke und betrachte, wen du vorloren habest. Ist gros zu im gewest dein libe, dornach betrube dich in grossem leide; ist der schade gros, des du enpfindest, dornach laz dir leides jamer wachsen. Suzzer Theodoni, welches hertze mochte betrachten oder welch meisterliche zunge mochte gesagen, welchen nutz, welche grosse ere die kirche hatte, die weile unser vater Jeronimus bei uns lebet? wie grossen trost von im hatten alle cristen? mit welchen kunsten er ketzerei vorderbet? Sein leben was rein und liplich allermenniclich: dovon schulle wir alle seinen tod beweinen in suzzer meinunge und aus grunde gantzes hertzen.

CXV.

Wolle wir unsern schaden achten und grosses trubsal, das uns widerfaren ist in schedlichem tode unsers liben va-

---

1 so *fehlt* A. als plinde A. 2 an ein leiter B. *Vor* CXIV.: auch wy er chlagt B. 4 sant *fehlt* A C. 5 bist du C. 7 uv seint C. 8 du *fehlt* A. wie ein C. 9 vnser A B. 11 hymellischen sein gewesen C. begerung C. 12 hette C. 14 hertze B. rynnen C. 17 schad C. den du B. 18 Theodomii C. welche A B. 19 czung B. 20 welche A B. grosse *fehlt* C. 22 lüsten A. 23 reynes C. *Vor* CXV.: alhie wil er nymer clagen B. 26 Solle C. vadern A. so groszes C. 27 tod B.

ters, so musse wir ewiclichen weinen. So denne das nicht
gehelfen mag und unnutze ist wider gotes willen, so laz
wir furbas alles leit, alles trubsal und allen smertzen und
frewen uns in gote der freuden unsers vaters, die er itzunt
5 in himelreiche besitzet. Wer imant lip hat durch seines ei-
gen nutzes willen, das ist nicht ein warhaftige libe. Dovon
sulle wir uns frewen seiner grossen vreude und durch sei-
nen willen unsers ungemaches alzumal vorgessen. Nu, hertzen-
liben kint, lebet in grossen vreuden, singet newen sank und
10 vrewe dich in suzzer stimme, selige muter, cristenliche kirche!
Gelaubiges volk, ja scheinen deine freude! wann in disem
heutigen tage alle sein begerunge behalden hat Jeronimus,
unser vater. Er ist itzunt gesichert und ist sighaftig wor-
den uber alle seine veinde. Er ist nach grosser seiner ar-
15 beit wirdiclichen kumen zu des himels ewigem gemache:
hunger, durst mag in furbas nicht getwingen: vrost, hitze
und alles leit mag im nicht geschaden; trubsal, smertze,
klage, leidige zeher und was widerzemig ist, hat gotliche
macht von im alzumal vertriben: er hat seiner getrewen ar-
20 beit seines reinen lebens ewigen lon wirdiclichen enpfangen.

CXVI.

Tröste wir uns selber, hertzenlibe kint, und wirdigen
wir den almechtigen got: wann volkumen sint alle seine
werk und in rechter warheit gefunden werden alle seine
wege. Horet nicht auf, hertzenlibe kint, von seinem lobe!
25 bekennet im aller wirden! bekennet im aller eren, dem al-
mechtigen unsern heiler! wann er seinen knecht, den heili-
gen sant Jeronimus, unsern liben vater, in seinen trubsalen

---

1 müzzen *C.* 4 vrewden *A B.* got *C.* 5 hymelreich *C.* eignen *C.* 6 wil-
les *A B.* lib *C.* 10 vrew *B.* 11 ja dein vrewde scheinen *A.* wen er
an disem *C.* 12 tag *C.* behalden *fehlt B.* vnser vater sant Jeronimus *B.*
13 sighaftiger *C.* 14 seiner *fehlt C.* 15 wirdiclich *C.* ewigen *B.* 16 mag
fehlt C. 17 smertzzen *C.* 18 klage *fehlt C.* vnd laydige *A.* gotlich *C.*
19 getriben *B C.* 20 lone *C.* begriffen vnd empfangen *C.* Vor CXVI.: hie
trosten sy sich *B.* 21 selber *fehlt B.* hertzzenliben *C.* 22 alle sein *B.*
23 warden funden *B.* werden funden *C.* 24 nich *B.* hertzzenliben *C.*
25 almechtigem vnserem *C.* 27 seinem trübsal *C.*

nicht gelassen hat und in dorzu aus allem zweifel genomen
diser bosen werlt als ein getrewer helfer. Er hat in auch
gelediget von bosen leuten und von bosen zungen und hat
in gesetzet in die hoen wommige seines vaters, do nicht an-
ders ist nur aleine alle freude, alle suzzikeit und was 5
imant begeren mag. Doselbest werdent alle gelaubige selen
nach grosser arbeit seliclichen gespeiset, doselbst ist tegliche
suzze hochzeit der heiligen engel, ein libe und ein geselle-
schaft alles himelischen heres. Do ist nicht vorchten noch
keinerlei wetagen; do ist nicht trubsales, smertzen noch 10
keine widerzemikeit; do ist keinerlei sichtag; doselbst wirt
ein iclicher heilige aller seiner begerunge volkumenlich ge-
weret; der tod hat doselbest nicht zu schaffen. Sulche hime-
lische vreude mag nicht abgenemen, sunder sie meret sich
zu aller stund in ewiclichen selden. 15

CXVII.

Nach dem jungisten tage, so alle toten in kreften des
almechtigen gotes aufsten werden, so leib und sele wider
zusampne komen, so wirdet ein iclicher heiliger sulche grosse
grundelose und ewige freude besitzen das weder engel noch
leute bedenken noch gesagen mugen das minniste teil sul- 20
cher eren und auch freuden: wanne keine vornunft das vor-
nemen mag, das menschen aug nie gesach, menschen ore
nie gehorte und nie begreif keines menschen hertze. Wer
sulche freude und sulche wirde fleissiclichen merket, dem
vorsmahet alle werltliche vrewde und dunket in ein unflat, 25
was die werlt lobet. Wer diser werlde freude bei den hime-
lischen freuden achtet, der wolt gerne snellichen sterben auf

---

1 vnd hat in *A*. hat genomen *B*. 2 hat diser *C*. 3 vnd bosen *B C*.
4 hohen *C*. 5 vnd alle suzzikeit dy *B*. sussikeit der *C*. 6 do selbis *A B*.
wirdet allen geleubigen *C*. 7 gelonet vnd gespeiset *C* do selbis *A B*.
10 siechtage *A*. trubsals *B*. 11 wetage *A*. sichtage *B*. doselbes *B*.
12 heilig *A B*. 13 Sulche *bis* abgenemen *fehlt B C*. 14 sunder sein
freude meret *C*. *Vor* CXVII.: auch ein trostung *B*. 16 jungsten tag *C*.
17 so sel vnd leib ezusampne *A*. 18 heiliger mensche *B C*. 19 grund-
lose *C*. 20 sagen *C*. mynste *C*. 21 kein *C*. 22 angen *A B*. oren *C*.
23 gehöret *C*. 26 bei diesen *C*. 27 freuden *fehlt A*. snellichen *fehlt C*.

die rede das er teilhaftig wurde sulcher himelischen freuden. Wer ditz swache zurgenkliche leben recht besinnet, der merket wol das werltliches leben nicht anders ist nur ein tegliches sterben. Was ist werltliche freude? nur ein trü-
5 gerinne, ein eitelkeit, ein swere burde, der itzunt unser heiliger vater sant Jeronimus entladen ist und hat den besten teil begriffen, das sein sele begeret hat, und desselben mag in furbas mer nimant berauben.

CXVIII.

Hertzenliben kint, wir sullen alle vrolich sein und mit
10 suzem mute newes lob dem almechtigen got singen: wanne der erwirdige unser liber vater sant Jeronimus sein schif mit himelischem reichtume und mit ewiger kaufmanschaft gefullet hat und ist domite nach aller seiner begerunge zu gestad komen seliclichen und der anker seiner hoffenunge
15 ist itzunt in sicherheit geheftet. Er hat itzunt den lon behalden, dorumb er so gar fleizziclichen gearbeit hat in grossen gebrechen. Er ist auch mechticlichen sighaftig worden uber alle seine veinde, mit den er so menniclichen gestriten hat in gotlichen vorchten. Er ist itzunt bezalet des ewigen
20 pfenniges, dorumb er in dem reichen weingarten der heiligen kirchen gearbeit hat mit so grossem fleizze. Sein pfunt naturlicher vornunft von genaden gotes hat er zwivachticlichen in sulchen wirden geantwurtet seinem herren das in der almechtige got hat in ewige freude genediclichen ge-
25 setzet. Dovon sullen wir uns frewen und unsers liben vaters lob in allen kirchen singen. Ausderkorner, wolgestalter, schoner und glantzer ist unser vater uber tausent ander und speiset sich an meile in dem weingarten unsers herren

1 hymelischer freüde *C*. 2 vorgenkliche swache *C*. 4 teglich *C*. 7 mage *C*. 8 in nymant furbaz mer *A*. nimant mer *B*. *Vor* CXVIII.: auch ein trostung *B*. 9 alleweg frölichen *C*. 10 in sussem mut neüwen sang vnd lop dem almechtigen *C*. 12 reichtum *C*. ewige *AB*. kaufmanschatz *C*. 14 stade *AC*. encker *C*. 15 lob *AB*. 16 gar *fehlt A*. 17 mechticlich *C*. 18 mechticlich *C*. gestritten *AB*. 19 bezalet seines *BC*. 21 gearbeitet *C*. pfennig *C*. 23 geantwort *C*. seinen *B*. 24 in ewige freude hat *C*. 25 scholle *C*. 26 lobe *B*. ausderbelter *A*. 27 ganczer *A*. 28 sich *fehlt C*. ein meyl *C*.

in lilien und in rosen. Die wolrichende veltblume ist genomen
aus dem grashove der heiligen kirchen und ist in den wurtz-
garten des himelreichs gepflantzet. Unser cypresse hat sich
des himels höhe gleichet. Hertzenliben kint, breite wir in
alle lant seinen heiligen namen das sein gedechtnizze in ewi- 5
gen selden ewielichen bleibe.

CXIX.

*E*rwirdiger vater Damasus, du bischof und Theodonius,
du grosser furste, seit frolich in dem almechtigen gote, der
so grosse wunder in seinen heiligen allewege wurket: wanne
sich mit euch alles cristenliches volk billich frewen schol. 10
Und dobei schemet euch, ir blinden unseligen ketzer und
wisset das ir seit gar zu nichte worden: wann der erwirdige
Jeronimus nicht gestorben ist als ir und ander seine veinde
wenen: wanne er itzunt gesiget hat und furstlichen lebet in
des himels lebendigem lande. Itzunt scheinet sein klarheit 15
in dem palast des ewigen himelischen kuniges, itzunt hat
er abgeleget die alten swachen wapen diser werlt und ist
geziret mit newer ewielicher sterke. Des frewet sich billich
alle cristenheit sulcher seiner eren. Vrewe dich auch, hei-
lige muter, cristenliche kirche: wanne in disem heutigen tage 20
dein erwirdiger sun, dein starker vechter, dein sighaftiger
kempfer alle seine not uberwunden hat; und gleicher weis als
er allen unflat aller falscheit der bosen ketzerei vortriben
und vornichtet hat mit gotlichen kunsten, das der gotliche
acker der heiligen kirchen gereiniget ist von allem bosen 25
kraute, also scheinet auch sein heilikeit mit wirdiger zir-
heit in aller heiligen schar gleich der lichten sunnen. Nu

---

1 wolrichenden veltblumen *AB*. 2 grasschone *B*. dem *B*. 3 himel-
reiches *C*. 4 höch *A*. her *B*. geleihet *AB*. breiten *C*. 5 dez gedecht-
nusse *BC*. 6 bleibet *C*. For CXIX: ein schone trostung *B*. 7 Theo-
donii *C*. 8 fröliche *C*. got *C*. 9 so *fehlt BC*. 10 billichen *C*. 11 scha-
met *C*. 12 gar *fehlt A*. 14 wonen *C*. furstenlichen *C*. 15 lebendingen *B*.
16 ewigen *fehlt C*. 17 werlte *C*. 19 heilige *fehlt B*. 20 an *C*. heutigen
fehlt B. tag *BC*. 22 kempfe *C*. sein *B*. 23 unflate *B*. alle *C*. pöz-
heit der *A*. ketzzereyen *C*. 26 herchait *A*. 27 allen heiligen scharen *B*.

gesegen dich got, erwirdiger vater sant Jeronimus, und halt
uns allesampt in deinem gedechtnusse bei dem almechtigen
gote das wir mit deinem gebete und mit deiner tugentlicher
hilfe vor allem ubel also beschirmet werden das wir in ge-
5 naden gotes mitsampt dir in ewigen freuden ewiclichen bleiben!

1 gesegene *C*. wirdiger *A*. Jeronime *C*. 2 uns *fehlt A*. deinem *fehlt B C*.
3 deines *A B*. tugende *A*. tugentlichen *C*. 4 werden *fehlt C*. 5 hey
dir *C*. bleiben Amen *A B*. wonen Amen *C*.

Brief des Augustinus an Cyrillus.

Gewonlich ist rittern, knechten und auch kaufleuten uber mer zu faren. Die ersten faren dorumb das sie nach ritterlichem orden bei achtunge der leute bekumen mugen werltliches rumes; die andern faren in sulcher meinunge das sie iren reichtum dises zurgenkliches gutes iren kinden gemeren mugen. Und wie wol das sei das sulche leute ir arbeit und iren fleiz alzumal vorlisen, wanne sulche vorsetze beide hochfart und geitikeit nicht beheglich sein dem almechtigen gote; doch wenne sie des meres sturm und sein tobige unbescheidenheit zu sulchen sorgen bringet das sie des todes in grossem leide warten: were denne imant, der sie mit einiger meisterschaft kunde oder mochte aus sulchem sorgsamen zweifel bringen, wie grosse und wie unmessige wirde solden sie demselben mit allem fleizze erbiten! Sie wurden in eren, sie wurden im danken gleicher weis als ob er sie alle wider und von newens lebendig gemachet hette. O du barmhertziger suzzer got, in des almechtigen henden alle dink vorslozzen sint; wenn werden sulche leute dir danken grozzer deiner gnaden, sint du in deiner almechtikeit naturliches leben geben hast aller werlde und dornach den menschen, der in sunden gestorben was, zu newem leben wider bringen woltest mit dein selbes tode? Wo ist nu

---

Vor diesem Capitel: auch ein trostung *B.* Das Bischoffs vorrede *N.* Die folgende Einleitung ist als 120. Capitel dem ersten Briefe in *N* beigefügt. 1 rittern vnd knechten *A C.* 2 vber mere ezu faren vnd auch kaufleüten *C.* 3 ritterlichen *B.* eren *A.* 5 reichtume *B.* ezurgenclichen *C.* 6 semliche *B.* leüt *C.* 7 ire *C.* vürsetz *C.* sulcher fursacz *N.* 9 got *C.* der sturm *N.* 10 bescheidenheit *B.* 11 wer *C.* 13 ere *B.* wirde *fehlt C.* 14 solde *C.* demselben ere *C.* 16 und *fehlt C.* newes *B C.* lebending *C.* Mit ·O du· bricht *B* ab und fehlt ein Blatt. 19 deiner grozzen gnaden *C.* 20 gegeben *C.* werld *A.* dem *A.* 22 wollest *C.* deinem *C.* todez *A.* nu *fehlt C.*

dein wirdiger dank, sundiger mensche? Das mere deines
sundigen unflates meinet dich zu dertrenken, die teufel waren
bereit dich zu furen zu ewigen peinen: aus sulches meres
sturm und aus so grozzen banden und aus sulchen noten
5 hat dich dein herre und dein schepfer gefuret. Nu danke,
armer unseliger mensche, seinen gnaden, danke seinen got-
lichen guten, danke auch dem erwirdigen sant Jeronimus,
seinem getrewen knechte: wann er mit heiliger seiner lere
dir gebrucket hat uber den grausamen fluz dieses tobendiges
10 meres in dem namen des almechtigen gotes, das du in die
vertige strazze kumen mugst zu den ewigen vreuden, als
dich seine wunderhaftige wirdikeit wol underweisen schol,
sei das sache das du die nach geschriben epistel mit vleizze
lesen und vornemen wollest.

15 *Nu hebet sich an sant Augustinus epistel, des meisterli-
chen grossen lerers, die er von wirdikeit sant Jeronimus ge-
schriben hat zu sant Cyrillus, dem bischof zu Jherusalem,
dorinne er etliche seine und ander leute gesichte saget, die in
widerfaren sein von offenbarunge des almechtigen gotes; do-
20 rinne er auch des heiligen sant Jeronimus lop mit grossen
meisterscheften saget und begreiffet auch dorinne etliche sant
Jeronimus wunderhaftige zeichen. Und wie wol dise epistel
begriffen sei mit kurtzen worten, doch ist sie vol starkes mei-
sterlichen sinnes.*

I.

25 O erwirdiger vater, bischof zu Jherusalem, Cyrille! Dun-
ket dich das wir von lobe des erwirdigen kempfen des heili-

1 erwirdiger *C*. 2 bereit waren *N*. 3 meeres *A*. 4 sturme *C*. und
fehlt A. und] auch *A*, *fehlt N*. 6 mensch *C*. 7 Jeronimo *C*. 8 knecht *A*.
9 tobindingen *N*. dez tobendinges *C*. 10 die *fehlt A*. 11 komen magest *C*.
12 sein *A*. 13 ist daz daz *C*. 14 wollest Eubrica *A*. *Das folgende bis
zum ersten Capitel fehlt A; es ist aber ein Raum von 10 Zeilen frei ge-
lassen; in B fehlt das Blatt.* 15 sent *immer N*. 16 her *immer N*. 18 ander
heiligen *C*. im *C*. 21 meistirlichen schriften *C*. 22 die *C*. 24 *N fügt hinzu:*
als ielicher wol prufen mag der sie mit vornunftigen awgen fleissiclichen
beschawwet Nu hebt sich an das erste capitel. 25 O *fehlt C*. bischofe *A*.
26 von *fehlt C*. lop *C*.

gen cristenlichen gelauben sant Jeronimus sweigen schullen,
seint er ein gruntstein der heiligen kirchen gewesen ist, dorein
sie gevestet und gebawet ist in eren des almechtigen gotes?
Oder dunket dich, hertzenliber vater, das ich mit kintlichem
sinne und mit gebrechsamer zungen sein lob begreifen schulle: 5
wann die himel gotliche ere allewege sagen und die werk des
almechtigen gotes, die er in seinen heiligen steticlichen war-
ket, der himel nicht vorsweiget? Schol denne die vornunf-
tige creatur in disen sachen sweigen, so die himel an allen
underlaz sulches lop wirdiclichen schreien? Was sal ich nu 10
tun, reden oder sweigen? Schemlich ist mir zu sweigen, so
die steine rufen. Sicherlich ich mein und wil reden und
wil loben Jeronimum, unseren erwirdigen vater, wie wol ich
seines lobes unwirdig sei und meinen gebrechen wol der-
kenne, beinamen das kein lop schones ist in sundigem munde. 15
Sterke dich, mein hant, zu schreiben, schicke dich, mein
zunge, sant Jeronimum zu loben mit allen deinen kreften:
wann er warhafticlichen heiliger, grosser, wunderhaftiger und
zu vorchten ist uber allermeniclichen, die allenthalben wonen.
Grosser ist er in heilikeit des lebens, noch grosser in grunde- 20
loser weisheit, allergrosist in seinen himelischen eren; wun-
derhaftig ist er in ungewonlichen zeichen, zu vorchten ist er
umb grossen gewalt, den er von gote hat so mildiclichen
enpfangen.

II.

Wie grosser er gewesen sei, der erwirdige unser vater 25
sant Jeronimus, in reinikeit und in heilikeit seines lebens,
wie mochte meine zunge das wirdiclichen gesprechen? Dorzu
gebrechsam sint die zungen aller leute. Jeronimus ist Sa-
muel, Johannes Baptista und Helias in hertikeit und in hei-
likeit des lebens: wanne er gleich als sie in der wustenunge 30

---

3 gebawet vnd gefestet *C*. 4 Aber *A*. dich *fehlt C*. vater dich *C*. 5 ge-
rechsamer *C*. 9 sachen *fehlt C*. mit 'die himel' *beginnt wieder B*.
12 stein *C*. wayne *A*. meine *C*. 13 vnser *A B*. 17 sant *fehlt C*. 18 war-
hafticleicher *A*. warhaftiger *C*. und *fehlt B*. 20 noch grosser ist er in *B C*
21 aller gröster *C*. 22 in seinen *C*. zeichen *fehlt A*. 23 hette *C*.
27 mein *B*. sprechen *C*. 28 brechsam *B*. sint sie dy *A*. Samuhel *C*.
29 holias *B*. Elyas *C*. 30 wustunnge *A*.

einsidel gewesen ist under wilden tiren und hat getwungen
seinen leip mit gewandes hertikeit, mit hunger und mit
durste. Dorzu als der erwirdige vater Eusebius mir schrei-
bet und als dir selber wol kunt ist, Cyrille, so hat er wei-
5 nes und gemachtes trankes nicht genutzet in funftzig gantzen
jaren, fleisch und vische waren im so gar widerzeme das
er sie nicht mochte horen nennen, gesotene speise hat er
genutzet in seinen letzten sichtagen nur zu zweien malen.
Mit dem cilicium hat er sein fleisch gekreuket das er enlich
10 wart einem swartzen moren, mit gar snodem gewande was
er allewege gekleidet. Die erde was sein bettegewant, eines
in dem tage hat er sich gespeiset mit fruchten, wurtzeln
oder bletern. In vesperzeit hub er an zu beten und dorinne
beleib er untz in die nacht zwo gantze stunden. Dornach
15 slif er auf der erden in grosser mudikeit untz an die mit-
ternacht; so stund er auf zu lesen in den heiligen schriften,
domit die heilige kirche als mit edlem gesteine geziret ist
allenthalben. Bei denselben buchen bleib er untz das er
essen solde. Ein icliches kleines irresal beweinet er so bit-
20 terlich, als ob er einen menschen getotet hette.

III.

Zu dreien malen in iclichem tage slug er sein fleisch
mit so herten stricken das sein blut flussig wart aus allem
seinem leip. Gleich als vor den süchten hutet er sich mus-
siger wort. Er was allewege unmussig entweder mit lesen
25 oder mit schreiben oder mit heiligen seinen leren. Was sal ich
nu mer sprechen? Wer das sache das ich aller heiligen leben
beschawen mochte, einen grossern den sant Jeronimus sei,
mochte ich under in allen nimmer vinden. Samuel wart zu
der pristerschaft gerufet mit gotlicher stimme: unsern heili-

3 sant Eusebius *A*. 5 füfezig *C*. 6 fisch *C*. widerczemig *B C*. 7 speis *C*.
9 er vor enlich *fehlt A B*. 13 oder mit bletern *C*. bleter *A B*. 14 er
auch vncz *A*. biz *C*. czwu *C*. 15 bis an die nacht czwu .... *wiederholt
bis* an die mittenacht *C*. mitten nacht *A*. 17 gestein *C*. 18 denselben
kirchen *A*. bleib *fehlt C*. biz *C*. 19 irsal beweinte *C*. bitterlichen *C*.
21 sluge *C*. 22 wart *fehlt B C*. 23 leibe wart als vor den *C*. vor
müssigen worten *C*. 24 vnmüssiger *C*. 26 wer ez daz *C*. 28 ge-
vinden *B*. an der *C*. 29 vnseren *C*.

gen vater Jeronimum hat des engels hant mit gewalt getwungen das er lassen muste von werltlichen buchen und muste sich der heiligen schrift gentzlichen underwinden. In unsers vaters Jeronimus klarem lichte und in heiliger seiner arbeit haben wir itzunt mit hilfe des almechtigen gotes 5 die alten und die newen ee in der heiligen kirchen. In sterke seines armes ist aller ketzer sampnunge vorderhet und zustrewet.

IV.

Der erwirdige sant Jeronimus ist ein wirdige krone aller unser eren: wann er die alten und die newen schrift 10 aus ebraischer zunge in krichisch und in lateine bracht hat zu ewigem nutze der cristenlichen kirchen. Dorinne hat er auch alle swerikeit, alle vinsternusse und allen zweifel geleutert und dorzu entloset alle stricke. Auch hat er ordenunge gegeben den ampten, der pfafheit und den dinern der 15 heiligen kirchen zu ewiger besserunge. Dovon mag ich wol sprechen das er grosser sei mit unsprechlicher weisheit grundeloses sinnes. Alle schulkunste hat er gewost so gar volkomenlich das im dorinne nimant geleich gewesen ist auf erden, als ich solche sein weisheit wol derkennet habe in 20 den, die er mir ofte gesendet hat, seinen kunstreichen meisterlichen brifen. Ebraische, krichische, arabische, von Caldea, von Persien, von Medien und dorzu aller lande und alles volkes zungen, buchstaben und sprachen kunde er so gar volkumenlichen, als ob er in ielichem lande und bei 25 ielichem volke sunderlichen geborn und gezogen were. Und kurtzlichen zu sprechen: was der erwirdige Jeronimus nicht gekont hat, das ist in der naturen unkunt und unwizzent allermeniclichen.

1 vater sant *C*. betwungen *B*. 2 püchern *A*. 3 schrifften *B*. gentzlichen *fehlt BC*. 4 seiner heiliger *C*. 8 czustoret *B*. vnd zustrewet *fehlt C*. 10 vnd er *A*. 11 czungen *C* in krichische czunge *B*. in krichische vnd in lateine czunge *A*. in krichische vnd lateinischen czungen *C*. 12 nutz *C*. 15 Ampeten *C*. 16 ewiger *fehlt B*. 18 grundesomes *B*. solche kunst *BC*. gar *fehlt C*. 21 kunstenreichen briffen *C*. 23 von Persien *fehlt C*. 24 buchstaben sprach *C*. 25 gar *fehlt C*. also *AB*. 26 sunderlich derczogen vnd gehoren weren *C*. 27 kurtzlich *C*. erwirdige sant *C*. 28 gekonst *B*. ist *fehlt B*. vnwissunt *B*. 29 allermeiniclich *C*.

V.

Erwirdiger vater Cyrille, nicht denke das ich von sant Jeronimus leben dir schreibe als ob dir unkunt sei umb sein wirde und sein grosse selde: wanne ich wol weiz das du in bruderlicher geselleschaft mit im gewesen bist gar von lan-
5 gen zeiten. Wann ob ich sein erwirdige heilikeit vorsweigen wolte, so wurden sie die hohen himel kunden, in den er itznnt mit unsprechlichen eren wirdlichen lebet und der grosten und der wirdigsten stule einen sicherlichen besitzet in den seligen wonungen des ewigen vaters. Wenne schol
10 ichem menschen gelonet werden nach seinen werken, so ist sant Jeronimus leben so volkomen gewesen das er billichen under allen seligen burgern der heiligsten obristen Jherusalem die wirdigste stat besitzet. Wer das nicht gelauben welle, der beschawe und neme zu hertzen die grossen wun-
15 der, die er nach seinem tode so mechticlichen wurket, die unzellich und wunderhaftig sint allermeniclichen, der mir mein erwirdiger vater Eusebius etwi vil geschriben hat mit seinen brifen. Auch wolde ich gerne underweiset sein der wunderhaftigen seiner zeichen, die alle tage, als ich under-
20 weiset bin, gescheen in seinen kreften. Des bitte ich dein libe, allerlibster vater, das du mir warhaftige und nutze sein wunder in kurtzen schriften, als es allerschirest gescheen mag, beschriben senden wollest.

VI.

Doch auf die rede das dieselbe unsers heiligen vaters Jero-
25 nimus ere nicht vorborgen sei, so meine ich dir zu sagen, was mir von genaden gotes widerfaren sei in dem tage seines todes. Wanne in demselben tage und auf dieselbe stunde, als der hei-

---

2 umb *fehlt* C. 5 tagen C. erwirdichait A. 7 eren wirdiclichen *doppelt* C. 8 vnd wirdigen B. stül C. 10 werde C. 12 vnder ander heiligen seligen burgern der obrister jerusalem die wirdige stat B. heiligen C. 13 wirdigen C. 14 wolle C. 17 etwann B. 19 der ezeichen der wunderhaftigen A. tag C. 22 geschehen C. 23 beschriben vnd senden B. *Am Rande:* yucipit de signis et sequitur *und* incipiunntur signa B. 24 sulches vnsers A B. 26 wider sei C. 27 dieselben C.

lige sant Jeronimus des unreinen unbederben gewandes diser
totlicheit beraubet wart und mit dem gewande himelischer freu-
den ewiclich gekleidet. do sas ich in meiner zellen zu Ypponen
und wart innielich betrachten, wie grosse der heiligen selen er-
wirdikeit und frende weren in gegenwurtikeit des almechtigen 5
gotes und meinet ich durch bete willen meines liben freun-
des Severus, der sant Martins, bischofes zu Turon, schuler
gewesen ist, etwi vil zu schreiben und hatte itzunt zu hande
genomen papir, horn und veder in meinunge sant Jeronimo
zu schreiben auf die rede das er mich underweiset, was er 10
dovon woste: wanne mir wol kunt was das mich so swe-
rer frage nimant so leuterlich underweisen mochte aus allen
den, die lebendig sein auf aller diser erden.

VII.

Dornach zuhant als ich meinen grus sant Jeronimo ge-
schriben hatte, derschein ein wunderhaftiges licht in meiner 15
zellen, das sulches lichtes menschen augen nie gesehen haben,
mit so suzzem wunderhaftigem ruche. Do ich sulches licht ge-
sach als in der completen zeit, do vorlos ich durch wunder
willen alle kraft der gedanken und des leibes: wanne ich
woste nicht das der almechtige got seinen knecht Jeronimum 20
erhebet hette mit gotlichen kreften und sein tugent offenba-
ren wolte allermeniclichen; ich woste nicht das der barm-
hertzige got seinen getrewen diner Jeronimus von unfletikeit
des snoden fleisches enbunden hette und in in dem hohen
himelreiche einen wirdigen stul bereitet hette; ich woste 25
nicht die vorborgne wege des almechtigen gotes; ich woste
nicht seiner gotlichen weisheit grundelosen schetze, mir was
unkunt umb seine gerechten heimelichen gerichte: wanne er
lesset zu im kumen, wen er wil mit seiner gotlichen weis-

1 vnreinigen B C. 2 totlichkeit berauwet C. 3 ewiclichen C. 4 yunic-
lichen C. seligen A. sele C. 5 were C. 6 frewnde A B. 7 mereins B.
Merteins C. Tyron C. 9 federn C. 10 vndeweiset B. 11 weste C.
13 lebending C. 14 Dornach fehlt C. 15 hette B C. 16 hette A B.
17 wunderhaftigen C. 18 vorlosze C. 19 des leibes fehlt B C. 21 er-
hebet fehlt C. creften erhebet C. 24 dem hymelreich C. 27 hertz C.
28 sein C. heimlichen C. 29 gotliche B.

heit, die nimant begreifen kan, und wen er rufet, den ordent
er zu dem leben und gerechtiget und seliget in nach seiner
weisheit grundeloser gute. Dovon mein augen sulches lichtes
nie gesehen hetten und mir sulches ruches vormals nie be-
5 geinet was, des muste ich erschrecken sulcher ungehorter
newer wunder.

VIII.

In den zeiten als mein gedanken so bekumert waren,
horte ich aus dem lichte eine stimme sprechen: 'Augustine,
Augustine, was suches du? Wenest du in ein kleines vas
10 das gantze mer zu senken und mit einer kleiner haut die
gantze erde begreifen? Wilt du den himel zäumen und in
seinen gewonlichen lauf vorbiten? Sal nu dein auge sehen
das menschen augen nie gesehen mochten, sal nu dein ore
horen das nie gehoret hat eines menschen ore? Und wenest
15 du zu vornemen das nie komen ist in eines menschen
hertzen? Wiltu ende vinden doriune, das nicht endes hat
und nimmermer gewinnet? Das masse nicht hat, wer kan das
gemessen? Bas wurde das mer vorslossen in einem kleinen
vaz und die gantze werlt in einer kleiner haut begriffen,
20 ee müste der himel enberen seines laufes, denn du der gros-
sen eren und freuden, domite die seligen selen in himel ge-
wirdet sint, den allerminsten teil vornemen kundest, du wur-
dest denn gewar, als ich gewar worden bin, sulcher eren
und freuden. Laz die zeit ein kurtze frist vorlaufen, nicht
25 vleizzige dich ummuglicher dinge untz an die zeit das sulcher
lauf deines lebens gentzlich erfullet werde. Such nicht auf er-
den, das nindert zu vinden ist nur alein in des himels trone.

---

1 mag *A*. 2 gerichtiget *C*. 3 grundloser *C*. dovon sint *A C*. 4 sulcher
ruch *C*. 5 begegenet *A*. was *fehlt A B*. 7 bekomert *C*. 8 Augustine
fehlt einmal C. 9 suchest *C*. eines *A B*. 10 mere *C*. kleinen *C*. 11 erde
gantze *A B*. wiltu *C*. czemen *C*. 12 sein *C*. 13 haben *C*. 14 einiges
B C. menschen *fehlt C*. wenstu *C*. 15 einiges *C*. 18 was würd des
meres *B*. mere *C*. 19 vasse *C*. gancz *B*. kleinen *C*. 20 müst enpern
der hymel *B*. 21 heiligen *C*. 22 gewirdiget sein *C*. wördest *C*.
24 kurcz *B*. 25 fleizz *B*. fleisse *C*. dingen *A B*. biz *C*. 26 ganczleich *A B*.
verfullet *B*. suche *C*. 27 alein *fehlt C*.

In disen zeiten fleisse dich sulcher tugentlicher werke auf
die rede das du alle ding wol vornemen mugest in dem
himelreiche und auch dorinne ewiclichen bleibest.'

IX.

Zu sulchen worten erschrak ich, das ich vilnach amech-
tiger wart durch so grosse wunder und wart meiner krefte
vilnach beraubet. Doch wart ich etwi vil kunheit wider
vassen und wart mit vorchtsamer stimmen also sprechen:
'Wer bistu so seliger und so erwirdiger, der mit sulchen
eren zeuhet zu des himels freuden? Wie susse sint meinem
gumen deine sussen spruche!'

Do sprach er: 'Fragest du umb meinen namen, so
wisse das ich die sele bin Jeronimi, dem du gemeinet hast
deine brife zu senden, und bin zu Bethlehem in diser stunden
von dem leibe gescheiden und vare gegen himel geziret mit
aller schone in geleite des almechtigen gotes und alles seines
himelischen heres. Ich vare erleuchtet mit gotlichem scheine
und bekleidet mit des ewigen lebens guldeinem gewande in
uberflussikeit alles guten und aller freuden, wanne ich sig-
haftig worden bin und habe in gotes kreften alle mein not
gentzlich uberwunden. Kein gebrechen mag mich furbas
mer besweren; ich bin in wirden und in eren und mein
freude wirt zwifechticlich gemeret in den zeiten, so sich
leip und sele sampnen werden in dem jungisten tage.'

X.

Do wart ich sampnen meiner gedanken krefte und mochte
mich vor grossen freuden weinens nicht enthalden und gab

---

1 zeiten *fehlt* C. 3 hymelreich C. 4 worte C. nach *fehlt* A. vnmech-
tiger C. 5 creft B. 6 nachent A. 7 stimme C. 8 o wer A. 9 meine
gumen ezu deinem C. 12 die *fehlt* C. dem du deine briefe meinest ezu
senden BC. 13 der C. sunden AB. stunde C. 14 dem *fehlt* C. bescheiden B.
ezu scheiden C. varen B. 15 seines *fehlt* BC. 16 heren AB. var B.
hymelischem C. 17 gecleidet B. guldeinen B. 18 sighaftiger C. 19 wur-
den B. not vberwunden genezleichen A. 20 geneziglich B. 21 eren
mein B. 22 trewd B. ezwifachticlich C. so leip vnd sele gesampnet
werden BC. 23 jüngsten C. 24 Doch A. 25 von B.

8*

im sulche antwurte: 'Wolt got, erwirdiger man, das ich
wirdig were dein knecht zu sein! Sust bit ich dich, gedenke
an mich, deinen unnutzen diner, als du mich in freunt-
schaft gehalden hast auf diser erden, das ich durch dein
5 gebete gereiniget werde von allen meinen sunden; das ich
mit deinem schirme in gotlichem wege ungehindert beleibe;
das du mit deinen kreften vor sulchen meinen veinden, die
meines schaden warten, mich genediclich beschirmest und
das ich in deinem geleite des ewigen heiles seliges uber sicher-
10 lich begreife. Und ob du mir antwurten wollest wes ich dich
vragen werde?' Do sprach die sele: 'Ich wil dich williclich
berichten aller deiner vragen.' Do sprach ich: 'Gerne wolde
ich vornemen ob die seligen selen, die zu himel sint, bei-
weilen ichtes erwerben wollen, das sie nicht behalten und
15 von gote nicht erhoret werden?' Do sprach die sele: 'Ein
ding saltu, Augustine, wissen das die heiligen selen in ewigen
eren und in gote also gefestent und gesterket sint, das sie
keinen andern nur gotes willen haben: wann sie nicht an-
ders wellen mugen nur das got wil. Dovon behalden sie
20 allewege alles, das sie wollen: wann alles das, das sie wollen,
das wil auch got und derfullet auch das ane zweifel. Nimant
wirt doselbest betrogen seiner begerunge: wenn wir allesampt
nicht anders nur got aleine wunschen und so wir zu allen
zeiten got haben wollen, so habe wir in sicherlichen. Dovon
25 wirdet allewege unser begerunge volkumenlich erfullet.'

XI.

Allerlibister vater Cyrille, lang wurde mein rede, scholt
ich alle antwurte der erwirdigen selen in disem brife be-
greifen. Meine meinunge ist gegen Bethlehem kurtzlichen

---

1 antwort *C*. 2 wirdige were *AB*. 6 werde *BC*. 8 schadens *C*. gena-
diclichen *AB*. schirmest *A*. 9 das ich *fehlt BC*. seiliges heiles *C*.
sicherlich muse *BC*. 10 begreife *fehlt BC*. 11 williclichen *C*. 12 frage *C*.
13 seligen *fehlt A*. beleiben *B*. 14 dez *C*. 15 got *C*. 16 scholt du *C*.
17 got *C*. und gesterket *fehlt C*. sein *C*. 18 keinen willen nur *C*. 19 wol-
len *C*. wil *fehlt B*. 20 alleweg waz sie *C*. alles das sie *C*. 23 nur allaine
got wunschen vnd got haben wollen So haben wir in sicherleichen *A*. aller
ezeit *C*. 24 haben *C*. 26 lange *C*. 27 sele *C*. 28 vnd wanne meine *AB*.
mein *C*. kurtzlich *C*.

zu faren, das ich des heiliges sant Jeronimus heiligtum mit
hilfe gotes beschawe, und doselbest wil ich dir beschriben
lazzen, was ich gehoret hab von der e genanten selen:
wan dieselbe erwirdige sele etliche stunden bei mir bleib
und berichte mich von der heiligen drivaltikeit einigem
wesen dreier personen, des sunes geburt von dem vater,
des heiligen geistes entsprisunge von dem vater und von
dem sune; dornach von engelischen jerarchien und ordenunge
und dorzu der ampte und dinste aller seligen geiste und
dorzu der selen alle selikeit und vil ander dinge, die gar
swer sint menschlichen sinnen und vornunften: und ob ich
mit aller leute zungen gereden kunde, dennoch mochte ich
sulche wunderhaftige behendikeit mit nichte zu worte
bringen.

Dornach vorswant die selige sele vor meinen augen,
doch bleib bei mir ein sulcher ruch in meiner zellen,
den nimant besinnen mag und noch minner gereden.

XII.

Wie gar wunderhaftig ist sant Jeronimus in seinen
grossen eren und ungewonlichen zeichen, die fremde sint in
augen aller leute! Dovon schulle wir alle in anrufen und in
loben: wann er so erwirdig ist das in nimant kan oder mag
volkumenlich geloben, sint er gefaren ist schoner und in
grosser zirheit zu des himels trone, do er an zweifel auf
einem der wirdigisten und grosten stule ewiclichen sitzet.
Erwirdiger vater Cyrille, auf die rede das mein warheit mit
mer gezeugen denne mit mir einen geoffenbart werde, so
sage ich dir in der warheit das der e genante Severus, ein

---

1 heiligen *C*. 2 beschreiben *AB*. 3 lasze *C*. 4 wie die selbe etliche
stund bei mir *C*. dy *B*. 5 vorrichtet *C*. einigen *B*. 8 von dem eng. *A*.
9 der *fehlt C*. der diusten *A*. seligen engel *C*. 10 aller *BC*. 11 sint
fehlt B. sinnen und *fehlt AB*. 12 mocht *B*. 13 worten *C*. 15 selige
fehlt B. 16 belaib nach ir *A*. 17 nymmer *C*. 18 wunderhaftiger *C*. in
grozzen seinen *A*. seinen so grossen *C*. 19 gewonlichen *B*. in vngewon-
lichen *C*. 20 wir in allen *A*. in *fehlt C*. in *fehlt C*. 21 so gar *B*. er-
wirdiger *C*. 24 wirdigsten *C*. besitzzet *C*. 25 mit mir *AC*. 26 eine ge-
ezeuget vnd *B*. eine gezeuget werden vnd geoffenbaret so ich dir *C*.
27 warheit *fehlt C*.

gelerter weiser man, mit dreien andern seligen personen bei
meinem gesichte gewesen ist auf denselben tag und in derselben
stunden, als sant Jeronimus vorscheiden ist, wie wol sie
allesampt in denselben zeiten zu Turon weren. Des ist sint
5 der zeit der e genante Severus bei mir gewesen und hat
mir desselben warhafticlichen bekennet.

XIII.

Der almechtige got wolte nicht gehengen das sant Jero-
nimus wirdikeit vorborgen were, und was gar billich das
sein ere alle werlt wissen und voruemen scholte, wanne
10 seine heilikeit uberhoet in disem leben allermeniclichen. Auch
ist es ubergrosse notdurft das sein heilikeit allenthalben
scheine auf die rede das alle seine diner seinen wegen dester
williclicher volgen, so sie seine grosse wirde offenbar der-
kennen und das sie domite in den warhaftigen der ewigen
15 selden wegen dester steticlicher bleiben, so sie sehen und gentz-
lichen beschawen, wie in der almechtig got gewirdet hat
und so mildiclich geeret: wann alle arbeit trostlichen leichtet
und ringet gewisse hoffenunge des lones. Dovon hat der
almechtige got in dem tage, als der erwirdige Jeronimus
20 vorscheiden ist, dem e genanten Severus und mit im andern
dreien personen geoffenbart, mit welchen wirden und mit
welchen eren der erwirdige sant Jeronimus sei in das himel-
reich enpfangen.

XIV.

In den zeiten der completen desselben tages, als der
25 erwirdige sant Jeronimus vorscheiden was, so waren bei ein-
ander der e genante Severus und ander drei personen ge-
laubige und tugentlicher siten. Und in zale derselben waren

---

1 sciliger man *C*. seligen *fehlt A*. 2 gesicht *C*. 4 an *B*. 6 des *B*.
warhaftielich *C*. 9 schulle *B*. 10 sein *C*. vberhöhet *C*. allermeiniclich *C*.
11 uber *fehlt A*. 12 sein *B*. 13 sein *C*. 14 warhaftigem *C*. 15 stetic-
lichen *AB*. gentzlich *C*. 16 almechtige *C*. gewirdiget *C*. 17 trostet *B C*.
18 lobez *A*. 19 tag *C*. 20 e genante *B*. im *fehlt C*. 22 in den hymel *C*.
24 In czeiten *A*. der czeiten *B*. 25 also vorscheiden *B*. 26 gelaubiger *C*.

zwen muniche aus sant Martinus kloster. Und in den zeiten
als sie mit einander in gotlichen worten waren, horten sie
in den himeln und in der lufte so suzze, so ungehorte, so
unsprechliche und so ungewonliche stimmen und so trostliche
done der orgeln, gesanges und alles seitenspiles, domite der
himel und auch die erde und was dorinne begriffen was
alzumal erklungen, also das sich durch sulches gesanges
suzzikeit ire selen wolden von dem leibe scheiden.

Des huben sie auf ire augen in ubermessigem erschrecken
und sahen in den himel und in die luft und was dorinne
begriffen ist. Do sahen sie ein licht sibenstunt schoner
den die lichte sunne wirdiclichen scheinen, dorans suzzer
ruch allenthalben brechet. Nach sulchem gesichte baten sie
den almechtigen got das er sie underweisen wolde, worumb
die sulchen grossen ding geschehen. Des horten sie von
himel ein stimme in sulchen worten:

XV.

'Nicht lasset euch wundern, nicht lasset euch fremde
sein, ob ir sulche dink horet oder sehet: wanne dises heu-
tigen tages der kunig aller kunige und herre aller herren
Jhesus Cristus seines erwirdigen knechtes sant Jeronimus
selige sele genomen hat von diser schalkhaftigen werlt und
ist zu ir gegen Bethlehem erwirdiclich gefaren und hat sie
so vil herlicher, erwirdiclicher und auch zirlich gen himel
gefuret, als der erwirdige Jeronimus heiligers lebens gewesen
ist vor allen andern lebendigen leuten. Heute dises tages
frewen sich alle ordenunge der heiligen engel und tun geselle-
schaft irem herren mit aller suzzikeit gesauges. Alle pa-

---

1 czwene *B*. Münche *C*. merteins *B*. Martinus *fehlt C*. 3 an der *AB*.
ungehorte vnd *BC*. 4 und so *fehlt C*. suzze stymmen *AB*. stymme *C*.
5 der Engel gesanges vnd orgeln vnd alles seitenspiles *C*. 7 sulches durch
gesanges süszikeit *C*. sanges *B*. 8 den leiben *C*. 10 und nach himel *fehlt A*.
in *fehlt B*. 11 so sahen *B*. 12 lichte *fehlt AB*. wirdiclich schein *C*.
13 brehet *A*. ging *C*. vnd nach dem ges. *A*. noch gesichte *B*. 14 gote *B*.
19 aller konig *C*. 21 werlte *C*. 22 zu mir *C*. se *B*. 23 heiliclicher *BC*.
ge in *C*. 24 heiligens *B*. heiliges *C*. 25 lebendingen andirn leüten *C*
leute *B*. 26 frewden *B*. ordenunge der heiligen *fehlt C*. 27 irm *B*.

triarchen, alle propheten, alle zwelfboten, alle jungern des almechtigen gotes, alle mertrer, alle bekenner des heiligen cristenlichen gelauben und beinamen die hochwirdige junkfrawe, des almechtigen gotes muter, mit aller junkfrawen schar und
5 dorzu alle seligen selen begeinen dem erwirdigen Jeronimus in sussen grossen vreuden und enpfahen iren lantman mit wirdiclichen eren.' Domit sweig die stimme, aber das licht, der sang und der suzze ruche bliben dornach zu etlichen guten fristen. Wer wil nu doran zweifeln das unser hertzen-
10 liber vater sant Jeronimus besitze itzunt einen der grosten stule und sei der grosten des himels burger einer: wanne er wunderhaftiger, erwirdiger, grosser und zu forchten ist umb den gewalt, den er enpfangen hat von dem almechtigen gote.

XVI.

15 Dovon ist nicht wunder ob er bei gote beheldet alle seinen willen, wann dem gotlichen willen seine gedanken mit gantzem hertzen volgen. Nimant strafe mich sulcher kunheit, das ich sprechen wolle das unser vater sant Jeronimus in gleichen wirden sei mit sant Johansen Baptisten,
20 von dem unser herre Jhesus Cristus gesprochen hat das nimant grosser den er erstanden sei in aller frawen kinden; oder das ich sant Jeronimus uber die zwelfboten erwirdigen wolle, wanne unser herre der almechtige got dieselben sein zwelfboten aus aller der werlt erwelet und erkoren hat zu
25 troste seinem cristenlichen volke: doch mit urlaube erkenne ich keine redliche sache, durch der willen unser vater sant Jeronimus in allen, von den ich geredet habe, nicht gleichen

---

5 aller *B*. heylige *C*. begegenen *A*. sant Jeronimo *C*. 7 geswayge *A*. stym *B*. lichte *B*. 8 gesang *A*. der *fehlt C*. süszen *C*. 9 das unser *fehlt A B*. 10 itzunt *fehlt C*. 11 stül *C*. und sei der grosten *fehlt A*. 12 erwirdiger *fehlt C*. 14 got *C*. 15 got *C*. 16 gotlichem *C*. 17 gantczen *B*. 18 spreche daz *B*. 20 herr *B*. 21 den er *fehlt C*. entstanden *A*. sei *fehlt B C*. ezu *A*. alle *B*. kinden sey *C*. 22 vbc *B*. 23 wolle *fehlt C*. 24 werlde erwelet hat vnd erkoren *C*. 25 trost *B*. cristenlichem *C*. vrlaub *C*. 26 thain *A*. deine *B*. sant *fehlt B*. willen sich vnser herr vater in allen den von dem ich geredet *A*. 27 geglichen *A*.

muge, ob man das vindet das er gleich heiliges lebens
gewesen sei als sie: wanne unser herre, der almechtige got,
nicht underscheides macht zwischen herren und armen leuten,
sunder er begabet iclichen nach dem als er vordinet hat
auf erden. Dunket aber imant das sant Jeronimus in wirden 5
und in eren minner sei den sant Johannes Baptista und die
heiligen zwelfboten in gotes angesichte, so bin ich ane
zweifel: welche zeit derselbe vornunfticlichen betrachten wil
sant Jeronimus heilikeit, sein strenges leben, sein ubermessige
arbeit, sein steticliches lernen, seinen grossen fleiz, 10
domit er die alde und die newe schrift in latein gekeret hat
aus ebraischer zungen und dorzu seinen unmessigen fleiz,
domit er der heiligen kirchen ampt geordent hat und weislich
gemachet; das denne denselben seine vornunft dorzu
leuterlichen weisen schulle, das er wol erkenne das sant Jero- 15
nimus nicht vil minner sei denne sie alle, sunder das er in wol
gleicher sei in wirden und in eren.

XVII.

Auf die rede das nimant mich vordenke, ob ich unsern
vater sant Jeronimus sant Johansen Baptisten und den heiligen
zwelfboten gegleichet habe in wirden und in eren, so 20
muz und wil ich der warheit zu hilfe eines sagen, das mir
innewendig vir tagen widerfaren ist. Das auch nimanden
dunke das ich meines liben vater sant Jeronimus lob durch
libe reden wolle (wanne ubermessige libe die warheit ofte
hindert) oder das ich unvornunfticlichen und an alle redliche 25
sachen mich sulches lobes underwunden habe, so tun ich
kunt, liber vater Cyrille, deiner sunderlichen libe das mir
sulche ding, als ich itzunt reden wil, nicht gesaget sein von

1 man vindet C. er fehlt B. leben AB. 3 machet C. 4 iclichem B.
noch seinen vordinen auf erden C. 5 ader B. 8 welch C. vornünfticlich
C. 10 leren C. fleisse B. 11 neüwe vnd alde C. 12 fleisse B.
13 die C. ir ampt C. 14 seinen vornunft dorczu (der czu A.) leuterlichen
wissen schulle AB. 15 leuterliche dor czu C. erkennet C. 16 er wol BC.
18 ymant BC. 19 sant vor Jer. fehlt A. 20 geleichet A. gleichet C. hab B.
21 hilffe eines reden vnd sagen C. eins B. 22 ynwendig C. nimande B.
23 vaters C. 24 rede B. lieb B. 25 und fehlt BC. alle fehlt A. redleich A.
redliche B. 26 sache C.

menschlicher stimme, sunder von offenbarunge des almechtigen gotes, der sein heiligen allewege wirdiget in grossen eren.

XVIII.

Do ich gesessen was und begunde gedenken auf disen
5 brif, den ich dir, liber vater, sende und wart betrachten, mit welcher bescheidenheit ich den erwirdigen sant Jeronimus geloben mochte, do begreif mich ein slaf zu mitternacht. Zuhant begunde ich sehen ein grosse schar himelischer engel und sach under in allen zwene man, die ane alle zal schei-
10 niger waren denne der glenstigen sunnen brehen, und waren dieselben zwen an einander so enlich, so gleiches gestaltes und so gleicher formen, das nimant bei den zweien mochte icht underscheides gesehen oder merken, nur aleine das ir einer drei creutzel trug, reiche von golde und von edelem
15 teuren gesteine. und der ander trug nur zwei creutzel. Und waren beidesampt gekleidet mit so reichem golde und mit so feinem edelen gesteine, das sulche zirheit menschliche vornunft mit nichte besinnen kan oder mochte. Die gingen beidesampt zu mir vil nahen und stunden sweigende bei
20 mir etliche weile. Dornach sprach zu mir der eine, auf des haupte drei creutzel waren, sulche wort als du. liber vater, dornach geschriben vindest.

XIX.

'Augustine, du bist in gedanken, wie du kunnest oder mugest Jeronimum wirdiclichen loben. Noch hastu nicht
25 funden die wege seines lobes; dorumb sei mir beidesampt zu dir komen das du seines lobes underweiset werdest. Der

---

3 in so grozzen *C*. 5 trachten *A*. 7 beygraf *B*. 9 czwen *C*. alle *fehlt BC*. 10 glesten *A*. sunnen schein *C*. schein ader brehen *B*. 11 an *fehlt C*. 12 nyemant mochte pey den czwayn icht *A*. mochten *B*. 13 vnderscheidens *B*. gehaben *C*. 14 einer trug drey *C*. edeln *B*. 15 tewrem *C*. steine *B*. 16 becleydet *C*. 17 feinen *B*. edelem *C*. stayne *A*. 18 vornemen *C*. kan oder *fehlt BC*. 19 sampt *fehlt C*. bey mich *B*. vür mich *C*. vil *fehlt A*. pey mir etleiche weile sweigunde *A*. 20 zu mir *fehlt BC*. 21 liber vater *fehlt C*. 22 hernach *C*. 24 geloben *A*. hast du *C*. 25 den weg *BC*. sein wir *C*.

mit mir stet in deinem angesichte, das ist Jeronimus, mein
geselle, und gleicher weis als er gleich mir gewesen ist in
heilikeit des lebens, als sei wir gleich an einander bei gotes
angesichte in wirden und in eren und was ich vormag, das
vormag auch er und was ich wil, das wil auch er und als 5
ich got sehe, erkenne und vorneme, also sihet und vornimpt
und erkennet auch er denselben got, in dem unser und aller
heiligen wirde, vreude und ere begrifen ist: wann ein
iclicher heilige grosser oder minner wirde nicht hat denn
der ander, nur domit aleine das einer mer oder minner den 10
der ander das gotliche wesen erkennet und beschawet. Das
dritte creutzel, des ich mer trage den Jeronimus, ist der
mertrer wirdige krone: wann ich mit der marter geendet
habe mein leben. Und wie wol Jeronimus durch grozze
seine arbeit, rewe, suftzen, smertzen, leidunge, slege, vor- 15
smehunge und umb ander grozze not, die er frolichen,
demuticlichen und auch geduldiclichen durch got geliden hat,
ein warhaftiger martrer gewesen sei und der mertrer wirdige
krone nicht vorloren habe; doch umb das das er sein leben
nicht geendet hat mit dem swerte, so enbirt er aureola, der 20
kronen, die man nimanden gibet nur dem aleine, der sein
blut in gotes dinste vorgeusset. Die andern zwei creutzel,
die wir beiderseiten tragen, sint sulche kronen, die nur
junkfrawen und lerer angehoren auf die rede das man sie
vor andern wol erkennen muge.' 25

XX.

Dornach dauchte mich das ich also sprechen scholt:
'Wer bistu, mein herre?' Do sprach er: 'Ich bins, Johannes

---

1 czu deinem *A*. angesichte *B*. Jeronimus vnd als er gleich gewesen ist
in heylichait des lebens *A*. 2 gleicher *C*. 6 got erkenne sehe vnd *C*.
vornymet *C*. 7 auch *fehlt C*. 8 vrewde vnd wirde vnd ere *B*. ein
fehlt B. 9 wirde *bis* ander *fehlt B C*. 10 minner ist *C*. 12 trag wen *C*.
der *fehlt A*. 13 martirer *A*. 14 hab *B*. 15 sein grosse *B*. suftzen
vnd *B C*. slege vnd *B C*. 16 vorsmenunge *C*. ande *A*. grozze *fehlt B C*.
17 demuticlich *C*. und auch geduldiclichen *fehlt B*. hat *fehlt A*. 18 wun-
derhaftiger *B C*. sei gewesen *C*. 19 kron *B*. vmb das er *A*. 20 empiret *B*.
21 nymande *B*. gib *B*. 22 dinst *B*. Creiiczelein *C*. 23 beiden seiten *C*.
24 angehoren vnd lerer *A*. 26 schölle *C*.

Baptista, und bin dorumb zu dir komen das ich dir kunden
wolde Jeronimus wirdikeit und ere. Augustine, du salt
wissen das sulche wirde und ere, die iclichem heiligen geschicht
auf erden, allen heiligen geschen ist in dem gantzen himelreich.
5 Nicht gedenk das in dem himel icht hazzes sei als auf dem
ertreich: wanne gleicher weis, als ein iclicher mensch auf
diser erden das wolle das im alle ander leute undertenig
weren, also frewet sich ein iclicher heilige in dem himel
der andern wirde und ere gleicher weis als sein selbes wirde
10 umb die starke unsprechliche libe, die in dem himel ist.
Und der groste heilige wolte allewege das der minste grosser
oder im geleich were, und das ist nicht umbsust: wanne
der minniste frewet sich des grosten wirde gleicher weis als
ob er sie selber hette, und mochte es gesein, so wolte gern
15 der minniste mit dem grosten und der groste mit dem
minnisten sein wirde teilen: wann icliches heiligen wirde ist
aller heiliger wirde und aller heiligen wirde ist icliches
heiligen ere und wirde besunder.' Sust scheidet sich von
mir die suzze geselleschaft nach sulchen suzzen worten.

XXI.

20 Zuhant als ich nach sulchem gesichte von dem slafe
erwachte, so enpfant ich in mir sulcher hitze warhaftiger
gotlicher libe das ich sulche suzzikeit nie enphunden habe
bei allen meinen tagen, und zuhant wart von mir enpfremdet
alle begerunge, hasses, neides, hochverte, ubermutes und
25 aller andern boser gedanken. Got ist mir des gezeuge, dem
alle ding offenbar sint e denne sie geschehen, das in denselben
zeiten ein sulche libe wart in mir enzundet das ich aller
leute selden mer gefrewet bin denne meines heiles, und das
ich ungeleiches liber undertenig sein wolte allermeniclichen
30 denne imanden gebiten. Allerlibister vater Cyrille, das hab

---

1 der *B*. 3 heiligen *fehlt C*. 4 geschehen *C*. 5 gedencke *C*. hymelreich *C*.
gehasses *B*. dem *fehlt C*. 7 erden der daz wolte daz im *A*. 8 heilig *B*.
9 dez andern *C*. 11 das er *B*. 13 mynste *C*. vroet *A*. 14 wolt *B*.
15 mynste *C*. grosten teilen sein wirde *C*. 16 sein *bis* teilen *fehlt C*.
17 heiligen *C*. 20 slaf *B*. 21 sulche hitzze *C*. 22 lieb *B*. 25 ander
bösen *C*. gezeug *B*. 27 lib *B*. 29 wolde sein *C*.

ich nicht gesprochen in sulcher meinunge das ich in keiner
weis mich selber loben wolte, sunder auf die rede das nimant
denke das ich betrogen sei in sulchem meinen traume,
wanne etlicher leute gedanken domite oft betrogen werden.
Doch hat der almechtige got sein heimlichkeit und sein 5
grosse wunder zu manigen zeiten geoffenbart in dem traume.

XXII.

Gelobt sei der almechtige got in dem erwirdigen Jeronimo,
seinem getrewen knechte! Gelobet sei der almechtige got
in allen seinen werken: wanne alle seine werk volkomen
sint und wirdet ungerechtikeit dorinne in keinen zeiten 10
nimmer funden. Auch sulle wir derheben und loben den
heiligen unsern herren Jeronimus: wanne er grosse ding
gewirket hat in zeiten seines lebens und dorumb grosse ding
enpfangen hat in ende seines todes. Er ist hochwirdiger,
grosser und heiliger in uns allen durch grosse heilikeit seines 15
reinen lebens; er ist heiliger und wirdiger durch sein gruntlose
weisheit, die unmuglich ist zu sagen; er ist grosser und
ubergrosser wirde in himelischen eren; er ist wunderhaftiger,
erwirdiger und lobsamer in ungehorten, ungesehen, unge-
wonlichen, wunderhaftigen zeichen; er ist zu wirdigen und 20
zu eren, zu loben und zu furchten umb den gewalt und
grosse macht, die er enpfangen hat von milden genaden des
almechtigen gotes.

XXIII.

Allerlibister vater Cyrille, wir sein schuldig nicht zu
sweigen, sunder zu loben unsern herren und vater sant 25
Jeronimus: wann nimant volsprechen mag seines lobes ere.
Wir sullen sein wirde offenbaren allermeniclich: nimant lazze
sich des wundern, ob wir den loben, den got so wirdiclichen

---

2 wolle C. 3 gedenke A. sulchen B. meynem C. 4 leut C. gedanke B.
oft do mit C. weren AB. 5 heilikeit C. 6 grossen C. in trawmen A.
7 got fehlt C. 8 seinen B. 10 sein C. 11 schollen C. 12 sant Jero-
nimus C. 15 reinikeit seines heiligen C. 16 reinen fehlt A. seine grund-
lose C. 19 vngesehenen C. 20 czeichnen C. wirden C. 21 czu eren vnd
czu loben C. 27 ein BC. luz C. 28 got fehlt B. wirdiclich C.

erhohet hat in himelischen eren. Nicht lasse wir uns vordrissen den wirdiclichen zu eren, den got so mildiclichen eren wolde. Nimant sal gedenken das sant Johansen Baptisten und den heiligen zwelfboten domite unrecht geschee, ob wir
5 gesprochen haben das in allen sant Jeronimus gleicher sei in wirden und in eren: wanne ir aller begerunge ist das sie gerne sehen das sant Jeronimus in selikeit, in wirden und in eren grosser werde den sie alle: wanne sant Jeronimi selikeit, wirde und ere ist ir aller wirdikeit und ewicliche
10 selde, und ir aller selikeit und igliches besunder ist sant Jeronimus ewicliche wirde, und dorzu was eren und wirden oder lobes sant Jeronimus erboten wirdet, das geschicht in allen, und welche ere ir iclichem erboten wirdet, domit ist auch sant Jeronimus gleicher weis als sie alle und iclicher
15 besunder geeret und gelobet und auch gewirdet.

XXIV.

Wer nu wolt sant Johansen Baptisten und die heiligen zwelfboten wirden oder eren, der sal auch unsern herren und unsern vater sant Jeronimum wirdiclichen eren, wenn er in allen gleich ist in allen dingen. Wie wol der almechtig
20 got in gotlicher warheit gesprochen hat das nimant grosser sei entstanden denn sant Johannes Baptista in allen vrawen kinden, dennoch mugen und sulle wir wol sprechen das im sant Jeronimus gleicher sei in des lebens heilikeit, in wirden und in eren. Spricht aber imant das unser vater Jeronimus
25 minner oder nicht so vil ere habe denne sant Johannes Baptista, derselbe tut grosses unrecht und grossen gewalt dem heiligen sant Johansen und meinet sein lop zu krenken und nicht zu meren.

1 hat got in *B*. lassen vns *C*. 2 wirdiclich *C*. mildiclich *C*. 3 Baptista *A*. 5 allesampt *B*. allensampt *C*. sei *fehlt C*. 6 eren sey *C*. 7 sant *fehlt B C*. in heilikeit vnd in eren grosser *B C*. 8 were *C*. 10 und ror ir doppelt *B*. 12 vnd lobes *C*. 13 enboten *B*. wirdet daz geschicht in allen do mit *C*. 16 Der *A*. 17 unsern *bis* vater *fehlt C*. 19 almechtige *C*. 21 enstanden sey *B*. 22 mugen wir vnd schullen wir *A*. schollen vnd mogen wir *C*. 24 ader *B*. vnser ewiger vater *A*. 25 eren hab *C*. 26 und *bis* gewalt *fehlt A*. 28 und *fehlt A B*.

Mein unvornunftige rede, mein unvolkumens lop nimpt
itzunt ende und wie wol es snode und zu nichte sei, doch
habe ich gearbeitet in rechter andacht zu wirde unsers vaters
und sende das mit lauterem hertzen, mit grosser begerunge
dir, Cyrille, erwirdiger vater. 5

XXV.

Dornach bite ich dein veterliche libe das du meines
unbederben tichtes, das ich mit unzimlichen worten gemachet
han sant Jeronimus zu eren, nicht spoten wollest, sunder
das du sulche meine getrewe arbeit freuntlichen enpfahen
wollest in veterlicher libe, und wo ich zu kurtz geredet 10
habe das wirdige lop eines sulchen grossen mannes, des
scholtu beschuldigen mein vornunft und die kurtze dises
brifes. Auch entschuldiget mich die ubermessige grosse
wirdikeit des heiligen mannes sant Jeronimus, unsers liben
vaters: wanne sein lop so ubergrosses und so gar unsprechliches 15
ist das es niuant volenden kan, ob sich auch des anneme
aller weiser meister und aller leute zungen. Erwirdiger
vater Cyrille, gedenke mein, deines sundigen sunes in den
zeiten, so du sten wirdest bei dem grabe, dorinne der erwirdige
leichnam sant Jeronimi unsers liben vaters ist, also das du 20
mich im enpfelhen wollest in den heiligen deinen gebeten:
wanne er an allen zweifel so almechtig ist bei den genaden
des almechtigen gotes, das er in allewege erhoret in allen
seinen begerungen und das er im nichtes vorsaget in keinen
stunden, wann er das wol vordinet hat umb die ewige genade 25
unsers herren Jhesu Cristi, der mit seinem ewigen vater in
einikeit des heiligen geistes ein warhaftiger immer lebender
got ist ewiclichen.

1 lop] werk *A*. 2 wie *fehlt B*. 3 gearbeit *C*. 4 lauterm *B*. 6 du *fehlt A B*.
9 du *fehlt A*. mein sulche *B*. 10 zu *fehlt B*. 12 scholt du *C*. vnd
auch *B C*. kurtz *C*. 14 vnsers liben vaters sant *J*. *B*. 15 so gar *C*.
gar *fehlt C*. 16 nyemant ez *A*. des *fehlt C*. 21 empfellen *A B*. 22 wanne
er an allen ezeiten vnd auch one allen ezweifel *A*. mechtiger *C*. den
fehlt C. 23 aller seiner begerunge *C*. 26 ewigem *C*. 27 ewikeit *B C*.
lebendinger *C*. ewiclichen amen *B C*.

Brief des Cyrillus an Augustinus.

Der leute ist genuk auf erden, die grossen heiligen in iren hochzeiten grosse wirde und grossen dinst beweisen mit dem, das sie auf dieselben vrist die kirche fleizziclichen suchen und bei gotesdinsten denselben tag williclichen und
5 mit gutem mut bleiben, von des heiligen leben horen predigen und loben desselben heiligen wirdikeit mit wolgemachten worten und in freudenreichen sinnen. Aber leider, das ich doch mit grossem smertzen reden muz, ist ir gar lutzel, die sulcher heiligen bildesamen leben, iren tugentlichen werken,
10 irer meisterlicher lere volgen wollen. Geringe ist uns wirdiger heiligen namen zu loben mit des leibes zungen, swer dunket uns zu tun nach iren werken und auch nach iren worten. Almechtiger schepfer, dir ist wizzenlich, wanne dir nichtes vorborgen ist, das weder zwelfboten, propheten, martrer oder
15 junkfrawen icht gutes getun mochten ane hilfe und ane stewer deiner himelischen genaden, und dein wirdigen engel des himels in cherubin, seraphin und in allen koren aller himelischen ordenunge nicht getun mochten an dein gotliche sterke: was salte den ein armer sundiger mensche tun, der
20 von snoder materien der erden und der aschen gemachet ist? Welcher tugent mochte er sich gerumen, wo er von deinen genaden understanden, erleuchtet und gesterket wurde?

Das ist des Bischoffs von Olimutz vorrede *N*. 1 vff der *C*. 2 eren *A*.
3 die selbe *C*. flessiclichen *C*. 4 gotes dinst *C*. 5 güten *C*. mut *fehlt C*.
horen *fehlt AB*. 6 loben *B*. des heiligen *C*. 7 freudenreichem synne *C*.
Ader *B*. 8 doch *fehlt BC*. 9 bilsamem *C*. bildesam *N*. 10 meister-
lichen *C*. gering *C*. 11 czu nennen vnd zcu *C*. czunge *C*. 12 auch iren *A*.
15 one steür vnd one hilffe *C*. 16 deines *B*. wirdigem *C*. engel *fehlt BC*.
englen *N*. 19 mensch *C*. 21 berumen *N*. 22 gnaden nicht *C*. vnder-
stunden nicht *BN*. nicht erleuchtet *B*.

Dovon, almechtiger und barmhertziger got, dein wille ist das man dich in allen deinen heiligen und alle deine heiligen in dir hochwirdigen, eren und loben scholle: nu sende uns deine gotliche kraft in deinem fronen geiste und mache uns alle wirdig deines dinstes, das wir dich und dein heiligen 5 und beinamen unsern heiligen vater sant Jeroninnus also loben mussen und wissen auf diser erden das wir in deinem ewigen reiche ewiclichen bleiben bei dir und in dir unserm herren Jhesum Cristum; wanne du mit deinem almechtigen vater und mit dem heiligen geiste ein warhaftiger ewiger 10 got bist ewiclichen. Amen!

Nu hebt sich an die epistel saut Cyrillus, dorinne er beschreibet des erwirdigen sant Jeroninnus wunderhaftigen zeichen, das allermeniclich wol prufen mag, wie erwirdig und wie unmessiglichen gros sant Jeroninnus sei in angesichte des 15 almechtigen gotes. Alhie hebet sich an das erste capitulum.

I.

Dem erwirdigen manne Augustino, under allen bischofen dem grosten, enbite ich Cyrillus, bischof zu Jerusalem, der minste aus allen pristern, sulchen meinen grus das du, Augustine, volgen mugest und volgen wollest den fuztriten 20 des erwirdigen Jeroninnus, des heilikeit in aller werlde steticlichen scheinet, ich meine, des gedechtnusse in selden ist und in gotlichem segen ewiclichen. Wie grosser der erwirdige sant Jeroninnus sei, das ist dir wol kunt, Augustine, liber vater, wanne du allewege in seiner geheime gewesen 25 bist beide seiner heiligen lere und seiner worte. Und das ich unwirdiger sunder mich underwinde von im zu reden,

1 und *fehlt A B.* barmhertzer *A B.* 2 und *bis* heiligen *fehlt B.* und *bis* in dir hoch *fehlt C.* 3 schullen *A B.* 5 deine *C.* 6 heiligen *fehlt B.* 7 mugen *N.* und wissen *fehlt C.* diser *fehlt C.* 8 ewigen *fehlt C.* 10 geist *C.* 11 ewiclichen *fehlt C.* Nu hebt *bis* capitulum *fehlt A B C: doch lässt A 7, C 10 Zeilen frei. und schiebt B folgende Überschrift ein:* hie schreybet cyrillus der byschoff czu jerusalem dem erwirdigen man augustino vnder allen byschoffen dem grosten vnd sich den mynsten. 18 groste *B.* enpeüte *C.* 21 sant Jeroninnus *C.* 22 stieticlichen *fehlt C.* 23 in *fehlt B.* 25 geheym *C.* 26 worte vnd lere *C.*

das mag mir zu torechter kunheit zelen ein iclicher weiser mensche. Sust twinget mich dein libe das ich dir etwas schreiben muz von seinen wunderhaftigen ungewonlichen zeichen, die got durch in in unseren tagen hat mildiclichen
5 gewirket auf die rede das er in lobesam der werlde machet und seinen namen erwirdiget in kuntschaft aller leute. In hoffenunge deines erwirdigen gebetes, Augustine, underwinde ich mich ditz werkes und mit kurtzen worten wil ich seiner unzellichen wunder etliche beschreiben.

II.

10 Und bei namen seinen erwirdigen tod, mein gesichte und etliche ander wunderhaftige dink, die in denselben zeiten seiner scheidunge gescheen sint, darf ich dir nicht schreiben: wanne der erwirdige vater Eusebius von Cremaron, sant Jeronimus junger, in dem seines meisters lere und heilikeit
15 volkumenlich gescheinet hat, als dir selber wol kunt ist sein weisheit und auch sein wirde, der in disen zweien jaren vorgangen ist und hat gevolget seinem meister und ist itzunt bei seinem meister und seinem vater Jeronimus in des himels freuden, als das wol kuntlich ist von grossen wundern, die
20 von im teglich gescheen: derselbe hat dem erwirdigen Damasus dem cardinalen, Theodonio dem romer und seinem bruder Severo dem erwirdigen manne, Eustachien der heiligen junkfrawen, dir und vil andern leuten, der ich nicht bedarf sunderlichen nennen, mit seinen brifen sulche ding volkumenlich
25 und ordenlich enboten. Dorumb laz ich dasselbe alzumal und meine von seinen wundern zu reden, die in gotes kreften teglichen scheinen, und meine auch anzuheben von dem

---

1 czu torheyt czelen *C*. 2 man *C*. 3 muzze *A B*. 4 hat] vnd *A B*.
5 lobsame *C*. 6 kuntschaft *B C*. aller *bis* hoffenunge *fehlt A*. 8 di. es *B*.
diz *C*. 9 vnczellich *B*. Vor II.: hie schreibt er wy ewzebius gevolget hat *B*. 12 seine *A B*. 14 czu dem *A*. 16 auch *fehlt C*. sein *fehlt A*.
17 und *bis* meister *fehlt C*. seinen vater *B*. 21 dem *vor* cardinalen *fehlt B C*. 22 erberigen *A B*. 23 frawen *A*. drat *B*. 26 wunder *B*. 27 schein *A*. auch *fehlt A*.

erwirdigen Eusebio, seinem junger, der wirdiclich gevolget
hat seines wirdigen meister Jeronimus worten und auch
werken.

III.

Nach tode des erwirdigen Jeronimus entstund ein grosse
ketzerei in krichischem volke und wart sich zu lateinischer
zungen breiten, und dieselbe ketzerei wolde mit sundiger
bewerunge das beweisen wie das alle selige selen untz an
den letzten tag der gemeinen aufderstendhung und auch untz
das sie den iren leiben wider zugefuget wurden, enberen
musten des angesichtes und der kantnusse der klaren gotheit,
dorinne alle ir selikeit begriffen ist, und auch das die vorloren
vorurteilten selen untz auf den jungsten tag in keinen peinen
weren. Derselben bosen ketzer bewerunge was in sulchem
sinne das sie also sprachen: gleicher weis als die sele hat
mitsampt dem leibe gesundiget oder wol gewurket, also muz
sie auch mit dem leibe peine in der helle oder wirde in
dem himel nemen. Auch sprachen dieselben unfletigen ketzer
das kein fegfewr were, dorinne die selen gereiniget wurden
sulcher sunden, die sie auf diser werlt nicht gebuzzet hetten.
Von sulchem unflate wurden wir alle also betrubet das uns
vordroz furbas mer zu leben. Dorumb besendet ich alle
mein bischove und alle ander gelaubige leute und gebot in
zu fasten und zu beten auf die rede das die gotliche gute
unsern gelauben nicht vorswachen lizze. Wunderhaftige
grose dink und den nichtes gleiches gehoret ist in keinen
zeiten! Merke, mein vater Augustine: do sulches vastens
und gebete drei tage vorgangen waren, do erschein offenbar

---

1 erwirdige *B*. Jungern *C*. erwirdiclichen *B*. 2 meisters *C*. Jeronimus
fehlt C. Vor III.: wy jeronimus ewzebium gestryrcht *B*. 4 enstunt *C*.
6 ezunge *C*. wolt *C* 7 begerunge *A B*. biz *C*. 8 vflderstundunge *C*.
untz *fehlt B C*. 9 bleiben *A*. 10 kentniz *C*. 11 ire *C*. vorlornen *C*.
12 slen *B*. 13 begerunge *A*. 15 leib *B*. 16 pein haben in *C*. 17 vn-
slechtigen *B*. 18 keine *C*. 19 werlde *C*. 20 alle *fehlt A B*. 22 meine *C*.
bischlone *B*. geleübige *C*. geboet *B*. 25 geleich *A B*. ist *fehlt A*.
27 offenberlich *C*.

sant Jeronimus seinem allerlibisten sune Eusebio in zeiten
seines gebetes und trostet und sterket in mit gutlichen
sulchen worten.

IV.

'Hertzenliber sun Eusebi, nicht furchte dich, nicht betrube
5 dich umb sulche ketzerei, die sich enpfendet hat von
schedenlichen leuten: wann sulcher unflat sal alzuhant ende
nemen.' Do sant Eusebius in ansach in so grosser klarheit
sulches starken scheines, do wart er sich dermuntern als
aus einem sweren slafe und wart von grossen freuden also
10 bitterlichen weinen das er mit allen noten gereden kunde.
Dornach wart er aus allen seinen kreften mit starker stimme
schreien: du bist mein vater Jeronimus! und begunde dieselben
wort oft anderweiden: du bist mein vater Jeronimus, worumb
lessest du mich in so grossen noten, worumb vorsmahet dir
15 demutige geselleschaft deines armes knechtes? Vorwar ich
wil dich halden und wil dich mit nichte lassen: du salt
nindert geen an deinen sun Eusebius, den du so veterlich
erzogen hast und in so grosser libe!'

V.

Do antwurte sant Jeronimus und sprach: 'Allerlibister
20 sun, sterke dich, wanne ich meine dich mit nichte ze lassen:
in dem zweinzigistem tage saltu mir volgen und schullen wir
mit einander in ewigen freuden ewiclichen bleiben. Sust
saltu Cyrillo und allen andern unsern brudern von meinen
wegen sagen, das sie morgen des tages alle komen bei die
25 krippen unsers herren, do mein leichnam rastet, und schaffet
das alle sulche ketzer, die so getane bosheit treiben, allesampt

---

2 andechtigen gepetez wegen vnd trostet *A*. götlichen *A*. 3 suzzen *A C*. *Vor*
IV.: hie redt er mit ewzebium in solchen worten *B*. 4 Eusebii *C*. vörchte *A*.
5 poze keczerey *A*. 6 schedlichen *C*. leute *B*. czuhant *C*. 7 so *fehlt*
B C. 8 starkein *A*. 9 swere *B*. so *B*. 12 vater *fehlt C*. die wort *C*.
14 lesset *B*. 15 armen *C*. 16 halden *bis* dich *fehlt C*. 18 vnde so
in *B*. *Vor* V.: hie antwort Jeronimus ewzebio *B*. 20 wil dich *C*. ze
fehlt C. 21 czweinczigsten *C*. tag *C*. scholt du *C*. 23 scholt du *C*.
andern *fehlt B C*. 24 morges *A B*.

dohin komen zu denselben fristen; und du scholt bestellen
das dreier toten leichnam, die in diser nacht gestorben sint,
auf dieselben stat, do mein leichnam rastet, getragen werden,
und auf dieselben salt du legen mein sak, das ist mein
cilicium, das ich getragen habe bei meinem leben, und 5
dieselben drei toten domit beruren, so werden sie alzuhant
mit lebendiger stimme sulchen irresal alzumal vorderben.'
Dornach segent sant Jeronimus seinen liben sun Eusebius
und domit verswant er vor seinen augen. Des morgens
quam zu mir der erwirdige Eusebius, wann ich zu Bethlehem 10
was zu denselben fristen, und saget mir alles das er gesehen
hette. Des saget ich grossen dank dem almechtigen gote
und dem erwirdigen sant Jeronimus, seinem knechte, und
sampnet auf dieselben stat, do unser herr Jhesus Cristus von
der reinen junkfrawen geboren ist und do sant Jeronimus 15
leichnam rastet, alle die e genanten beide ketzer und auch
cristen und liez dohin der dreier toten leichnam tragen.

VI.

O du wunderhaftige gute und barmhertzikeit des almechtigen
gotes, wie hilfet dein gotliche milde deinen knechten in so
manigfalder sazze! Wie mit ubergrossen eren derhebest 20
du deiner freunde wirde, wann in den zeiten die ketzer
unser aller spotlichen lachten, recht als ob unsers herren
almechtige hant zu nichte worden were! Dovon, allerlibister
vater Augustine, sal sich frewen alle selige sampnunge aller
gelaubigen leute und sal wirdiges lop sagen und auch singen 25
dem almechtigen gote: wanne wir grosse sein barmhertzikeit
enpfangen haben in der mitte des heiligen tempels. Dornach
so ging der erwirdige sant Eusebius zu den e genanten
dreien toten leichnamen, zu iclichem besunder und mit

---

1 quamen *C*. salt du *B*. 2 daz der *C*. nach *A B*. 5 vnd scholt *A*.
7 lebendinger *C*. Irsal *C*. vortreiben *B*. 8 gesegent *C*. 9 und *bis* Eu-
sebius *fehlt B C*. 10 ich *fehlt B*. 11 in *C*. als *B*. 12 got *C*. 13 Je-
ronimo *C*. 14 sammnet *C*. dieselbe *C*. *Vor* VI.: wy ewzebius czu den
drein toten gangen ist *B*. 19 so gar *A*. 20 manigfaldiger masse *C*.
grozzen *C*. 24 ich *B*. selige *fehlt C*. samunge *C*. 25 geleübigen *C*.
singnen *C*. 26 got *C*. 27 seines tempels *B C*. 29 toten dreyen *A B*.

gebeugten demuticlichen seinen knien, und mit gestrakten
henden gen dem himelreiche sprach er in gegenwurtikeit
allermenicliches sein andechtiges gebete in semlichen worten:

VII.

'Almechtiger got, dem nichtes unmuglich ist noch nichtes
5 swer gesein mag; du got sulcher sterke, sulcher tugent,
sulcher kraft, die nimant uberwinden noch uberkomen mag
in himel noch auf erden; du got, der aleine und nimant
anders tut so grosse wunder; du got, der allermeniclichen
auf dich und in dich hoffende nicht vorsmehest: erhore auf
10 diser frist deiner getrewen cristen andachtiges gebet auf die
rede das dein heiliger gelaube, den du gegeben hast deinen
gelaubigen knechten, unvorruket und in seinen kreften
bleibe, und sulches irresal sulcher ketzer leuterlichen geoffenbart
und vorkundet werde in angesichte deines gelaubigen volkes;
15 so sende durch dinste und wirdikeit des heiligen sant Jeronimus
diser dreien toten selen wider zu dem leibe, doraus sie
gevaren sint nach deinem gotlichen willen.' Dornach als sant
Eusebius sulches sein gebete andechticlichen geendet hette,
zuhant als er des erwirdigen sant Jeronimus sak oder cilicium
20 auf die toten leget, wurden sie wieder lebende in genaden
des almechtigen gotes, also das in denselben stunden die e
genanten leute. mit aufgetanen augen und mit andern des
lebens zeichen warhafticlich und offenberlich von dem tode
zu dem leben widerbracht und erwecket wurden, und begunden
25 dieselben drei manne der seligen selen wirdikeit und der
sunder leidunge beide in dem fegfewr und in der hellen
mit lauter offenbaren stimmen bescheidenlichen und vornemelichen
reden und sagen allen den, die aldoselbest gegenwurtig
waren.

1 gepogen *A.* demütigen *C.* 2 seinen armen gein *C.* 3 allermeiniclichen *C.*
Vor VII.: wy ewzebius vuseren herren angerufft hat *B.* 4 vmmuglichen
AB. ist noch *fehlt A.* 7 in himel *fehlt C.* 8 allermeiniclicke *C.* 11 heiliger *fehlt C.* 12 knechte *C.* 13 irsal *C.* leuterlich *C.* 16 dreyer *C.*
17 deinen *B.* 18 gebet geendet *C.* 19 der *B.* 20 lebending *C.*
23 czeichnen *C.* 25 der heyligen vnd seligen *A.* sele *B.* 26 helle *C.*
27 bescheidenlich vnd vornemclich *C.* 28 die do gegenw. *C.*

VIII.

Wanne als sie mir dornach gesaget haben nach meiner frage, so hette sie sant Jeronimus geleitet in das paradis, in das fegfewr und in die helle auf die rede das sie allermeniclichen kunden solden was sie doselbest gesehen hetten; und saget in das ir selen wider zu den leiben komen scholten und 5 auch scholten besserunge und buzze tun umb ire sunden, die sie begangen hatten, und das sie auf denselben tag und auf dieselbe stunde als sant Eusebius sturbe, auch an allen zweifel sterben scholten, und ob sie wol teten, so scholden sie komen zu ewigen immer werenden freuden und eren. 10 Das geschach alzumal als ich dornach sagen werde. Do sulche wunder also geschahen in gegenwurtikeit beide cristenlicher leute und der snoden ketzer, die allesampt komen waren und sich gesampnet hetten zu vremdem angesichte sulches grossen wunders, und do sulcher ketzerlicher irresal 15 also gar offenberlich erkennet wart und so gentzlichen funden wart der gotlichen warheit gantzes gewissenliches urkunde und dorzu des erwirdigen sant Jeronimus ere und selikeit so kuntlichen begunde scheinen; do wurden alle gelaubige leute dank sagen dem almechtigen gote, der allermeniclichen, 20 der auf in hoffet, nimmer in keinen zeiten lesset.

IX.

Augustine, allerlibister vater, also und in sulcher weise hilft der almechtige got dem scheflein seines gelaubens, das allewege in dem grundelosen sorgsamen mere diser werlde swimmet und lezzet es in anfechtung boser leute nicht er- 25 trinken. Dorumb, liber vater, wis starkes mutes, tu men-

---

Vor VIII.: wy er dy ketezer gefragt hat *B*. 2 paradeys *C*. 4 was wie sie *B*. wie sie *C*. 5 dem leihe *C*. und *bis* scholten *fehlt B*. 6 puzzen ire sunde *A*. ir sunde *B*. 7 hetten *C*. demselben *B*. 10 leben und *A*. 12 Cristen und *C*. 13 kume warden *AB*. 14 gesampt *C*. vremden *B*. 15 irsal *C*. 16 so gar *BC*. 18 vnd ezu des *C*. 19 küntlich *C*. 20 leüt *C*. *Vor* IX.: hye redt er mit augustino *B*. 23 hilffet *C*. 24 grundlosen *C*. 25 anfechtunge *C*. 26 vaters *AB*. bis *C*. tun *C*.

lichen, nicht furchte dich und lazze dich nicht vordrizzen
wider sulche unser veinde und widersachen des heiligen ge-
laubens allewege zu streiten under seligen flugeln sant Je-
ronimus, deines liben vaters, der deines und aller seiner
5 kinder gebete williclich und suzzlich erhoret, sei das sache
das sulche gebete zu im bracht werden mit rechtem fur-
satz und mit andachtigem hertzen: wann unser gebete anders
nicht erhoret wirt nur so wir uns zu gote keren in gantzer
hoffennnge, wann er im selber vorsaget, der unbetlichen
10 bittet. Davon sulle wir nicht aleine mit dem munde sunder
auch mit dem hertzen rufen und schreien zu genaden des
almechtigen gotes, der in kreften seiner herschaft uns mit
seiner gute zu allen stunden genediclichen bedenket, und
lesset uns nicht mer anfechten denne unser kraft vormuge.
15 Nu, hertzenliber vater Augustine, auf die rede das ich
bei meines fursatzes meinunge bleibe, so wil ich anheben
von schidunge des erwirdigen Eusebius und der dreier manne,
die von dem tode erwecket waren: wanne sie allesampt eines
tages und auf ein stunde starben und schiden von diser
20 iamerig werlde. Auch wil ich dorzu sagen etliche unsers vaters
Jeronimi gar merklich wunder.

X.

Do sulcher tag kumen solte als sant Eusebius von dem
erwirdigen unsern vater Jeronimo vornomen hatte das er
von diser werlde scheiden wurde in den zeiten, als er im
25 erschein, als ich vorgesprochen habe; des dritten tages vor
begreif sant Eusebien ein grosser sichtum. Do hiez er sich
die bruder auf die erden legen nach bilde sant Jeronimi,
seines liben meisters, und kusset ir iclichen besunder und

---

1 nicht laz dich vordrissen C. 2 sunder A B. 4 libens A B. 5 willic-
lichen vnd sussiclichen C. ist daz daz C. sache daz sulche sache vnd
gebette A. 6 zu im fehlt C. gebracht werden zu im B. gerechtem fur-
sacz A. rechten B. 7 andachtigen B. 9 vnbillichen B C. 10 dem fehlt B.
11 czu den genaden B. 12 herscheft C. 13 genediclich C. 14 anfechten
mer A B. 16 meinunge fehlt A. 19 sturben C. schaiden B. 20 Jame-
rigen C. welde A B. 21 merckliche C. Vor X.: wy ewzebius horet von
jeronimo B. 23 vnserem vater sant C. hette C. 25 vorsprochen A B.
26 begraif in ain A.

trostet sie mit suzzen veterlichen worten und manet sie das
sie in heiligem fursatze steticlichen bleiben scholden. Dornach lies er bringen den sak, den vormals der erwirdige
sant Jeronimus getragen hatte und hiez in auf sich legen
und bestellet das man in nackten nach seinem tode vor der
kirchen, do sant Jeronimus, sein meister, lag, begraben
scholde. Dornach berichtet er sich mit dem heiligen leichnam unsers herren und zeichent sich mit dem heiligen creutze
und enpfalch dem almechtigen gote und dem heiligen sant
Jeronimus sein sele. Und also lag er drei tage blinder und
dorzu sprachloser und stunden umb in alle sein bruder und
lasen vil guter gebete und beinamen den salter, in dem
sulche salmen sint, die reden und sprechen von der marter
unsers almechtigen herren.

XI.

Ein hertes ding, das allen vornuftigen leuten merklichen
zu furchten ist, geburt mir itzunt zu reden; wanne des tages,
als der erwirdige man sant Eusebius vorscheiden scholde,
bei zweien gantzen stunden, ee denne sein selige sele von
dem leibe schide, begunde er so grausame geberde haben
das alle bruder, die umb in stunden, also derschraken das
sie amechtig auf die erden vilen: wann beiweilen so schrei
er mit grausamigen antlutz, mit vorkarten augen als ein
tobendiger und mit starker stimmen: 'Ich tu sein nicht, ich
tu sein nicht, du leugest, du leugest!' Dornach keret er das
antlutz gen der erden und schrei aber mit allen seinen
kreften: 'Helfet mir, bruder, das ich nicht vorderbe!' Do sein
bruder sulchen jamer sahen, do wurden sie in mit flissenden
zehern und in grossen vorchten fragen: 'Was wirret dir,
hertzenliber vater?' Do sprach er: 'Sehet ir nicht die

---

1 mit *bis* manet sie *fehlt* A. 2 heiligen B. fursaez BC. bliben AB.
4 hette C. 5 fur die BC. 6 ynne lag C. 8 herren *fehlt* C. Creutz
vnsirs herren C. 9 sich dem AC. 10 lage B. tag C. 12 in den C. 13 sint
fehlt A. die da B. *Vor* XI.: von des ewzebio schiedung B. 19 scheiden BC. garwsame B. grausamige C. 21 schain B. schein C. 22 er mit
so A. ein *fehlt* AB. 23 styme C. tun C. 24 tun C. 25 gegen C. alle B.
26 icht C. 27 fleissenden AB. 28 gewirt A.

grossen schar' der teufel, die mich uberstreiten wellen?' Do
fragten in aber die bruder und sprachen: 'Hertzenliber
vater, wes begerten sie von dir, do du sprachest: ich tun
sein nicht?' Do sprach er: 'Sie sprachen und wolten das ich
5 gotes namen schelden solde: do sprach ich das ich des nicht
tun wolde.' Do fragten sie aber: 'Liber vater, worumb sprachest
du: du leugest, du leugest?' Do sprach er: 'Ir wort
waren das mein sunde so gros weren das sich got uber mich
nicht erbarmen wolde; dorumb sprach ich das es gelogen
10 were.' Dornach fragten in aber die muniche: 'Worumb,
liber vater, kerest du dein antlutz gegen der erden?' Do
sprach er: 'Nur dorumb das ich sie nicht ansehe: wanne ir
gestalt so grausam ist das nicht ungeschafners auf diser
erden imant erdenken mochte.' Und mitten in sulchen worten
15 wart er sulche geberde anderweiden und bleib dorinne
untz an die letzten stunden.

XII.

Dobei stunden die bruder alle in sulchen vorchten und
wosten nicht was sie tun scholden, gleicher weis als ob sie
tot weren. Seliger vater Augustine, wie gar erwirdig, wunder-
20 haftig, gutig und barmhertzig ist der almechtige got in seinen
heiligen allen: wanne er sie nimmer gelesset in engsten noch in
noten! Recht als sant Eusebius itzunt komen was zu der
letzten stunden, do erschein im sant Jeronimus und kreftiget
in mit trostlichen worten. In des gegenwurtikeit vorswant
25 gleiche dem rauche alle sulche schar der leidigen teufel. Des
sint gezeugen dieselben bruder, die dobei waren und das
sicherlichen gesehen haben mit iren augen, auch gezeugen die
warheit sant Eusebius wort, die er gesprochen hat in den-

2 aber in B. 3 an dir A. ich tun sein nicht doppelt C. 4 und wolten
fehlt A. 6 sprachstu C. 8 weren bis got fehlt A. sich fehlt B. nicht
vber mich B. 10 Münche C. 13 so fehlt B. grawsamer C. vnschaffers C.
16 letzte stunde C. Vor XII.: hie trost jeronimus ewzebium an seinen
tod B. 17 alle fehlt B. 18 als fehlt A B. 19 erwirdiger wunderhaftiger
barmhereziger guter C. 20 guter A. 21 vnd in C. 25 gleiche bis
rauche fehlt C. 26 gecznyg B. 27 haben fehlt A. auch gentzlichen C.
28 wort geczeügen C.

selben vristen, do er in gegenwurtikeit der bruder sprach zu
sant Jeronimus: 'Wannen kumest du, vater? worumb bistu
so lange gewesen? Ich bitte dich, laz deinen sun nicht under-
wegen!' Do antwurte zuhant ein ander stimme: 'Beite, liber
sun, nicht furchte dich: wanne du mir so lib bist das ich 5
mit nichte dich underwegen lasse!' Dornach in gar kleiner
frist starb sant Eusebius und mit im die e genanten drei
man, die von dem tode erwecket waren, und furen mit ein-
ander zu den ewigen himelischen freuden: wanne dieselben
drei man die zweintzig tage ires lebens in so grosser busse, 10
in leide und in rewe irer sunden gewesen sint, das sie zu
himel mit sant Eusebius kumen sint an alle zweifel.

XIII.

Augustine, liber vater, ubel were zu sweigen das ich
von denselben drei manen gehoret habe in den zeiten ires
lebens: wann ich alle tag bei in was um das ich derfaren 15
mochte die heimlichkeit des kunftigen lebens, des wir alle
wartende sein nach diser werlt unseligen zeiten, und dorumb
bleib ich bei in alle tag von der terzien zeit untz auf die
vesper; und aleine sein vil sei, das ich von in gehoret habe,
doch wil ich etliche ding sagen und etlicher gesweigen auf 20
die rede das mein rede dester kurtzer werde. Zu einer stund
quam ich zu ir einem und vant in kleglichen weinen, also
das er auch nicht trostes enpfahen wolde von einigen meinen
worten. Denselben fraget ich gar ofte durch welcher sachen
willen er so bitterlichen weinet? Des mochte mir von im 25
ein antwurt mit nichte werden, doch wart er mir des letzten
antwurten durch mein grosses uberflussiges gebete und sprach

1 so er C. 2 wen komst C. bist du C. 3 gewest C. 5 du pist mir so
lieb A. ich fehlt A B. 8 worden B. 9 ewigen hymelreiche A. frawden B.
10 tag C. 11 leyd C. 12 komen seint one ezweiffil C. Vor XIII.: wy
er dy drey toten gefrat hat B. 13 wer C. waz C. 14 dreien C. hab C.
15 alleweg C. vmb daz daz C. 16 heymilikeit A B. 17 werlde C. 18 bei
in fehlt A. vor terezien ezeit A. zeit fehlt C. 19 vnd alle A. hab C.
20 auf dem sin A B. 21 red dez kurczer sey A. würde C. stunde C.
23 einegem C. 24 offete C. sache C. 25 so gar C. von im ein fehlt A.
26 ein antworte von im mit nichte C. antwort von im mit nicht A. weren
A B. leczsten B. 27 grosse vberflussige A B. pete A.

also: 'Were dir kunt, wes ich gewar worden bin des nech-
sten vordern tages, du hetest wol sachen allewege zu weinen.'
Do sprach ich: 'Nu sage, des bit ich dich, was hastu ge-
sehen und was ist dir widerfaren?' Do sweig er ein weile
5 und dornach wart er sprechen: 'Welche grosse peinige lei-
dunge dunket dich, Cyrille, nicht aleine der vordampten in
der helle sunder auch in dem fegfewr?' Do sprach ich: 'Von un-
kunden sachen mag ich nicht gereden: doch dunket mich
das aller diser werlt peinen sich denselben nicht geleichen
10 mochten.'

XIV.

Do gab mir derselbe man sulche antwort: 'Ob man alle
peine und smertzen aller diser werlde gen den hellischen und
des fegfewrs peinen wegen wil, so ist dise werltliche leidunge
nur ein kurtzweile neben denselben grossen peinen: wanne
15 ein iclicher lebendiger mensche, so im rechtlich kunt were
umb der hellen smertzen, so wolde er liber an allen under-
laz untz an den jungsten tag allen den smertzen, den alle
leute von Adams zeiten untz auf den heutigen tag geliden
haben, williclichen leiden, denne er nur einen tag der minsten
20 peine eine in der helle oder in dem fegfewr enpfinden solde.
Dovon wisse, Cyrille, das grosse vorcht sulches smertzen,
den ich vorsucht habe und den alle sunder billichen leiden
mussen, mir ursach gibet zu weinen: wanne ich wol und
gentzlichen derkenne das ich wider meinen herren und
25 wider meinen got gesundiget habe, und dorzu erkenne ich
wol sein starke gerechtikeit. Dovon laz dich nicht wundern,
ob ich weine, sint dir ein grosses wunder sein scholde, ob

---

1 wer *C.* dez *A.* ich *fehlt B.* nehesten *C.* 2 alle tag *C.* 3 bite *C.*
hast du *C.* 7 di in *A.* 9 werlde peine denselben sich nicht gleichen moch-
ten in keinerley weiz *C.* *Vor* XIV.: wy ym der tod man antwort geben
hat *B.* 11 der selb *C.* ein sulche *A.* antworte *C.* 12 und *bis* aller *fehlt*
B C. 13 des *fehlt B.* leidung *A B.* 14 kurtzweil *C.* 15 mensch *C.*
16 helle *C.* 17 smercze *B.* 18 Adames *C.* disen heutigen *A.* 19 wil-
lichen *A B.* 20 peyn *B.* 21 vorchte *C.* 23 vorsache *B.* gibt *C.*
24 gentzlich *C.* wider got vnd meynen herren gesundet *C.* herren *bis*
meinen *fehlt A.* 27 sint ez dir *B.* sulle *A B.*

ich in sulchen unselden nicht geweinen konde. Des laz dich, Cyrille, hefticlichen wundern das die leute diser werlde wol wissen das sie sterben mussen und dennoch nicht trachten, wie sie sulcher grosser pein uberhaben wurden, und leben in sulcher sicherheit so gar an alle vorchte, die sich gar billichen 5 nach unserm smertzen, den wir geliden haben, allewege richten scholten.'

XV.

Von sulcher rede quam ich und mein hertze in so gar unmessigen smertzen das ich sprach: 'Wafen, was hore ich! Sust bit ich dein freuntschaft das du mich underweisen wol- 10 lest was underscheid sei zwischen der hellen und des fegfewrs smertzen.' Do sprach er: 'Kein underscheid ist dozwischen; wanne sie gleiche swere und gros sint beiderseit. Aber der helle smertzen hat nicht endes, sunder er wirdet noch grosser werden in zeiten des jungsten tages, so sele 15 und leip anderweit gesamnet werden und beginnent denne mit einander peinigen smertzen leiden; und des fegfewrs smertzen nimpt ein ende: wann nach der zeit als der mensche seine buze geleistet in dem fegfewr, so wirt er dannen genomen und beginnet sich dornach ewiclichen frewen.' 20 Do fraget ich in also: 'Haben alle leute in dem fegfewr gleichen smertzen?' Do antwurt er also: 'Sie haben ungeleichen smertzen; einer mer, der ander minner, dornach als auf der werlt iclicher hat gesundet: wanne in dem obristen himelischen lande beschawen alle erwirdigen selen 25 das warhaftige wesen unsers herren, dorinne alle unser erberige wirdikeit vorslozzen ist und immer ewiclichen bleibet;

---

4 grosser *fehlt A B*. 5 vnsicherheit *C*. allen vorchten *A B*. si *B*. 6 vnserem *C*. alleweg scholten richten *C*. *Vor* XV.: dy vnderschaid der helle vnd des fegffewrz *B*. 8 ich vnd *fehlt B C*. hertz *C*. so gar in *B*. in sulchen smertzen *C*. 9 hör *B*. 10 bite *C*. 11 vnderscheiden *B*. helle *C*. 13 gleich swer *C*. 16 leib vnd sele *C*. sampnet *A B*. beginnent *A B*. 17 peinigen smertzzen mit einandir *C*. 18 smertzen *fehlt A B*. ein *fehlt A*. 19 leistet *B C*. wirdet danne *C*. 20 beginnet *fehlt A*. dornach denne *C*. 21 gleichen smertzzen in dem fegfeür *C*. 22 antworte *C*. 23 mer denn der ander *A*. 24 als *fehlt A*. als sie *B C*. erlde *C*. 25 allen *A B*. erwirdige *C*. 26 vnsere *C*.

und wie wol ir iclicher sulche freude habe, die nimant betrachten mag auf erden: dennoch ist ein underscheit in sulchen freuden, wanne der eine grosser, der ander minner freude hat. dornach als sie gelebet haben in diser bosen werlt.'

XVI.

5 'Wer aber sache, Cyrille, das du einigen zweifel hetest, worumb die heiligen ungleiche freude haben, sint der einige got, in dem nicht underscheides ist. ursache gibet und auch ursache ist aller irer freude: sulchen zweifel wil ich dir sust und in sulcher weis entslizzen. Wizzen saltu, Cyrille, das
10 recht vornunft und beschawunge und derkentnus des almechtigen gotes alle des himels freude bringen, und ist icliches heiligen lone und ere so vil dester grosser, und er gotes wesen mer oder minner beschawet, vornimet und erkennet. Des vornimpt, beschawet und erkennet einer aus den heiligen
15 gotes wesen leuterlicher, klerlicher und vornunfticlicher den der ander und dovon hat er grozzern lon und mer eren und auch wirden; und ein ander vornimpt, derkennet und beschawet desselben gotlichen wesen minner, dovon hat er auch minner freuden. Also mag ich auch sprechen denselben selen
20 der sulchen unseligen leute, die vorurteilet sein, das sie grosser und minner pein leident, dornach sie mer oder minner sunden getan haben in dieser werlt, wie wol das sei das sie allesampt in einer stat sulchen iren unsprechlichen grossen smertzen leiden. Dornach zwischen cristen und
25 heiden ist ein sulcher underscheit: wie wol das sei das die heiden unsprechlichen und ungeleublichen grossen smertzen leiden, dennoch ist ir leidunge allesampt nichtes neben

3 mynner der andir grosser *C*. Vor XVI.: hie vnderweist er yn wy *B*.
8 freiiden *C*. 9 entliezzen *B*. scholt du *C*. 11 freüden *C*. 13 mynner odir mer *C*. erkennet *bis* erkennet *fehlt A*. 14 Des vornunft *B C*. 15 leuterlichen *B*. 16 grossen *B*. 17 erkennet, vornympt vnd *A*. 18 daz gotlichen *C*. haben hat *A*. 19 auch wol *C*. den selen der sulchen vnseligen selen dy vorteilet *B*. sprechen der sulchen vnseligen selen die *C*. 21 vnd sie *A*. mynner odir mer *C*. 22 sunden *fehlt B C*. werlte *C*. 23 allesant *B*. unsprechlichen *fehlt C*. 25 sulche *A B*. 26 und ungeleublichen *fehlt C*. 27 als behe *A*. allesampt *fehlt C*.

grossem unsprechlichen smertzen, den die falschen ungerechten cristen leiden. Und das ist nicht unbillich: wanne die bosen cristen haben die gotliche genade unnutzlich enpfangen und wolden sich nicht bessern in zeiten ires lebens noch von sunden lassen, wie wol das sie von den 5 lerern und von den heiligen schriften teglichen gestrafet wurden.'

XVII.

Do sprach ich: 'Mir grawet durch sulche freidikeit, die ich von dir hore, und wolde got durch seine barmhertzikeit das durch vorchten sulcher grossen pein allermeniclich von 10 sunden sich enthilde, ob er des nicht tun wolte umb grosse wirdikeit, die got seinen dinern in dem himelreich genediclichen bereitet. Sust, liber freunt, sage mir, was ist dir widerfaren des vordern tages, als du von dem leibe gescheiden warest?' Do sprach er: 'Do sulche zeit quam das ich 15 sterben solde, do quam zuhant also ein grosse schar der teufel das sie nimant gezelen mochte. Die waren so ubel gestalt das nicht gransamigers, nicht ungeschafners imant erdenken mochte, in sulcher schicht das ein iclich mensch liber wolde in ewigem fewer brinnen denne das er ire grau- 20 samig gestalt zu einem augenblicke sehen scholde. Die brachten wider in mein gedechtnusse alle meine sunde, die ich in keinen zeiten ie getan hatte wider meinen schepfer und wider meinen herren und riten mir das ich zu gotes barmhertzikeit, den ich so swerlich erzurnet hette, furbas 25 nicht hoffen sold. Und wisse, Cyrille, ich mochte in mit nichte widerstanden haben, hette mir gotliche genade und sant Jeronimus gute nicht geholfen.'

---

1 grossen *A B*. vngeleiibigen smertzen *C*. ungerechten *fehlt C*. 2 vnbillichen *C*. 5 wol daz sey daz sie *C*. 6 teglich *C. Vor* XVII.: was ym am drytten tag geschehn was *B*. 8 freikeit *B*. 9 sein *C*. 10 grosser *C*. 12 genediclich *C*. 13 mir das *B*. 14 vodern *A*. 16 czuhant ein so grosse schar das *B*. czu hant ein grosse schar das *C*. 17 mochte der tewfel *B C*. also *C*. 20 wold *B*. brennen *C*. Iren gransamigen *C*. 21 einigem *C*. augeblike *B*. 22 dechmusse *A B*. 23 hette *C*. mein *A B*. 25 erczornet *C*. 27 haben] sein *C*.

XVIII.

'*W*anne do ich aller kraft also beraubet was das ich nu meinte zu volgen irem willen, do quam der erwirdige sant Jeronimus mit vil englischen scharen, schoner sibenstunt denn die lichte sunne, und do er sach die vordampten
5 snoden geiste und begunde merken das sie mich anfachten so gar herticlichen, des wart er erzurnet und sprach zu in mit freidiger stimme: 'Worumb seit ir bosen geiste, ir meister aller schalkeit zu disem menschen kumen? wostet ir nicht das er mit meiner hilfe beschirmet scholte werden?
10 Balde lasset von im und verret euch von im in sulcher weite als der sunnen aufgank ist geverret von irem undergang!' Sulcher stimme derschrak die sulche snode geselleschaft der bosen geiste und schiden von mir mit grossem heulen und mit schreien. Do gebot der erwirdige sant Je-
15 ronimus etlichen engeln das sie bei mir bliben und mich bewarten untz das er widerqueme, und er selber fur von mir mit den andern engeln gar snellichen. Dornach zuhant als der erwirdige sant Jeronimus von mir quam, begunden die engel alle, die bei mir und mein zu huten bliben waren,
20 mich suzziclich trosten und gelobten mir grosse selikeit mit gar freuntlichen worten, were das sache das ich in vestenunge des gelaubens mit starkem mute blibe.'

XIX.

'*D*ornach als in sulcher trostlicher rede zwischen den liben engeln ein stunde des tages sich vorlaufen hatte, so
25 quam anderweit sant Jeronimus und stunt auf der swellen des gemaches, dorinne ich lag so kranker und sprach zu

---

Vor XVIII.: wy er dy tewfl fuder hat *B*. 2 iren *B*. der *fehlt A B*. 3 engelischen *C*. schöner subenstunt lyechter den dy sunne *B*. 5 anfochten *C*. 7 freidenreicher *C*. ir *fehlt C*. 8 schalkheit *C*. west *A*. wost *C*. 9 schol *B*. 10 lözzet *A*. 11 geverret ist *B*. nydergange *A*. vndergange *C*. 12 derschracken sulche bose geselleschaft der snoden geiste *B C*. 15 bleiben *C*. 19 engel mein czu huten alle die mir bliben woren und trosten mich sussiclichen vnd gelobten *C*. 20 czu trosten *B C*. 21 wer *C*. *Vor* XIX.: do chumpt er nach der sell *B*.

mir: 'Kume snellich!' Zuhant liez die sele den leip so bitterlichen und mit so grossem smertzen das sulchen getwank, sulche engestliche not, als die was, menschlicher sinnen krefte nimmer betrachten noch bedenken mochte, er wurde denne das gewar als ich des enpfunden habe mit bitterlichen 5 smertzen: wann ob alle menschliche weisheit allen des leibes und der werlde smertzen wol und vornunfticlichen achten kunde, so were aller sulcher smertzen als rechte nichtes zu achten wider sulche bitterkeit, der man denne empfindet, so sich in grausamer hertikeit leip und sel scheiden.' 10

Sulche und ander grosse ding, die billich zu furchten sint von allen leuten, horet ich von im untz das sich der tag gegen abent begunde neigen also das ich ander dinge, beinamen was im nach tode widerfaren was, auf dieselben frist in nicht gefragen mochte: wanne die sunne was undergangen. Und 15 wann ich desselben allermeist begert, so nam ich des andern morgens die andern zwene und fraget sie allesampt anderweit aller solcher dinge auf die rede das mit ir aller gezeugnusse dieselben ding dester warhaftiger sicher wurden.

XX.

Do sprach ich zu in allen: 'Wie wol sulche ding, als 20 ich gehoret habe, nutze ane zweifel sint allermeniclich, doch ist mein meinunge das man sie nicht anderweiden sulle. Aber mit grosser begerunge bit ich euch das ir mir saget was euch sei nach tode widerfaren.' Dorzu antwurt mir der erste, mit dem ich des vordern tages geredet hette, und 25 sprach also: 'Cyrille, wes fragest du mich? Unmuglich ist mir sulche ding zu reden: wanne sulche geistliche dinge unsers leibes sinne mugen in keiner weis begreifen. Wir

---

2 vnd so mit C. 3 ernstliche C. menlicher A B C. kreften C. 4 bedencken noch betrachten C. denne gewar dez als C. 5 bitterlichem C. 6 wann bis smertzen fehlt B. 8 wer C. aber A. recht C. 9 sulcher C. 10 grausamiger C. sele C. scheiden schollen C. 11 grosse fehlt A B. 12 obende C. 14 were C. 15 vndergegangen C. 16 allermeiste geret C. main A. name C. 17 anderweit fehlt C. 18 dingen A B. mit bis gezeugnusse fehlt A. 19 dest A B. würden C. Vor XX.: do frogt er den aynen B. 21 gehort C. vntz B. aller meiniclichen C. 24 sey widerfaren B. widerfaren sey C. 25 vodern A. 27 ding C. 28 synne nicht mugen A.

wissen alle wol das du ein sele habest: dennoch was dieselbe dein sele in irem wesen sei, mag mit nichte dein vornunft begreifen. Du erkennest wol das got beginstmusse und auch ende ist aller schepfenunge, von dem alle ding flizzen
5 und zu dem alle ding widerkumen mussen als zu irem ende: dennoch was got sei, magst du mit nichte gewissen alle die weile und dich dises totlichen lebens swerikeit beheldet. Nur aleine ist dein erkantnuzze als in einem spigel oder in gar swachem geleichnuzze in den engeln, und in allen geist-
10 lichen dingen sint die augen unsers erkentnusses vorvinstert und vorswachet: wanne so wir swechlichen vornemen auch sulche ding, die wol bekant sint in leiplicher naturen, wie mugen wir denne wol erkennen uberhimelische und geistliche ding, die userem naturlichen erkentnusse sint alzumal
15 enpfremdet?' Do sprach ich: 'Es ist war, das du sagest; doch bit ich dich das du nach deinem vormugen mich sulcher sachen bas underweisen wollest.'

XXI.

Do sprach er: 'Ich wil gerne dir sulche ding mit worten bedeuten, so ich beste mag: wanne sie nimant mag
20 ordenlichen gesagen. Doch wil ich eines teiles tun uber mein vormugen: des schullen mir gezeugen sein die andern zwene, die mitsampt mir sulches smertzen den vordern tage wol enpfunden haben. Do mein sele des vordern tages mit so bitterlichen smertzen von dem leibe gescheiden was, zu-
25 hant in einem augenblicke wart sie fur den almechtigen richter gefuret; von wem oder in welcher weise, das mag ich nicht erkennen und das ist nicht zu wundern: wanne auf dieselbe frist was mein sele enbunden, nu ist sie anderweit

---

1 alle *fehlt* C. 2 dein *fehlt* C. 3 bekennest B. 4 schepnunge C.
6 magest du nicht gewissen C. 8 derkentnusse BC. als in *bis* geleichnuzze *fehlt* B. 10 vnsir derkentnisse C. 11 vorswachet sint AB. wann wenn wir so A. wanne wir swechlich auch vornemen C. 12 sint *fehlt* B. 15 wore C. redest aber doch C. 16 deinen B. 17 vnderwissen AB. *Vor* XXI.: do antwort er ym B. 20 erdeuckleich A. eines tagez A. 21 gezeuge C. 22 vodern A. 23 wol enpfunden haben den vordern tagen C. sel B. 24 bitterlichem C.

besweret mit dem fleische. Doselbest waren auch diser zweien
selen in sulchen vorchten, die nimant auf erden mag vol-
kumenlich betrachten: wanne wir uns wol billichen vorch-
ten sulden und westen nicht, wes der almechtige richter mit
uns beginnen wolte. Ach grosses leides, worumb bedenken 5
alle leute nicht sulchen grossen jamer, der in doch gleicher
weis als uns widerfaren muz an allen zweifel! Sicherlich
were in kunt sulcher jamer, sie wurden mit nichte als ofte
und also kunlichen sunden: wanne dem almechtigen richter
waren offenberlich kunt alle unser sunden, die wir getan 10
hetten bei allen unsern tagen, und dorzu alle unser sunden
waren allermeniclichen kunt, die bei dem richter stunden,
gleicher weis als ob dieselben sunde von newes alle gegen-
wurtig weren, und auch waren kunt und offenbar kleine
und grosse alle unser heimlichen gedanken.' 15

XXII.

'Nu merke, Cyrille, in welchen grossen sorgen und grau-
samen forchten wir in den zeiten waren. Auf eine seiten
waren grosse scharen der leidigen teufel, die uber uns ge-
zeuge waren aller unser unfletigen sunden, und sagten ei-
genlich, zu welcher zeit, an welcher stat und in welcher 20
weis wir gesundet hatten, und wir mochten das mit nichte
widersprechen: wanne wir vor einem sulchen unsern richter
stunden, dem nichtes vorborgen ist in himel noch auf erde,
und wir wol erkanten das er gerecht was in allen seinen
werken. Ach leides, was schol ich sagen? Wir waren bei- 25
tende eines sulches urteils, des ich bitterlich erschrecken muz,
als oft ich doran in keiner weis gedenke: auf ein seiten

1 gesweret A B. 2 worten B. volkumenlich fehlt C. 4 vnd musten wes B C.
5 wolten C. 6 sulch yamer A B. 7 muzze A B. 8 wer C. 9 also fehlt B C.
künlich C. wanne fehlt C. almechtigen got vnd A. almechtigen woren
richter woren C. 11 bei fehlt B. 12 kunt fehlt B C. stunden kunt B C.
13 ob sie dies. C. dieselben fehlt B. sunden C. allesampt C. 14 klein C.
15 heimliche C. Vor XXII.: ein vnderweisung B. 17 ware B. auf bis
waren fehlt B. 18 schar C. leidigen fehlt C. tewfeln A B. gezeygen C
19 vnfletige A B. 21 hetten C. 22 wir fehlt C. vor sulchem einem
richter stunden wir C. 23 erden C. 24 gerechter C. 25 beitenden ein A B.
26 sulchen vrteiles C. 27 auch C. ein seiten fehlt C.

schriren unser sunden und baten rache uber uns sunder von
der almechtigen gerechtikeit unsers herren, und einiges gu-
tes tugentliches werk wolde nicht derscheinen, domit wir
einiger barmhertzikeit in keiner weis gehoffen mochten. Auf
5 die andern seiten ruften uber uns allermeniclich, die bei dem
gericht waren, das wir ewige hellische peine vordinet hetten
mit sulchen unfletigen unsern sunden. Und in der hertesten
zeit, als itzunt der richter das bitter ewiges fluches urteil
uber uns sprechen scholde, sulches urteil, das alle sunder an-
10 gehoret, die gotes zorn vordinet haben mit totlichen sunden:'

XXIII.

'Zuhant erschein der erwirdige sant Jeronimus noch lich-
ter denne in klarheit gesein muge alles himelisches gestirne,
den der obriste furste aller zwelfboten und sant Johannes
Baptista zwischen in furten in gar vil engelischen scharen, und
15 quam fur das gerichte des almechtigen gotes und bat in das
er unser urteil etliche kleine weile genediclichen enthilde
und das wir im gegeben wurden durch sulcher eren und
dinstes willen, die wir im getan hetten bei unsern lebtagen
und auf die rede das sulche irresal grosser ketzereien, die
20 entstanden was, gestrafet und vorderbet wurde. Alzuhant
behilt der erwirdige sant Jeronimus alle sein begerunge nach
allem seinem willen. Des furt er uns mit im und bleip bei
im alle die e genante selige gesellschaft der heiligen und
der engel, und bracht uns mit im an die stat, do alle ge-
25 laubige selige selen in sulchen ewigen freuden sint, die
menschenhertz nimmer mag besinnen, und berichtet uns sant
Jeronimus aller dinge, die doselbest geschahen auf die rede das
wir sulcher dinge gezeuge mochten sein mit warheit allent-

---

1 schreiten *A*. schrien *C*. rach vber unser sunden *B*. uber uns von der *C*.
2 gechtikeit *B*. 4 mochte *A B*. 6 gerichte wore *C*. 7 sulchen vusern
vnfletigen *A*. 8 dez bittern ewigen *C*. sulches *A*. Vor XXIII.: wy er
sand Jeronimus ym derschein bat *B*. 11 erschein *fehlt C*. Jeron. quam *C*.
13 der *fehlt B*. vnd der *C*. 14 furten in ezwischen in mit *C*. 15 bate *C*.
16 genediclichen *fehlt C*. 21 alle *fehlt C*. 22 allen seinen *B*. furte *C*.
23 selige *fehlt C*. 25 selige gelawbige *A*. selen woren *C*. sint *fehlt C*.
27 aldo selbest *A*. 28 ding geczeug *A B*. mogeten gesein *C*.

halben. Dornach furt er uns zu dem fegfewr und in die
helle und zeiget uns nicht alleine was man do begunde,
sunder er wolte das wir auch derselben peine bitterkeit vor-
suchten und enpfunden.'

XXIV.

'Do alle die vorgenanten ding also gescheen waren, dor-
nach zuhant und in derselben stund als sant Eusebius unser
tote leichnam mit dem sacke oder cilicium des erwirdigen
sant Jeronimus angeruret hatte, gebot uns sant Jeronimus
das wir zu denselben unsern leiben wider furen, und gebot
uns das wir gezeugen scholden sein allermeniclichen alles
des, das wir gesehen, vorsucht und enpfunden hetten, und
gelobet uns, were das sache das wir warhaftige rewe und
rechte buze umb unser sunden hetten das wir denne an dem
zweinzigistem tage mit sant Eusebius, der auch in derselben
frist sterben wurde, zu ewigen freuden faren scholden und
zu himelischen wirden. Und dorumb weren unser selen
widergeben unsern leiben'.

Augustine, lieber vater, vil so getaner grausamer vorch-
tiger dinge habe ich von in gehoret und gelaube, were
das sache das irresamer leute hertzen sulcher dinge gentz-
lich underweiset wurden, in begunde vorsmahen aller werlde
zurgenkliches gut und wurden aller werltlichen freuden und
kurtzweile nichtes achten und aus irem hertzen gentzlichen
lassen alle begerunge werltlicher dinge. Und scholde ich
alle dink schreiben, die ich von in gehoret habe, so wurde
alzulang diser brif und mochte dir sant Jeronimus ander
wunderhaftige zeichen nach deiner begerunge nicht volku-
menlichen beschreiben. Und wanne ich deiner zukunft war-
tender bin teglichen, als du meinest sant Jeronimus reli-

---

1 furte C. 2 wez C. begau C. 3 er fehlt AB. der pein C. Vor XXIV.:
da ist er gerut mit dem cilicium B. 5 also fehlt C. worden AB. 6 stun-
den C. 7 toten C. 8 gebote C. 10 geezeuge C. 11 dez wir C.
12 gelobte C. denn vns B. wer C. 13 sünde C. hieten B. 14 derselben
stunden A. 17 widergegeben C. vnseren C. 18 grausamiger dinge hab C.
19 gehoret von in BC. vnd were A C. 20 sache irresamer B. 22 vor-
genckliches C. allen AB. freude C. und kurtzweile fehlt C. 23 iren B.
gentzlich C. 26 dir andir C.

quien zu beschawen, als in deinem brife beschriben was, die
ich des letzten habe gesehen, so habe ich auf dise frist sulche
rede bleiben lassen und wil sant Eusebius beigraft und an-
der wunderhaftige zeichen zu handen nemen, als ich gelobet
5 habe in beginstnusse meiner rede.

XXV.

Sant Eusebius tot und der dreier manne, als dovor be-
griffen ist, habe ich dir geschriben so ich beste kunde und
so ich das mochte kurtzlicher begreifen. Etwas hab ich
auch dozwischen geschriben, das dir, als ich hoffe, nicht
10 missefellet. Nun sal und wil ich ire beigraft begreifen. So
sant Eusebius starb umb terzien zeit, do wurden grosse wun-
der gesehen, die wol urkunde gaben der grossen heilikeit
seines lebens. Der wil ich auf dise frist nicht denne zwei
begreifen.

15 Ein munich desselben klosters was durch grosses wachen
und weinen blint worden, und alzuhant als er des heiligen
Eusebius leichnam mit seinem antlutz berurte, wart er ge-
sehender in den genaden des almechtigen gotes. Und dor-
nach einer, der mit dem bosen geist besessen was, der be-
20 gegnet dem heiligen leichnam sant Eusebii, do wir in gegen
kirchen trugen, und wart des teufels genediclich enbunden.
Neben der kirchen, dorinne des erwirdigen sant Jeronimus
leichnam rastet, haben wir den werden leichnam sant Eusebii
gleich seinem meister wirdiclich begraben. Doselbest und
25 auf demselben kirchhove ligen auch die leichnamen der e
genanten dreier manne, die auf dieselbe frist, als dovor be-
griffen ist, alle drei vorgingen. Hie wil ich authoren von
sant Eusebien zu reden auf die rede das ich furbas mer

---

2 leczsten *B.* so wil ich *A.* Vor XXV.: do ewzebius gestorben was
do hunder geschehen sein *B.* 6 tot *fehlt B C.* 7 beschriben *C.* 10 ich
schreiben vnd ir *C.* 11 czeitn *A B.* 12 gescheen *A B.* grosse *B.* 13 sei-
nens *A B.* wil *fehlt C.* 14 beschreiben *A.* 15 Münch *öfter C.* desselbes
A B. durch got grozzes *A.* wachens *A B.* 16 blinder *C.* 17 sant Euse-
bius *C.* war *A B.* geschen *A B.* 18 den *fehlt C.* 19 geiste *C.* be-
gegenat *A.* begynet den *C.* 20 gen thyrchen *A.* 21 gekirchen *B.*
genediclichen *C.* 25 leichnam *C.* 28 sagen *A B.*

nach behaltnusse meiner gelubde des erwirdigen sant Jeronimus wunderhaftige unsprechliche zeichen ordenliche beschreiben.

XXVI.

Nu bin ich kumen auf die lustige zirliche wisen der lichten wunder sant Jeronimi, unsers vaters; nu meine und wil ich nach meinem vormugen liechte zirliche blumen lesen mit andechtigem fleizze, domite ich seines lobes krantz gebreiten muge zu seinen wirdiclichen eren. Des begegenet mir in beginstnusse diser rede ein merkliches wunder, das newlichen des vordern tages gescheen ist. Ein lerer ketzereien, heresiarcha in latein genennet, den du, liber vater Augustine, wol erkennest, der unfletige bose Sabianus, sprach offenberlichen in vorfluchtem ketzerlichen mute das in unserem herren Jhesu Cristo zwene willen weren, die under in selber beiweilen zweitrechtig bliben. Und zu bewerunge sulcher falscher ketzereien nam er zu stewr sulche wort, als unser herre in dem ewangelio gesprochen hat: vater, ist es muglich, so erlaz mich diser peine! Aus sulcher rede nam im der e genante ketzer Sabianus starke bewerunge das unser herre mit einem willen die marter flihen wolde, und mit dem andern willen muste er die marter leiden; und domit sprach derselbe ketzer das Cristus unser herre vil dinges gern behalden hette, das im nicht widerfaren mochte. Des und semlicher ergerunge wurden wir alle also betrubet das unsern smertzen nimant gesagen mochte, wanne dieselbe giftige nater vorderbet und vorirret alles unser volk in scheffeinem gewande und in wolfes mute. Und auf die rede das er sulchen ketzerlichen sin dester bas nach seinem willen

---

1 beheltnisse C. 2 ordenlichen C. Vor XXVI.: von den wundern vnd lustigen czaichen jeronimus B. Am Rande: de signis B. 4 ich chumen pin A. wesen BC. 5 lichten wisen wunder A. 6 meinen B. licht czu licht A. 8 wirden vnd eren C. begynnet BC. 10 geschehen C. 11 heresiarchia C. in latein fehlt C. 13 vorfluchten B. keczerlichem C. 14 crist AB. czwey B. wille B. vnd in AB. 15 czweytrachtig bleiben C. 16 falschen C. 17 herr AB üfter. 18 pein C. 19 in fehlt BC. begerunge B. 21 willen fehlt C. must AB. er sie die C. 22 derselb C. 23 dez C. 24 vnsemleicher A. 25 vnseren C. dyslbe B. 26 vorirret] vorgiftet C. 28 willen fehlt B.

zu snodem ende brechte, weiset er ein buchlein, dorinne
dieselbe ketzerei begriffen was, und sprach es hete gema-
chet und getichtet der erwirdige sant Jeronimus, der doch
ein durchleuchtiger spigel gewesen ist aller cristenlicher lere.
5 Do aber sant Jeronimus dennoch in seinem leben der falscheit
underweiset wart, do machet er ein schrift wider sulchen
ketzerlichen irresal nicht lange vor seinem tode. Dornach
ruften wir zu uns denselben obristen ketzer Sabianus, sein
jungern und allermeniclich, die teilhaftig waren sulches irre-
10 sales, eines suntages in die kirchen zu Jerusalem zu dispu-
tiren und zu reden wider sulche ketzerey: und auf denselben
tag quam ich mit allen andern meinen bischoven und mit
andern gelaubigen leuten, auch quam der unreine ketzer
Sabianus mit allen seinen jungern in dieselben stat und auf
15 dieselben stunden, und weret unser disputacio und sulcher
krig von der nonen untz auf die vesperzeit zu guter lenge.

XXVII.

Dornach als der e genante valsche ketzer ein buchlein
furzoch und fellischlichen ligen und sprechen torste das sant
Jeronimus dasselbig buchlein gemachet hette, sulches un-
20 rechten mochte sant Silvanus, ertzbischof zu Nazareth, nicht
geleiden noch mit nichte mer vortragen: wann er sant Je-
ronimum in so. grosser andacht und in so grossen wirden
hilde das er den erwirdigen sant Jeronimus nach gotes na-
men in allen seinen werken allewege nennet, und pflag des
25 siten mit so stetem fleizze das in Jeronimus hiez und nennet
allermeniclich. Des stund auf der e genante Silvanus und
schalt den sundigen ketzer Sabianum umb das das er so
grosse schalkeit so lang vrist getriben hette. Do sulcher
krig und scheltwort etliche weile lange geweret hetten, do

---

1 snoden *B*. 2 beschriben odir begriffen *B C*. 4 ist gewesen *B C*. 5 den-
noch in *fehlt C*. bey seinem *C*. 7 Irsalle *C*. 9 alles sulchen Irsales in
einem suntag *C*. 12 meinen andern *A*. 15 werät *A*. werot *B*. dispu-
tieren *B*. *Vor* XXVII.: von dem ketzer Sabianum *B*. 17 Donach als
der selbe falsche *B*. 18 felschlich *C*. 19 dasselbe *C*. 20 nicht geleiden
noch *fehlt A*. 24 seinem *C*. 27 Sabianus *C*. vmb daz er so grosse
bosheit so lange czeit *C*. 29 etwi vil lange *A*.

liezzen sie den krig bei sulchem gelubde bleiben: were das
sach das sant Jeronimus des nehesten tages untz auf die
nonen zeit offenberlich vorkundet das sulches buchel felsch-
lich gemachet were, das denne derselbig ketzer seines haup-
tes beraubet wurde; geschee aber des nicht, so solde sant 5
Silvanus dasselbe widerfaren das er beraubet wurde seines
hauptes. Domit fur ieticher zu seinem heimgemache. Dor-
nach die gantze nacht lagen wir alle steticlich in unserm
gebete das uns hilfe getan wurde von dem almechtigen gote,
der allermenielich, die auf in hoffen, nimmer in keiner weis 10
vorsmehet.

XXVIII.

Groz ist der almechtige got und allewege zu loben und
seiner gotlicher weisheit wart nie und wirdet nimmer ende.
Dornach auf den vormessen gelobten tag quam der e ge-
nante ketzer Sabianus mit allen den seinen volgern und 15
lif hin und her zu manichen stunden, als ob er den heiligen
gotes knecht Silvanum zuhant vorslinden wolte mit grozzen
ungeberden als ein lebe, der in zorne brinmet, gleicher weis
als ob got so vorgezzig were das er seiner diner gebete
nicht derhoren wolte. Dornach als den bosen ketzer dauchte 20
das er an den allersterksten seiner sicherheit bestunde, do
muste er dester schemelicher vallen. Sust stunt aller ge-
laubigen leute sampnunge in der kirchen und ieticher rufte
an des heiligen sant Jeronimus erwirdigen namen. Des hatte
der erwirdige sant Jeronimus sein oren etliche frist vorsloz- 25
zen das er gleicher weis als ob er slife seiner getrewen
knecht gebete nicht in keiner weis erhoret auf die rede das
sein name dornach dester wirdiclicher scheinen wurde. Des

1 liezze *B*. denselben *C*. sulchen gelubden *C*. were sach *C*. 3 buchlein *C*.
4 derselbe *C*. 5 das *C*. scholt *C*. 6 Siluano *C*. 8 lag *A B*. 9 got *C*.
10 in keiner weis *fehlt C*. *Vor* XXVIII.: wy sabianus auff den gemessen
tag chumen ist *B*. 12 gote *B*. 13 gottlichen *C*. nie ende vnd *C*.
14 gelobten *fehlt A*. vorlobten gemessen *B*. 15 den *fehlt C*. volgeren *C*.
16 vnd liff her *C*. manigen *C*. 17 mit grozzen *bis* derhoren wolte *fehlt B*.
18 ezorn prinnet *A*. 21 an der *C*. aller pesten *A*. 22 swerlicher *C*.
24 erwirdigen *fehlt B C*. hette *C*. 26 sliff *C*. 27 daz dornach sein name
dester *A*. 28 erwirdiclich *A B*.

erschrak ich so gar hefticlich das ich von rechtem leide mit
zebern wart uber alle begossen und wunderte mich worumb
sant Jeronimus seinen knechten nicht zu hilf queme. Do
beitet ich, was gescheen wolde, gar mit grossen vorchten.
5 Dornach als man nichtes wunders sach von sant Jeronimus
geschehen, do wart der e genante unfletige ketzer mit gros-
ser sicherheit als ein tobendiger hunt mit starker stimmen
schreien das der heilige gotes knecht Silvanus den tot lei-
den scholde als sein gelubde stunden.

XXIX.

10 Des ging sant Silvanus an die stat, do man in enthaupten
schulde, vrolichen und an alle vorchte, gleicher weis als ob er
zu einer hochzeit queme. Und alle wirdige bischofe und alle ge-
laubige leute, die zu sulchem gesichte kumen waren, trostet er
veterlichen in semlichen worten: 'Frewet euch alle, nicht seit be-
15 trubt in keiner weis, wanne der almechtige got keinen under
wegen lezzet, der zu im und in sein genade mit gantzen trewen
hoffet: wanne ob ich itzunt nicht erhoret werde, so wisset
das ich vil grosser ding denne disen tot vorschuldet habe
gen dem almechtigen gote mit meinen sunden.' Des kniet
20 sant Silvanus auf die erden und sprach: 'Heiliger sant Je-
ronime, hilf mir, ob es dir wol gevellet! Und aleine ich
dises todes und noch grosser smacheit wirdig sei durch
meiner sunden willen, dennoch auf die rede das sulche
falscheit nicht bestendig sei, so kum der warheit trostlich zu
25 hilfe. Ist aber die sache nicht ein falscheit, so wis mir ge-
nadig in der zeit des todes das ich mit deiner hilfe kome
zu immer werunden vreuden.' Nach der rede bot er seinen
hals dem haher zu slage und bat in das er sluge. Des er-

---

1 erschrakt *A B*. gar *fehlt B*. vor *C*. 2 vberal *A B*. wundert *B*.
3 knechte *C*. hilfe *C*. 4 geschehen *C*. 6 genant *C*. 7 tobendinger *C*.
stymme *C*. 8 knechte *A B*. leide *B*. 9 stünde *C*. Vor XXIX.: wy syl-
uanns ezu dem tod *B*. 11 frölich *C*. und *fehlt C*. 14 betrubet *C*.
16 hoffet mit ganczen trewen *A*. 17 hoffen *C*. 18 dinge *C*. tot gen got
verschuldet habe mit meinen pözen sunden *A*. 19 gein *C*. got *C*. 21 ich
aleine *B C*. 24 so *fehlt B C*. kome *C*. 25 biz *C*. gnedig *C*. 27 we_
renden *C*. 27 den hals *C*. 28 hate *C*.

hub der haher das swert in meinunge das er den bischof
seines hauptes mit einem slage berauben wolte. Des er-
schein alzuhant der erwirdige Jeronimus zu angesichte aller
leute und hilt das swert mit gestrackten henden und gebot
Silvano das er zuhant aufstunde. Dornach schalt er den 5
argen Sabianum, den ketzer, und sprach das buchel were
mit valscheit gemachet und getichtet, und drewet dem unse-
ligen ketzer und domit vorswant er von augen aller leute.
Wolde got, was disem ketzer geschehen ist, das allen sul-
chen leuten ein semliches widerfure: wanne alzuhant als 10
sant Jeronimus vorswunden was, do vil dem e genantem
ketzer sein eigen haupt von dem leibe gleicher weis als ob
es des hahers haut mit einem slage abgehawen hette. Des
gesichtes wundert sich allermeniclich und sagten dank dem
almechtigem gote und dem erwirdigen sant Jeronimus, sei- 15
nem knechte. Und alle des e genanten ketzers junger und
volger lissen von allem irresal und hilden sich zu der war-
heit cristenlicher leute.

XXX.

Nu merket allermeniclich, wie grossen frum und was
grosser selden Silvano bracht hat sulche stete hoffenunge, die 20
er getragen hat zu dem almechtigen gote und zu dem erwirdi-
gen sant Jeronimus, unserem vater. Sant Silvanus ist ein
bilde worden aller cristenheit: wann er an alle vorchte ster-
ben wolde durch des gelauben wirde, wann er nicht ein cristen
ist, der sich vorchtet die warheit zu sagen: wann gleicher 25
weis als unser herre Jhesus Cristus sein leben umb unser
selde gegeben hat auf die rede das er uns lediget von des
teufels dinste, also schulle wir an vorchte alleweg bereit

---

1 in *fehlt B*. dem Bischoff Siluano *C*. 2 mit *bis* slage *fehlt C*. wolte in
einem slage *C*. 3 allen *A*. 4 starcken *C*. 5 sant Siluano *C*. 6 buch-
lein wer *C*. 7 valsche *B*. falsch *C*. droet *A*. 9 widerfaren ist *C*. daz
ez *A*. semlichen *C*. 10 sulches *C*. 11 genanten *C*. 12 hawp *A B*.
15 almechtigen *C*. Jeronimo *C*. 16 Juugern *C*. 17 von dem *B*. Irsalle *C*.
18 Cristenliches gelauben *C*. *Vor* XXX.: dy hoffnung siluano *B*. 19 mercke *C*.
frumen *C*. 20 siluano im *A*. sulch *B*. 21 got *C*. 22 vnsern *B*. Sil-
vano *B*. 23 bilder *C*. worde *B*. 25 vorcht *C*. 26 leben vnd *B*. 28 schol-
len *C*. alleweg *fehlt C*.

sein, wanne sein zeit ist unser leben zu vorlisen durch sein gotliche wirde: wanne wer nicht rechticlichen vichtet und streitet auf diser erden, der mag nicht behalden die wirdigen krone der himelischen eren.

5 Augustine, liber vater, sint das ich von dem werden bischof sant Silvano itzunt angehebet habe zu reden, so meine ich ein ander seine geschieht dir zu sagen, die nicht minner wunderhaftig ist denne die itzunt vorkundet ist deiner libe. Des sint so vil gezeuge als leute haben Nazareth 10 und Bethlehem die stete, die das mit leiphaftiger gegenwurtikeit gesehen haben mit ir selbes augen.

XXXI.

Der alte giftige slang, der teufel, der durch sein hochfart vortriben ist von des himels hoe und geworfen ist in den grunt der helle, der trug grossen haz und neid auf den wer- 15 den bischof sant Silvanum durch sein grosse heilikeit und reinikeit seines erwirdigen lebens, und wart in zorne auf in alle sein list sterclichen uben und meinet in zu valle und zu bosen worten bringen auf die rede das allermeniclich, die sich seines heiligen bildsamen lebens gebessert hetten, mit 20 seinem valle zu dem ergsten quemen. Und dovon eines nachtes nam er an sich die gestalt desselben heiligen mannes und erschein einer achbern, edlen, reichen und heiligen frawen in den zeiten als sie zu gemache lag auf irem bette, und gebarte den gleichen als ob er zu ir ginge, und bat sie 25 das sie im sundiger tat und unflates gunnen und leiplichen gehengen wolte. Des erschrak unmesslich die edel heilige frawe und woste nicht was mannes in der kamer bei ir were. Und do sie eupfinden wart das sie aleine in dem gadem

---

2 rechtverticlichen *C.* 5 werden *fehlt B.* 6 sant *fehlt C.* itzunt *fehlt C.* habe *fehlt B* angehebet yeczund han ezu reden *A.* 7 sein *C.* 8 minner *fehlt A.* ynczunt *C.* 9 als vil *B.* gerzeugen *C.* Vor XXXI.: von des tewffelz ney auff siluanum *B.* 12 slange *C.* hochfarst *C.* 14 neyt vnd haz vff *C.* 16 erberigen *A.* auf in *fehlt C.* 17 seine *C.* 18 hösem worte *C.* 19 heiligen *fehlt C.* bildsames *A B.* 20 ergesten queme *B.* 21 name *C.* den gestalt *C.* 22 edlen und *B.* und *fehlt C.* 23 mache *C.* 25 sey *A B.* 26 vorhengen *C.* erschrakt *A B.* vmesslich ser *B.* 27 mannes bei ir i. d. k. were *C.* 28 und *fehlt C.*

bei einem manne were, do woste sie nicht wes beginnen,
und begunde zuhant so gar freislichen schreien das von irem
grossem geschrei allermeniclich von slafe erwecket wurden,
nicht alein die lente desselben hauses, sunder alle nachge-
bauren, die dorumb sazzen, und lifen allesampt zu der 5
kamer der e genanten heiligen frawen und fragten sie was
ir widerfaren were. In denselben fristen hette sich der lei-
dige slange, der ungetrewe vorretige teufel, under das bett
der frawen geleget, recht als ob er sich vorbergen wolde.
Des suchten sie alle beide hausgesinde und die nachgebau- 10
ren, ob sie imanden in der kamer vinden mochten. Dor-
nach als sie lange allenthalben gesuchet hatten, quamen sie
an die stat, do sich der unreinige slange vorborgen hatte,
und funden in, als er sich mit gewonlichen listen in fremder
gestalt vormachet hette. Und do sie in mit klaren kertzen- 15
lichten rechte schawen und ansehen begunden, do dauchte
sie es wer der ertzbischof von Nazareth Silvanus.

XXXII.

Des vorwundert sich allermeniclich, die dorzu kumen
waren und wurden allesampt also irre das sie vor amechti-
keit nicht wosten was sie beginnen scholden, wanne in wol 20
kunt was des ertzbischofes heiliges leben, und dobei sahen sie
so grosse unfletige sunde. Des fragten sie in, worumb er so un-
bederbe sunt tun wolte? Do antworte der teufel in semlichen
worten: 'Was arges hab ich getan, sint mich dises weip
gebeten hat zu sulchen dingen?' Do schrei die heilige frawe 25
mit lauter stimme das er felschlich gelogen hette. Des wart
derselbe unfletige teufel so lesterliche unmenschliche schem-

---

1 do *fehlt B C*. waz *C*. 2 so gar *fehlt B*. gar *fehlt C*. 3 wart *C*. 4 nacht-
gepawre *A*. nachbauren *C*. 6 sey *B*. 7 were widerfaren *C*. nach sich *A B*.
8 hette *C*. 9 als er *A*. ab sam er *B*. 10 nachbauren *C*. 12 lange als
sie *B C*. hetten *C*. quam *A B*. 13 slang *C*. hette *C*. 16 rechte *fehlt A B*.
an begonden sehen *A*. begunde *B*. 17 Siluanus von nazareth *C*. Vor
XXXII.: von des tewfflz getichte *B*. 18 erwundert *A*. wundert *C*. sich
fehlt B. allermeniclicher *C*. doczu *C*. 19 allesamp *A B*. 20 wez sie *C*.
21 sagen *A B*. 23 tun schülte vnd auch wolte *A*. 24 worten *fehlt A*.
seit *C*. 25 heylige wirdige *A*. 26 felschlig *A B*. 27 vnselige *A B*.
schemige *A B*.

liche wort sprechen das nimant sulches laster geleiden oder gehoren mochte. Und das tet er nur auf die rede das aller menichlichen seinen zorn und haz auf sant Silvanum dester herticlicher wurfe und das er den erwirdigen man und dor-
5 zu die edeln heiligen frawen zu bosem worte brechte. Des morgens quamen sie gen Bethlehem und sagten alle ding, die sie geschen hetten, und bei namen sprachen sie das der ertzbischof Silvanus ein gleizner were und das man in billich als einen unreinen sunder brennen solde. Der sulchen
10 newekeit wart alle die stat zu Nazareth erzurnet auf den ertzbischof Silvanus also das iclicher schalt, so er den bischof horte nennen. Groz was die gedult dises mannes und ein grosses zeichen seines heiligen lebens. Der ertzbischof erfur die newekeit sulcher grossen schanden und in so gros-
15 ser widerzemikeit bleib sein hertze stetes und an allen zweifel. Kein ungedult, kein unbederbes wort mochte imant von im gehoren; grossen dank saget er dem almechtigen gote und lobet seinen namen und sprach er hette mit seinen sunden sulche leidunge wol vordinet.

XXXIII.

20 O was sal ich dir sagen, liber vater Augustine! Mein ungedult ist leider also groz, das ich ubelhandelunge und vorsmehunge nicht, aleine der werk mit nichte geleiden mag, sunder ein iclich es kleines wort bringet mich zu ungedult in allen stunden. Gotliches lones bin ich begirig, aber der
25 arbeit wolte ich wol enbern, wie wol mir gentzlichen kunt sei das ane smertzen, ane leiden und ane grosse gedult gen himel nimant komen ist noch komen mag in keinen zeiten. Was mag ich anders von mir gesprechen? nur das aleine:

---

1 oder gehoren *fehlt* C. 2 allermeiniclich C. 3 czoren B. sant *fehlt* A.
5 heiligen *fehlt* A. die erwirdigen heiligen Edlen frauwen C. 6 gein C. sageten B. 7 er *A* B. 8 gleichsner B. billichen C. 10 die *fehlt A B*. erczornet C. 11 Siluanum C. Ertzbischoff C. 14 der derfure C. grosser C. 18 lobte C. name B. *Vor* XXXIII.: ein gedachtnus der dymuticliait B. 20 Swas A. Was C. Agustine C. 21 gedult A. so A. alezu B. 23 iclich C. 24 lon *A B*. 25 enperen C. gentzlich C. 26 gein C. 28 schol C. von mir *fehlt* B. sprechen C.

sint ich den heiligen nicht entlich bin in guten siten und in
heilikeit des lebens, so sal ich nach tode ires seligen tones
unbillichen warten. Swerlich geburte mir zu weinen, so ich
meines und der heiligen leben rechticlich beschawe. Wunder
ist das mir und zu betrachten gar mit grossen vorchten: 5
wir lesen, wir schawen und besinnen alle der heiligen leben
und nimant wil sich zu iren seligen werken schicken. Das
hab ich alzumal gesprochen nur dorumb das ich dir, hertzen-
liber vater Augustine, mein unweisheit vorkunde. Ofte
habe ich gehoret von des seligen Silvanus munde das er 10
nimmer seliger were nur in den zeiten so in die werlt aller-
meist vorsnodet, vornichtet und vorsmehet, und sein name
snoder were in achtunge aller leute.

XXXIV.

Augustine, liber vater, breiten wart sich sulches boses
wort, dorein des teufels argelist Silvanum hat gesetzet, also 15
das sulche schande nu kumen was gen Alexandrien, gen
Cyppern, und in allen steten wart allermeniclich sulche schande
reden also das zu des unschuldigen ertzbischofes hause und
zu seiner wonunge nimant kumen torste. Uber uns sitzet
der almechtige got, der seine heiligen underweilen leiden 20
lezzet das er ir gedult vorsuche; und dornach wenne es
zu schulden kumet, so hilfet er in genediclichen aus allen
iren noten. Do nach des teufels sulchen listen ein jar vor-
gangen was, do fur der unschuldige man von Nazareth auf
die rede das er den leuten desselben landes etwas entseuften 25
mochte, und fur gleicher weis als zu einer zuflucht alles
seines heiles gen Bethlehem zu der kirchen, dorinne sant
Jeronimi erwirdiger leichnam rastet und leget sich auf sein
grap. Und do er doselbest gelegen was wol gen zweien

3 so swerlich *A.* geburt *C.* 5 mir *fehlt C.* gar *fehlt C.* 6 wir sehen wir
sehen schawen *B.* beschawen wir besinnen aller *C.* 9 weisheit *A B C.*
vorkundet *A B.* 10 gehoret *fehlt B C.* munde vornumen *B C.* 12 haste
vorsnodet *C.* vnd vornicht *B.* vornichtet *fehlt A.* 13 sneder *B. Vor*
XXXIV.: hie schreibt er augustino *B.* 15 wort *fehlt B C.* hette *C.* 16 nu
kumen was *fehlt B.* gein *C.* 17 alle stet *B.* 20 seinen *A B.* leiden
fehlt B. 25 de selben *C.* 28 Jeronimus *C.* 29 gegen *C.*

stunden, do quam in die kirchen ein arger man vol unreiner
geiste, und do er den heiligen man Silvanum sach ligen auf
dem grab mit andechtigem gebete, do lif er auf in als ein
zorniger slange und wart im schemlichen aufheben und vor-
5 weisen das er erwirdiger frawen gedanken von keuscher mei-
nunge zu grosser unreinikeit und zu sunden locket. Do
sprach das unschuldige lamp Silvanus mit gewonlicher de-
mutikeit als ein demutiges hertze, das allewege gerne vor-
smehet wil sein durch gotliche libe, wirde und ere: 'Guter
10 freunt, ich bite dich, rede dasselbe vil und ofte.' Des zoch
der unzuchtige loter sein swert aus der scheiden, dorinne
es hing an des loters seiten, in meinunge das er es durch
Silvani kel veintlichen stechen wolte. Und alzuhant als sant
Silvanus sprach: hilf, erwirdiger sant Jeronime, hilf, do stach
15 sich zu tode derselbe bose man mit seines selbes swerte:
wanne sich das swert an seinen dank widerkeret zu der
kele des snoden mannes; und also vil er in die gruben, die
er sant Silvano aufgesetzet und gemachet hatte.

XXXV.

*W*underhaftig ist das wunder, noch wunderlicher ist das,
20 das ich noch sagen wil. Von geschicht quam ein ander un-
geslachter man in dieselben kirchen, und do er sulche
ding sach, die gescheen waren von sunderlicher gotes
rache, do dauchte in das der heilige gotesdiner Silvanus den
ersten unseligen man dermordet hette, und zoch sein swert
25 in meinunge sant Silvanum ze toten. Das ich unnutzer wort
ze vil icht rede: was dem ersten widerfaren was, das ge-

1 kirche *A B*. voller *C*. 3 grabe andechtigem beten *C*. er *fehlt A B*.
4 vürwerffen *C*. 5 er *fehlt C*. erwerigen *B*. erberigen *C*. 6 doch *A B*.
8 gerne *fehlt A*. geren *C*. 9 sey willen *B*. seinen willen *C*. libe *fehlt B*.
10 ofte vnd vil *C*. 11 aus sein swert von der seiten do ez hinge in
meinunge daz er *C*. dorinne es *bis* seiten *fehlt A*. 12 durch sant
Siluanus kele veintlich *C*. 13 drucken *A*. stechen veintliche stechen wolte *C*.
sant *fehlt A*. 14 erwirdige *A B*. sant *fehlt A*. 15 sein *C*. 17 pozen *A*.
18 Siluanus *C*. aufgeseczet hette *B C*. und *bis* hatte *fehlt C*. *Vor* XXXV.:
ein wunderhaftiges czaichen *B*. 19 ist das ich *A C*. 20 ich wil sagen *B C*.
vnslechtiger *B*. 21 sulch *A B*. 22 geschehen *C*. sunderliche *A B*.
25 czu *C*. vnnucze *A B*. 26 czu *C*.

schlach gleicher weis dem andern. Dornach in den zeiten
als diser ander noch nicht zu der erden gevallen was, so
kumen von geschichte zwen ander man in die kirchen, und
dorumb das in unkunt was umb die grosse macht gotliches
gerichtes, dauchte sie das der heilige gotes knecht Silvanus 5
sulchen mort begangen hette. Des nam im der eine aus
denselben zwein sulche ding vaste zu hertzen und wart
gleich als ob er unsinnig wer mit freidiger lauter stimme
schreien: 'Morder Silvane, wie lang sal dein bosheit weren?
Du betreugest und twingest die weip zu unkeuscher unrei- 10
nikeit und dorzu heimelichen mordest du die leute: sicherli-
chen heute sal dein bosheit ein ende nemen!' Und domit
rucket er sein swert und lif gar snellichen in meinunge sant
Silvanum zu toten. Und alzuhant als der heilige gotes knecht
Silvanus schreien begunde: 'Hilf, Jeromine, erwirdiger vater!' 15
zuhant geschach disem driten gleich den ersten zwein, also das
er sich selben totet. Do sein geselle das sach, do erschrak
er sulches wunderhaftigen gesichtes und dauchte in das sul-
cher mort mit zaubernusse geschehen were, und lif zu der
kirchentür und begunde rufen: 'Kumet allermeniclichen! 20
schet wie der zaubrer Silvanus im nicht genugen lesset das
er vormals die weip zu unkeuscheit gereitzet hat, sunder er
totet auch mit zaubernusse die leute!'

XXXVI.

Des begunde man und weip und allermeniclich dorzu
laufen. Des hub sich ein grosses unmezziges geschrei das 25
man Silvanum als einen morder und zaubrer brennen scholde.
Sulche stimmen quamen auch zu meinen oren. Ich erschrak
bitterlich sulcher dinge und lif snellichen sulches wunder

1 dernach *B*. 2 der ander *C*. 3 vngeschicht *B C*. 7 czweien *C*. 8 er
fehlt B. vusinniger were *C*. 10 betrugest *B*. reinikeit *B*. 11 die
fehlt B. sicherlich *C*. 12 bosheit nemen ende *A*. 13 rukt *B*. snellich *C*.
14 zu *bis* und *fehlt B*. czu hant *B*. 16 czweien *C*. 17 selber *C*. gesach *C*.
erschrakt *B*. 19 czauwernuss *B*. 21 czawberrer *A*. 22 vnkeuschheyt *C*.
hat gereiczet *A*. geresset habe *C*. 23 di leute mit czaubernusse *A*. de *C*.
Vor XXXVI.: ein grosses geschrey des volkes *B*. 25 unmezziges *fehlt B*.
27 stymme quame *C*. erschrakt *B*. 28 bitterlichen *C*. snellich *C*.

11

zu sehen. Do stunt das unschuldige lamp mitten under freidigen wolfen, und wie wol sie allesampt in ubel handelten gleich als tobendige hungerige hunde, dennoch stunt er under in sulches senften mutes, als ob im alles geluck wi-
5 derfaren were, und sprach nicht anders denn also: 'Ich leide billichen dise schande, wanne ich wider meinen got swerlichen hab gesundet.' Sie viengen, sie slugen den unschuldigen menschen; was tete aber Silvanus in disen noten? nicht anders nur das er dester frolicher zu der marter ging, so
10 er brüfet das im ie grosser smacheit und grosser schande wart von in derboten.

XXXVII.

Dornach gebot ich dem volke das sie sweigen scholden auf die rede das ir zorn etlicher weise gemessiget wurde. Zuhant wart ir schauriger zorn dester hitziclicher brinnen,
15 und recht in den zeiten als Silvanus aus der kirchen gevangner gefuret wart, zuhant erstunt der erwirdige sant Jeronimus aus dem grabe, dorinne er gelegen was, und erschein allermeniclichen in so grossem lichte das der leute augen sulches licht nicht geleiden mochten, in meinunge das
20 er seinem liben ertzbischofe Silvano zu hilfe kumen wolte. Des nam er Silvanum bei der rechten hant und gebot allermeniclich mit freidiger stimmen das sie in gevangen furbas mer nicht hilden. So grosse kraft hette sulches sein angesichte das alzuhant e denne sant Jeronimus sulche wort gar
25 gesprochen hatte, allermeniclich begriffen wart mit so unmesslichen grossen vorchten das sie allesampt auf die erden vilen. Die weile bracht man ein weip, die besessen was mit dem bosen geiste, und was dieselbe unselige mit keten und mit vessern besmidet und was gar herticlich gebunden;

1 schauwen *C.* 3 tobendige hunde di hungerige weren *A.* hunt *C.* stunde *A B.* 4 gelücke *C.* 7 sluge *C.* 8 tet *C.* 9 ginge *C.* 11 wart im derboten *B.* von in *fehlt C.* Vor XXXVII.: do gepot er dem volk zu sweygen *B.* 13 eclicher *B.* 14 hiezlicher *A B.* brüen *C.* 15 als sant *C.* gefangner auz der kirchen wart gefuret *B C.* 16 entstunt *A.* sant *fehlt A.* 18 allermeiniclich *C.* 21 hende *C.* 22 stimme *C.* 23 hat *B C.* sein sulches *A.* angesicht *C.* 24 ee den *C.* dy sulche *A B.* 25 so mit *B.* vnmessigen *C.* 27 weip dy da *B.* 28 den bösen geisten *C.* 29 fesseren *C.* und was *fehlt A.* gebunden *fehlt A.*

und als man sie in hoffenunge das sie gelediget wurde gegen der kirchen furet, zuhant als ir fuzze der kirchen swelle traten, begunde der teufel freislichen schreien: 'Erbarme dich, erwirdiger Jeronime, uber mich, erbarme dich uber mich, wann ich von dir grossen smertzen leide!' 5

XXVIII.

Zuhant sprach sant Jeronimus: 'Du unreiner boser geist, balde mach dich von der gotes dirnen und offenbar dein schalkeit, domite du vormals den leuten dich beweiset hast in der gestalt Silvanus, meines freundes.' Zuhant nach gebote des erwirdigen sant Jeronimus beweiset sich der teu- 10 fel in der gestalt sant Silvanus in sulcher geschicht das allermeniclich gelaubte das es Silvanus were, und bekante das er alle sulche ding und aufsetze getan und aufgeleget hette auf die rede das er den heiligen gotes knecht sant Silvanum und die ersamigen heiligen frawen zu bosen worten brechte. 15 Dornach vorswant der teufel aus der kirchen mit grossem geschrei. Augustine, merk dises wunder: der erwirdige sant Jeronimus hilt dennoch seinen liben ertzbischof mit seiner rechten hant und sprach zu im mit suzzer stimme: 'Hertzenliber Silvane, was wiltu das ich durch deinen willen tun 20 sulle?' Do sprach Silvanus: 'Hertzenliber vater und herre, das du mich auf diser erden nimmer lassest bleiben!' Des antwurt im der erwirdige sant Jeronimus und sprach also: 'Liber sun, was du gebeten hast, das schol alzumal geschehen: nu kume nach mir gar snellichen!' Und domit vorswant der 25 erwirdige sant Jeronimus von augen aller leute. Dornach in kurtzer frist, als sich ein einige stunde vorlaufen mochte, vorschiet der ertzbischof Silvanus. Des wart sich allerme-

---

1 sey in *A B*. geledig *A B*. 2 swellen trat *C*. 3 frischlichen *A B*. 4 uber mich *fehlt beidemal A*. *Vor* XXXVIII.: do gepewt jeronimus dem tewffel *B*. 6 sant Jeronimus sproch *B*. sant *fehlt A*. vnreiniger *C*. 7 mache *C*. dirne *C*. 8 erczaiget *A*. 9 in dem *C*. 11 in dem *C*. gestat *B*. 12 es sant *C*. Siluanus selber *A*. vnd beschaute *A B*. 14 knecht gotes *B*. 15 vnd der *A B*. Ersamen *C*. bösem worte *C*. brachte *A B*. 17 mercke *C*. 18 liben *fehlt B C*. 19 hende *C*. herczellieber *B*. 21 sant Siluanus *B*. vater und *fehlt A*. 23 sant *fehlt A*. 24 sone wez *C*. 25 gar *fehlt B*. snellischen *B*. 27 einige *fehlt A*. stund *B*. hette *C*.

niclich wundern, dorzu begunden beide frawen und man
und kinder laufen. Do hub sich ein grosses weinen, suftzen
und klagen das die erde mit zehern wart begossen: aller-
meniclich gaben sich schuldig das sie den heiligen sant Sil-
5 vanus in so grossen unschulden so schemlich gehandelt het-
ten und begerten dorumb genade von dem almechtigen gote,
und bleip das volk alzumal die gantzen nacht bei dersel-
ben kirchen.

XXXIX.

Des morgens fru wurden besendet alle bischofe mitsampt
10 der pfafheit, und dorzu quam allermeniclich aus den zweien
steten Betlehem und Nazareth und wart der heilige leichnam
sant Silvani gegen seiner kirchen Nazareth wirdiclich gelei-
tet, und in derselben kirchen begruben wir in, als wol zim-
lich was, in grossen wirden. Vil rede und lange wort moch-
15 ten nicht volbringen des erwirdigen sant Silvani leben und
sein tugentliche handelunge. Sust hab ich noch vil zu reden
von des erwirdigen sant Jeronimus wunderhaftigen zeichen;
das ich von sant Silvanus sachen meine itzunt aufzehoren
und wil mich in des erwirdigen sant Jeronimus zeichen mit
20 ordenlicher worte bescheidenheit in fleisse wider setzen.

XL.

Ich meine itzunt zu sagen ein wunderhaftiges zeichen,
des ich eines teiles underweiset bin von erwirdigen leuten
und das ich eines teiles gesehen habe mit meines selbes
augen.
25 Zwen edel reiche man von Alexandrien tugentliches
lebens, wie wol sie heiden waren, begriffen den weg den

1 beide *fehlt* C. weip vnd man B. man vnd weip C. 2 weinen *fehlt* B C.
4 gab C. 5 so *nach* in *fehlt* B. *Vor* XXXIX.: ein samnung der prye-
sterschafft B. Kein neues Capitel A. 11 und wart bis Nazareth
fehlt A. 12 wirdiclichen beleitet C. 13 grub B. 15 volbrengen sant
Silnanus erwirdiges leben C. 17 zeichen *fehlt* C. 18 itzunt *fehlt* C.
20 worten A B. *Vor* XL.: ein grosses ezaichen von ezwayn haydischen
manen B. 22 underweiset bis teiles *fehlt* C. 23 hab C. 26 weren
Auch bin eines teyles vnderweiset von erberigen leüten vnd die vorge-
nanten czwene begriffen C.

erwirdigen sant Jeronimus zu suchen und sein heiligtum zu
sehen und sulche grosse wunder, die sie in dem lande von
im gehoret hatten. Und do sie beidesampt mit grossem
reichtume auf die strasse kumen waren, des wurden sie
eines tages des rechten weges irre und quamen in einen 5
grossen walt, dorinne sie weder pferde noch leute fuz-
stapfen gesehen oder gemerken mochten. Des begunden
sie sant Jeronimus namen anzuruffen und sich enpfelhen
seiner gnediger hute. In demselben walde was ein haupt-
man der morder, der under im wol funf hundert mordige 10
dibe und rauber hette. Die pflag er zu senden auf die
strassen das sie allermeniclichen rauben und toten scholten
und dornach den sulchen raup zu im bringen. Und do der-
selbe hauptman die e genanten zwen man von Alexandrien
begunde sehen, do gebot er dreien seinen knechten das sie 15
die zwen man zuhant morden und berauben scholden. Die
erhuben sich suellichen und eilten zu den zweien mit ge-
wonlichen iren wapen in meinunge ires hauptmannes gebot
suntlichen zu enden.

XLI.

Augustine, lieber vater, nu merke die grosse wirde des er- 20
wirdigen sant Jeronimi; merke sein wunderhaftige zeichen,
die von allen heiligen unser zeit ungehort sein. Die mor-
der gingen zu den zwen in meinunge sie zu toten; und do
sie nahen quamen, als sie vormals gedaucht hette das ir nur
zwen weren, so begunden sie ein unzellliches volk sehen und 25
einen man fur in gen, der mit so klarem lichte scheiniger
was das sulchen glanst menschliche augen nicht geleiden

2 vnd sulche B C. von im gehoret in dem lande A B. 3 hetten C. do
fehlt B. 4 reichtum C. 5 tages irre A. tages rechten B. 6 füzstrasse A.
füzstaffen B. 7 gesehen mochten oder gemerken C. 8 anruffen B. ent-
felhen B. 9 genedige C. güte B. 10 hunder B. 12 allermeiniclich C.
15 dreyn mördern seinen A. 16 rauben A B. 17 snellich C. Vor XLI.:
do schreibt er Augustino B. Kein neues Capitel A. 20 dise C. 21 sant
fehlt A B. seine wunderhaftigen czeichene C. grozze czeichen A.
23 czweyen C. vnd das sy B. 24 nahe C. gedauchte C. 25 volke B. be-
sehen A B. 26 vor in geen C. licht C. 27 gesehen B.

mochten. Des begriffen die morder sulche vorchte und so
starkes schrecken, das sie nicht anders zu tun wosten nur das
sie zu iren gesellen wider lifen. Und do sie etlicher masse
verre von den leuten quamen, die sie gesehen hetten, do
5 dauchte sie aber das ir nur zwen weren. Des dauchte die
morder das sie ir eigen gesichte sust betrogen hette, und
wurden zu den zweien mannen wider eilen. Und do sie an-
derweit nahen zu in quamen, do begunden sie gleicher weis
als vor ein unzelliches volk zu sehen. Sulcher geschicht be-
10 gunden sich die morder merklichen wundern, und als sie
umb sust gearbeit hetten, so scheiden sie anderweit von
den zweien und eilten zu irem hauptmanne, der sie gesendet
hatte und ir beitunt was, ob sie sein sundiges gebot geen-
det hetten.

XLII.

15 Des schalt der hauptman dieselben drei sein knechte
umb das, das sie so lange von im gewesen waren. Und als
er die wunderhaftige geschicht von in begunde horen, do
hilt er sie vor toren, umb das das sie unweislich und
saumlich gevaren hetten, und sante mit denselben dreien
20 zwelf ander morder die e genanten zwen man anzugreifen.
Den allen geschach gleicher weis als den ersten: wanne
von der verre sahen sie ir nur zwen und do sie neher
quamen, do sahen sie, gleicher weis als die ersten ir ge-
sellen vormals gesehen hatten, ein unmessige schar unzelli-
25 cher leute. Ir hertze wart zitern in so grossen vorchten,
ir leip wart sich erschutten in der masse das sie amechtig
wurden, gleicher weis als ob sie alle ir kraft gentzlichen

2 erschrecken *C.* nur wie si *A.* 3 das sy *A B.* 4 wider quamen *C.*
6 sie *fehlt B.* sust *fehlt A.* so *C.* 7 daz si *A B.* 8 nahent *B.* bey si *B C.*
sie] so *B.* 9 vnzellich *A B.* gesicht *B.* 11 gearbeitet *C.* schiden *C.* 12 wi-
der czu dem hauptmanne *C.* 13 hette *C.* beitender *C.* 14 hatten *A B.*
Vor XLII.: der hawpman der morder *B.* 15 seine *C.* 16 vmb daz sie *C.*
18 hilde *C.* vür *C.* vmb das sie so *C.* vnd so *C.* 19 schemlich *C.* 20 ge-
nante *B.* zwen *fehlt C.* 21 gleich als *B.* gleich den *C.* 22 ir *fehlt A.*
nur ir *B.* und *fehlt B C.* nehner *B.* 23 do *fehlt B.* 24 het-
ten *C.* vmmesschiche *B* 26 leipt *B.* 27 waren *A.* aller *C.* irer krefte
gentzlich *C.*

beraubet weren. Dornach begunden sie etlicher masse zu
kreften komen und volgten heimlichen den zwein in mei-
nunge das sie erfaren wolden was sulche geschicht bedeutet.
Des wurden die zwen von Alexandrien die sulchen morder
sehen und wurden mit grossen vorchten gedenken was leute 5
sie weren, die in dem wilden walt gingen. Des schicket sich
die sunne zu dem nidergang also das die zwen von Alexan-
drien nicht wosten was sie in der nacht beginnen scholden
und gingen zu den mordern als zu wegfertigen guten leuten
in meinunge iren rat zu suchen, wes sie sich in der wilt- 10
musse betragen scholden.

XLIII.

In der frist als die zwene zu den mordern sich begun-
den nehen und keren, wurden die morder aber nur zwen
sehen und begunden in zimlichen zu begeinen, und als sie
beiden seiten zusamen quamen, begunden sie sich an ein- 15
ander zu grussen. Des fragten die morder die zwen von
Alexandrien, wer oder wannen sie weren oder wohin sie
wolten. Des antwurten die zwen und sprachen: 'Wir sein
von Alexandrien und sein auf dem wege gen Bethlehem des
erwirdigen sant Jeronimus heiligtum zu schawen.' Do sprach 20
der hauptman der bosen gesellschafte: 'Was leute waren sie,
die mit so grosser schar bei euch auf der strassen gingen?'
Des wundert die zwen von Alexandrien und sprachen: 'Sint
der zeit das wir in disen walt komen sein, so hab wir
nimand anders nur vormals drei und itzunt euch andern ge- 25
sehen.' Do sprach der hauptman: 'Ein grosses unzelliches
volk ist bei euch gewesen. Nu berichtet mich, von welchen
sachen das geschehen sei?' Do sprachen die zwen: 'Kein
ander sachen mugen wir nicht gewissen nur die alcine das

2 wider komen C. heymliche B. 3 schicht A. gesicht B. 5 vorchten
trachten A. 6 in dem walde C. 8 wez C. 9 guten fehlt C. 10 rate C.
wes sie in der w. sich A. Vor XLIII.: auch von den czwayn mannen B.
12 als sy dy B. 14 czimlich C. begegenen A. 15 ezu sampne C. ko-
men A B. sich fehlt A C. einder sich ezu C. 17 von wem C. wo sie hin C.
19 auf fehlt B. 20 heyltum AB. 21 geselschefte C. 24 so fehlt C.
haben C. 25 nymanden B. nymande C. geschen anders A. gesehen
haben C. 28 sey geschehen A. 29 nicht fehlt A. nur aleine B.

wir uns des erwirdigen sant Jeronimus genaden und seiner
veterlichen hute enpfolhen hetten.' Zuhant nach sulcher ant-
wurte wurden die e genanten morder mit genaden des hei-
ligen geistes also getrostet und ersuzzet, das sie aller freidi-
5 keit vorgassen und vilen zu der zweien fuzzen und baten
genade umb ire grosse missetat des mordes, den sie gemei-
net hatten. Und domite furten sie die zwen zu andern iren
gesellen des e genanten waldes.

XLIV.

Augustine, was sal ich sagen? In der ersten stunden
10 derselben nacht quamen disc zwelfe zu den andern mordern
allen und wurden sagen alle wunder, die sie gesehen hetten,
und wurden dorzu die andern ire gesellen bitten das sie von
sunden lissen und gegen Bethlehem mit in furen des erwirdi-
gen sant Jeronimi heiligtum zu sehen. Zuhant begunden die
15 andern morder sulcher rede als einer torheit spotten. Dornach
begunden sie droen dem hauptman und den seinen und spre-
chen, sei das sache das sie von sulcher sache nicht lassen wol-
len, das sie dorumb ane zweifel sterben musten. Und in der
geschicht als der hauptman und die seinen durch selige
20 gedanken, die in iren hertzen enzundet waren, von sulcher
seliger rede und heiligen fursatz nicht lassen wolden, do
begunden die andern morder gleich tobendigen hunden ire
swert gegen in veintlichen enblossen. Augustine, nu wisse:
die swert mochten sie nach boser ires hertzen meinunge zu-
25 cken und aufheben, aber die kraft des erwirdigen sant
Jeronimus was so stark das sie dieselben swert nicht ge-
neigen oder gesenken mochten, es were denne das die zwen

---

2 enpfulhen *A*. empfelhen *B*. hetten *fehlt A*. 3 genades *B*. 5 vielen czu
der erden vnd czu der czweien *A*. 6 vmb sulche grosse *A*. ir *C*. 7 hetten *C*.
Vor XLIV.: Wy dy czwelff den andern gesagt *B*. *Kein neues Capitel A.*
9 stunde *C*. 11 alle die *C*. 12 ire *fehlt C*. 16 dreüwen *C*. und spre-
chen *fehlt C*. 18 dorumb *fehlt C*. dorümb sterben müzzen *C*. 19 do
der *C*. 20 in *doppelt B*. enczunden *C*. 21 seiligen *C*. 24 sich nicht
nach *B*. bosem *C*. ires hertzen *fehlt A*. willen *C*. geczucken *C*. zucken
bis aufheben *fehlt A*. 25 erwirdige *B*. 26 das sie *fehlt C*. mit
nicht *C*.

man von Alexandrien, die bei den mordern gevangen stunden, sulche genade zu troste den bosen mordern von sunderlicher gute des erwirdigen sant Jeronimus behilden.

LXV.

Augustine, nu merke wie unsprechliche und wie ubergrozze sei die barmhertzikeit unsers herren, wie sein gute 5
allermeniclich zu selden bringet nach gotlichem willen: wanne
alzuhant als die sundige schar der e genanten morder sulche
grosse ungewonliche wunder wart ernstlichen besinnen, so
sageten sie dank, lop und ere dem almechtigen gote und
dem erwirdigen sant Jeronimus besunder und gelobten in 10
guten hertzen das sie sant Jeronimi heiligtum besuchen wolten. Dornach des morgens fru erhuben sich drei hundert
man derselben morder und lissen denselben walt und furen
mit den zweien mannen von Alexandrien zu dem grabe sant
Jeronimi, des erwirdigen herren, und sageten allermenicli- 15
chen die ungehorten und ungewonlichen wunder, die sie gesehen hetten. Doselbest wurden auch getaufet dieselben zwen
heidenische man von Alexandrien und lissen alle werltliche
begerunge und begaben sich in ein kloster, dorinne sie geistliches leben untz an iren tod andechticlichen hilden. Und 20
die andern drei hundert man, die sich vormals raubes und
mordes begangen hatten, quamen zu dem licht der warheit
und rechtvertiges lebens mit barmhertzikeit des almechtigen
gotes und durch des erwirdigen sant Jeronimus sunderliche
genade. 25

XLVI.

In der stat zu Constantinopel ist gescheen ein gleiches
grosses wunder, als ich mit brifen underweiset bin, die mir

---

2 sunderliche *B*. 3 Jeronimus *fehlt C*. *Vor* XLV.: hie loben dy morder got vnd jeronimum *B*. 4 vnsprechlich vnd vber gross die *B*. wie *nach* und *fehlt C*. 9 sagte *C*. 10 erwirdige *B*. 12 dornach *fehlt C*. 11 czweynen *B*. 16 vngewondleiche vngehorten *A*. und *fehlt C*. 18 heidennischen *C*. alle *fehlt B*. werltlich *C*. 19 gaben *A*. gaistleich *A*. gottliches *B*. 20 vnd an ir ende *C*. 21 drei *fehlt C*. 22 der ewigen warheit *A*. 23 leben *A B*. *Vor* XLVI.: ein grosses czaichen von czwayn romern *B*.

von dannen neulichen sint gesendet: wanne sein nicht lang
ist das zweien jungen romern semliche geschicht widerfur,
also ich dir, Augustine, schreibe. Dieselben zwen jungen
romer quamen bei ein dorf, das zwelf meil von Constanti-
5 nopel gelegen, was und ee denne sie in das dorf quamen,
bei den stunden ires inganges wurden zwen man auf der
strazze ermordet. Dornach als sulcher mort erschal in dem
dorf, sampnet sich alle dorfschaft und wurden alle fleizziclichen
suchen, wer die zwen man ermordet hatte. Des kunden sie
10 nimanden vinden nur aleine dise zwen unschuldige jungen
romer. Des wurden sie gevangen von aller dorfschaft und
herticlich gehalden gleicher weis als ob sie die e genanten
zwen man felschlich ermordet hetten. Des begunden die
zwene jungen romer gar ernstlichen wundern und begunden
15 mit allen kreften sweren das sie dovon nichtes wosten. Doch
wurden sie gevangen in das dorf gefuret und von dannen
gen Constantinopel in das gerichte fur die herschaft, die
sulche sachen gewonlichen richten scholten: wanne in dem-
selben dorfe nicht gerichtes was uber morder oder semliche
20 sachen. Mit in quamen ir besager, die in schult gaben eines
strazmordes, und mit kurtzen worten: sie musten durch
grozzen peinigen smertzen das bekennen des sie unschuldig
waren, und ubergink ein urteile das man sie als morder
alzuhant enthaupten scholde.

XLVII.

25   Welches hertze mochte so herte sein, das sulchen jamer
nicht beweinen scholte umb grozze sulche leidunge der edlen
unschuldigen jungen, die in so bluender jugent also zirlich
anzusehen waren. Swerlich begunden die edlen jungen wei-

1 neülich *C.* 2 semlich *B.* 6 der stunde *C.* ganges *A.* einganges *C.*
mane *C.* 8 wurden alle sampt *C.* freyslichen *A B.* 9 hette *C.* 10 jungen
fehlt B C. 12 e genanten *fehlt C.* 13 czwene felschlich *C.* 14 gar *fehlt C.*
15 dovon *fehlt C.* dorumb westen *C.* 16 gevangen vnd in *B C.* vnd do
von gen *C.* 18 czu richten *B.* demselbe *B.* 22 grosser penigung des
smerczen bekennen *B.* grosse peinige not vnd smertzen dez bekennen *C.*
23 vrteil *C. Vor* XLVII.: wy man sy enchoffen wold *B. Kein neues
Capitel A.* 25 Welche hertz *C.* gesein *C.* 26 grozze *fehlt B C.* der-
selben *C.* 27 czimleich waren an czu sehen *A.*

nen das in die zeher uber ire wangen begunden rinnen;
gar groz was ir suftzen und ir klagen und sprachen beide-
sampt aus betrubten hertzen: 'Erwirdiger Jeronime, ist sul-
cher dein lon, des von dir deine getrewen diner warten umb
grosse arbeit sulches langes weges? O wirdige romische
stat, der wol kunt ist unser geburt, wie gar kleine hettest
du dich vorsehen sulches unsers schemlichen endes!' Des
furte man die edlen unschuldigen jungen an die stat, do sie
sterben scholden, und allermeniclich volgte sulchem leidigem
angesichte. O du grosse unsprechliche barmhertzikeit des
almechtigen gotes, domite himel und erde erfullet sein, die
aller unschult in noten nicht vorgisset! Des knieten die un-
schuldigen jungen auf die erden an derselben stat, do man
sie meinet zu toten, und strakten in den himel mit andacht
ir hende und sprachen mit lauten stimmen: 'Erwirdiger sant
Jeronime, unser helfer, unser troster, suzze zuflucht unsers
heiles, nu wende in disen fristen zu unserm unwirdigen
gebete dein genedige oren in sulcher weis: sei das sache
das wir sulches mordes unschuldig sein, das wir denne dei-
ner gute und deiner hilfe getrostet werden; sei wir aber
schuldig, so laz uns vorderben in schanden, die wir vordi-
net haben!'

XLVIII.

Dornach als sulche wort ende namen, strakten sie ir
helse zu des gerichtes swerten; doch sprachen sie allewege:
'Hilf, erwirdiger sant Jeronime, hilf!' Nimant sal sich des,
Augustine, wundern, ob der erwirdige sant Jeronimus bei sul-
chen zehern, bei suftzen und bei klagen der unschuldigen jun-
gern sich gewonlicher barmhertzikeit nicht enthalden mochte,
sint allermeniclich sulche ire unschult beklagen und beweinen
musten, und beinamen die haher sulcher tot derbarmet.

1 ire awgen wurden rinnen *A*. 2 grosses *C*. wor *B*. 3 mit *C*. erwirdige *B*.
4 trewe *AB*. 5 langen *C*. 6 bekunt *AB*. 8 vnschuldigen edlen *C*.
9 sulcheim *C*. leidicligem *C*. 11 ist sein di *A*. 12 sie nyder die *C*.
14 mit iren henden *C*. 15 lauter stymme *C*. erwirdige *B*. 18 gne-
digen *C*. 20 vnd hilfe *BC*. *Vor* XLVIII.: wy yn dy haher nicz ge-
schaden *B*. 23 stracken *B*. 24 swertes *B*. 25 erwirdige Jeronime *B*.
sant *fehlt A*. 26 Augustine dez *C*. 30 muste *C*.

Auf huben die haher ire swerte und slugen auf die unschuldigen helse: unschedlichen waren in die slege gleicher weis als ob sie steinen weren. Die haher begunden sich wundern des das ire slege also wurden betrogen. Anderweit erhuben
5 sie ire swert und slugen mit allen iren kreften: dennoch bliben die jungen sulcher slege gentzlich unbesweret. Aber und aber und zu manigen stunden slugen die haher, und die unschuldigen jungen enpfunden der swerte nicht anders nur als ob sie von stro gemachet weren. Allermeniclich
10 begunden sich des hefticlichen wundern, und wart ein grosses zulaufen von allem volke dise newekeit zu sehen. Dorzu quam auch gelaufen der richter, von des gewalt und gebot die unschuldigen jungen also vorteilet waren, und hiez zu seinem angesichte die haher anderweit slahen: dennoch bli-
15 ben unvorseret die unschuldigen jungen. Des wart den richter wundern, wanne im unkunt was umb sant Jeronimi genade und woste nicht anders zu besinnen nur das in dauchte es muste von zaubernuss gescheen. Des gebot er seinen dinern das sie die unschuldigen jungen gewandes enblossen
20 und alzuhant vorbrennen scholten. Ein grosses fewr was enzundet, öl und pech wart auf das holtz mildiclichen gegossen auf die rede das sie snelliclichen verdurben.

XLIX.

Augustine, liber vater, was nu der erwirdige sant Jeronimus mechtig seine diner zu bewaren vor sulchen schar-
25 fen swerten, wen sal denne wundern ob er sie beschirmet hat des fewers? Auf ging das fewr hoc in die luft allenthalben, aber die jungen waren in suzzem schatten sant Jeronimus also behalden gleicher weis als ob sie in einem wunniclichen

---

1 swert *C*. vnschuldige *B*. 2 vnschedlich *C*. 3 Die *bis* des *fehlt B*. sich dez ire slege *C*. 4 betrogen weren *A*. woren betrogen *C*. 5 craften *B*. 6 iunge *B*. vnvorseret *C*. 7 sluge *B*. 10 begunde *C*. 12 gebote *C*. 13 vorderbet *C*. 14 angesicht *C*. anderwaid di haher *A*. pliben si vnv. *A*. 15 wart der *B*. 16 von sant *B*. 17 zu besinnen *fehlt A*. 18 must *B*. 19 enplosten ires gewandes vnd sie alzuhant *C*. 20 wart *C*. 21 mildiclich *C*. 22 snellichen *C*. wurturben *B*. *Vor* XLIX.: auch wy yn das ffewr nichcz geschaden macht *B*. 24 mechtiger *C*. seinen *B*. sulchen sachen vnd scharffen *A*. 25 sich *A B*. 27 suzzen *B*. 28 einen *B*.

garten sezzen. Dornach wolt der richter des underweiset
werden, ob sulche dink mit gotlichem wunder oder mit zau-
bernuss geschehen weren: und schuf mit den seinen: wer
das sache das sie acht gantze tage lebten an dem galgen
das sie dornach frei und ledig sein scholten. Als sie der- 5
hangen wurden, zuhant quam sant Jeronimus und hilt mit
seinen henden die solen irer fuzze also das sie lebendig
bliben alle dieselben tage. Dornach an dem achten tage
quam gelaufen alles volk der stat und auch des landes
dorzu quam auch der e genante richter und sahen allesampt 10
ditz ungehortes wunder, des sie underweiset wurden von
den hutern des galgens, die dorzu geschicket waren. Dor-
nach wart allermeniclich ere, wirde und lob sagen dem al-
mechtigen got mit geschrei und mit lauter stimme und dor-
zu sant Jeronimus, seinem erwirdigen knechte. 15

L.

Zuhant wurden die unschuldigen jungen genomen von
dem galgen und begunde in allermeniclich zucht und ere
wirdichen erbiten, und gleicher weis als sie in die stat
Constantinopel schemlichen in schanden und in smertzen
gefuret waren, also wurden sie doraus erberlich, vrolich, 20
trostlich und wirdiclich geleitet. Dornach quamen sie gen
Bethlehem zu des erwirdiges sant Jeronimus heiligtum und
mit in eine grosse schar der burger von Constantinopel und
des volkes von dem lande. Und als sie dem erwirdigen leich-
nam sant Jeronimus gewonliche wirdikeit erboten hetten, zu- 25
hant lissen dieselben zwen jungen alle wertliche gedanken
und furen in das kloster, dorinne sant Jeronimus lange zeit

---

2 weren A B. 3 werden A B. vnd wer das A. 4 achte C. 6 wuren B.
7 sulen C. lebendinge C. 8 tag B. tag B. 9 volke B. 10 dornach B.
11 ditz ungehortes fehlt A. daz vngehort C. 12 den fehlt A B. 14 al-
mechtigem B. 15 Jeronimo C. knecht C. Vor L.: hie werden sy ge-
nunen von dem galgen B. Kein neues Capitel A. 18 wirdlichen fehlt C.
stat czu C. 19 semleich A. 20 warden B. auz B C. erwirlich A B. 22 er-
wirdigem Jeronimus C. seligen heiligtum A. 23 ein C. 24 sie den B.
leichname C. 25 gewonlich B. czu liessen B C.

heiliclich gelebet hatte, und bliben dorinne in andechtigem
gebete in reinikeit des lebens und in heiligem fursatz untz
an ires leibes ende.

LI.

Grosser andacht und starker freuden ist des erwirdigen
5 sant Jeronimus wunderhaftiges zeichen, das dovor beschri-
ben ist; das ich aber dornach sagen wil, das bringet freis-
samige vorchte allermeniclich.

In der obristen Thebaida ist gewesen vor zwein jaren ein
grosses reiches frawenkloster, wol gemachet und reichlich ge-
10 ziret allenthalben. In dem kloster waren beslossen zwei hundert
frawen erberiger siten, geistliches lebens und inniger andacht
gegen dem almechtigen gote. Wer mich nu horen welle, der
nem zu hertzen und merke, was ich sage und gehenge des nicht
das es im zu einem oren eingee, und zu dem andern ausgee
15 sulche meine rede: wanne wie wol ein grosses schif allent-
halben gantzes sei, dennoch ist es in noten, ob nur ein kleines
loch dorinne bleibet, dovon es vorderben und vortrinken
muz auf dem grozzen mere. Was ich gemeinet habe mit
sulchem gleichnusse, das wirt in meinen nachgeschriben wor-
20 ten gentzlich geoffenbaret. In dem e genanten reichen tu-
gentlichen kloster was übunge einer sunden, die man symo-
niam nennet: wann von rate des bosen geistes was in dem
kloster ein sundige gewonheit das sie kein frawn durch
gotlicher libe, durch barmhertzikeit oder durch ir tugent
25 willen dorein namen, nur aleine durch geldes willen: wanne
kein fraw mochte dorein komen, sie brechte den mit ir
merkliche summen geldes.

1 hette *C*. 2 biz *C*. 3 lebens *C*. *Vor* LI.: ein grosses czaichen von
einem frawn chloster *B*. 5 do *B C*. geschriben *A*. 8 chebaida *B*.
9 reichtlich *B*. 10 In dem selben *A*. 12 nu mich *C*. wolle *C*. 13 neme *C*.
14 und *fehlt C*. 15 aus sulche *C*. 17 dertrincken *A*. ertrincken *C*. 18 grosse
B. hab *B*. 20 e genante *B*. 21 waz ein *C*. 23 kloster selben ain *A*.
frauwe *C*. 24 lieb *B*. 25 willen *fehlt A*. willen dorein *fehlt B*. goldez *A*.
26 frauwe *C*. mocht *B*. den sie brechte *C*. 27 summe geldes die sie
gesetzt hetten *C*.

LII.

In demselben kloster was ein erwirdige frawe heiliges lebens, die von iren kintlichen tagen alles ir leben reiniclichen gehalden hatte mit vasten, mit innigem gebete also das sie der werlde begerunge nichtes achtet, sonder nur aleine dem almechtigen gote steticlichen dinet. Derselben frawen was unmassen widerzeme sulcher simonien sunden. Dornach erschein der erwirdige sant Jeronimus derselben guten frawen in sulcher zeit, als sie pflag ires gewonliches gebetes, also das ir zelle derglenstet wart mit so klarem lichte das sulches wunders sie vormals nicht gesehen hette. Dornach gebot ir sant Jeronimus das sie die abbatissine und den convent desselben klosters des nechsten morgens sampnen scholte und in sagen: wer das sache das sie von sulchen gewonlichen der simonien sunden nicht abelissen, das sie denne an allen zweifel grosser gotlicher rache beiten sulten. Domit vorswant der heilige sant Jeronimus von der ersamen frawen augen. Dieselbe frawe was sulches gesichtes unmesslich derschrocken und wart so ernstlichen trachten, wer sulches gebot ir getan hette das sie die gantze nacht nicht geslafen kunde.

LIII.

Zuhant des nechsten morgens wurden alle klosterfrawen von ir gewecket und in das capitel gesampnet mit dem glockenklange. Des wart sie allesampt unmezziclichen wundern worumb sie zu dem capitel gerufet weren mit grosser eile. Des stunt auf die e genante ersame frawe und sprach: 'Ein heilige stimme hat mich underweiset: sei das sache

---

Vor LII.: von der heyligen chloster frawn *B*. 1 erberige *A C*. 2 reiniclich *C*. 3 hette *C*. innigen *B*. 4 begerung *C*. 6 widerczemig *C*. Symoneyen sünde *C*. 7 erscheine *B*. 8 gewonlichen *C*. 9 cellen *A B*. 10 sie *fehlt B*. 11 gebote er der erwirdige sant Jeronimus *C*. abtissinne *C*. 12 des *A B*. nehesten *C*. 14 Symoneyen *C*. 15 grossen gotlichen *C*. 19 gantzzen *C*. 20 slaffen *C*. *Vor* LIII.: wy sy dy andern frawen gebecht *B*. *Kein neues Capitel A*. 21 anderen morgens *C*. 23 waren sich sye *B*. wurden sie sich *C*. alle *A*. allesampt *fehlt C*. vnmesslichen *C*. 25 Ersamige *C*.

das ir nicht lasset von sulcher simonien als ir untz an dise zeit gelebet habt in denselben sunden, so muzzet ir grosser gotlicher rache an allen zweifel beiten.' Des wurden die andern frawen ir als einer torinne spotten und wurden sie
5 mit honischen worten also ubel handeln, gleicher weis als ob ir sulche geschicht in grosser trunkenheit getraumet hette. Die ersamige frawe nam sulches unrecht in gar geduldigem mute und was ir unmassen leid das ir swestern also vorhertet waren; doch bat sie den almechtigen got andechticlichen
10 das sulches leit irem convent mit nichte widerfure. Dornach als zehen tage sich vorlaufen hetten, erschein anderweit der erwirdige sant Jeronimus der e genanten frawen in den zeiten als sie zu mitternacht in irem gebete nach gewonheit sich enpfalch dem almechtigen gote und sprach
15 zu ir das sie den klosterfrawen die erste sein meinunge anderweit sagen scholte. Do sprach die ersamige frawe: 'Herre, wer bistu, der mir sulche ding gebeutet?' Do sprach er: 'Ich bins, Jeronimus!' und domit vorswant er von iren augen.

LIV.

20 Die ersamige frawe woste nicht wie sie gebaren scholte, wanne ir wol kunt was sulche grosse hertikeit irer swestern. Doch wolte sie liber als ein trunkene torinne gehandelt werden, denne sie gotlichem gebote widersetzig were, und besampnet anderweit in dem capitel alle frawen
25 und wolte in kunden was sie geschen und gehoret hette. Des wurden die andern frawen allesampt erzurnet, wanne in leider unkunt was umb sulche gotes rache, und alzumal ee denne die ersamige frawe begunde reden, lifen sie aus dem capitel mit grossem spotte. Dornach aber inwendig
30 dreien tagen erschein der erwirdige sant Jeronimus dersel-

---

1 Symoneyen *C*. 2 habt *fehlt C*. sunden hat *C*. so grosser *C*. 3 beiten an allen czweifel Der *B*. 4 ir *fehlt B*. 6 sulches gesichte *B*. 7 geduldigen *B*. 10 leit *fehlt B C*. couent *B*. convent nicht *C*. 11 als sich *C*. tag *B*. 13 der czeit *C*. 14 enpfalhe *C*. 15 ersten *C*. meynunge *C*. 16 scholten *C*. ersamige *fehlt C*. 17 bist du *C*. *Vor LIV.*: czu dem andern mal sagt *B*. 20 wost *B*. 22 wolt *C*. 23 widersczzig *B*. 24 besampt *A B*. 25 in *fehlt B C*. 29 vber *A B*. 30 erschein aber *C*.

ben ersamen frawen zu mitternacht mit der heiligen engelen lichten scharen und wecket sie von slafe und gebot ir das sie alzuhant aus dem kloster ginge, ob sie grosser gotes rache nicht erbeiten wolde. Do bat die ersamige frawe den almechtigen got das er sulche ungeschichte irem kloster nicht widerfaren lisse. Do sprach sant Jeronimus: 'Balt an alles vorzihen ge zu der abbatissinne und zu den andern frawen allen und sage in: sei das sache das sie in diser nacht nicht rewe haben umb ire sunden, das sie denne der gotliche zorn besweren werde. Wolten sie aber in irer hertikeit bleiben, so scholtu alzuhant aus dem unseligen kloster faren.' Und domit vorswant sant Jeronimus von der frawen augen.

LV.

Nach sulchen worten des erwirdigen sant Jeronimi begunde die ersamige frawe alle ander klosterfrawen zu dem capitel mit der glocken anderweit rufen. Des erwachet die abbtissinne und als sie des underweiset wart das dieselbe frawe die glocken hette anderweit geleutet, eilet sie zu dem capitel mit gar grossem zorne, und alzuhant als sie die e genanten ersamen frawen ersach, begunde sie untugentlichen schelden und wolte einiges wort von ir nicht horen und drewet ir gar bitterlichen, ob sie von irem sulchem geverte nicht lassen wolte das sie furbas mer in dem kloster uber nacht nicht blibe. Des antwurt die ersamige frawe und sprach: 'Genedige frawe, volende deinen fursatz als du gesprochen hast, wanne ich in disem kloster furbas mer nicht bleibe dorumb besunder das mich der erwirdige sant Jeronimus underweiset hat, got der welle alzuhant uber dises kloster gar swerlichen richten. Des begunde die abbatissinne gar spotlichen zu lachen, gleicher weis als ob sie sulche

---

1 mit heilige engelen *B*. mit heiligen *C*. 3 gieng *B*. 5 vngeschicht *C*. 6 vnd one alles *C*. 7 gee *C*. den *fehlt A B*. 9 vber ire sünde habe daz *C*. 10 beswern *C*. aber sy *A B*. irr *B*. torhait vnd hertichait *A*. 11 scholt du *C*. 12 dor mit *B*. Vor LV.: hie rufft sy yn in das capitel mit der *B*. Kein neues Capitel *A*. 15 ezu ruffen *A*. erwackt *B*. 18 gar mit *B C*. 19 Ersamigen *C*. 21 dreüet *C*. iren sulchen *B*. 23 antworte *C*. 25 mer *fehlt B*. 27 wol *C*. 28 gar *fehlt B C*. swerlichen *fehlt C*. 29 zu *fehlt C*.

rede von torheit und von trunkenheit oder sust von irresal gesprochen hette. Und domit gebot sie der pfortnerin das sie die ersamen frawen aus dem kloster tribe und sie uber ein kleine weil wider dorein lisse auf die rede das sie sul-
5 cher unsinnikeit furbas mer nicht pfleget. Des ging die ersamige fraw aus dem kloster mit grossem smertze und mit flissenden augen umb sulches grosses ungelucke, das irem kloster in so kurtzer vrist widervaren scholte.

LVI.

Augustine, liber vater, vorchtsamer ist der almechtige
10 got und starker in seinen kreften also das nimant widersten mag seinem willen. Worumb furchten nicht seinen zorn alle leute? worumb reitzen sie seinen zorn mit iren grossen sunden, sint in wol kunt ist das nimant enpflihen mag seinen starken henden und allermeniclich sein grozzes gerichte
15 leiden muz in den letzten zeiten? Billichen scholten diser newekeit erschrecken alle unselige leute, die auf den reichtum diser werlt ir zuvorsicht so sicherlichen setzen und die den almechtigen got mit irer geitikeit teglichen derzurnen; billichen scholten sie merken mit welcher grossen pflage
20 der almechtige got das kloster hat vorderbet umb das, das die klosterfrawen ir antlutz von got gewendet hatten durch unseliges geldes willen: wanne die ersamige alde frawe mochte nie so balde uber die swellen getreten: das kloster vil nider und totet alle klosterfrawen, die dorinne bliben
25 waren. Und die ersamige frawe fur in ein ander kloster, das bei der nidersten Thebaida gelegen ist, und bleib ir lebtage dorinne in heiligem leben und in gotlichem dinste.

1 und] oder C. geredet oder C. Irsal C. 2 pfortnerinne C. 3 ersamige frauwe C. trib B. sey B. 4 ein fehlt B. 5 pfleg C. 6 smerczen mit C. 7 vngeluck C. 8 so fehlt C. Vor LVI.: czu augustino B. Kein neues Capitel A. 9 vorchsam B. almeehtig B. 10 stercker A. stark B. seinem willen widersten mag C. 11 seinen wille B. 12 alle leüte seinen czorn C. alle leute bis zorn fehlt A. reissen C. 13 ym B. ist fehlt B. 14 starkes grozzes A. gericht C. 16 dem B. 17 werlde C. czuvorsichte C. 20 vmb das die C. 21 got fehlt B. hetten C. 25 fraw C. 26 pey nyderston A. Chebaida B. ire lebtag C.

LVII.

*M*ein meinunge ist, Augustine, hertzenliber vater, das ich ein grosses wunder sagen wil, domite alle sunder erschrecken muzzen so gar offenbarer und starker gerichte des almechtiges gotes, ob leicht durch sulches wunder die steinen hertzen der armer sunder in vorchten gotliches zornes sich senftigen und erweichen wolten und beinamen, wenne sie der sunden unfletikeit also erkenten, das sie dorumb zu unvornuftigen tiren worden sint, das sie zu dem minsten begunden trachten wie sie mit tugentlichem leben wider kumen mochten zu menschliches bildes wirden.

Ein ketzer was in krichen, der eines tages zu Jherusalem offenberlich disputiret mit einem cristenliohen prister, und do derselbe gute prister einen des erwirdigen sant Jeronimus meisterlichen spruch furgeleget hette zu bewerunge der warheit und zu seiner were, do sprach der giftige ketzer mit unvorschampten hertzen das sant Jeronimus gelogen hette. Und dorumb das er mit falscher stimme den erwirdigen sant Jeronimus, das brinnende licht der cristenheit, also vorhandelt hette, vorstummet er alzuhant in denselben fristen, also das er furbas mer einiges wort nimmer gesprechen mochte.

LVIII.

*D*ornach ein ander unseliger ketzer aus den ungelaubigen leuten, die man Arrianos nennet, saz in einer disputacion, dobei vil leute waren. Und als ein cristenlicher man einen gelaubigen spruch des erwirdigen sant Jeronimi furgeleget hette, do sprach derselbige ketzer in sundiger freidikeit, sant Jeronimus hette gelogen. Als balde und er die snoden wort aus dem unvorschampten seinen munde liez, zuhant

---

Vor LVII.: ein grosses czaichen *B*. 1 Augustine *fehlt A*. 3 offenwaren vnde starken *B*. vnd so gar starken gerichte sein dez *A*. 4 almechtigen *C*. 5 armen *C*. vorchte *C*. 6 senften *C*. erweiken *B*. 7 zu *fehlt B*. 8 vnnertigen *A*. dem *fehlt C*. 11 einiges *C*. 12 do *fehlt C*. 15 vnvorschamten *C*. 20 einiges wort *fehlt C*. *Vor* LVIII.: von einem andern vnseligen keteczer *B*. 21 auch der *B*. 22 leute *B*. 25 der selbe *C*. 26 pald *AC*. als er *BC*. pözen *A*. 27 seinem *C*.

quam uber in so hefticlich die gotes rache das er an alles
aufhoren jemerliche schrei: 'Erbarme dich, erwirdiger Jeronime, erbarme dich, wanne du mich itzunt peinigest in
ubermessigen smertzen.' Und do er sulches geschrei mit
5 allen seinen kreften allen den tag in jamer getriben hatte,
do starb er umb complet zeit gar unseliclichen in gemeinem
angesichte allermeniclichen, die do gegenwurtig waren in
denselben zeiten.

LIX.

Dornach ein unfletiger ketzer aus der bosen sampnunge
10 des snodes Arrianus, do er quam gen Sion in die kirchen
und ansichtig wart des erwirdigen sant Jeronimi bilde, zuhant begunde er sprechen: 'Wolde got das ich bei deinem
leben mit meinen henden dich so gehalden hette, so ist
nicht zweifels du werest mit meinem swerte ermordet!' Und
15 domite zoch er sein swert und stach es durch die kele des
bildes. Wie gros ist unser vater Jeronimus! wie ungehort
sein alle sein wunder, das seinen werken nicht gleiches ist
auf erden! Der unselige ketzer mochte wol sein swert veintlichen stechen durch die kele des bildes, aber das swert
20 von dem bilde und die hant von dem swerte mochte er mit
nichte wider zihen. Und alzuhant floz gussiges blut aus
demselben bilde, gleicher weis als ob es aus eines lebendiges
menschen leibe flusse, und fleusset noch ditz heutiges tages zu warhaftigem urkunde sulches grosses wunders. Und
25 in derselben stunden, als sulche unfletikeit was geschehen,
quam der erwirdige sant Jeronimus fur den richter in sulcher
zeit, als er nach gewonheit zu gerichte was gessezzen, mitsampt dem swerte, das gestochen wart durch des bildes kele,
und bat gerichtes umb sulches trubsal, das im widerfaren were;

1 rach B. 2 jemerlich schrey mit allen seinen kreften erbarme C. 3 dich
fehlt B. 4 vbermessigem C. 5 alle B. den selben A. hette C. 7 allermeinicliches C. Vor LIX.: ein ketzer auss der sampnung arrianus B.
9 vnseliger A. 10 snoden C. do der C. 11 erwirdige B. 15 stach C.
swerte B. und bis es fehlt C. 16 vater der erwirdige sant J. A. vngehorig BC. 18 veintliche B. 22 lebendingen C. 23 heutigen C.
24 grossen C. 25 stunde C. 27 was gesessen czu gerichte C.

auch underweiset er den richter aller geschicht, die im widerfaren was, und domit vorswant er von seinen augen. Swerlichen erschrak der richter und eilte zu der kirchen mit allen leuten, die bei im waren zu denselben stunden, und vant den ketzer stende mitsampt dem swerte, als es gestochen was durch des bildes kele. Zuhant nach angesichte des richters begunde der ketzer sein hant von dem swerte zihen, und wie wol er scheinlichen gevangen wurde, dennoch bleib er in seiner unreinikeit und hertikeit seines bosen hertzen und sprach das er umb nichte anders so gar leidig were nur aleine dorumb das er Jeronimum in seinem leben nicht also morden scholte. Dorzu quam alles volk gelaufen, und einer warf auf in mit steinen, der ander slug mit holtz, etlicher stach mit swerten, etlicher schos mit speren: also muste der unreine ketzer sein leben unseliclichen enden.

LX.

Mein angeborner mage, meiner swester sun Johannes, den du, lieber vater Augustine, wol erkennest, wie gar unmessig schon er sei, den ich erben gemachet habe alles meines gutes, der hat, als ich gelaube, dir gesaget was im von genaden des erwirdigen sant Jeronimus widerfaren sei sunderliches gutes. Doch auf die rede das sulche wunder in gedechtnusse der leute ewiclichen bleiben, mein ich dir dieselbe geschicht zu schreiben. Vor zwein jaren wart derselbe Johannes, mein angeborner freunt, von etlichen leuten des kunigreiches von Persia gevangen und des kuniges von Persia dinern vorkaufet, und durch sein ubermessige schone wart er gebracht in des kuniges dinste. Und do er ein gantzes jar in des kuniges dinste bliben was mit alzu grossem smertzen.

---

1 alle *B*. 2 auge *B*. swerlich *C*. 3 erschrakt *B*. eylet *C*. der *fehlt C*.
5 steunde *B*. swert *C*. geschehen *B*. 6 angesicht *C*. 8 schemlich *C*.
9 und hertikeit *fehlt A*. 10 so leidiger *C*. 11 Neür dorumb allein *C*.
bey seinem *C*. 13 warf *fehlt B*. 14 schos mit *fehlt C*. mit *doppelt B*.
swerten *C*. 15 vnreinige *C*. *Vor* LX.: ein grosses czaichen von einem schonen jungen *B*. 16 Dein *A*. 17 vater *fehlt A B*. vnmessiger schone *C*. 18 alle *C*. 22 bliben *B*. 23 anderweit zu *C*. der selb *C*.
25 und des *bis* dinern *fehlt A*. 26 dinern von persia *C*. 27 gantz *C*.
28 kunig *B*.

und als er in dem jarestage vor dem kunig stet in gewonlichem seinem dinste, mochte er vor jamer des hertzen seiner augen flussige zeher nicht enthalden. Das merket der kunig und vraget ernstlichen, durch welcher sachen willen
5 er so bitterlichen weinet. Und do der kunig vornam das er sulches ellende sulches gevangnusse beweinet hatte, do gebot er etlichen rittern das sie desselben ‚Johannes, meines freundes, auf einer festen burge fleizziclichen huten scholden, als auch dieselben ritter ires kuniges gebot mit allem fleisse
10 hilden.

LXI.

Dornach in der nechsten nacht, als mein e genanter freunt lag in grossen sorgen, also das er durch anligenden smertzen steticlichen weinet und von hertzen suftzet, erschein im der erwirdige sant Jeronimus in dem traume und begreif
15 in bei der hant und furte in gen Jherusalem mit seines selbes leibe. Do Johannes, mein freunt, des morgens erwachte, do dauchte in das sein des kuniges ritter noch huten scholten als eines gevangen menschen; des wart er underweiset das er zu Jherusalem in meinem hause were. Sulches wunders be-
20 gunde er also amechtig werden, das er nicht erkennen mochte, ob er in meinem hause oder in des kuniges gevanknizze were. Dornach als er zu im selber quam und wart sich recht besinnen, do wecket er alles mein hausgesinde. Des lifen sie allesampt zu im des ersten und dornach zu mir in
25 grossen freuden und sagten mir das mein liber mag gesunder in meinem hause were. Dorzu begunde ich mit grosser eile laufen in grossem zweifel das er mit nichte in meinem hause were noch in keiner weis gesein mochte, sint er in

---

1 jares tag *C*. konige *C*. 4 vraget gar *C*. 6 hette *C*. 7 kuniclichen rittern *BC*. den selben Johansen *B*. *Vor* LXI.: von demselben jungen *B*. *Kein neues Capitel A*. 16 libe *C*. erwokte *B*. 17 noch *fehlt B C*. scholte *B*. 18 gefangnen *C*. 20 also *fehlt BC*. weren *B*. derkennen nicht *B*. 21 oder *bis* gevanknizze *fehlt B*. gefencniz *C*. 23 vorsynnen *B*. als *A*. mein alles *B*. 24 in *bis* freuden *fehlt A C*. 25 sagten mir in grossen freuden *C*. besunder *B*. 26 haws wer *B*. do czu *B*. grossen *B*. 27 mit nichte *fehlt C*. 28 haus wer *B*. hause nicht were *C*. seyt *C*.

dem kunigreiche von Persia lange zeit gevangner gelegen
hette. Do ich aber ansehender wart meinen liben freunt
und begunde horen alle geschieht, die im widerfaren were,
do saget ich dank dem almechtigen gote und dem erwirdi-
gen sant Jeronimus, unserm liben vater, das sie in der per- 5
sonen meiner swester snnes mich betrubten menschen so gar
mildiclichen getrostet hatten.

LXII.

In einem frawenkloster was ein junkfrawe, ires gestal-
tes unmeslichen schone, jung der jare doch wol betaget
weises reiches sinnes, die zu sant Jeronimus sunderliche an- 10
dacht steticlichen hilde und lebte heiliclichen in reinem gu-
tem sinne. Derselben erberigen junkfrawen ist widerfaren,
das ich nu sagen werde. O wie grosses bilde scholte dise
erberige junkfrawe allen andern frawen und junkfrawen sein,
die allewege von gassen zu gassen unstetiges mutes laufen 15
auf die rede das sie torhafter leute gedanken vahen und
bestricken mit unkeuschem sundigem gesichte. Mit keinem
andern garn vehet und bestricket der teufel mer selen den
mit boser weibe listen. Die e genante ersamige klosterfrawe
was so wirdiges und so heiliges lebens das sie aus irer zel- 20
len mit nichte ging, es were den gros ir notdurft, der sie
mit nichte eubern mochte; wanne ir leben was nicht anders
nur lesen in den heiligen buchen oder andechticlichen zu
beten oder zu sein in gotlichen gedanken, in suzzer bescha-
wunge gotlicher libe, oder das sie in irem convente gewon- 25
lichen sich mit der speise und mit dem tranke labet, oder
nach grosser arbeit gebetes und gesanges mit slafe sich er-

---

1 konigreich C. langer B. 3 wyr ym B. 5 Jeronimo vnserem C. 7 het-
ten C. Vor LXII.: ein grosses ezaichen von einer jungchffrawen B.
9 vmnessiclichen B. Junge C. 10 synne B. 11 irem güten A. 12 der
seligen junchf. B. seligen erwirdigen C. junkfrawen *fehlt* C. 13 die er-
samige C. 14 ersamige B frawen und *fehlt* C. juncfrawe sein C.
15 vnstetes C. 16 torechter C. 17 vnkeuschen gedanken vnd sundigem B.
mit ainigem A. 19 ersamige egenante B C. egante C. klosterjunckfrawe A.
20 Celle C. 21 were denne C. grozze notdurft A. 25 couente B. ge-
wonliche C. 27 grosser *fehlt* C. sich mit slafe C.

getzet oder sust etwas gutes tete, doch also das sie sich allewege ubet in den heiligen schriften mit ernstlichem fleisse, als des gewisse gezeugen sint alle ander desselbes klosters frawen. Sulchen reinen werken, sulchem unschuldigem leben,
5 semlichem gotesdinste trug der leidige teufel so veintlichen und merklichen haz das er sulche volkumenheit nicht geleiden mochte, und auf die rede das er die ersamige seligen junkfrawen von so heiligem erberigem fursatz geleiten mochte mit gewonlichen seinen falschen listen, so schuf der arge
10 teufel, veint und vorreter menschliches geslechtes, das ein junger schoner knecht in valscher unreiniger libe gen der heiligen junkfrawen also hefticlichen enzundet und bestricket wart, das er beide tag und nacht nicht anders gedenken mochte nur aleine wie er zu der junkfrawen komen mochte.

LXIII.

15 Gleich als ein unsinniger gink er allewege umb dasselbe kloster, gleicher weis als ob er warhaftiges lichtes gentzlichen beraubet were. Keinen trost, keinen rat mochte er vinden: wanne er was in grossem vinsternuss seiner torheit also hefticlichen gedempfet das er durch leidiges
20 grosses trubsal ofte zu rate wart das er sich ertrenken wolde. Torechter libe schedliche rete begunden den jungen von tage zu tage ie vester und herticlicher twingen, wanne er sein snoden sundigen gedanken der ersamigen junkfrawen nicht sagen torste durch grozze heilikeit ires reines lebens.
25 Dornach als der unselige junge knecht aller hilfe enblosset wart und dorzu alles trostes, so vant er einen zaubrer, der mit unreiniger vordampter kunst die teufel besweren kunde.

1 gutes *fehlt* BC. sy allewege sich B. 2 mit den C. 3 geczeuge B. sein C. desselbes *fehlt* C. Closter frauwen C. 4 Sulche B. 5 semlichen B. der tewfel der leidige BC. 6 und *fehlt* A. 7 seilige C. 8 so von A. vnd so heilige erwerigen B. 11 knechte B. 12 bestricket vnd enczundet A. 14 bey dye BC. *Vor* LXIII.: von dem junglingch der der jungchfrawn begerot B. 15 vnd gleich *(kein neues Capitel)* A. 16 er gentzliche C. 17 gentzlichen *fehlt* C. 19 gedempfet C. 20 trubsales B. 21 Torechte C. schedlichen C. begonde C. 22 hertliclichen B. 23 sundigen leichename vnd gedaucken A. frawen A. 24 reynen C. 25 als *fehlt* B. 26 rawber A.

Dem gelobet er grosses gelt, ob er im zu sulchen seinen sunden kunstlichen gehelfen mochte. Des berufet der zaubrer einen teufel mit seinen giftigen kunsten und sante denselben teufel zu mitternacht zu der junkfrawen in meinunge das er sie betrigen scholde. Der teufel quam zu der ersamigen junkfrawen zellen und alzuhant als er des erwirdigen sant Jeronimus bilde gemalt sach auf der zellen türgerichte, so mochte er die swellen derselben zellen mit nichte ubertreten. Es wurde dich wundern, Augustine, und ist auch ein unmassen grosses wunder, das alle teufel den erwirdigen sant Jeronimus also bitterlichen furchten das sie auch sein gemaltes bilde nicht angesehen mugen noch dobei in keiner weis bleiben: wann wo man das erwirdige sein bild weiset einem, der mit dem teufel behaftet sei, so muz der teufel alzuhant entrinnen.

LXIV.

Als nu der e genante teufel gentzlich vorzaget was das er seines giftigen meisters, des zaubrers, gebot mit nichte volenden mochte, do quam er wider zu dem unseligen meister, der in gesendet hatte, und sprach das er in der junkfrawen zellen nicht kumen mochte umb das das des erwirdigen sant Jeronimus bilde dorauf gemalt were. Des spottet sein der meister und berufet zuhant einen andern teufel und gebot im das er snellichen fure und endet mit allem fleizze das die heilige junkfrawe betrogen wurde. Demselben andern teufel widerfur gleich als dem ersten, nur das derselbe teufel ein gantze stunde bleiben muste vor der zellen, und wart betwungen das er jemerlichen schreien muste in sulcher stimme und in semlichen worten: 'Erwirdiger Jeronime, ist es in deinen genaden das du mich von

---

1 gelubet *B*. 2 künstenlichen *C*. 3 seinen *fehlt C*. kunsten seinen *C*. 4 meynung *C*. 6 ersamigen *B*. 7 tor gerichte *C*. 8 dy selben swellen *B*. der swellen *C*. 9 vnmazzen ain grozzes *A*. grosser vmmassen *B*. 11 angemaltes *B*. 12 bey im in *C*. 13 bilde *C*. 14 dem pozen *A*. *Vor* LXIV.: wy der tewffl wolt *B*. 19 der in *bis* hatte *fehlt B*. hette *C*. 20 das *fehlt beidemal C*. 25 widefur *B*. als *fehlt C*. 26 stund *B*. 27 der Juncfrauwen *C*. schrein *B*. 28 stymme mit semleichen *A*. Erwirdige *B*.

hinnen lessest varen, so gelobe ich dir das ich nicht wider
kume in keinen zeiten.' Sulcher stimme erschrak die ersa-
mige junkfrawe, wanne sie in irem gebete gelegen was in
denselben fristen; doch wart sie vorschen wer sulche stimme
5 auslisse mit so vreidigem schreien. Dozwischen schrei der
teufel an allen underlaz das die ander junkfrawen des
klosters alzumal erwachten, und mit grossen vorchten liffen
sie allesampt zu derselben zellen und lissen des heiligen
creutzes zeichen vor in wirdiclichen tragen. Und also die
10 vorchtigen junkfrawen underweiset wurden das er ein teufel
were, zuhant beswuren sie denselben teufel das er unvor-
zugenlichen sagete worumb und durch welcher sachen willen
er dohin kumen were.

LXV.

Do saget in der teufel alle sache wie in sein meister
15 gesendet hette und worumb er kumen were und klaget
allen den junkfrawen mit suftzen und mit schreien sein
grosses ungelucke, wie der erwirdige sant Jeronimus mit
feurigen keten in bestricket und gebunden hette, und begeret
von in allen das sie von dem erwirdigen sant Jeronimus im
20 behalten wolten mit iren gebeten das er von derselben stat
gescheiden mochte. Do alle die seligen junkfrawen sulche
rede horten, zuhant dankten sie dem almechtigen gote und
dem erwirdigen· sant Jeronimo, seinem werden knechte, und
baten andechticlichen das dem teufel urlaub gegeben wurde
25 von dannen zu varen, also das er dohin furbas nimmer queme,
sunder das er aus dem kloster ewiclichen vortriben und
vorbannen wurde. Und als ir gebete ende genomen hette,
zuhant fur der teufel von dannen mit grossem geschrei und

---

1 lassest *C*. gelob *B*. 2 kum *B*. erschrakt *B*. 5 vreydigen schreyn *B*.
6 vndelazz *B*. die *fehlt B*. 7 so mit *B*. mit so *C*. 8 sie *bis* lissen
fehlt A. 10 dez vnderweyset *A*. 11 vnvorczogenliche sagte *C*. *Vor*
LXV.: do sagt der tewfl wy er gesant *B*. *Kein neues Capitel A*. 14 der
meister *C*. 18 gestricket *A*. und gebunden *fehlt A*. 19 in *B*. 20 stat
fehlt B. 21 die *fehlt B*. alle dieselben *C*. 22 dankenten *B*. hyme-
lischen *A*. almechtigem *B*. got *C*. 23 erwirdige *B*. 24 vrlab *B*. 25 von
fehlt BC. 26 also das er *C*. 27 vorbannet *C*.

quam zu dem unseligen zaubrer, seinem meister, und nam
in bei seinem halse und slug in swindiclichen mit starken
grossen knuteln also lange frist und so freislichen das in im
nicht bliben was einiges lebens zeichen, und dorzu schrei
der teufel allewege mit grimmiger stimme: 'Du unseliger 5
zaubrer, du bist ein ursach gewesen des grossen meines
smertzen! worumb hastu mich zu der unschuldigen junk-
frawen gesendet? Sicherlich und an allen zweifel ich wil
mich mit disen slegen an dir herticlichen rechen!'

LXVI.

Do nu der unselige zaubrer in so grossem smertzen 10
sulcher herten slege vorzweifelt was und begunde seinen
schaden erkennen und merken das er betrogen was mit
seinen falschen kunsten und was itzunt alzumal vorhoffet,
do begunde er zuflucht haben zu dem genadenreichen troste,
dem erwirdigen sant Jeronimus, und wart sich im enpfelhen 15
in semlichen worten: 'Genadesamer erwirdiger sant Jero-
nime, kume zu hilfe mir armen, der zu deinen genaden
fleuhet, und vorsage mir nicht deine gewonliche gute: wanne
ich gelobe dir in guten steten trewen: sei das sache das
du mir aus disen grossen noten hilfest, das ich furbas mer 20
wil in deinem dinste ewiclichen bleiben.' Zuhant nach sul-
chen worten vorswant der bose geist gleich einem vinstern
rauche und scheid also von dem zaubrer, doch bleib der
unselige zaubrer durch sulcher slege willen ein gantzes jar
so gar kranker alles seines leibes das er an der leute hilfe 25
sich nicht geruren kunde. Des nam er grosse rewe sulcher
seiner sunden und e denne er von dem gebette aufstunt,
liez er vorbrennen alle seine bucher derselben sundigen

1 seynen *B*. 2 pey dem halse *A*. seyuen *B*. veintlichen *C*. 3 im iu *C*.
4 bliben *bis* einiges *fehlt C*. zeichen bliben waz *C*. 6 vrsache *C*. alle
des *C*. 8 sicherlichen *C*. *Vor* LXVI.: von dem czauberer *B*. 11 sle-
gen *B*. 12 mereket *C*. was *fehlt C*. 13 were und *C*. 16 gnadsamer *C*.
erwirdige *B*. 17 kum *B*. 18 gotliche *C*. 19 steten *fehlt A*. trewen
sein sey *AB*. da du *B*. 20 helffest *C*. 21 wil *fehlt A*. wil bleiben *A*.
23 schide *C*. bleid *B*. 25 so *fehlt BC*. alles *fehlt A*. 26 beruren *ABC*.
27 seinen *B*. hette *C*. 28 er *fehlt C*. sundiger *C*.

seiner kunst. Dornach vorkauft er alles sein gut und gab
das alzumal armen leuten, und nach einem jar fur derselbe
arme man in die wustenunge in ein gruft, dorinne sant
Jeronimus vier gantze jar gewonet hette. Dorinne bleip er
5 in seligem heiligem leben untz an seines leibes ende.

LXVII.

Allermeniclich und beinamen junge unvornunftige leute
solden bilde nemen bei disem sweren ungelucke, das in nicht
widerfare semliche und so grosse unselde, als widerfaren ist
disem unseligen jungen, wann sein hertze mit unkeuscheit
10 so vorstricket, vorvinstert und vorleitet was das er in den
zeiten, als er sach das weder zaubernusse oder sust ander
hilfe im seinen sundigen fursatz zu ende bringen mochte,
do hink er sich selber an einen strank des nachtes: also
wart er dises lebens auf diser erden und des ewigen lebens
15 dort im himelreiche ewiclich beraubet.

Nu merke, hertzenliber vater Augustine, wie grossen
ubermessigen unflat der bosen unkeuscheit unreinige siten
der armen werlt bringen. Nichtes ist auf erden, das leib
und sele so snellichen zu ewigem valle bringet als diselbe
20 unselige sunde: wanne von der unkeuscheit kumen alle un-
tugent: morde, trunkenheit, neit, haz, lugen, krige und dorzu
was man boses auf erden mag genennen, als man das offen-
berlich vindet in der alten und in der newen ee warhaftigen
schriften, und sein auch teglichen allermeniclich wol enpfindet.
25 Dornach, liber vater Augustine, auf die rede das grosser
bilde genemen mugen junge leute, wann nichtes auf erden

---

1 künste *C*. vorkauffet *C*. 3 die *fehlt B*. wüstenung *C*. 5 an *fehlt A B*.
an sein ende *C*. *Vor* LXVII.: wy sich der junglygh gehangen *B*. Kein
neues Capitel A. 6 vnvornunfticliche *B*. 8 widerfüre semlich *C*. 9 vn-
seligem *B*. 10 so *fehlt C*. das er *bis* sach *fehlt B C*. 11 ader hulfe *B*.
12 in seinem *A*. in disem *B*. ende nicht *C*. 13 sust *A*. So *C*. 11 di-
scus *B*. ewigens *B*. 15 in *C*. hymelreich *B*. ewiclichen *C*. 16 heyliger
vater *A*. 17 vnkeuschen *C*. vnreynigen *A B*. 18 brenget *C*. leibe *C*.
19 sel *B*. zu *fehlt B*. ewigen *B*. 20 kömet *C*. 21 neyde *B*. neit
vnd haz *C*. 22 offenberlichen *C*. 23 in *nach* und *fehlt C*. ee vindet in *C*.
24 allermeniclichen *B*. 26 bild *B*.

so unsicher ist als jugent, die mit torheit ist begriffen, so
wil ich ein ander bildunge sagen Ruffus, meines freundes,
der nur achzehen jar alt was in den zeiten seines todes.

LXVIII.

Was ich nu reden werde, das geet ane czweifel aus gar
betrubtem hertzen. Do Ruffus, mein geborner mag, vor- 5
weiset was vaters und muter, do quam er also junger in
mein pflege; und wolte got das er von muterleibe nie ge-
born were, so were im sulche sein unselde mit nichte wi-
derfaren. Denselben meinen mag hab ich erzogen mit
sulchen freuntlichem fleisse das allermeniclich des bedauchte 10
das er mein gebornes kint an allen zweifel were. Des be-
gunde das unselige kint wachsen der jare und des leibes,
nicht aber in weisheit, als ich gerne gesehen hette. Uber-
schon wart er des leibes mit grosser ungestalt der armen
seiner selen. Doch was er ersamig, gutig, weis und ge- 15
sprechig nach der werlt laufe, wie wol in das nicht hilfe
zu troste seiner selen. Holt was im allermeniclich. Der starb
unselichlichen in dem achzehenden jare seines alders. Des
sulches seines todes wart allermeniclich betrubet, und hub
sich in aller stat zu Jerusalem ein also grosses klagen das 20
weinen und suftzen umb seinen tot ein gantzes menet nicht
ende nemen mochte. Doch mochte im leider alle sulche
klage keinen frumen bringen, und wanne ich so ubergrosse
libe zu im getragen hatte, mochte ich des mit nichte lassen:
ich muste bitten den erwirdigen sant Jeronimus, das er mir 25
offenbaret wie es demselben Ruffus, meinem nefen, in jener

---

1 als unsicher *B. so fehlt C.* Jungent *B.* 2 Ruffes *C.* 3 was alt *B.*
den *fehlt A. Vor* LXVIII.: von ruffum dem burffel spile *B.* 4 Daz *C.*
got *B.* 5 betrubten *B.* angeborner *C.* 6 vatir *C.* 7 pfleg *C.* geboren *C.*
8 so wer *B.* vnseld *B.* 10 frewntlichen *B.* 12 czu wachsen *B.* 13 vber
schoner *C.* 15 ersamiger gutiger weiser vnd gespreechiger *C.* 16 hülffe *B.*
17 sele *C.* allermeinichlichen *C.* 18 vnselichlich *B.* 19 hab sich *B.*
21 einen gantzzen monden nicht endes *C.* möncide *A.* 22 mocht *B.*
in *C.* alle *fehlt A B.* 23 nicht einen frumen *B C.* mich vber grosse *B.*
mich ezu vbergr. *C.* 24 hette *C.* mocht *B.* gelassen *C.* 25 erwirgiden *B.*
26 freünde *C.*

werlt itzunt ergangen were. Des erhorte mich der erwirdige sant Jeronimus in sulcher meiner bete, das ich alle mein begerunge behilt von genaden des almechtigen gotes.

LXIX.

Wanne eines tages als ich in der nonen zeit in meiner
5 kamer was in meinem gebete, quam ein also grosser stank zu meinem ruche das ich des unflates nicht geleiden mochte. Und do mich wundern wart und begunde denken waunen sulcher ungewonlicher stank komen mochte, und als ich in sulchen gedanken aufheben wart mein augen, zuhant
10 wart ich ansichtig Ruffum, meinen unseligen nefen, so gar ungestulten und grausamiges gesichtes, also das mein augen des gestaltes nicht geleiden mochten: wanne er was gebunden mit feurigen keten und gingen aus im gleicher weis als aus einem backoven stinkende flammen. Zu sulchem
15 angesichte erschrak ich so gar hefticlichen und wart so gar unmessiclichen betrubet das ich mit nichte gereden mochte, wie wol ich unmassen gerne geredet hette in denselben vristen. Dornach quam ich zu mir selber und begunde in vragen ob er Ruffus were, mein nefe? Do gab er mir ein
20 sulche antwort: 'Wolde got das ich dein neve nie worden were auf erden: wanne so were ich nicht kumen zu sulchem grossen leiden! Wanne wisse das ich ewiclichen vordampt bin zu der leidigen hellen immer werenden pein.' Was sal ich furbas mer sagen? Augustine, mich begreif ein sulcher
25 grosser smertzen und wart leides also vol das mich noch wundert wie ich mochte bei dem leben bleiben.

---

1 werlte *C*. gegangen *B*. erhort *C*. erwirdige *fehlt B*. 2 alle meine *C*. Vor LXIX.: wy schewezleich er ym vorchumen *B*. 4 noen *B*. 7 vnd wart mich wundern *C*. von wannen *C*. 9 auf wart heben *B*. 10 amechtig *A*. freiint *C*. 11 und *fehlt B*. 13 fewreyn *A*. feüreinen *C*. 14 stynbendig *A*. 15 angesicht *C*. so gar *fehlt B C*. 16 vnmezziclich *C*. nicht *C*. 17 gern *B*. 18 begunden *B*. 19 freiint *C*. 20 vnd wolde got *A*. freiint *C*. waren *B*. 21 wer *B*. 22 grossem *C*. vorurtailt *A*. 24 furbas *fehlt C*.

LXX.

Dornach unter andern worten, der ich vil mit im hatte, begunde ich in vragen, worumb er gotlicher barmhertzikeit also beraubet were, sint er in der werlde doch so tugentlichen gelebet hette? Und do sprach er: 'Umb kein ander sache bin ich vorlorn und ewiclichen vorteilet, nur das mir 5 so lip gewesen ist zu dem unseligem wurfelspil. Und umb das das ich von unweiser unvornunft dorumb nicht rewe enpfangen habe und mich des nicht erkennet habe in der beichte, muz ich gotlicher barmhertzikeit ewiclichen enbern.' Domit vorswant er von meinem angesichte, aber ein sulcher 10 stank bleip in dem gadem, das dornach niuant dorinne gewonen mochte. Nu merke allermeniclich wie das unfletige wurfelspil unrein und vorsmechtes ist in gotlichen augen. Augustine, uns geburet allen zu leben in grossen sorgen auf die rede das uns der snelle unvorsehen tod icht begreife, 15 also das wir bloz guter werke mit unserm ewigen schaden icht erfunden werden. Itzunt sulle wir uns setzen in grosse bitterkeit starker rewe, wanne nach todes zeiten unnutz und vorloren ist alle sulche rewe.

LXXI.

Augustine, liber vater, auf die rede das sich angstliches 20 sulches bildes alle cristenheit gebezzer und hute sich vor sulchem grossem ungelucke, so meine ich etliche ander semlich geschicht zu disen dingen setzen. Des ersten in Samaria, do ein unseliger spiler mit unseligem wurfelspil alles sein gut vorloren hatte, do begunde er des erwirdigen 25

Vor LXX.: wy er ist verdampt durch des burffel spilles willen *B.* *Kein neues Capitel A.* 1 hette *C*. 2 er *der A*. 3 doch *fehlt C*. 6 ist gewesen *B*. vnseligen *C*. vmb das ich *C*. 8 enpfange *C*. hab in *C*. 9 peichtenuzze *A*. beicht *C*. muz *fehlt A*. enpere *A*. 10 angesicht *C*. 12 allermeiniclichen *C*. vnseilige *C*. 13 vnreiniges *C*. vornichtet *B C*. 14 loben *C*. 16 ewigem *C*. 17 schollen *C*. 18 vnnützze *C*. 18 rewe *fehlt A B*. *Vor* LXXI.: von einem andern burffl spiler *B*. 20 engstliches *C*. 21 gebessern mochte vnd *B C*. 22 etlich *C*. ander ezeichen *B C*. 23 semlicher *C*. 25 gut genczleich *A*. hette *C*.

sant Jeronimus heiligen namen zorniclichen schelden; und
derselbe wart alzuhant mit des himels schaur vorbrennet
und vornichtet auch in derselben vrist, als im dennoch die
schemigen scheltwort in dem unreinigen munde waren. Dor-
5 nach waren drei ander spiler, als ich underweiset bin von
leuten, die dobei waren, das sie ein wurfelspil begunden
anheben und sprachen also in beginstnusse ires spiles: 'Jero-
nime, beweise deine macht nach allem deinem willen und
tue alles dein vormugen: dennoch welle wir enden unser
10 wurfelspil wider deinen willen' Nach sulcher rede begunden
sie desselben ires spiles. Zuhant nach sulchem beginstnusse
in gar kurtzen vristen begunde sich die herte erde auftun
und weite sich zu spalten und vorslant dise drei spiler
lebendige in angesichte aller leute, also das sie auf disem
15 ertreiche furbas mer nicht gesehen wurden.

LXXII.

Was die leute sehen, das mugen sie warhafticlichen
reden. Dovon wie wol ich sulcher geschicht, die ich itzunt
sagen wil, manigen erberigen man zu gezeugen habe, doch
meine ich vremdes gezeuges nicht bedurfen umb das das
20 ich alle sulche geschicht alzumal gesehen habe mit meines
selbes augen.

Bei meinem hause zu Jerusalem, dorinne ich selber
wone, was gesezzen ein edler ritter, reich dises werltliches
gutes. Der hette nur einigen sun. In des libe wart er so
25 gar vorblendet das er im keine unzucht weren wolte, sunder
das er in lert alle freidikeit und alle unbescheidenheit un-
tugentliches lebens. Ir torechten veter! ir unweisen eldern!

1 heiligen *fehlt C.* 2 hymel *B.* 4 schemlichen *C.* in seinem vnreinigen *A.*
6 wiirffel an begunden *C.* an begunden heben *BC.* 8 dein *B.* alle dei-
nen *B.* 9 tun alle deine *C.* wollen *C.* 11 des ires *C.* sulchen *B.* 12 vnd so
gar *C.* in so *B.* auf czu tun *C.* 13 weite *fehlt C.* 14 angesicht *C.*
also *fehlt BC.* 15 ertreich *C.* wurde *B.* Vor LXXII.: von einem
ritter vnd von seinem sun *B.* 16 Daz *C.* 18 mangen *C.* gezeuge *B.*
19 geczeuge *B.* geczeugnisse *C.* durffen *C.* vmb das ich *C.* 21 selben *B.*
23 war *B.* reicher *C.* werltlichen *C.* 24 hat *B.* liep *B.* 25 keyn *B.*
26 das *fehlt A.* in *fehlt A.* lert] lewt *B.* leret *C.*

Zu disen merklichen dingen wendet ewr augen auf die rede
das ir gemerken muget, welche boses ende genomen habe
sulche unvornunftige libe des e genanten unseligen mannes:
wanne durch torheit unvornunftiger veter sein vil der kinder
kumen zu unvorwintlichem grossem valle. Des e genanten 5
reichen mannes sune wart teglichen wachsen und wes er
sich gebessert an dem leibe, des wart er allewege erger in
tugentlichen siten: wanne er vorzeut alle seine zeit in nichte
anders nur mit wurfelspile, mit bosen scheltworten, mit un-
reinikeit, mit trunkenheit und mit allen bosen dingen mit 10
vorhengnusse seines vaters, der im sulcher dinge durch
torechter libe willen mit nichte weren wolde. Dornach als
der junge quam zu seines alders zwelf gantzen jaren, do
begunde er eines abendes mit seinem vater zu einem wurfel-
spil sitzen, und do im das spil nicht vallen wolde nach 15
allem seinem willen, do begunde der unvornunftige junge
suodiclichen reden in semlichen worten:

LXXIII.

'Vormag Jeronimus ichtes, das beweise er in disen
zeiten: wanne wie wol im alles wurfelspil widerzem sei,
dennoch wil ich von diser stat nicht scheiden, ich habe 20
denne dises spil nach meiner lust gewonnen.' Er mochte die
unseligen wort nicht so balde von dem munde lassen: zu-
hant quam der bose geist in bilde eines grausamiges men-
schen und lif in angesichte aller leute auf die stat, do vater
und sun bei einander unseliclichen sazen, und nam freidic- 25
lichen den unseligen jungen und furte in weg. Wohin er
in gefuret habe, das ist unkunt allermeniclichen; doch gelaube
ich das er in gefuret habe nach seiner arunnge in der

3 böse libe C. 7 bessert C. der B. ergen B. 8 vorezeret C. sein B.
nicht C. 9 nur in BC. wurfelspil C. 12 torlicher B. willen fehlt AB.
13 gancze B. 15 sychen AB. Vor LXXIII.: wy der tewfl ezu yn chu-
men ist B. Kein neues Capitel A. 18 er fehlt B. 20 hab C. 22 vn-
selige worte B. gelassen C. 23 grausamen C. 25 nam fehlt B. 26 jun-
gen weg furte AB. 27 das ist bis gefuret habe fehlt A. allermeiniclich C.
28 hab C. seinem vordinstnisse in die leydigen helle ewigen pein C. in
dy leydigen A.

leidigen hellen ewicliche peine. In derselben vrist als sich ergink sulches ungeluck, begunde ich in meinem hause bei einem venster sitzen, das gen derselben stat geschicket was, do der unselige vater mit seinem unseligen kinde in sun-
5 digen werken sazen. Dovon mochte ich sulches grosses ungelucke wol eigentlichen sehen. Bei disem bilde lernet, alle jungen, ewer junge tage mit ersamigen werken tugentlichen ziren; denne welchen unflat eines jungen menschen hertze gewonlichen begreifet, des kan es sich mit nichte
10 oder gar swerlichen enzihen in dem alder: wanne sulchen smak, den ein newes vas begreifet, das muz dorinne steticlichen bleiben. Lernet auch, ir unweisen, vnvornunftigen veter, das ir ewer kint zucht, ere und gute siten leret mit veterlicher strafunge und dorzu mit slegen. Lasset nicht
15 untugent und lasterberige gewonheit gleich bosem kraute schandenwurzeln in ewer kinder hertze wachsen auf die rede das ir icht von ewr selbes schulde ursache gewinnet ewer kinder unselikeit hie und in jener werlt ewiclichen zu klagen.

LXXIV.

Augustine, liber vater, mich betrigen denne mein sinne,
20 so ist gar eng der weg, der zu ewigen selden furet, und ist ir gar lutzel, die sulche strasse erkennen oder bawen. Do engegen ist gar breit der irresame weg, der zu dem ewigen tode und zu vorlusten leitet, und ist allewege vol irresamer leute, die tag und nacht zu der hellen eilen: wann ein
25 icliche totliche sunde ist ein teil desselben unseligen weges und vorleitet allermeniclichen, nicht aleine die ungelaubigen heiden, sunder auch die cristen, wie wol sie mit der heiligen

---

2 an meinem *C.* 3 gen der *B.* 4 unseligen *fehlt A.* 6 vngeluchke *A.*
7 eüre Jungen *C.* 9 daz *B.* kan *fehlt B C.* 10 enezihen mag *B C.*
13 veter vnd müttir *C.* gute vnd *C.* lernet *B.* 15 vntugent hochfart wider
bellen ligen vnd ander *C.* kraut in irem hertzen wurczeln auf *C.* 16 auf
die *bis* ursache *fehlt B.* 17 icht *fehlt C.* schulde icht *C.* 18 werlte *C.*
Vor LXXIV.: czu augustino *B.* 19 alle meine *C.* 20 enger *C.* 21 ir
fehlt *C.* 22 Irsamige *C.* ewigen *fehlt B.* 23 tode leitet *C.* irsamer *C.*
24 alle tag *C.* nach *B.* helle eylet denne *C.* 25 iclich *C.* teile *C.*
unseligen *fehlt C.* 26 vorteilet *B.* allermeniclich *C.*

taufe von sunden sint gewaschen, wanne alle heiden vorloren sint gar an allen zweifel. Und als mich dunket, so ist ungeleiches mer sunder denne guter leute; und wer es recht betrachten wil, so ist wenig imant auf erden, der sich zu tugenden und zu dem besten wende oder der immer gedenke auf besserunge seines kranken lebens, wanne allermeniclichen volget seinen schemigen sundigen wollusten.

Dovon gelaube ich, liber vater Augustine, das ir leider gar lutzel sein, die sich auf den weg ewiger selden schicken, des auch die heilige schrift uberal bekennet. Des vindet man auch urkunde ane zal, so man sulche bewerunge fleissiclichen wil suchen. Doch bei sulcher meinunge sal allermeniclichen ane zweifel bleiben das nimant zu den ewigen freuden in keiner weis komen mag, er habe denne von im alle sunde vortriben gentzlich und ane gebrechen und bleibe dorzu steticlichen in gutem tugentlichem wege. Mein werk sal ende nemen; doch wil ich noch etliche wunder sagen und beinamen zwei des ersten, der ich von dem erwirdigen Niclasen, ertzbischofe zu Candien, neulichen bin underweiset.

LXXV.

Der erwirdige e genante man quam gen Bethlehem in disen tagen in meinunge sant Jeronimi, unsers erwirdigen vaters, heiligtum zu sehen gar mit grosser andacht, als zimlich ist sulches erwirdige heiligtum zu beschawen. Des wolde er als ein seliger mensche, der vol ist gotlicher libe, mit nichte heim zu lande varen, er hette des ersten mich besuchet mit seiner wirdigen suzzen libe. Und gleicher weis als er in allen genaden begabet ist von dem almechtigen

---

2 sint *fehlt* C. zweifel seint C. 4 ymant wenig C. 5 wenden oder ymmer C. gedenk B. 6 allermeiniclich C. 7 seinen *fehlt* B C. 9 wege B. 10 vber leüt C. 11 alle ezal C. begerunge A B C. 12 wil vleizziclichen A. allermeinielich bleiben das C. 14 komer weis B. hebe B. im an alle B. 15 vnd gentzlich one gebrechen sey C. bleib C. 16 gutem *fehlt* A. 19 erczwischouen B. *Vor* LXXV.: wy ein guter man von candia ist chumen B. 21 egenante erwirdige B. alte man C. 22 vnser B. 23 gar *fehlt* A. 24 erwirdiges ezu beschauwen C. 25 mensch C. 26 hin B C. 27 wirdigen *fehlt* C. suzzer B. 28 begebet B.

gote, also bracht er mir sein kleinot mit ubermilder gabe, und liez im doran nicht genugen das er mich so gar freuntlichen gesuchet und begabet hette, sunder er bleip bei mir etliche tage und ist noch in meinem hause: und helfe mir
5 der suzze got das er nur lang bei mir bleibe. O wie oft hat er dich, hertzenliber vater Augustine, in libe des genadenreichen gotes freuntlichen gegrusset! Sust hat er mir gesaget das zu Candia geschehen sei das nachgeschriben wunder. Einer von der sampnunge seiner prister, custos seiner
10 kirchen, hat schemlich gelebet in unkeuscheit, in trunkenheit und in andern untugentlichen siten, und dornach ist er tot gar unseliclichen. Des leichnam wart bei andern pristern gewonlich begraben. Nu merke, Augustine, die grozzen gotes wunder auf die rede das desselbes pristers grosse
15 pflage ein bilde were allermeniclichen sich vor sunden fleissiclichen zu huten. In der andern nacht nach seinem tode wart beide in der kirchen und auch auf dem kirchove ein so sturmiger grausamiger don, das allermeniclich, die dobei wonhaftig waren, durch grosse vorchte und umb so grosses
20 wunder zu der kirchen liffen.

LXXVI.

Do sie nu alle bei der kirchen waren, do meret sich der sturm und der grausamige done und wurden sich alle glocken selber leuten. Sie sahen aber nichtes, dorumb sulche newekeit geschehen mochte. Des baten sie die barm-
25 hertzikeit des almechtigen gotes das er in offenbaret durch welcher sachen willen sulches wunder sich empfenget hette; doch wurden sie so balde nicht derhoret. Des morgens fru,

---

1 claynöt A. cleyned B. vber milde B. 2 im nicht doran genugen A. begnügen C. früntlichen B. 4 dennoch etleich A. helf C. 5 lange C. ofte C. 6 lieber B. 7 freuntlichen fehlt C. 9 samnunge C. 10 schemlichen C. 12 war A. 13 begraben bey andern pristern gewonlich BC. Augustine die grozzen fehlt BC. 14 desselben C. 15 von B. fleissiclichen fehlt C. 16 hüten dester fleissiclicher C. 18 den B. Vor LXXVI.: wy sich dy glochen selber leuten B. Kein neues Capitel A. 21 czu der kirchen chomen A. 22 den B. 24 geschen B. 25 dar in C. 26 enpfondet ABC. 27 gehoret B.

als diser grausamiger sturm aufgehoret hette, funden sie alles kirchengerete, ornat, altertucher, pallen, bucher und alle ding uberfrevelt mit des fewers flammen. Des gebot der erwirdige e genante ertzbischof allem seinem volke das sie andechticlichen beten scholten und domite beiten was in der andern nacht geschehen wolte. Des andern males dornach wart zwifachtig alles sulches ungelucke mit grossem vorchten und mit peinigen smertzen beide der pfafheit und alles cristenliches volkes. Des wart alles volk leides und bitterkeit derfullet, do sie von gote kein hilfe sahen komen, und was allermeniclich betrubet gleich wunten oder toten leuten. Dornach des andern tages erschein der erwirdige sant Jeronimus sibenstunt scheiniger wenn die lichte sun und quam in die kirchen und ging zu dem alter in angesichte allermenicliches und sweig wol ein gantze stunde. Dornach sprach er zu dem vorchtigem volke sulche ding weren geschehen durch willen des sundigen pristers, der neulich vorgangen was, umb das er unwirdig were bei andern pristern zu ligen in geweichten steten, und das were geschehen zu derschrecken ander sunder auf die rede das sie dester vorchticlicher in gotes dinste lebten.

LXXVII.

Dornach gebot er in das sie den unseligen leichnam des unfletigen pristers ausgraben scholten, wanne derselbe vordampte leichnam also vorurteilet were, das er in der gemeinen auferstendunge in zeiten des letzten vreisamigen gerichtes in der leidigen helle fewr scholde ewielichen brinnen; und dorumb scholden sie denselben leichnamen alzuhant vorbrennen oder sie mochten des e genanten freidigen stur-

---

1 grausamige *C*. 2 kirchen gereit *C*. 3 gebote *C*. 4 egenante Erwirdige *C*. erezbischoue *B*. 7 sulche *B*. groszen *C*. 8 peinigem *C*. 9 Cristenlichen *C*. volke leydes *B*. 10 do si kein pitterkait hulfe von got *A*. keine hilffe von gote *C*. 13 schöner den di sonne *C*. 14 angesicht *C*. 15 stund *B*. 18 neulichen *C*. 19 geweigten *C*. 20 sundere *C*. *Vor* LXXVII.: do gepot er den leichnam auss *B*. *Kein neues Capitel A*. 23 pristers wider *C*. 25 leczsten *B*. freidsamigen *C*. 26 helle in fewr *A B*. 27 leichnam *C*. alzuhant *fehlt C*. 28 freidigen sturmes *fehlt B*. freidigen *fehlt C*.

mes nimmer ledig werden, und domite vorswant der erwirdige sant Jeronimus von irer aller augen. Des wart alles volk trostlich erfrewet und sageten alle dank, ere, lop und wirde dem almechtigen gote und dem erwirdigen sant Jero-
5 nimus, unserm hertzenliben vater; und was er sie geheissen hatte, das brachten sie gehorsamiclichen zu gantzem ende. Domite vorging sulches sturmiges ungelucke, und furbas mer von demselben tage begunden sie allesampt gemeiniclichen einmuticlichen und mit gantzem hertzen und mit
10 gantzer andacht suzzes hertzen unsern vater, den erwirdigen sant Jeronimus, in eren und in wirden steticlichen behalden.

LXXVIII.

In derselben stat was ein uberschoner junger mensche, Titus genennet, erberiger tugentlicher siten, reich, wol geborn von edlen leuten, der zu dem erwirdigen sant Jero-
15 nimus alle sein hoffenunge geleget hette. Derselbe junge was reines lebens und hilt seinen leip in junkfraulicher wirde und bleib untz auf das zweinzigist jar seines alders in tugentlichem leben. Dornach wart im sein bruder ein anders raten, das er liez die hochkostigen edlen steine der
20 keuschen reinikeit und das uberteuer golt junkfraulicher zirde und begunde dornach zu dem stanke und unfletikeit des fleisches sein gedanken neigen und nam nach rate seines bruders ein edle uberschone junkfrawen derselben stat zu weibe. In derselben junkfrawen libe wart er so gar hitzic-
25 lich vorstricket, das er auf nichte anders gedenken mochte nur auf des weibes libe, und domite wart er gotliches dinstes von tage zu tage vorgessen. Und als der unselige junge gelassen hette sulche engelische reinikeit und begunde den almechtigen got aus der achte lassen, do begunde sein auch

---

3 gefrewet *B*. lop ere *C*. 4 erwirdige *B*. 5 vnseren *C*. 6 hette *C*. vorbrachten *C*. ezu ainem *A*. 9 und *bis* und *fehlt A*. gantzen *C*. und *fehlt C*. 10 den erwirdigen *fehlt C*. *Vor* LXXVIII.: von dem jungen genant Tytus *B*. 12 mensch *C*. 13 reicher wol geborner von gar edlen *C*. 15 jung *B*. 17 Jare *C*. 18 in *B*. 19 steyn *B*. 21 czyre *B*. stank *B*. 22 fleizzes *B*. 23 Juncfrauwe *C*. 24 hitzziclichen *C*. 25 nicht *C*. 27 tag czu tag *C*. 29 gote *B*.

die gotliche barmhertzikeit vorgessen. Do nu ein gantzes
jar vorgangen was, als er dy junkfrawen zu der ee genomen
hette nicht als vil durch heilikeit der keuscheit als durch
unreinige gelust seines leibes, do begunde sein bruder mit
rate des leidigen teufels alle sein gedanke setzen wie er 5
selben seines bruder weip zu sundiger wollust gehaben
mochte, als er doch des letzten mit rate des bosen geistes
alle seine sundige lust volbrachte mit derselben seines bru-
der frawen. Hie schullen bilde nemen alle junge leute und
schullen vor sulchem ungelucke sich mit allem fleisse huten. 10

LXXIX.

Der man der frawen wart gewar sulcher grosser sun-
den, die sein angeborner bruder getriben hatte und teglichen
treip mit seinem eliehen weibe, und begunde mit allem
fleisse denken wie er sulcher ungeschicht zu gantzem ende
komen mochte, und enthilt sich manigen tag gleicher weis 15
als ob er dorumb nichtes woste. Dornach eines tages trug
er an mit seiner dinerinne, die in des gewarnet hette, das
er sich den gleichen stalte als ob er durch sein notdurft
wolde fremde lant besuchen, und liez sich dieselben dine-
rinnen in der stat vorbergen. Dornach quam er zu mitter- 20
nacht in sein haus gelaufen: zuhant wurden im die turen
von derselben dinerin aufgeslossen, als sie das vormals
beiden seiten hatten angetragen. Des ging der junge
zu der kamer, dorinne sein weip bei seinem bruder lag in
schemlichen sunden, und vordert das man in zuhant einlazzen 25
scholde. Des wundert die sundigen beide und teten im nicht
auf die turen durch grosser vorchten willen. Dornach brach
derselbe junge dieselben tür mit starker manneskrefte und
was in uberhitzigem zorne also enpflammet, das er mit
geruktem swerte des ersten sein weip und dornach seinen 30

5 leidige *B.* gedancken *C.* 6 di selben *A.* 7 leczsten *B.* 8 gelust *C.*
vollenbrechte *B. Vor* LXXIX.: von den ezwayn brudern *B. Kein neues
Capitel A.* 12 hette *C.* 14 gedencken *C.* 15 mangen *C.* 17 einer
dirne *C.* 18 stalt *C.* noturft *B.* 19 dy selbe *B.* dirne *C.* 20 bergen *C.*
21 hause *B.* 22 dirne *C.* 23 zunge *C.* 25 semlichen *B.* 29 yber-
mezzigem grozzem czorn *A.* enczündet *C.* 30 geruckem *B.* dornach sein *C.*

bruder totet, der sich under dem bette hatte vorchtielichen
vorborgen. Dornach als das gescheen was, fur der junge
aus derselben stat und wart ellender auf der erden und be-
gunde mit etlichen andern mordern rauben auf den strassen
5 und auch die leute durch ires gutes willen morden. Do er
nu in sulchen sunden gelebet hatte zehen gantze jar, do
erschein im der erwirdige sant Jeronimus, der alle seine
diner erwirdiclichen trostet, und beweiset sich im in gestalte
eines kaufmannes auf die rede das er seines grossen dinstes,
10 den er sant Jeronimo getan hatte, genediclichen genusse
und nicht der erste were, den sant Jeronimus in noten
hette gelazzen: wanne wie wol der arme unselige mensche
sundiges lebens pfleget, dennoch liez er das mit nichte, er
enpfalch sich alle tage dem erwirdigen sant Jeronimus und
15 wurket alle tag etwas gutes sant Jeronimo zu eren.

LXXX.

Dornach als der e genante Titus sant Jeronimum an-
sichtig wart und in beginnet dunken das er ein kaufman
were, zuhant rufet er allen seinen gesellen, die mit im
sulcher bosheit raubes und auch mordes teglichen pflagen.
20 Sie lifen allesampt auf den kaufman snellichen und schuten
ire sper. Domit begreif in Titus und gebot seinen gesellen
das sie in hilden untz das er in mit seinem swerte der-
steche. Dornach erhub er sein hant mit dem swerte in
meinunge das er seinen sundigen fursatz zuhant volenden
25 wolde. Do sprach der kaufman mit senften suzzen worten:
'Guter jungeling, durch sant Jeronimus ere, den du in libe
und in wirde heldest, so gunne mir in freuntlicher laube
das ich mit dir etwas heimlichen gereden muge; und dor-

1 hat *B*. hatte *fehlt C*. 2 vorborgen hette *C*. 4 ettliche *B*. starssen *B*.
6 hette *C*. sunde ezehen gancze jar gelebet hatte *A*. 7 alle die seinen *C*.
8 gestalt *C*. 10 hette *C*. 12 lazzen *B*. vuselig iung *A*. vnseliger *B*.
mensch *C*. 13 pfleg *C*. das *fehlt BC*. 14 eupfel *C*. tag *C*. dem *bis* alle
tag *fehlt B*. 15 mercket *C*. *Vor* LXXX.: wy er sand jeronimum an-
sichtig *B*. 17 wirdet *C*. 18 alle *B*. 19 raubens *C*. auch *fehlt A*. 20 sy
schutten *AB*. 21 ire swert vnd sper *B*. 22 der stech *B*. 23 erhube *C*.
27 wirden *C*. günne *C*. 28 gereden könde vnd müge *C*.

nach tu wes du zu rate wirdest.' Do antwurt im Titus und sprach also: 'Durch libe willen desselben, den du genennet hast, wil ich dich leben lazzen und wil dir erlauben zu reden was du willest. Nur alcine leg nider die kaufmanschaft, die du tregest.' Do sprach der erwirdige sant Jero- 5 nimus: 'Ich bins, der Jeronimus, den du in eren hast gehalden, und bin zu dir kumen das ich dir aus disen sunden helfe auf die rede das sulche fleissige dinste, die du mir getan hast, nicht vorloren werden. Nu lasse dich dein grosse sunde rewen: nicht furchte dich, mein liber sune, und wisse 10 das ich untz auf disen heutigen tag got fur dich mit fleizze gebeten habe in sulcher meinunge das er mit gerechtikeit seines gerichtes dich nicht vorderben wolte umb dein so grosse sunden.'

LXXXI.

Dornach begunde anderweit der erwirdige sant Jeroni- 15 mus also sprechen: 'Sun, habe rewe, tu rechte buzze umb sulche starke sunde und furbas mer hute dich vor sunden, oder ich meine dein furbas mer nicht zu huten noch fur dich bitten oder anrufen die genade des almechtigen gotes.' Nach sulchen worten vorswant der erwirdige sant Jero- 20 nimus vor ir aller augen. Sulcher geschicht erschrak Titus mit gar grossen vorchten, also das er zu der erden vil und mochte sich dovon lange nicht erheben. Des wart alzuhant und also snellichen uber Titum und die seinen alle des heiligen geistes kraft so genediclichen gegossen und wurden 25 sie allesampt mit himelischer gute also erleuchtet, das sie aus allen sunden genomen wurden. Und dornach lissen sie alle unfletikeit und alle bose gedanken und begunden sie ir boses leben, das sie so sundiclichen mit raubens und

---

1 tun C. antworte C. 3 gib dir vrlaub C. vrlaub geben B. 4 wüllest C. dein C. 8 heilige A. dinst C. 9 vorlorn C. 11 mit fleiz vur dich C. 12 habe fehlt C. 14 grossen B Vor LXXXI.: wy jeronimus mit geredt hat B. Kein neues Capitel A. 16 also fehlt C. vnd tun C. 17 huet B. 18 meyn B. mer fehlt C. nich B. 19 an czu ruffen C. genaden B. des almechtigen fehlt BC. 21 erschrakt B. 22 grosser vorchte C. 23 alczuhant vber Tytum nud die seinen alle des C. 27 alden B. waren B, 29 ire C. yres bosen B. rauben B,

mordes unreinikeit getriben hetten, andecticlichen rewen.
Dornach furen sie gemeiniclichen mit einander in ein wilde
wustenunge und bliben dorinne alle ir lebtage mit grosser
bitterkeit seliger langer buzze.

LXXXII.

5 Ein grosses wunderhaftiges zeichen, das von genaden
des erwirdigen sant Jeronimus gescheen ist in dem obristen
lande des kunigreiches in Egypten, meine ich itzunt zu
sagen auf die rede das dorinne allermeniclichen und bei-
namen junge leute bilde nemen sich vor schanden und sun-
10 den mit hilfe gotes vornunfticlichen zu huten. In einem
kloster was ein geistlicher junger munch, der von genaden
gotes ersamiger, sitiger und dorzu tugentlicher was: junger
der jare, alter mit starken sinnen vornunftiger lere, reiner
keuscheit fleissiger huter und dorzu ordenlicher schame,
15 und des erwirdigen sant Jeronimi sunderlicher diner, der
in andachtikeit sant Jeronimus zwelf gantze jar gewesen
was in demselben kloster. Auch pflag er nicht anders nur
das er betet in seiner andacht oder steticlichen las in den
heiligen schriften und beinamen durch grosser libe willen,
20 die er zu reiner keuschheit alleweg hatte, was im grausam
immer in keiner zeit einiges weip zu sehen, und was weiben
also veint, das er auch nimmer an sie gedenken mochte.
Und zu grossem fleisse seiner reiner hute bleib er in dem
kloster steticlichen und zu allen stunden, also das in doraus
25 nimant bringen mochte. Den heiligen sulchen fursatz und
sulches reines leben mochte der veint menschlicher wirden,
der bose geist, durch grosses hasses bitterkeit furbas nicht
geleiden und begunde wider den heiligen jungen geistlichen
bruder arglistiglichen trachten mit gewonlicher schalkeit sei-

---

2 mit einander *fehlt* C. 3 lebtag C. *Vor* LXXXII.: von dem geystleich
jungen müch B. 6 geschehen C. 7 eze B. 9 leut C. 10 vornunftic-
lichen mit hilfe gotes BC. zu *fehlt* C. 12 ersamig sitten B. tugentlich B.
jung B. 13 alt B. starcker synne C. 15 der B. 16 yar gancze A B.
17 anders *fehlt* C. 19 lieb B. 20 keuscheit C. hette C. 23 reinen C.
25 sülchen heiligen C. 26 lebens mocht B. wirde C. 28 Jungen hei-
ligen C. 29 arglistichen B. pozhait A. schalkheit seiner falscheit seiner C.

ner falschen kunsten. Und alzuhant sendet derselbe bose
geist, aller schalkeit meister, etliche unreinige gedanken und
bose bekorunge in das suzze hertze des seligen jungen men-
schen beide tag und nacht wol zehen gantze monden, das
er nicht aufhort anzufechten den unschuldigen jungen. 5

LXXXIII.

Sust was so vorsichtig der geistliche junge bruder, das
er sich alleweg enpfalch der hute des erwirdigen sant Jero-
nimi, unsers hertzenliben vaters, und dinte dem in rechter
libe und mit andachtigem hertzen; und domit auch mit
steticlichem vasten, mit gebete zu dem almechtigen gote 10
und mit gotlichem fleisse wart er allewege sighaftig in allen
anfechtungen des uberbosen teufels. Nu merket, ir un-
bedechtigen jungen, schawet mit allem fleisse wie der weibe
zirliche schone und ir glantze varbe so grossen schaden
bringet icliches menschen hertzen. Dornach wie wol der 15
teufel vorreter und veint menschliches geslechtes sei, so ist
zu merken sunderlich das er von des frumikeit so festiclich
uberwunden ist: wanne dornach begunde er als ein zorniger
ungeduldiger lebe alle argelistige wege mit allem falschen
aufsatze und mit argem fleisse steticlichen suchen, wie er 20
den jungen in seinen ewigen fluch vorslinden mochte. Zwi-
schen disen zweien hub sich ein grosser streit: auf einem
teile arbeitet der teufel wie er den unschuldigen jungen
ewiges valles stricke gelegen mochte, auf die andern seiten
sterket sich der tugentlicher junge mit andachtigem fleissi- 25
gem gebete in sulchem fleisse und in semlicher sterke, das
er vor nichte hilt alles des teufels kempfen und alleweg
sighaftig wart in allem sulchem streite. Dozwischen begunde
des e genanten jungen vater in grossen sichtagen vallen, also

---

2 schalkheit *C.* 4 czwen *A C.* 5 auf höret *C.* Vor LXXXIII.: auch
von dem munch *B.* Kein neues Capitel *A.* 6 was er so *B.* fursech-
tiger *A.* vürsichtiger *C.* geistlich *C.* 7 enpfal *C.* gute *B.* 8 hereczen
libens *B.* 9 auch mit *fehlt* *A B.* 10 steticlichen *B.* 11 sighaftiger *C.*
14 glancz *B.* 17 vesticlichen *C.* 18 vorwunden *B.* 19 alle *fehlt* *B C.*
alles falschen *B.* 21 vorslinde *B.* 22 eine teile arbeit *C.* 25 streyttet
sich *A.* tugentliche *C.* 27 vür *C.* kempfe *B.* 28 sighaftiger *C.*

das dem jungen ursache gegeben wart seines vaters gegenwurtikeit zu suchen, und dorzu wart er von seinen obristen betwungen das er in seines vaters hause varen muste wider allen seinen willen, wanne der vater mit grossem geschrei
5 allewege klaget das er sterben muste, ob er seinen liben sun nicht kurzlichen sehen scholde.

LXXXIV.

Sulches gebotes betrubte sich der keusche reine bruder und was in grossen vorchten das leicht sein reines unschuldiges hertze vormeilet wurde von angesichte der weibe,
10 und hetten in alle brüder seines conventes dorzu mit grosser bete nicht geneiget, so wolte er liber missevallen seinem vater denne sich in sulchen zweifel setzen oder in keiner weis aus dem kloster zu faren: wanne im wol kundig was das nichtes geistlichen leuten so vil schadens bringet, als
15 mit unstetigen sinnen durch merkte und durch gassen in vorlassenem mute steticlichen zu laufen und vil der werlde unfletikeit zu schawen, sint einigen gemach oder fride das hertze mit nichte gewinnen mag, die weile sich der mensche vil klafereien und vil mussiger worte underwindet: wanne
20 welchen gemach das wasser den fischen bringet, dasselbe tut tugentliches sweigen geistlichen leuten.

Des quam der geistliche mensche in seines vaters haus und bleib dorinne als mit grosser verdrossenheit drei gantze tage, das in dauchte das er in hertem gevangnusse were.
25 An dem driten tage geburet sich das der e genante geistliche jungelink mit einer uberschonen junkfrawen, seiner swester, des vaters beine begunde krawen auf die rede das der vater seines smertzen etlicher mazze vorgezze. Des

---

2 besuchen *C.* er betwungen *C.* 3 betwungen *fehlt C.* vatir *C.* vber *B.*
5 alleweg *B.* *Vor* LXXXIV.: wy er nicht wolt auss dem chloster *B.*
7 vnd sulchez (*kein neues Capitel*) *A.* 8 liecht *B.* 9 angesicht *C.* 10 conentes *B.* 11 gebette *C.* 15 vustetigem synne *C.* 16 werlde *fehlt B C.*
17 beschauwen *C.* 20 gemache *B.* 22 vater hause *C.* 23 so mit *B.* grosser vorcht vnd *C.* 24 tag *C.* bedauchte *C.* gefenknisse *C.* 25 tag *B.*
genaut geistlich müuch *C,* 26 vber schoner *C.* 27 begunden *C.* trawen *B.*

begunde derselbe geistliche jungelink nicht von aufsatze,
sunder von geschicht der seinen schonen swester hant be-
ruren: zuhant wart sein hertze mit ubergrosser hitze der
unkeuschen snodikeit also krefticlichen enzundet und mit
unreiniger begerunge so hefticlichen vorwundet von gewon- 5
lichen falschen reten des bosen geistes, das er gantzen fur-
satz gewan, er wolte an derselben tugentlichen junkfrawen,
seiner swester, begern unmenschliches lasters und uberboser
schanden, nur das er sich schamet mit seiner rechten swester
zu reden sulches lasters. 10

LXXXV.

Augustine, liber vater, welcher keuscheit oder welches
reinigen lebens sal ich in keiner weis mich vorsehen mugen
zu den munichen und zu sulchen pfaffen, die allewege bei
angesichte schoner unzuchtiger weibe wonen, die steticlichen
mit in unzuchticlichen schimpfen und reden? Also sicher 15
ist ein iclicher seiner keusche, so er steticlichen mit den
weiben redet, als das stro in dem fewer sicher ist das es
nicht vorbrenne. Der weibe schone und ir angesichte ist
ein gewisser val des leibes und der selen und bringen sul-
chen schaden, den nimant mag in keiner weis vormeiden 20
noch volachten. Augustine, liber vater, was sich dieser geist-
liche jungelink gevorchtet hat, das ist im itzunt leider wider-
faren zu offenbarem bilde allen jungen leuten, das sie sich
vor semlichen schanden wissen zu huten. Billichen schullen
die jungen gehorsam sein iren vetern, billichen schullen sie 25
alle underthenikeit geduldiclichen leisten, doch allewege un-
schedelichen der selen und der selden. Der junge munich
wart in unreiniger libe der schonen seiner swester so gar

1 geistlich *C*. 2 schonen seiner *C*. 5 begerung *B*. 8 vmnesliches *B*.
9 rechten *fehlt A B*. 10 laster *C*. *Vor* LXXXV.: ein peyzbild *B*.
11 welch *C*. welches reynigen herczen vnd lebens *B C*. 13 pfaffen *fehlt A*.
14 weibe seint vnd *C*. 15 unzuchticlichen *fehlt C*. 17 mit odir in dem
feüre *C*. 19 brenget *C*. 21 geistlich *B*. 22 daz yuczunt im *C*. 23 sich
fehlt B C. 24 wissen sich *B C*. sulchen *B*. 25 gehorsam iren vetern
vnderteinik sein vnd alle vnderteinikeit *C*. 26 leyden *B*. vnschedlichen *C*.
27 den selden *C*.

uberhitzielich enpflammet, das er nicht anders gedenken mochte in keiner weis nur wie er die reinen schonen junkfrawen, sein veterliche swester, zu sulchen vordampten sunden brechte. Alsust stunden die augen des leibes und des
5 hertzen steticlichen in brinnender begerunge zu der swester, das er an sein kloster nimmer gedenken mochte. Inwendig sulchen vristen wart gesunt der vater; sust vant der junge munich ursachen von tag zu tage, wie er in das kloster nicht wider fure, sunder in seines vaters hause steticlichen
10 blibe. Des bleib er in dem hause drei gantze manden, also das beide die muniche in dem kloster, den vater und alles sein hausgesinde wart sulcher sachen grosses wunder nemen, wie sich diser junge munich hette so gar wunderlichen vorkeret: wanne der vater, die swester und alles hausgesinde wosten
15 nicht seinen untugentlichen fursatz, den er so gar sundeclichen meinet.

LXXXVI.

Dornach quamen nach im zwen ersame desselben klosters muniche und mit denselben fur er wider in das kloster. Und wie unmassen leid im vormals gewesen was aus dem
20 kloster zu komen, also was im nu ungeleiches leider wider dorein zu faren. Des wonet der munich mit dem leibe in dem kloster, aber sein hertz kunde sich von seiner swester nicht gescheiden. Sulche bose begerunge des unkeuschen unflates was alles sein lesen in den heiligen schriften, wie
25 er nur seinen unreinigen mut mochte zu ende bringen; das waren alle seine gedanken, wie er nur wege funde, domite er sein ersamigen swester sundiclichen vorraten mochte. Der teufel hatte sich des menschen so gar underwunden, das er sich selber nimmer derkennen mochte und das er irre wart

---

1 enczündet *C.* 2 reyne schone *B.* 5 steticlicher *B.* begernng *B.* 6 an *fehlt D.* 8 vrsach *B.* 9 vatir *C.* allewege blib *A.* 10 haus *C.* 11 payd *C.* Münch *C.* der vater *B.* 13 gar *fehlt C.* wunderlich *C.* sich vorkoret *B.* 14 noch die *B.* 15 nicht *fehlt C.* fürsaez nicht *C.* Vor LXXXVI.: wy man yn wyder in das chloster *B.* Kein neues Capitel *A.* 17 qwam *A B.* ersamen *B.* 22 odir sein *C.* von der *C.* 23 snode *A.* begerung *B.* 25 seinen sündigen *C.* 26 sein *B.* weg *B.* 27 ersamige *B.* 29 irer *C.*

aller heiligen guten dinge; und was es nicht unbillich, sint er sich des teufels herschaft mit willen undergeben hette. Mit newem geschozze der unreinigen begerunge wart er teglichen vorwundet, also das sein gebeine alleweg dorret und sein leben abnemend was gleich dem rauche. In smertzen und in leiden waren alle seine tage und begunde unbesinnet werden in grosser torheit gleich einem unvornunftigen tire, und quam domite in sulche vergezzenheit, das er furbas nicht meinet anzurufen die gotliche genade. Tag und nacht waren alle seine gedanken wie er des ewigen todes bitterkeit snellichen trunke.

LXXXVII.

O wie durfticlichen arm sint alle leute, die sich von des almechtigen gotes genaden verren, o wie gar ellend und wie gar unselig sint dieselben alle! Also vil wirdet ein ielicher sunder erger allen unvornunftigen tiren, und sich die sele weiter von dem almechtigen gote verret; und also vil ist ein ielicher seliger mensche, der in gotes genaden wirket, hochwirdiger und tewrer uber alle tir, als der himel hoher ist uber alles ertreich und als sich der sunnen aufgank von irem nidergange verret. Alle die weile als diser unselige munich was in semlichen gedanken, wie er seinen stinkenden unfletigen fursatz zu lasterberigem sundigem ende brechte und wie er zu sulcher ungehorter bosheit sundige wege funde, so kumpt der falsche gartner alles unbederbes boses krautes, menschliches geslechtes veint, der teufel, und gibt im sulche wege mit seinem falschen rate, das er zu mitternacht, so allermeniclich entslaffen were, sein geistliches klostergewant von im legen scholte und

---

1 guten *fehlt* C. dinge*n* B. 3 newe B. geschoz C. 5 abnemenden B. 6 sein B. vnsinnig C. 7 ain vnvornunftigem B. 8 vnvergessenheit B. 10 sein B. *Vor* LXXXVII.: ein underweysung B. *Kein neues Capitel* A. 12 durstichlichen B. *Wie wunderhafticlichen vnd durfticlichen arm seint alle die lente* C. 13 elende C. 14 gar *fehlt* BC. 17 mensch C. 18 hochwirdig vnd tewer aber B. alle *fehlt* C. 20 verret also ist verr der sunder von dem almechtigen got B. 22 vnflatigen B. lasterwerem B. 24 kumt C. gertner C. 25 vnbederben bosen C. geschlechtes B. 27 als allermeniclichen B. 28 seint C. Closterwant C. im *fehlt* B.

dornach heimlichen komen in seines vaters hause in werlt-
lichem kleide, und das er den gantzen tag under seiner
swester bette vorborgen lege, und wenn sie slafen wurde,
das er denne zu ir queme und also sein sundige unreinikeit
5 zu unseligem sulchem ende brechte. Sulcher ungetrewer
rat behaget wol des unseligen menschen torechten sinnen,
und zuhant begunde er dorauf mit fleisse trachten, wie
volbracht wurden sulche unfletige rete. Dornach in der
nechsten nacht recht umb sulche zeit als allermeniclich ent-
10 slaffen was in demselben kloster, nam er des kloster
slussel heimlichen und vorswigen und lif allenthalben die
gantzen nacht von einer stat zu der andern gleicher weis als
ob er torecht were; doch mochte er des klosters pforten
mit nichte vinden.

LXXXVIII.

15 Sulches irresales begunde den armen munich grosses
wunder nemen, wann im unkunt was worumb das geschee.
Und als die mettenzeit nehen begunde, dorinne die selige
geistliche leute des klosters pflagen den almechtigen got
andachticlichen zu loben, betwank disen unseligen munichen
20 grosse vorchte, das er wider geen musste in sein cellen.
Des bleip er den gantzen tag in derselben seiner zellen in
sulcher meinunge das er in der nechsten andern nacht
gleich ein semliches vorsuchen wolte. Die amechtige swache
hant des unvornunftigen muniches meinet uber nacht zu
25 tun, das sie nicht volbringen kunde, das unbederbe unweise
tir meinet wider den starken lewen sant Jeronimus zu
streiten! Wes beginnestu, unseliger munich? wohin sint ge-
wendet dein unseligen gedanken? hoffet dein unweisheit, du

---

1 komen *fehlt C.* hause komen *C.* 3 vucz wenne *B.* 4 sein *fehlt B C.*
5 sulchem *fehlt B C.* 6 rate gehaget *B.* Terichte *C.* 7 begvnde czu
hant *A.* fleiz *C.* 9 nchesten *C.* 10 closters *C.* 11 heymylichen *B.* 12 gancze *B.*
14 pforte *C. Vor* LXXXVIII.: wy er gern auss dem chloster wer *B.*
15 armen vnseiligen Münch *C.* 16 das *zweimal B.* 17 nehenen *A.*
nchenden begunden *B.* seiligen geistlichen *C.* 19 Münch *C.* 20 wider
fehlt B C. 21 in der czellen den ganczen tag *B C.* 22 nehesten *C.* 23 an-
derwaid versuchen *A.* 24 macht *B.* 25 vorpringen *B.* 26 zu *fehlt B.*
27 begynnest du *C.* 28 poze gedanken *A.* weisheit *B.* nicht du *A.*

wollest das volbringen, das allewege des erwirdigen sant
Jeronimus gute widersprichet? Bezzer ist, laz furbas mer
von allen tugentlichen werken: nimmer benge dein knie
vor sant Jeronimi wirdigem bilde, nicht derbeute im furbas
gewonliche ere mit keinerlei deinem dinste, so wirdet dir 5
gantze macht gegeben zu volfuren allen deinen bosen fursatz
und unreinigen willen auf die rede das du in die gruben
deiner schanden vallest, die du gegraben hast mit unfletigen
henden deines bosen willen. Wie wol dein fursatz stetic-
lichen nach dem ergsten wurket, dennoch wil der erwirdige 10
sant Jeronimus sulchen deinen dinst, der im gescheen ist,
nicht zu vorlusten setzen.

LXXXIX.

Hertzenliber vater Augustine, diser unselige munich,
der in so grossem irresal sich des teufels herschaft so gar
empfolhen hatte, pflag in seiner zellen ein tafeln zu halden, 15
dorinne das erwirdige des heiligen sant Jeronimus bilde was
eigentlichen gemalet, und vor derselben tafeln pflag er nach
gewonheit alle tage sein knie zu beugen und enpfalch sich
dem guten sant Jeronimus mit andachtigem hertzen. Dovon
und auf die rede das des erwirdigen sant Jeronimus gene- 20
dige gute allermeniclichen vorkundet wurde, wie er alle
sein diner genediclichen beschirmet, enthielt er den un-
seligen munich das er desselben tages sulche sein sundige
begerung nicht mochte zu ende bringen. Sulche genedige
meinunge des erwirdigen sant Jeronimi was unkunt dem 25
unseligen menschen. Des ging er des andern nachtes mit
den slusseln anderweit zu des klosters pforten: do widerfur
im gleicher weis als in der vordern nacht das er die pforten

---

3 dingen *A.* Nymme *B.* bewege *C.* deine *C.* 4 wirdige *B.* 5 gewonliche
er furbaz *B C.* mer mit *C.* deynen *B.* 6 fursatz und *fehlt A.* 9 stetic-
lich *C.* 12 volusten *B. Vor* LXXXIX.: wy er dy phartn des chlosters *B.*
Kein neues Capitel A. 14 der sich in *C.* Irsale *C.* sich *vor* des *fehlt C.*
15 hette *C.* tafel *B.* 16 des *B.* 17 eigenlich *C.* tafel *B.* 18 gewön-
lichen *C.* seine *C.* zu *fehlt B C.* pigen *A.* enpfal *C.* 19 Jeronimo *C.* an-
dechtigem *C.* 22 seine *C.* schirmet *B C.* 23 seine sundigen *C.* 24 mocht *B.*
27 dem *B.*

mit nichte finden kunde. Und das ich mein rede kurtz:
einen gantzen manden widerfur im alle nacht dasselbig, und
wart seiner meinunge mit des erwirdigen sant Jeronimi
gute alleweg vorhindert und vorirret. Do der mande sulches
5 seines gevertes ende genomen hette, do erschein der erwir-
dige sant Jeronimus einem ersamen geistlichen muniche
desselben klosters eines nachtes in dem traume und offen-
baret im was disem unseligen jungen zu hertzen were, und
gebot im das er demselben irresamen muniche sagen scholte:
10 ob er laster und grosse schande vormeiden wolte, das er
von sulchen unreinigen dingen lazzen scholte. Auch hiez
er im sagen wie das er angesehen hette seinen andachtigen
dinst und hette in behutet den gantzen manden vor sulcher
schemlicher sache. Wolte aber der junge munich nicht
15 lazzen von sulcher snodikeit der ungehorten sunden, so wolt
er sein mit gewonlicher hute furbas mer nicht warten. Und
domit vorswant der erwirdige sant Jeronimus von seinen
augen.

XC.

Des morgens fru quam der alte ersame man zu dem
20 torechten jungen munich und saget im alle ding, worumb
und von wem er sulche rede gehoret hette. Des antwurt
im der junge munich und sprach mit vil grossen eiden das
im unkunt were umb alle sulche sachen, und das im als
einem alten manne von krankheit seines gehirnes sulches un-
25 geferte getraumet hette. Der alte ersame man der sweig
und scheid von dem jungen. Der junge was freudenreicher
und wolte beide sant Jeronimus und seinem erwirdigen bilde

---

1 konde vinden *A.* kürtzze *C.* 2 manedden *B.* monden *C.* im gleicher weiz alz
in der vordern nacht daz er dez Closters pforten nicht vinden konde vnd
wart sein *C.* 4 gute *fehlt A.* vorhindert vnd *fehlt A.* monde *C.* 6 muniche
fehlt C. 7 desselbens *B.* klosters Müuche *C.* 9 irsamen Münch *C.* salte *B.*
scholte daz er von sulchen vnraynigen dingen lazzen scholte ob er ... *A.*
12 hatte *B.* andechtigen *C.* 13 hett in den gancen monden behutet
vor *A.* sulche *C.* 14 smechleicher *A.* schemliche sachen *C. Vor* XC.:
hye sagt er ym warum er *B.* 21 weme *B.* 23 alle *fehlt C.* sache *C.*
24 geferte getreümet *C.* 25 ersam *B.* 26 sehide *C.* jungen *fehlt B.*

nimmer ere tun auf die rede das er in seinem sundigen
fursatz von des erwirdigen sant Jeronimus wegen nicht ge-
hindert wurde, und was in gantzer meinunge das er in der
nechsten nacht die pforten seines klosters aufslissen wolde
sein lasterberige unfletige begerunge zu volbringen. Was 5
sal ich lange von disen dingen reden: do sant Jeronimus
sach das er im keinerlei ere furbas erbiten wolde, do gehing
er dem unseligen munniche das er sein laster und sein
hochste schande zu unseligem ende unseliclichen brechte.
Doch meinet des erwirdigen sant Jeronimus gewonliche 10
gute das er den armen unseligen menschen des letzten
wolte genediclichen bedenken.

XCI.

*Der junge unselige munich scheide aus dem kloster
vorborgen in werltlichem gewande.* Er quam in seines
vaters hause und ging vorborgen und gar heimlichen in 15
die kamer, dorinne die ersamige junkfrawe, sein swester,
des nachtes pflag zu slafen, und leget sich under das bette
und bleip aldo sweigender untz an die zeit das in dauchte
das die junkfrawe entslafen were. Dornach richtet er sich
auf und enblosset sich seines gewandes und leget sich 20
nacketer und enbloster aller tugent zu der ersamen junk-
frawen rechten seiten. Des begunde die ersamige junkfrawe
erwachen, wanne sie als ein nüchter wol gezogen mensche
gar in lindem slafe geruwet hatte; und als sie des empfant
das ein man bei ir were, begunde sie bitterlichen erschrecken 25
und mit lauter stimme schreien das zu ir gelaufen quam
alles hausgesinde. Vater und muter und dorzu allermeniclich
begunde erschrecken sulches ungewonlichen wunders und
so grosser ungehorter schanden, und alle leute hatten mit-

---

1 ere *fehlt B.* sündigem *C.* 3 was *fehlt AB.* 4 nchesten *C.* 5 laster-
were *B.* vureinige *C.* 7 wirde *B.* vorhieng *B.* 8 Jungen Munch *C.*
9 unseliclichen *fehlt C.* 10 gewonlich *B.* 11 leczsten *B.* Vor XCI.: do
fut er auss dem chloste *B. Kein neues Capitel A.* 13 schide *C.* aus
seinem *A.* 14 vorborgner *C.* 15 vatir *C.* 19 richte *C.* 21 nacker *B.*
22 reichte *C.* 23 mensch *C.* 24 slaff *C.* gernet *A.* geruuret *B.* hette *C.*
vnez *B.* 26 stymmen *B.* 28 begund *B.* 29 leut hatte *B.* mitleidung *C.*

leidunge dem ersamen vater. Dornach fraget der vater seinen
unseligen geschendigen sun was in doch gemutiget hatte zu
disen lesterlichen schanden? Der arme sun underweiset
heimelichen den vater aller sulcher sachen und bekante im
5 alle sein sundige begerunge und wie sich hetten alle ding
verlaufen.

XCII.

Augustine, liber vater, der erwirdige sant Jeronimus
liez den unseligen jungen munich gewar werden zu welchem
laster in sulche sein torheit bringen mochte auf die rede
10 das er dornach die wege seines lebens begunde mit grossen
vornunften und mit fleisse beschawen, und das er dester
demutiger wurde und lernet wie man gegen des teufels
argenlisten mit vornunften scholde streiten; und auch be-
sunder das nach bildunge dises valles nimant seinen eigen
15 kreften furbas gelauben wurde: wanne ie heiliger die leute
sint auf dem gruntlosen sorgsamen mere diser weride, das
vol ist boser geiste und dorzu alles leides, und ie vester
das schif der hoffenunge ist, dorinne die seligen leute swim-
men, dester grossern vleiz und sterker hute sie alleweg in
20 fleizzigen sorgen haben scholten: wanne grundelos und ane
zal sint des teufels bosen argeliste und manigerlei sint seine
wege, domit er die armen selen treuget, und wer auf sul-
chem mere ungewarnter schiffet, der mag snellichen betrogen
werden. Nichtes ist als unsicher denne das ein swacher
25 mensche seines selbes vernunften also sicherlich und so
turstielich gelaubet, das im anderer erberiger weiser leute
nutzer rat alleweg vorsmehet: wer sulcher wege pfliget,
der muz ane zweifel eines bittern sweren endes beiten. In
dem geverte dises jungen muniches nemen wir sulche leute-

---

2 geschendigen *fehlt A.* hette *C.* 4 bekant *B.* 5 seine *C.* begerung *C.*
6 erlauffen *B.* vorlaufen in disem seinem fürsatz *C. Vor* XCII.: hie last
yn gewar werden *B.* 9 sein *fehlt C.* mochten *B.* 14 eignen *C.* 15 leüt
seint *C.* 16 sorgsamen grundlosen *C.* 18 die *fehlt A.* 19 fleisse *C.* in
bis sorgen *fehlt C.* 20 grundlos *C.* 21 bosen *fehlt A.* argelist *C.* und
fehlt A. 22 do *C.* sulchen *C.* 24 nichtes mag vnd ist *A.* 25 mensch *C.*
vnvornunften *B.* 26 trostlich *C.* erwerige *B.* 27 nucze *B.* vorsmahet *C.*
29 disen *B.* nennen *B.*

runge beide unser menschlichen krankeit und des teufels
erge, das davon billichen die armen sunder trost enpfahen
schollen und in die gute des erwirdigen sant Jeronimus
steticlichen hoffen.

XCIII.

Wanne do diser irresamer munich offenberlich erkennen
wart wie in des teufels argelist vorunfletiget und vorraten
hette und wie er gevangen was in so schemlichen grossen
schanden: zuhant begunde er mit hilfe und mit genaden
des erwirdigen sant Jeronimi sein schult bekennen und
quam wider zu im selber aus grossem irresal mit steur
sant Jeronimus, dem er allewege gedinet hette in stetem
fleisse. Und alzuhant fur er aus seines vaters hause wider
in sein kloster und dorinne lebet er zwei gantze jar mit
sulchem vasten, wachen, klagen und weinen, rew und
grosse hertikeit, das nimant das volkumenlichen besinnen
oder betrachten mochte; und nach denselben zweien jaren
nam der e genante junge mit hilfe des erwirdigen sant
Jeronimus ein seliges heilsames gutes ende.

XCIV.

Hertzenliber vater Augustine, neulichen in disen tagen
sint mir brife worden des erwirdigen Damasius, romisches
cardinalen, in den ich funden habe etliche wunderhaftige
zeichen des erwirdigen sant Jeronimi, unsers liben vater:
die wil ich mit nichte deiner libe vorsweigen.

Zu Rom was ein cardinal, Celestinus genennet, der unserem
erwirdigen vater sant Jeronimus gar widerzemig was und
sein zu ubel allewege gedachte. Und eines tages begunde er desselben
unsers vater in gegenwurtikeit der andern cardinalen

---

1 kranckheit *C*. 3 gut *B*. 4 ewiclichen *B*. *Vor* XCIII.: do derchent
er des *B*. *Kein neues Capitel A*. 5 Irsame *C*. 6 argeliste *B*. 7 gefangner *C*. 10 Irsale *C*. sturme *B C*. 11 in so stetem *A*. 12 fleieze *B*.
haus *C*. 13 und *fehlt B C*. 14 reiiwe *C*. 16 kan oder *C*. 17 Junger *B*.
18 haylsames seliges *A*. *Vor* XCIV.: von dem kardenal celestinus genant *B*. 20 damasus Römischen *C*. 21 dem *B*. hab *C*. 22 vaters *C*.
23 lieb *B*. 24 Rome *C*. 25 Jeronimo *C*. 26 zu *fehlt B*. in vbel *C*. 27 vatirs *C*.

nach boser seiner gewonheit gar ubel zu gedenken mit
turstigen argen sinnen, und als er in die bosen rede nu kumen
was, bestunt in zuhant die darmgicht also gar swindiclichen,
das er auf seinem heimelichen gemache alles sein gedermc
5 alzumal vorlos und starb ee denne er von dem heimelichen
gemache schid.

XCV.

Auch was zu Rome ein ander cardinal, Andreas ge-
nennet, nicht gleich dem unseligen bosen sunder, unsers
vater sant Jeronimi andechtiger sunderlicher diner mit
10 gutes hertzen inniclichem fleisse, der neulichen in vil er-
samer leute gegenwurtikeit gestorben ist zu Rome. Und in
den zeiten, als er begangen wart in der kirchen zu Rome
in gegenwurtikeit des pabstes, der cardinalen, der pfafheit
und alles romischen volkes, und als man der toten ampt
15 singen begunde nach cristenlichen siten, so richtet sich auf
der cardinal Andreas gleicher weis als ob er erwecket were
von einem senften slafe. Des begunde allermeniclich so
gar hefticlichen wundern, das sie als wehe allesampt amechtig
wurden. Des begunde der cardinal Andreas weinen und
20 krefticlichen schreien mit flissendigen zehern und mit star-
kem suftzen. Do fraget in der pabst in den zeiten, als die
kirche zu Rom vorslossen was, in gegenwurtikeit der car-
dinalen und alles volkes, wie im widerfaren were. Do ant-
wurt im der e genante cardinal Andreas und sprach also:
25 'Do ich itzunt vor gotlichem gerichte stunt und do man
mich itzunt vorteilen wolte durch hochfart, die ich mit
schonem gewande und mit reicher speise getriben hatte, und
auch durch ander mein unfletikeit meines irresames lebens,
und als ich itzunt zu der ewigen hellen scholte geschicket

2 Türstigem C. armen B C. synne C. bose B. 4 alle B. 5 alzumal fehlt C.
6 schide C. Vor XCV.: von dem kardenal genad andres B. Kein neues
Capitel A. 8 gleicher disen bösen vnseiligen C. 9 vatirs C. andech-
tiger fehlt C. 10 samer B. ersamer fehlt C. 11 Und fehlt C. 15 finden B.
17 allermeiniclichen C. 18 gar fehlt B. weh A. allesampt fehlt B. onemechtig
allesamt C. 22 Rome C. wart C. 23 wer B. 26 vorvrteilen C. 27 speis B.
hette C. 28 lrsamen C. 29 helle C. hellen geschicket was B C.

werden, do quam ein uberschoner man, der sibenstunt
scheiniger was denne die lichte sunne. Und allermeniclich,
die dobei waren, sprachen gemeiniclichen es wer sant
Jeronimus, unser erwirdiger vater. Derselbe beugete sein
knie vor dem fursten, der zu gerichte was gesezzen, und
behilt von seinen genaden mit fleissigem gebete das mein
sele wider gefuget wurde zu dem leibe. Und alzuhant nach
sulchen worten wart mein sele gesellet wider zu meinem
leibe, als ir gegenwurticlichen schawet.' Des wundert sich
der pabst und allermeniclich, die das gehoren mochten.
Auf wurden getan die turen aller romischen kirchen, sulches
wunder wart vorkundet allem romischen volke, allermenic-
lich drank in die kirchen und saget wirde, ere und lop
dem almechtigen got und dem heiligen sant Jeronimo,
unserem erwirdigem vater.

XCVI.

Grosses leit betrubet mich beide der gedanken und des
hertzen dorumb das ich teglichen vornime das unmassen
vil bischove sint, die got mit worten loben und laukenen
sein mit iren schemlichen snoden bosen werken; unsers
herren Jhesu Cristi stat halden sie hie auf erden, aber mit
den werken dinen sie dem teufel. Alle ire begerunge ist
nicht anders nur wie sie werltliches gut gewinnen, wie sie
allewege reichlichen essen und trinken: umb armer leute
hunger, durst und frost und ander notikeit haben sie kein
trachte. Mit andern reichen leuten werden sie vol und also
trunken, das sie unkeuscher unfletikeit steticlichen lustet; ir
handelunge ist mit fidelern, pfeifern, harpfern und mit
andern sulchen lottern und auch buben; schones gewandes,

---

1 einer *B*. 2 schoner *B C*. 3 sparchen *B*. der erwirdig sant *C*. 4 er-
wirdiger *fehlt C*. beüget *C*. 7 wider *fehlt A C*. gefuget wart wyder *A*.
würde wyder *C*. leib *B*. Und *fehlt C*. 8 sel *B*. wider *fehlt C*. 9 sehet *C*.
10 der *fehlt C*. allermeiniclichen *C*. 11 alle turen der *A*. tür *C*. 12 vol-
kunt *B*. 15 erwirdigen *C*. Vor XCVI : hye strofft er dy prelaten *B*.
16 micht *C*. 17 teglich *B*. vorneme *C*. 18 Bischöffe *C*. 19 snoden *fehlt A*.
bösen snoden *C*. 20 stat *fehlt B*. hie *fehlt B C*. 21 dem *B*. 24 durst
frost *C*. 26 vnkeüschlicher *C*. 27 handelung *B*. pfeifern *bis* und *fehlt A*.
28 hufen *B*.

reicher kostlicher kleider mugen sie nicht gesettet werden.
Dozwischen sterben die armen hungers, vrostes und auch
durstes, den sie das geistliche almusen mit vreidigem ge-
walde vorhalden gleicher weis als ob sie es rauplichen auf
5 der strassen nemen. Sulche unwirdige bose bischove sein
nicht in gotes sunder an des teufels dinsten. Augustine,
liber vater, bischtumes und der bischove wesen und wir-
dikeit ist grosses lones bei dem almechtigen gote, wurde
sulches wesen wirdiclichen und reiniclichen gehalden. Sust
10 ist eines ieliehen bischoves leben in grossem zweifel alleweg
zu besorgen; denne was gemeinen leuten eine kleine sunde
ist, das ist einem ielichem bischove eine grosse totliche
sunde: wanne von sundigem leben des bischoves ergert
sich allermeniclich und nimt dovon schedeliches arges bilde.
15 Ein ielicher bischof, so er ie grosser wirde, grosser vor-
nunft, grossern reichtum enpfangen hat von gote, so er ie
grosser rechnunge tun muz an seinen letzten zeiten. Er
wirdet betwungen rechnunge zu tun umb alle sulche selen,
die von seinem bosen bilde, von seinem saumnuss oder
20 durch seine bose lere vorirret und vorderbet sint in allen
seinen tagen. Was sal ich, Augustine, sagen, hertzenliber
vater? Swer ist die burde, swer ist der last, den wir alle
tragen, die mit bischoves namen sint gewirdiget und ge-
ziret: wie mag ich denne mit swachen meinen achseln
25 sulchen last getragen?

XCVII.

Ich bin in grossen engsten und in merklicher not al-
lenthalben und wenne ich meinen sweren val mit augen
meines hertzen rechticlichen beschawe, so begreifet mich
leit, rewe, trubsal und grosse vorchte, also das ich gevan-
30 gen bin mit suftzen und mit klage. Vil nutzer were und

---

1 kostenlicher *C.* weren *B.* 2 sterben die *fehlt A.* 3 geistlichen *B*
freudigem *C.* 4 raupleich *B.* 5 strasse *C.* bose unwirdige *C.* 6 dinste *C.*
7 vnd bischoffes *C.* 8 got *C.* 9 reyliclichen *C.* 11 ein *C.* 12 ein *C.*
14 allermeiniclichen *C.* schedliches *C.* 15 yelich *B.* wirde ye *C.* 18 alle
fehlt B. 19 bilde] willen *B.* seinem *fehlt B C.* 22 dy last *B.* 23 sein *C.*
Vor XCVII.: wy sy leben sollen *B.* 29 rewe vnd *B C.* 30 Clagen *C.*
wer *B.* were mir *C.*

hete grosser sicherheit bischoffes wirdikeit zu vlihen denne
sich dorzu vreidiclichen zu halden. Ein bischof ist zu loben
als ein vicarius und vorweser des almechtigen gotes, sei
das sache das er in sulchen wirden getrewer diner sei
gotes nicht der werlde, das er gotes ere nicht der werlde 5
valschen rum zu allen zeiten suche. Denselben rate ich
das das sie die werlt zu allen zeiten flihen: wanne einem
iclichem bischove were bezzer das er alle seine tage ein
werltlicher man an alle pristerliche wirde bliben were denne
das er in bischoves wirden werltlichen lebet und domit in 10
die helle kumet und also vil mer jameriger peine leiden
muz, und er mer wirden auf erden hat enpfangen. Vil ist
der bischove, die nur aleine den namen tragen und vor-
saumet sein in allen tugentlichen werken. Sie scholten
huter sein des cristenliches volkes, nu sint sie leider zu 15
raubischen wolfen worden; vorderber sint sie, nicht stifter
der heiligen gotesheuser; als vressige wolfe vorslinden sie
alles almusen, des die armen leben scholten. Sulchen iren
unflat, sulche unmenschliche snodikeit hab ich dorumb ge-
saget und vorkundet, das sulche bose bischove durch gotes 20
vorchte, durch der leute rede und ergerunge von sulchen
grossen schanden lissen. Nu horet, ir unseligen bischove,
was ich nu sagen werde, und bessert euch in gotes vorchte
durch grosse pein, die der nachgeschriben bischof in der
leidigen hellen ewiclichen leidet. 25

XCVIII.

In dem obristen lande des kunigreiches zu Egypten in
einer vorchtsamen wustenunge, die verre gelegen ist von
den leuten, also das grausamig ist dorinne zu bleiben und
zu wonen, dorinne wonete ein heiliger gar alder man, Elias

---

2 freidiclich C. 5 nicht bis gotes fehlt A. er B. 6 sulche B. süchen C.
den Rate C. rat B. ich das sie C. 7 werlte C. stunden BC. einen yec-
lichen B. 8 Bischoff C. 11 mer fehlt C. mer leiden C. 15 Cristen-
lichen C. 16 stiffder A. 17 Also freydige C. 19 vnmenliche B. 20 bi-
schoff C. 21 vorcht C. durch ergerunge C. 23 were B. werden C. 24 dar
nach B. 25 leident ewiclichen B. leidet Ewiclichen C. 27 vorchtsamer C.
29 wonte C. gar fehlt A.

genant, seliges reinen lebens, der unsern erwirdigen vater
sant Jeronimus wol bekante und gar heimelich was in sei-
nem leben, also das sant Jeronimus oft gesprochen hat wie
das derselbig Elias den heiligen geist warhaftiger prophecien
5 hette. Und als ich von manigen ersamen heiligen menschen
underweiset bin, so entslif eines males der e genante Elias,
der heilige einsidel in andachtigem seinem gebete under
einem baume, und alzuhant wart im der almechtige got
etliche heimelikeit offenbaren in slafes gesichte, also das den
10 e genanten Elias dauchte das er in einem kuniglichen sale
und palast were, das so wunderhafticlichen und so unsprech-
lichen schon und wol gezirt was, das menschen augen sul-
cher klarheit nie gesehen hatten. Do nu derselbe Elias et-
liche zeit in dem palast hin und her gegangen was zu
15 merken und zu wundern sulche zirliche uberschone wirde,
do sach er das etliche uberschone jungen einen gerichtes
stul satzten, wol gezirten mit guldeinen tuchern, und das
alle wende des sales mit golde und mit kostlichem edlem
gesteine reichlichen geziret waren, dem nie gleiches gesehen
20 wart auf erden. Dorauf satzte sich ein mechtiger gewal-
diger und also schoner kunig, das aller der sal erleuchtet
wart von des kuniges wunderhaftiger schone, und sas auf
dem kuniclichen stule in meinunge das er gerichtes pflegen
wolte. Und bei im was ein unzelliche schar mechtiger, wol
25 gestalter und uberschoner leute, die vor dem kunig und
seinem gerichte wirdiclichen stunden.

XCIX.

In sulcher geschichte quam fur gerichte eines sele, den
man bischof zu Anthonen nennet, und dieselben sele hilden

---

1 genent *B*. seiligen *C*. lebes *B*. 2 heimlicher *C*. 4 derselbe *C*. heilige *B*.
warhaftige *B*. 5 ersamen heiligen *fehlt B*. heiligen *fehlt C*. 8 einen *C*.
almechtig *B*. 9 heimlichkeit *C*. gesicht *C*. 10 heymelichen *B C*. 12 scho-
nes was vnd geczirtes *C*. 13 hetten *C*. der selb *C*. 14 hette *B*. was
vnd begunde zu *C*. 15 vnd sich ezu *C*. sulcher schone vnd vber czir-
licher wirde *C*. 16 vberschone etliche *B C*. 18 kostenlichem *C*. 21 alle
der *B*. 22 wunderhaftiger *fehlt A*. satzte sich *C*. auf einem *B C*. 25 vnd
fehlt A. konige *C*. *Vor XCIX.*: von des bischoff sell anthonen *B*. 27 ge-
schicht *C*. gericht *C*.

die bose geiste gevangen mit feureinen keten, und aus der
selen entsprungen gleich einem hitzigen bakoven feureine
flammen mit peches und mit swebels stanke. Dieselbe sele
wart fur des grossen kuniges almechtikeit gefuret und al-
zuhant, ee denne sie ichtes gefraget wurde, begunde die 5
unselige sele freislichen schreien das sie der ewigen hellen
peine vordinet hette dorumb besunder, das sie hochvertiger
trunkner wirtschafte gepflogen hette mit mancherlei kost-
lichem gewande und mit semlichen torheiten vorzeret hette
alle ir werltlichen tage. Nach dem sulchem geschrei, umb 10
das nimant antwurte gab fur die armen sele, do sprach der
mechtige richter ein urteil das man sie in das ewige fewr
furen scholte, das sie dorinne were untz an die zeit das sie
widerqueme zu dem leibe; und dornach scholt sie zwifachen
smertzen ewieclichen leiden. Zuhant nam sie mit grossem 15
schauer die freidige schar der bosen geiste und domite
scheiden sie mit grossem geschrei von demselben gerichte.

C.

Dornach wart ein ander sele Theodonius, des romischen
fursten, vor denselben almechtigen richter gefuret und ein
grosse schar der bosen geiste besaget dieselben sele umb 20
vil unreiniger schemiger sunden unflat. Der e genante
Theodonius ist des erwirdigen bischofes Damasus bruder
gewesen. Und do der unfletigen teufel besagunge lange ge-
weret hette und nimant dowider ichtes reden oder ant-
wurten wolte, dornach quam ein schoner man, der siben- 25
stunt scheiniger was denne die lichte sunne, und stunt auf
von des mechtigen kuniges seiten und stunt wirdiclichen
vor dem kunige. Zuhant gebot der kunig und hiez aller-
meniclichen sweigen. Do satzte sich der uberschone wirdige

---

1 bosen geist *C*. der selbe *B*. 2 sele *C*. 6 helle ewigen pein *C*.
7 sie *fehlt B*. hochuertig trunken *B*. 8 kostenlichem *C*. 10 ire werlt-
liche *C*. dem *fehlt C*. 11 antwort *C*. do *fehlt BC*. 12 mechtig *B*.
13 wer *C*. 17 schiden *C*. geschreie *B*. *Vor C*.: darnach wart thodonius
sel geffuret *B*. 19 für *C*. demselben *B*. almechtigen *fehlt C*. 20 be-
sagten *C*. 21 schemigen *B*. 23 Vnd *fehlt C*. vuseligen *C*. tewfeln *B*.
24 ymant ichtes dowider *C*. oder dornach antwurten *A*. 29 wirdige
fehlt BC.

man wider alle die bosen geiste, die vor sulchem gerichte die armen sele besaget hatten, und sprach: 'Almechtiger kunig, ewiger richter, Theodonius ist allewege und alle sein lebtage mein andechtiger diner gewesen und ist in meiner
5 sunderlichen geheime gewesen, die weile mein wonunge gewesen ist auf erden.' Und domite satzte er die bose geiste in semliche vorchte das sie allesampt mit einander vorchticlichen sweigen musten.

Dornach kniete derselbe schone man, der erwirdige
10 sant Jeronimus, fur den kunig und bat den almechtigen richter das er seinem andachtigen sune durch seine suzze gotliche barmhertzikeit geruchet zu geben die immer werende himelische freude, doch das er etwi vil lange not leiden scholte in dem fegfewr umb etliche seine schulde.
15 Des wart der erwirdige sant Jeronimus genediclichen erhoret und dornach muste alle die unfletige schar der unreinigen geiste sich mit grossem smertzen und geschrei scheiden von des almechtigen gerichtes angesichte.

CI.

Dornach inwendig einer stunden quam ein lustiger uber-
20 schoner junger man durch den reichen sal snelliclichen gelaufen, und in gegenwurtikeit des almechtigen richters sprach derselbe junge zu dem erwirdigen sant Jeronimus: 'Mich hat Petrus Patricius, der romer, dein andechtiger sunderlicher diner, zu dir gesendet und begeret demuticlichen das
25 du im von dem almechtigen gote einen sun erwerbest, kunftigen erben seines gutes.' Do nu der almechtige got, kunig und richter sulche botschaft vornumen hatte, do sprach er: 'Was du von meinem sun Jeronimus begeret hast, das

---

1 man der sybenstund scheyniger was denne dy lichte sunne *B*. 2 hetten *C*. 3 der ist *B*. seine *C*. 4 tage *A*. lebtag *C*. 5 sunderlicher *C*. weil *C*. wonntige *B*. auf erden ist gewesen *B C*. 6 bösen geist *C*. 11 er disen *A*. sein *C*. 12 gotliche *fehlt A*. 13 etwe *C*. vil *fehlt B C*. 14 sein *C*. 17 geist *C*. Vor CI.: ein botschafft czu jeronimo *B*. 20 junge *B*. man junger *A*. man *fehlt B C*. snellichen *C*. 21 almechtigen *fehlt A*. mechtigen *C*. 22 Jeronimo *C*. 23 andachtigen *B*. 25 got *C*. 26 got *fehlt B C*. 27 gehöret *A*. hette *C*. 28 Jeronimus *fehlt B*. Jeronimo *C*. gehoret hast *B*. vud sal *B*.

schol alzumal geschehen.' Und nach sulchem gesichte und was sich dorinne vorlaufen hette, erwachet der ersamige geistliche einsidel Elias von dem slafe und saget dank dem almechtigen got und dem erwirdigen sant Jeronimus, seinem getrewen knechte. Des merket derselbe Elias den tag sulches 5 seines gesichtes und wart dornach gentzlich und in der warheit funden das auf dieselben vrist der bischof von Anthonen und dorzu Theodonius, der romische furste, vorscheiden waren. Dobei mag ein iclicher vornunftiger mensche wol erkennen das Elias in warhaftigem gesichte gewesen sei, 10 nicht in trugenhaftigen traumen.

CII.

Allerlibister vater Augustine, dich hat bedaucht in deinem sinne das du grosse newekeit gar grosses wunders den leuten furgebest und in ungehorte ding zu oren bringen wollest, do vormals dein veterliche libe mir geschriben hatte 15 in sunderlichen brifen das der erwirdige sant Jeronimus eben gleicher were sant Johansen Baptisten, gotes taufer, und den zwelfboten allen, als dein heilige meisterschaft das mit offenbarer guter bewerunge hat vornunfticlichen beweiset. Es ist war an allen zweifel das der erwirdige sant 20 Jeronimus in himelischen wirden und eren gleich ist sant Johansen Baptisten und allen heiligen zwelfboten. Wen aber des wundert, dem ist unkunt das reine heilige herte leben des erwirdigen sant Jeronimi, das er getriben und heiliclichen gehalden hatte auf erden. Auch mussen dem- 25 selben unkunt sein seine wunderhaftigen ungewonlichen ungehorten zeichen, die er in gotes kreften tegelichen wurket der erwirdigen cristenheit zu selden und zu troste. Dornach, allerlibister vater, zu beweisen seine heilikeit ist so

---

1 Und *fehlt* B C. 2 erwachte C. Ersame C. 4 erwirdige B. Jeronimo C.
5 sulches *fehlt* B C. 6 war C. 7 die selbe C. 9 ein *fehlt* B. mensch C.
11 treümen C. *Vor* CII.: ein lob czu jeronimo B. 12 gedancht C.
13 grosse *fehlt* C. 15 lieb B. 17 tauffere C. 19 begerunge A B.
20 sant *fehlt* A. 22 Wenne B. 23 das düncket vnd wundert C. 24 hat
vnd B. hatte vnd C. 26 sey C. wunderhaftige vngewonliche czeichen C.
27 teglichen C.

gar uberstarke deine meisterliche bewerunge, das meine kranken sinne dorzu nichtes gereden mugen oder wissen denne was dein weisheit eines beweret hat; dorzu wer mir unzimlich anderweit zu reden. Dovon meine und wil ich von
5 sulcher bewerunge lassen; doch zu grosserm urkunt deiner meisterlichen warheit wil ich sagen ein wunderhaftiges gesichte, das der erwirdige Cyrillus, bischof von Alexandrien, gesehen hat, als ich vornomen habe in seinen brifen, die er mir neulichen hat gesendet.

CIII.

10 *Do* nach schidunge und erwirdigem tode des erwirdigen sant Jeronimus ein gantzes jar vorgangen was, an des heiligen sant Johansen Baptisten tage nach der zeit als man laudes nach der metten gesungen hatte in derselben kirchen, do benget sein knie der e genante erwirdige Cy-
15 rillus, bischof in Alexandrien, vor dem alter des heiligen sant Johansen Baptisten und eupfalch sich in mit gewonlicher andacht und mit vil gotlicher suzzikeit andechtiges gebetes, und in denselben gedanken wart er mit einem slafe suellichen begriffen. Und alzuhant dauchte in mit
20 klarem angesichte das ein ubergrosse schar gar feiniger uberschoner leute in ordenlicher saze zwen und aber zwen mit einer langen procession in dieselben kirchen gingen und das ir so vil weren das sie nimant gezelen kunde, und gingen allesampt zu dem alter sant Johansen Baptisten und
25 beugten ire knie und erboten im wirdikeit und ere, und dornach sazzen sie bei dem alter und durch den kor gar in zimlicher ordenunge mit sulches gesanges suzzen donen, des gleich nimant gehoret hat auf erden. Und do nu sulcher

---

1 starck *C.* begerunge *A B.* mein kranke *B.* 3 beweiset *C.* vnczimlichen *B.* 4 mein *B.* 5 begerunge *B.* grossern *B.* 8 hette *C.* Vor CIII.: ein gesichte cirilli *B.* Kein neues Capitel *A.* 12 sant *fehlt A.* tag *C.* 14 seine *C.* egante erwirdige sant Jeronimus Cirillus *C.* 15 Allexandria *C.* 18 geistes *A B.* 19 suellich *C.* dauch *B.* 20 claren *B.* 21 ordenliche *B.* masse *C.* 22 procession *B C.* 24 baptisten pugen ire *A.* 26 sie *fehlt B C.* Chore *C.*

leute die kirche vol was allenthalben also, das die kirche
erleuchtet wart mit irem durchleuchtigen scheine:

CIV.

Nach der grossen schar aller quamen zwen, die un-
gleiches grosser waren, durchleuchtiger denne die lichte
sunne, in gleichem gestalte mit reichem gewande, wol ge- 5
kleidet mit golde und mit edlem gesteine reichlich geziret,
das sulchen klaren schein totlicher leute augen nicht ge-
tragen mochten, und gingen beidesampt in dieselben kirchen.
Zu derselben zweien erwirdigem eingange stunden wider
auf alle die andern, die in der kirchen gesezzen waren, und 10
bengten ire knie gar demuticlichen und domit erboten sie
denselben erwirdigen zweien alle wirdikeit und ere. Dor-
nach begunden die letzten zwene an einander auch wir-
dikeit erbiten, und dornach alzuhant satzte sich ir iclicher
auf einen guldeinen stul, der mit gesteine und mit grosser 15
kost geziret was von henden so uberschoner jungelinge, das
nichtes so schones vormals gesehen was auf erden. Des
begunden sie und allermeniclich gar stille ein gute weil zu
sweigen.

CV.

Dornach wart ir einer den andern manen das er reden 20
wolte. Do zwischen in ein langer krig gewesen was, wel-
cher under in des ersten reden scholte, do wurden die
andern allesampt gemeiniclichen sprechen das Jeronimus an-
heben scholte und sant Johansen Baptisten loben, des hoch-
zeit und feierunge was in denselben vristen. Des begunde 25
der erwirdige sant Jeronimus reden mit so gar ubersuzzen
worten, mit so grossen meisterlichen sinnen, mit sulchem

---

1 leute die selbe *C*. 2 iren durchleuchtigem *B*. Vor CIV.: desselben ge-
sichtes *B*. *Kein neues Capitel A*. 3 czwene *C*. 4 weren *C*. 6 und
fehlt *B*. edelem gestein *C*. 7 leut *B*. 9 czweier erwirdigen eingank *B*.
13 leczsten czweien *B*. eynander *B*. ein der *C*. 14 czuhant satzten *C*.
15 gestein *B*. 16 jungelingen *B*. 17 vormals so schones gesehen *C*.
geschehen *B*. Vor CV.: wy sy mit einander geredt haben *B*. 20 manen
czu reden do *A*. 23 andern gemeiniclich alle sprechen *C*. 24 Baptisten
fehlt *B*. 25 der selben *B*.

geblumede und so lustiger zirheit, das sulches nicht gesprechen mag einiges menschen zunge, und wart die ubergrosse wirdikeit sant Johansen Baptisten und sein himelisches lop kunden und sagen. Nach sulcher rede stunt auf sant
5 Johannes Baptista und dankte dem erwirdigen sant Jeronimus mit ernstlichem fleisse umb sulche seine tugentliche rede, die er so gar ordenlichen getan und vorbracht hatte zu seinen eren und auch zu seinen wirden.

CVI.

Dornach zuhant so stunt auf der grosse freunt des al-
10 mechtigen gotes sant Johannes Baptista und sprach also: 'Diser erwirdige Jeronimus, mein geselle, ist mir gleich in himelischen wirden, gleich in heilikeit des lebens, und sint dem male das er mein lop und mein ere so wirdiclichen gesaget hat, so ist gar billich das ich seines lobes und
15 seiner eren nicht gesweige. Jeronimus ist ein licht der heiligen kirchen, wanne er mit heiliger lere doraus vortriben hat vinsternusse alles irresales; Jeronimus hat erleuchtet alle leute, die aus dem wege der warhaftigen gotlichen klarheit vorblendet waren; Jeronimus ist des heilsames wassers
20 quellender brunnen, von des mildem flusse alle gebrechsamen leute iren durst vorleschen; Jeronimus ist ein werder baum, des hohe des himels tron beruret. Under seinem grunen laube nemen des himels vogel und alle tir der erden ubersuzze speise: mit des himels vogel meine ich die be-
25 henden weisen leute, mit den tiren des feldes meine ich die sulchen, die swacher vernunft sein: wanne allermeniclich getrostet wirdet suzzer fruchte seiner meisterlichen lere. Diser Jeronimus, mein geselle, ist mir geleich und mit mir

---

1 geblümde *C*. 2 czungen *B*. 3 hymelischen *B*. 5 Jeronimo *C*. 6 ernstlichen *B*. 7 ordenlich *C*. *Vor* CVI.: wy einer dem andern lob spricht *B*. *Am Rande:* von Johannes waptista *C*. *Kein neues Capitel A*. 9 erwirdige grosse *C*. 11 erwirdiger *C*. 13 wirdiclich *C*. 15 vorsweige *C*. 16 seiner lere *C*. 17 lrales *C*. 19 warden *B*. heilsamen *C*. 20 quellendinger *B*. brunne *C*. aller gebrechsamer *B*. 21 erleschen *A*. 22 hoes *B*. seinen *B*. 23 hymel *B*. 24 mein *B*. di wehen di weysen *A*. 25 waldes *B* 26 sulchen die *fehlt B C*. swache *B*. 27 ler *B*. 28 ist mit mir *B*.

ein einsidel gewesen auf der erden und hat sein fleisch mir
gleich in hunger und in durst alleweg betwungen. Er ist
mir gleich reiner, keuscher und schemiger gewest in allen
tugenden, mit mir hat er enpfangen den warhaftigen lichten
geist gotlicher prophecien, mit mir ist er gewesen ein lerer 5
der warheit zu troste der cristenlichen kirchen.'

CVII.

'Ich Johannes Baptista habe durch gotliche gerechtikeit
und warheit mein irdisches leben verloren in gotlicher
libe. Wie wol aber diser mein geselle Jeronimus durch
dieselbe warheit und gerechtikeit seines lebens nicht beraubet 10
sei mit der ubeltetiger morder swerte, doch hat er alle seine
lebtage vorzeret mit arbeit, mit sorgen und mit grossem
smertzen und umb die warheit und umb die gerechtikeit in
starken manneskreften wider ketzer und alle ungelaubige
diet ritterlichen gefochten. Ich bin ein vorlaufer und ein 15
bote gewesen des almechtigen gotes auf die rede das ich
die heidenschaft zu gotlichem dinste und die sunder aus
irresamen unfletigen wegen auf die strassen der warheit
und der gerechtikeit zu gotes hulden brechte. Dornach ist
Jeronimus ein enthalder, beschirmer und ein lerer gewesen 20
aller sulcher warheit und gerechtikeit, die ich gepredigt
und geleret habe, und hat umb sulche gotliche warheit und
auch gerechtikeit mit starkes sinnes volkomenheit wider alle
unselige ketzer in suzzer andechtikeit steticlichen gekempfet.
Ich habe den almechtigen got, unsern schepfer und der- 25
loser zu einem male in dem Jordan mit meinen eigen henden
angerüret: dieser mein geselle Jeronimus hat denselben
unsern schepfer und aller werlte herren nicht zu einem male,

1 ein *fehlt B C*. der *fehlt B C*. 2 durste *C*. getwungen *C*. 5 gewest *C*.
Vor CVII.: johannes baptista *B*. 7 hab *B*. 8 Irdisch *C*. 10 gech-
tikeit *B*. 11 swerten *B*. sein *B*. 12 lebtag *C*. 13 umb die *fehlt C*.
15 dyer ritterleich gefochte *B*. 16 bot *C*. ich *fehlt B*. 17 herdenschaft *C*.
gotlichen *B*. sundere *C*. aus vnfletigen irresamen wegen *A*. aus Irsamen
vnfletigem wege *C*. 19 gotes dinst vnd hulden *A*. 21 prediget *C*. 22 und
hat *bis* gerechtikeit *zweimal C*. 23 auch *fehlt C*. 24 suzzer stetikait
vnd andacht gekempfet *A*. steticliches *C*. 25 hab *C*. gote *B*. 26 egnen *C*.
28 zu *fehlt A B*.

15

sunder gar ofte mit seinen henden angeruret und gewandelt
und in heiliger suzzer andacht auf dem heiligen alter ge-
nutzet mit dem munde.'

CVIII.

'Jeronimus ist mir gleich in aller heilikeit und in allen
5 des himels wirdiclichen eren: wann wir itzunt beidesampt
in gleichen freuden sein der himelischen wirden.'

In den zeiten als der heilige sant Johannes Baptista
von sant Jeronimus sulche und auch vil ander tugent sagete,
der doch Cyrillus, bischof zu Alexandrien, der vorgenante
10 aller nicht gedenken kunde, des hatte sich desselben tages
vrist untz auf die primenzeit vorlaufen. Do quam der
custos desselben stiftes in die kirchen und als er den e
genanten bischof slafenden vant vor dem alter, erwecket er
in zuhant mit seinen henden. Und alzuhant als der bischof
15 Cyrillus erwachet von sulchem seinem slafe, begunde er
durch sulches wunderhaftiges gesichte und durch semliche
so ungehorte fremdikeit in geistlichen andachtigen freuden
so fluzziclichen weinen, das im die zeher uber seine wangen
runnen. Und dornach saget er demselben seinem custos
20 seiner kirchen allessampt, das er in sulchem seinem gesichte
beschawet und gehoret hatte. Dornach beging der erwir-
dige bischof Cyrillus die messe und alle ander ampt des-
selben tages in grosser andacht und mit wirdiclichen eren
und kundet offenberlichen allem volke sulche grosse wun-
25 der, die der almechtige got mit seinen heiligen genedic-
lichen wurket.

CIX.

Augustine, liber vater, vil und ane zal sein wunder-
haftige zeichen, die gar nutze zu sagen weren, die ich in

---

1 gehandelt *C*. 2 heiligen *fehlt C*. *Vor* CVIII.: von jeronimo *B*. *Kein
neues Capitel A*. 5 mir *B*. ynczunt *C*. 8 vnd sant *B*. auch *fehlt C*.
sagte *C*. 9 allexandria *B*. 10 mochte *C*. 11 auf der *C*. preymenczeit *A*.
13 slaffende *C*. den *B*. 15 erwachte *C*. 16 gesichtes *C*. 17 so *fehlt A*.
geistlichem *B*. 18 sein *C*. 20 allesampt *B*. sulchen seinen *B*. 21 ge-
hort *C*. 22 messen *B*. 24 offenberlich *C*. *Vor* CIX.: czu augustino *B*.
27 wunderhaftigen *C*.

diser kurtzen schrift nicht begreifen mochte. Dovon und auf die rede das lange rede nicht vordrossenheit bringen deinen oren und auch andern leuten, die sie horen, wil ich nur eines zeichen noch sagen und domit mein rede volenden. Dasselbig wunderhaftige zeichen ist zu Bethlehem newlichen gescheen, als du hernach geschriben vindest.

CX.

Des nechsten suntages nach dem achten tage der heiligen pfingsten quam ich in die kirchen zu Bethlehem mit allen bischoven, die zu meinem stule gehoren, und was bei uns ein grosse schar manne und frawen, die sich auf die stat, do der heilige leichnam des erwirdigen sant Jeronimi begraben was, in grosser andacht gesampnet hatten. Dornach ging ich mitsampt der pfafheit in chorkappen, alben, caseln und ander zirheit geistliches gewandes zu sant Jeronimus wirdigem grabe und begunde in das ertreich mit allem fleisse graben in meinunge das wir den erwirdigen leichnam sant Jeronimi doraus nemen und das er geleget wurde in einen sark, der dorumb mit kostlichen lichten mermelsteinen gemachet was mit grossem fleisse und mit reicher zirde. Do wir nu das wirdige grap geoffent hatten, do sahen wir allesampt den erwirdigen leichnamen sweben in der lufte also das er das ertreich nicht anruret auch in keinem orte und was der leichnam gantz und gentzlich unvorseret. Des satzten wir denselben wirdigen leichnam auf den alter vollen so ubersuzzes ruches, das menschen geslechte sulches nie enpfunden hatten in keinen vorgangen zeiten. Und dornach lizzen wir den erwirdigen leichnam bleiben auf dem alter dorumb das im dester grosser wirde und ere von allem volke geschee und in gotlicher andacht derboten wurde.

1 frist *C*. 2 red *B*. icht *A*. 5 dasselbe *C*. 6 neulich *C*. Vor CX.: von dem czaichen czu bethlahem *B*. 7 wann dez (kein neues Capitel) *A*. nehesten *C*. tag *C*. 9 stul *C*. 10 schar frawen vnd manne *A*. 13 allen *B*. 15 wirdigen *B*. begunden *C*. 16 graben mit allem fleisse *B*. mit meynunge *C*. 18 seinen sak *B*. dorumb fehlt *C*. köstenlichen *C*. 21 erwirdige *B*. leichnam sant Jeronimus sweben *C*. 22 er das fehlt *C*. anrurät *A*. 23 was fehlt *B*. gantzzer *C*. 24 das *B*. wirdigen fehlt *BC*. gantzzer auf *C*. 25 geslecht *C*. 26 nye sulches *A*. keiner *B*. 29 vnd allem *C*.

15*

CXI.

Wirdiger vater Augustine, wie vil des tages in meiner und allermenicliches gegenwurtikeit wunderhaftige zeichen gescheen sint, mocht ich dir nicht gesagen auch mit allen meinen kreften: wanne sechzehen blinden wurden geschende
5 alzuhant, als sie nur den erwirdigen leichnamen mit iren antlutzen angeruret hatten. Dornach drei man, die mit dem bosen geiste behaftet also swerlichen waren, das man sie mit eisereinen keten halden muste: die wurden gelediget in angesichte und in gegenwurtikeit alles volkes. Dornach
10 einer armen witewen einiger sun wart in der kirchen durch grossen gedrank des volkes zu tote erdrucket, also das er durch seine swache kintheit ersticken muste. Do die arme muter ir einiges kint totes begunde sehen, zuhant hub sie das kint auf mit suftzen und mit schreien und mit jamerigem
15 mute und trug das in iren armen untz zu dem grabe unsers erwirdigen vaters und leget es dorein mit semelichen worten: 'Erwirdiger heiliger sant Jeronime, ich wil von disem grabe mit nichte scheiden, du gebest mir denne wider meinen einigen liben sun, den ich heute vorlorn habe in deinem
20 dinste.'

CXII.

Erwirdiger vater Augustine, wie gar wunderhaftig ist der almechtige got in seinen heiligen, was kan er grosser wunder in seinen eren wurken!

Alzuhant als nu der leichnam des kindes die erde sulches
25 wirdigen grabes anruren begunde, wart des kindes sele wider gesellet zu dem leibe. Dornach ein ander betrubter man, dem newlich sein liber sun gestorben was, der lif mit sweren gedanken zu seines sunes grabe, dorinne er toter gelegen was

Vor CXI.: von XVI blyden dy wurm gesen *B*. 2 wunderhaftigen *C*.
4 geschenden *B*. 5 leichnam *C*. 6 antlitz *C*. 7 geisten *B*. swerlich *B*.
10 witwen *C*. 12 derkucken *A*. dersticket *B*. 13 tot *C*. 14 jamerigen *B*.
15 an irem arme *C*. an dem *B*. 17 grab *B*. 18 gebst *B*. 19 hob *B*.
Vor CXII.: ein grosses czaichen *B*. *Kein neues Capitel A*. 21 wunderhaftiger *C*. 22 der almechtige *fehlt B*. 24 der heilige *B*. 25 do wart *A*.
28 gelegen hatte *A*.

drei gantze tage und nam doraus den leichnam seines toten
kindes und trug den zu dem grabe des e genanten unsers
erwirdigen vaters und warf in dorein, und dornach alzuhant
wart wider lebendig der junge.

CXIII.

An alle zal sint die grossen wunderhaftigen zeichen,
die desselben tages von dem morgen untz auf die vesperzeit
geschahen, in derselben zeit als des erwirdigen sant Jero-
nimus heiliger leichnam auf dem alter stunt in grossen
wirden. Doch meine ich ende zu geben disen meinen schrif-
ten mit einigem zeichen, das ich noch beschreiben wil zu
eren und zu loben unsern erwirdigen vater.

In der nechsten nacht dornach legten wir des erwir-
digen sant Jeronimus leichnam umb vesperzeit in den newen
sark, der dorzu was reichlich und erberlich bereitet, und
des andern morgens funden wir den sark ledig: wanne der
erwirdige leichnam was wider komen in sein erste gruben,
doraus wir in genomen hatten. Und do mein hertz und alle
mein gedanken sich des begunden wundern, worumb dise
geschicht also ergangen were, do erschein mir der erwirdige
sant Jeronimus in der andern nacht in meines slafes ge-
sichte und sagete mir vil vorborgner grosser dinge und also
under den andern sachen redet er gegen mir in semlichen
worten: 'Liber sun Cyrille, ich tun zu wissen deiner libe
das mein leichnam aus dem grabe, dorein er des ersten
geleget ist, mit nichte kumen mag, sunder er muz dorinne
bleiben untz an die zeit das Jerusalem die stat von heide-
nischen ungelaubigen diet gevangen und vorderbet wirdet.

---

1 tag *B*. 2 genante *B*. unsers *fehlt B*. 4 lebendiug *C*. *Vor* CXIII.: von
grab jeronimi *B*. 5 grossen *fehlt A*. 6 die geschehen seint desselben *C*.
den *B*. 7 geschahen *fehlt C*. der erwirdige *AB*. 8 dem *fehlt C*.
9 mayme *A*. 10 schreiben *BC*. 11 lobe vuserem *C*. 12 nehesten *C*.
leget *B*. wir den *B*. 13 sant Jeronimus *fehlt A*. 14 was *fehlt C*. und
erberlich *fehlt A*. erwirlich *B*. was bereitet *C*. 17 alle *fehlt C*. 18 sich
begunden dez *A*. 19 also *fehlt C*. geschehen *C*. 21 sagte *C*. 22 den
fehlt C. gein *C*. 23 wissen *fehlt B*. 24 leichnam *B*. 26 heidennischer
vngeleubiger *C*. 27 wirt *C*.

Dornach kumpt derselbig mein leichnam gen Rom nnd do wirdet er etliche zeit bleiben und rasten.'

CXIV.

Dornach erwachet ich, liber vater Augustine, und saget allen meinen bischoven und dorzu allermeniclichen, die do
5 gelaubig waren in cristenlichem orden, was ich gesehen hatte. Wenne aber und auf welche zeit sulche ding gescheen werden das Jerusalem anderweit zerstöret wurde und der selige leichnam sant Jeronimi, unsers erwirdigen vaters gen Rom kome nach der e genanten seiner rede, des kan ich nicht
10 gewizzen.

Hertzenliber vater Augustine, habe ich icht gutes geredet in disen schriften, das kumet nicht von meinen tugenden sunder von genaden des almechtigen gotes und von sunderlicher gute des erwirdigen sant Jeronimi, unsers
15 hertzenliben vaters. Was aber arges und unbederbes dorinne funden wirdet, das kumpt von nichte anders nur aleine von meiner unweisheit und von meines gebrechens wegen, wanne ich leider saumig bin in allen guten dingen. Hertzenliber vater Augustine, gedenk mein allewege in deinem gebete bei
20 genaden des almechtigen gotes!

CXV.

Gleicher weis als der erwirdige bischof sant Cyrillus umb sulche sein arbeit, domit er des hochwirdigen sant Jeronimi leben betichtet und beschriben hat mit andachtigem fleisse, von sant Augustinus, dem grossen lerer, nicht anders
25 begeret hat nur das er sein in seinem heiligen gebete ge-

---

1 komet derselbe *C.* gein Rome *C.* do *fehlt B. Vor* CXIV.: da sagt er was er gesehen *B.* Kein neues Capitel *A.* 4 allermeniclich *B.* do *fehlt C.* 5 cristenlichen *B.* 6 oder auf *A.* 7 vortoret *B.* czustöret *C.* 9 genante *B.* 11 nicht *B.* 15 herczen libens *B.* und *fehlt B.* 16 komet *C.* nicht *B.* von *fehlt A B.* 17 gebrechen *B.* 18 saumiger *C.* allen meinen dingeu *C.* 19 allewege *fehlt C.* 20 gutes Amen *A. Vor* CXV.: ein end dycz buchs *B.* 21 Aleicherweis *A.* 23 getichtet *B.* beschriben vnd betichtet *C.* 24 Augustino *C.* den *B.* 25 nur das Augustinus iu *B.* Nür das sant Augustinus iu *C.* heiligem *B.* gebete sein *C.*

denken wolte: also stet auch mein begerunge das ich Johannes, unwirdiger bischof zu Olumuntz, unnutzer kantzler des romischen keisers, mit grosser demutikeit bite und anrufe euch alle beide man und frawen, die dises gegenwurtiges deutsches buch meines armen getichtes sehen, lesen oder horen werden, das ir durch ewer selbes tugent und durch mein getrewe arbeit, domite ich der e genanten meister schrifte aus latein gebracht habe zu vornemelicher deutscher zungen, den almechtigen got und den hochwirdigen unsern vater sant Jeronimus mit andechtigem fleizze biten wollet das meiner sunden aller in angesichte des himelischen herren also gentzlich vorgessen werde das ich mitsampt euch und ir alle mitsampt mir von gotes angesichte und von himelischen freuden nimmer gescheiden werden in kreften, genaden und eren unsers herren Jhesus Cristus, der mit dem almechtigen seinem vater und mit dem heiligen geiste ein warhaftiger herre und got ist ewiclichen. Amen!

2 Olomüncz *A.* olmüntz *C.* 3 anrufe allewege *BC.* 4 gegenwurtiges *fehlt A.* 5 deutsch *C.* 7 trewe *A.* 8 schrift *C.* vornemlicher *C.* 9 Erwirdigen *C.* 10 sant Jeronimus vnsern vater *BC.* 11 angesichten *AB.* 12 vatirs *C.* heres *N.* also *fehlt C.* werde Also daz ir mit sampt mir vnd ich mit euch von *C.* 13 alle sampt mit mir *A.* von den *N.* angesicht *C.* 15 heren *C.* 16 seinen *B.* heilige *B.* geist *C.* 17 herr *B.*

Inhalt.

Lebensgeschichte Johanns v. Neumarkt	S.	I
Die litterarische Tätigkeit Johanns	„	X
Vita sancti Venceslai	„	XII
Liber viaticus	„	XIII
Liber pontificalis	„	XIV
Cancellaria Caroli quarti	„	XIV
Schriften juristischen Inhaltes	„	XVII
Cancellaria officii Olomucensis	„	XVIII
Confirmatio statutorum capituli ecclesiae Olomucensis	„	XVIII
Statuten der Kremsierer Diöcesansynode	„	XIX
Lateinische Briefe Johanns	„	XIX
Übersetzung aus Johann Frauenlob	„	XIX
Lateinische Gedichte Johanns	„	XX
Ausgabe des Policraticus	„	XXI
Johanns Interesse für die deutsche Litteratur	„	XXII
Deutsche Briefe Johanns	„	XXIII
Übersetzung der Meditationes	„	XXIV
Übersetzung der Soliloquien	„	XXVI
Tschechische Übersetzung der Soliloquien	„	XXX
Das Leben des heil. Hieronymus	„	XXXI
Sprache Johanns v. Neumarkt	„	XLIII
Das lateinische Original des Lebens des heil. Hieronymus	„	LIII
Characterisirung der Übersetzung Johanns	„	LV
Selbständige Zusätze Johanns	„	LIX
Johanns Übersetzung von Püterich erwähnt	„	LXII
Benützung des niederdeutschen Hieronymus	„	LXIII
Tschechische Übersetzung des Lebens des heil. Hieronymus	„	LXV
Brief des Eusebius an Damasus und Theodonius	„	1
Brief des Augustinus an Cyrillus	„	107
Brief des Cyrillus an Augustinus	„	128

Druckfehler.

S. XXIV Z. 11 lies *seltseines* für *seitseines*.
S. 1 in den Lesarten Z. 2 lies *genedigen C.* für *gnediger B.*
S. 1 „ „ „ „ 3 „ *gnedige C.* „ *genedigen C.*
S. 12 „ „ „ „ 3 „ *briemvenden A.* vor *brinnenden B.*
S. 15, Z. 18 lies *hohe* für *höhe*.
S. 40 in den Lesarten Z. 9 lies *irf in BC.* für *ir in BC.*
S. 130 „ „ „ „ 6 „ *schein B.* „ *schein A.*
S. 163 Capitelnummer *XXXVIII* für *XXVIII*.
S. 189 in den Lesarten Z. 5 lies *hüllfe C.* für *hüllfe B.*
S. 207 Z. 15 lies *tiren und* für *tiren, und.*
S. 213 in den Lesarten Z. 7 lies *in übel* für *in vbel.*